BFL 총서 ⑨

신탁법의 쟁점(제1권)

BFL 총서 ⑨

신탁법의 쟁점 (제1권)

정순섭 · 노혁준 편저

小花

머리말

주지하듯이 2011년 신탁법 개정은 법 제정 후 50년 만에 처음 이루어진 것인바, 이로 인하여 조문의 숫자도 두 배 이상 증가하는 등 신탁법은 그야말로 환골탈태하게 되었다. 사해신탁요건의 정비, 수익증권 발행신탁 및 유한책임신탁의 도입, 신탁사채 허용 등 다양한 부분이 개정됨으로써 신탁을 통한 자산관리의 편의성이 증대되는 등 신탁이 재도약할 수 있는 계기가 마련되었다고 할 수 있다. 신탁은 이미 부동산 및 금융상품 등에서 필수적인 도구로 인식되고 있는바, 나아가 개정 신탁법은 신탁을 자산의 승계 도구 또는 하나의 기업조직 수단으로 활용할 가능성도 열어 두고 있다.

그동안 서울대학교 금융법센터는 신탁의 중요성을 감안하여 2006년 (제17호 '신탁의 법률문제'), 2010년(제39호 '신탁제도 개혁의 과제와 전망') 및 2013년(제62호 '개정 신탁법의 실무상 쟁점') 등 세 번에 걸쳐 신탁관련 특집 BFL저널을 발간한 바 있다. 이번 BFL총서는 위 발간된 주요 논문들을 기본으로 구성된 것이다.

신탁제도는 영미의 형평법에 터 잡고 있는바, 우리 법의 원류인 대륙법적 사고방식과는 상당한 차이가 있다. 여기에 상속, 유언 등과 밀접하게 관련되는 민사신탁·영업활동 및 투자의 수단적 성격이 강한 상사신탁이 함께 얽히면, 기존의 우리 민법·상법 법리를 그대로 적용하기 어려운 쟁점이 많이 발생한다. 우리나라에서 본격적으로 신탁법을 연구한 기간은 상대적으로 짧고 개정 신탁법이 시행된 지도 얼마 되지 않은지라, 아직 다양한 법적 문제점이 정리되지 않은 상태로 남아 있다. 이론적·실무적으로 중요한 여러 쟁점을 빠뜨리지 않고 다루려다 보니 원래의 기획과 달리 책의 분량이 크게 늘어나게 되었다. 이에 이번 총서는 제1·2권으로 나누어 발간하였다. 여기에 실리는 글 대부분은 BFL저널에 게재되었던 것을 개정·보완한 것이지만, 제1·2권 발간에 따른 지면의 여유와 쟁점들의 충분한 정리 측면을 고려하여 저널에 게재되지 않았던 4편의 논문도 포함하였다. 그중 일부는 편집자들의 의뢰를 받은 필자가 본 총서를 위하여 새로이 집필한 것이다.

이 책은 크게 네 부분, 즉 「제1부 총설」, 「제2부 신탁의 성립」, 「제3부 신탁의 전개」, 「제4부 관련 문제」로 구성되어 있다. 제1권에는 제1부와 제2부가, 제2권에는 제3부와 제4부가 각기 나뉘어 수록되었다. 제1권 중의 「제1부 총설」에는 신탁의 기본 구조 및 개정 신탁법을 개관하는 두 편의 글이 포함되어 있다. 「제2부 신탁의 성립」에 실린 일곱 편의 글은 신탁설정의사, 신탁재산, 신탁등기 등 신탁이 성립하기 위하여 필요한 여러 요건 및 절차뿐 아니라 신탁선언, 사해신탁의 취소, 수탁자의 지위 등 신탁의 적법성에 관련된 여러 쟁점들을 다루고 있다. 제2권 중의 「제3부 신탁의 전개」에 실린 일곱 편의 글은 유한책임신탁, 수익 증권발행신탁, 부동산신탁, 유언대용신탁, 특정금전신탁, 신탁변경, 자산유동화 등 다양한 유형의 신탁운영에 따른 쟁점을 다루고 있다. 마지막 「제4부 관련 문제」에는 신탁의 세무적·국제적 측면과 함께 일본 신탁법제와의 비교를 다룬 세 편의 글이 실려 있다.

이 두 권의 책에는 도합 19편의 글이 담겨 있는바, 기고하여 주신 필자들은 신탁법의 최고 전문가로서 분주한 가운데에도 논문을 작성·기고하신 데에 이어, 다시 최근의 상황에 맞게 이를 업데이트하는 등 귀한 시간을 할애해 주셨다. 필자들께 감사의 말씀을 드린다. 서울대학교 금융법센터의 설립 이래 동 센터와 BFL의 발전에 크게 공헌하신 김건식 교수님을 비롯하여 금융법센터의 전·현직 센터장으로서 본 총서의 발간을 물심양면으로 적극 도와주신 박 준, 한기정 교수님께 심심한 사의를 표하고 싶다. 이 책의 출간과정에서 번거로운 일을 도맡아 처리해 준 도서출판 소화의 관계자들과 서울대학교 금융법센터의 이경희 씨에게도 깊이 감사드린다.

2014년 10월

공동편저자 정순섭·노혁준

차례

머리말 ··· 5

제1부 총설

제1장 신탁의 기본 구조에 관한 연구   정순섭

   I. 서론 ··· 23
   II. 신탁의 의의와 기능 ··· 26
      1. 신탁의 의의
      2. 신탁의 발전
      3. 신탁의 기능
   III. 신탁의 기본적 구조 — 신탁수익권의 법정 성질 ··· 30
      1. 개관
      2. 채권설
      3. 실질적 법주체성설
      4. 제한적 권리이전설
      5. 수물권설
      6. 부동산신탁 · 금전신탁 분리설
      7. 정리
   IV. 신탁의 성립 ··· 39
      1. 개관
      2. 재산권의 이전, 기타의 처분
      3. 일정한 목적에 따른 재산권의 처분 또는 관리
      4. 신탁설정의사
   V. 유한책임신탁의 가능성과 신탁의 파산 ··· 46
      1. 개관
      2. 유한책임신탁의 가능성
      3. 신탁의 파산
   VI. 맺음말 ··· 49

제2장 개정 신탁법이 신탁 실무에 미치는 영향   오창석

   I. 서론 ··· 51
      1. 신탁법의 개정
      2. 신탁 실무의 현황
      3. 이하에서 살펴볼 개정 신탁법의 주요 내용

Ⅱ. 신탁의 정의 … 56
     1. 신탁재산의 관리방법을 포괄적으로 규정
     2. 신탁재산 범위의 확대
Ⅲ. 재신탁 및 공시 … 60
     1. 재신탁의 근거규정 마련
     2. 신탁의 공시
Ⅳ. 위탁자의 지위이전 … 65
     1. 문제점
     2. 개정 신탁법에서의 조항 신설
     3. 관련 문제
     4. 수익채권과 신탁채권의 관계
Ⅴ. 사해신탁 … 72
     1. 서론
     2. 구 신탁법 제8조의 내용 및 문제점
     3. 개정 신탁법의 구체적 내용 및 실무에 미칠 영향
     4. 실무에서의 전망
Ⅵ. 수익권 양도 … 93
     1. 수익권의 양도 및 질권설정
     2. 수익자의 의사결정
     3. 수익자의 취소권 및 유지청구권
     4. 수익증권발행신탁
Ⅶ. 유한책임신탁 … 102
     1. 신탁재산과 수탁자의 책임
     2. 유한책임신탁
     3. 신탁사채의 도입
     4. 신탁재산으로서의 영업과 수익증권발행신탁의 결합
Ⅷ. 신탁의 분할 · 합병 … 114
     1. 신탁의 변경
     2. 신탁의 합병
     3. 신탁의 분할
Ⅸ. 신탁의 파산 … 120
     1. 개정 신탁법의 내용
     2. 신탁 실무에 미칠 영향
Ⅹ. 결어 … 122

제2부 신탁의 성립

제3장   신탁선언의 연구   임채웅

   I.   들어가는 말 … 127

   II. 영국과 미국의 신탁선언 … 129

      1. 영국

      2. 미국

      3. 유럽 신탁법 기본 원칙

      4. 소결

   III. 일본 신신탁법 … 134

      1. 조문

      2. 신탁선언의 내용

   IV. 도입 여부에 대한 검토 … 139

      1. 들어가는 말

      2. 일본의 논의

      3. 필자의 견해

   V.   도입방안 등에 관한 검토 … 143

      1. 법리구성

      2. 우리나라의 개정안 검토

   VI. 맺는말 … 159

   보론 … 160

제4장   신탁의 성립과 신탁설정의사   정순섭
               ㅡ사채원리금 지급대행계약에 대한 판례를 중심으로ㅡ

   I.   머리말 … 165

   II. 사채원리금 지급대행계약의 법적 성질 … 168

      1. 의의

      2. 법적 성질

      3. 대법원 판결

   III. 신탁의 성립요건 … 182

      1. 개관

      2. 위탁자의 수탁자에 대한 재산권의 이전, 기타의 처분

      3. 수탁자의 일정한 목적에 따른 재산권의 처분 또는 관리

      4. 신탁설정의사

      5. 신탁설정의사의 객관적 확인

    IV. 수익자의 확정과 신탁관리인제도 ··· 197
        1. 신탁관리인제도의 의의
        2. 신탁관리인제도의 강행성
    V. 신탁업법의 적용 문제 ··· 199
        1. 신탁업의 인가
        2. 신탁업법의 적용 범위
    VI. 맺음말 ··· 202

제5장　신탁등기의 실무　　　　　　　　　　　　　　　　박상우
    I. 신탁의 공시 ··· 204
        1. 공시의 필요성
        2. 공시의 효력
        3. 공시의 방법
    II. 신탁등기 ··· 210
        1. 개관
        2. 신탁설정등기
        3. 신탁변경등기
        4. 신탁종료(말소)등기
    III. 재건축절차와 신탁등기 ··· 232
        1. 서언
        2. 종전 토지 및 건물등기부에 마쳐진 신탁등기의 처리
        3. 재건축절차에 있어 신탁등기의 의미

제6장　신탁재산의 형성과 법적 인식 ―인격차용과 신탁재산의 독립성―　이중기
    I. 신탁의 목적재산 형성기능과 존속기능 ··· 237
        1. 신탁의 인격차용능력과 신탁재산의 독립성
        2. 인격제공방식의 비교―인격차용과 인격설정
    II. 신탁설립의 인격차용 ― '출연자'로부터의 재산분리기능 ··· 240
        1. '인격제공'을 통한 재산분리
        2. 신탁설립의 조직격리기능
        3. 방어적 재산분리효과 : 소유자격리―출연자의 유한책임
        4. 수익자격리의 대가 ―소유자의 내부화에 따른 후순위화
    III. 신탁존속 중의 인격차용 ― 수탁자로부터 신탁재산의 분리 ··· 248
        1. 수탁자인격 차용 시 특징
        2. '신탁재산' 격리의 효과 ―'고유재산'에 생긴 위험으로부터 신탁재산의 격리
        3. '수탁자' 격리의 효과 ―'신탁재산'에 생긴 위험으로부터 수탁자의 격리

    IV. 법인설립과 비교한 신탁설립의 장점과 단점 ··· 252
        1. 수탁자의 인격차용은 어떠한 점에서 불리한가
        2. 장점 I—수탁자의 고유재산제공기능
        3. 장점 II—신탁의 목적재산분별능력
        4. 장점 III—합동운용에 의한 규모의 경제 실현
    V. 신탁의 다양한 인격차용방안—사업신탁을 중심으로 ··· 261
        1. '개인'에 의한 사업신탁의 인수 혹은 신탁선언
        2. '신탁업자'에 의한 사업신탁의 인수 혹은 신탁선언
        3. '기업'에 의한 사업신탁의 인수
        4. '법인수탁자' 설립을 통한 사업신탁의 인수 대 사업법인의 설립
        5. 영리기업의 신탁선언으로 설립되는 사업신탁

제7장   개정 신탁법상 사해신탁취소제도의 개관   오창석
    I. 신탁법의 개정과 사해신탁취소제도 ··· 270
    II. 사해신탁취소권과 관련하여 ··· 273
        1. 사해신탁의 성립요건
        2. 사해신탁취소권의 행사
        3. 사해신탁취소권행사의 효과
        4. 선의의 신탁채권자 보호(개정 신탁법 제8조 제4항)
        5. 사해신탁의 억제를 위한 손해배상책임(개정 신탁법 제8조 제6항)
    III. 악의의 수익자에 대한 수익권양도청구권 ··· 314
    IV. 사해신탁취소권과 다른 유사 제도의 비교 ··· 316
        1. 수익자의 취소권과의 관계
        2. 신탁선언의 목적의 제한과의 관계
        3. 도산절차에서 신탁행위의 부인과의 관계
    V. 맺음말 ··· 318

제8장   개정 신탁법상 수탁자의 권한과 의무, 책임   이연갑
    I. 서론 ··· 320
    II. 수탁자의 신탁사무처리에 관한 권한 ··· 321
        1. 의의
        2. 권한의 내용
        3. 수탁자의 권한행사에 대한 통제
        4. 권한을 넘는 행위의 효력
    III. 수탁자의 의무 ··· 329
        1. 신탁사무처리의무

　　　2. 선관의무(제32조)

　　　3. 충실의무

　　　4. 공평의무(제35조)

　　　5. 분별관리의무(제37조)

　　　6. 정보제공의무(제39조, 제40조)

　　　7. 자기집행의무(제42조)

　Ⅳ. 수탁자의 의무위반에 대한 책임 … 342

　　　1. 원상회복의무 · 손해배상의무

　　　2. 이득반환의무

　　　3. 책임의 면제

　Ⅴ. 수탁자의 보수 및 비용상환청구권 … 344

　　　1. 신탁재산으로부터 보수를 받을 권리

　　　2. 신탁재산으로부터 비용을 상환받을 권리

　　　3. 수익자에 대한 보수청구권 · 비용상환청구권

　Ⅵ. 수탁자의 변경에 따른 권리 · 의무의 승계 … 355

　　　1. 권리의 승계

　　　2. 수익자에 대한 채무의 승계

　　　3. 제3자에 대한 채무의 승계

　Ⅶ. 결론 … 358

제9장　영국과 미국의 사채수탁회사의 역할　　　　　　　　　　윤영신

　Ⅰ. 서론 … 359

　Ⅱ. 영국과 미국의 사채수탁회사의 법적 지위 및 권한과 의무 … 362

　　　1. 총설

　　　2. 사채수탁회사의 법적 성격

　　　3. 수탁회사의 자격, 선임 및 종임

　　　4. 수탁회사의 역할

　　　5. 수탁회사의 의무 및 책임

　Ⅲ. 영미의 수탁회사에 의한 사채관리의 비용과 편익 … 381

　Ⅳ. 우리나라의 사채관리체제 구축에의 시사점 … 384

　　　1. 사채관리회사의 역할이 효과적인 환경

　　　2. 사채관리회사제도의 효과 달성을 위한 법적 기반

찾아보기 … 393
편저자 약력 … 398

【제2권】

제3부 신탁의 전개

제10장 유한책임신탁   오영준
  I. 유한책임신탁제도의 도입 … 23
      1. 현행 신탁법상 수탁자의 책임
      2. 유한책임신탁제도의 도입
  II. 유한책임신탁의 요건 및 구조 … 35
      1. 개요
      2. 유한책임신탁의 요건
      3. 유한책임신탁으로의 변경 또는 유한책임신탁의 폐지
  III. 유한책임신탁의 효과 … 41
      1. 개요
      2. 유한책임신탁의 효과
      3. 고의 · 과실의 불법행위로 인한 제3자에 대한 책임
      4. 수탁자의 고의 또는 중과실의 임무해태로 인한 제3자에 대한 책임
      5. 허위 기재 · 기록, 허위 등기 · 공고로 인한 제3자에 대한 책임
  IV. 그 밖의 신탁채권자의 보호를 위한 제도 … 52
      1. 수탁자의 회계서류작성의무
      2. 수익증권발행 유한책임신탁에 대한 외부감사제도
      3. 수익자에 대한 급부의 제한과 초과급부에 대한 전보책임
  V. 신탁재산의 청산 및 파산 … 56
      1. 유한책임신탁의 청산
      2. 유한책임신탁의 파산

제11장 신탁과 수익증권발행   심인숙
  I. 머리말 … 61
  II. 수익증권발행 … 62
      1. 수익증권발행 적격
      2. 수탁자의 권한과 의무
      3. 부분적 유가증권화
      4. 수익증권의 형식과 요식증권성
      5. 수익증권의 부동화 · 무권화 — 수익증권은 반드시 실물로 발행하여야 하는지 여부
      6. 수익자명부
  III. 수익증권의 유통 … 69

　　1. 수익증권의 양도
　　2. 수익증권에 대한 질권설정
　　3. 권리추정력 및 선의취득
　Ⅳ. 수익증권발행 시 수익자의 권리행사 … 75
　　1. 무기명수익증권
　　2. 수익증권의 공유
　　3. 수익자의 의사결정
　　4. 위탁자의 권리제한
　　5. 수익자의 책임
　　6. 기준일제도 도입
　　7. 기타
　Ⅴ. 신탁사채 도입 … 84
　Ⅵ. 자본시장법 개정논의 … 86
　Ⅶ. 맺는말 … 86

제12장　부동산신탁의 쟁점　　　　　　　　　　　　　신영수 · 윤소연
　Ⅰ. 서론 … 87
　Ⅱ. 부동산신탁의 담보 목적 활용 … 89
　　1. 담보 목적 부동산신탁의 필요성과 장점
　　2. 신탁법상 새로운 신탁제도의 담보 목적 활용
　　3. 담보 목적 부동산신탁의 활용방안
　　4. 담보 목적 부동산신탁과 도산절연
　Ⅲ. 실무상 쟁점 … 113
　　1. 수동신탁 문제
　　2. 미등기건물의 담보신탁
　　3. 소유권이전등기청구권의 신탁
　　4. 수익권(소유권이전등기청구권)에 대한 강제집행
　　5. 신탁원부의 대항력
　　6. 신탁종료에 따른 분양자지위승계약정 시 하자담보책임의 승계
　　7. 분양형 토지신탁의 비용보상청구권과 수익권 포기
　　8. 부동산신탁과 배임죄
　Ⅳ. 부동산신탁과 조세 및 공과금 … 127
　　1. 법인세 및 소득세
　　2. 재산세
　　3. 취득세
　　4. 간주취득세

5. 부가가치세

6. 지역자원시설세

7. 종합부동산세

8. 위탁자의 조세체납에 따른 신탁부동산에 대한 조세압류

9. 개발부담금

10. 환경개선부담금, 교통유발부담금 및 도로점용료

제13장 신탁제도를 통한 재산승계
―유언대용신탁과 수익자연속신탁을 중심으로―   정소민

I. 서론 ··· 134

II. 신탁의 구조 ··· 136

III. 유언대용신탁 ··· 138

  1. 개념 및 의의

  2. 유언대용신탁의 설정

  3. 유언대용신탁에서 수익자의 권리

  4. 유언대용신탁의 기능

  5. 유언대용신탁과 관련하여 생각해 볼 문제

IV. 수익자연속신탁 ··· 155

  1. 의의

  2. 수익자연속신탁의 유효성

  3. 영구불확정금지의 원칙과 수익자연속신탁의 존속 기간

  4. 수익자연속신탁에서 수익자가 더 이상 존재하지 않는 경우

V. 신탁을 이용한 재산승계에 대한 전망 ··· 162

VI. 결어 ··· 165

제14장 특정금전신탁 투자자의 보호를 둘러싼 법적 문제   안수현

I. 서론 ··· 167

II. 신탁의 금융투자상품화 현황 ··· 172

  1. 신탁의 의의

  2. 신탁의 유형

  3. 수탁 가능한 신탁재산

  4. 신탁을 업으로 하는 '신탁업'

  5. 특정금전신탁의 특징과 이용 현황

III. 자본시장법상의 투자자보호장치 내용과 검토 ··· 196

  1. 자본시장법상 특정금전신탁 투자자를 위한 보호장치

  2. 특정금전신탁의 투자자보호 관련 문제점과 한계

IV. 최근 특정금전신탁 관련 감독기관의 감독강화방안 검토 ··· 213

1. 감독강화방안의 구체적 내용
2. 평가
3. 개선방안
V. 결론 … 232

제15장 신탁제도 개혁과 자산유동화   한 민
I. 서설 … 233
II. 신탁을 이용한 자산유동화거래 개관 … 237
III. 담보권신탁 … 240
1. 신탁법 개정 전
2. 개정 신탁법에 의한 영향
IV. 자기신탁(신탁선언에 의한 신탁) … 257
1. 신탁법 개정 전
2. 개정 신탁법에 의한 영향
V. 유한책임신탁 … 267
1. 신탁법 개정 전
2. 개정 신탁법에 의한 유한책임신탁
VI. 신탁사채 … 269
1. 신탁법 개정 전
2. 개정 신탁법에 의한 영향
VII. 결어 … 272

제16장 신탁변경, 수탁자변경과 신탁합병 및 분할   노혁준
I. 들어가면서 … 274
II. 신탁변동의 유형과 입법례 … 275
1. 신탁변동의 유형
2. 입법례
III. 일반적 신탁변경(신탁법 제88조) … 281
1. 신탁변경의 요건
2. 신탁변경의 한계
3. 신탁변경의 효과
IV. 수탁자의 변경 … 288
1. 개관
2. 구 수탁자의 임무종료 및 신수탁자의 선임
3. 수탁자변경의 법적 효과
V. 신탁의 합병 … 298
1. 신탁합병의 요건 및 절차

　　　2. 신탁합병의 효과
　Ⅵ. 신탁의 분할, 분할합병 및 관련 문제 … 304
　　　1. 신탁분할, 분할합병 시의 신탁채권자보호
　　　2. 관련 문제
　Ⅶ. 맺으면서 … 311

제4부 관련 문제

제17장　신탁의 법률 문제 ―신탁법과 세법―　　　　　　김동수 · 마영민

　Ⅰ. 서론 … 317
　Ⅱ. 신탁거래에 관한 과세이론 … 319
　　　1. 신탁도관설
　　　2. 신탁실체설
　Ⅲ. 현행 세법상 신탁거래에 대한 과세제도의 개관 … 321
　　　1. 소득세
　　　2. 법인세
　　　3. 부가가치세
　　　4. 지방세
　　　5. 상속세 및 증여세
　Ⅳ. 개별 신탁상품 관련 세법상 쟁점 … 338
　　　1. 자본시장법에 따른 부동산집합투자기구의 경우
　　　2. 집합투자증권의 전환과 이자 · 배당소득의 과세 계기
　　　3. 간접투자와 직접투자의 조세 중립성 문제
　　　4. 해외 투자와 국내 투자의 조세 중립성 문제
　Ⅴ. 맺음말 … 350

제18장　신탁과 국제사법　　　　　　　　　　　　　　석광현

　Ⅰ. 머리말 … 353
　　　1. 신탁
　　　2. 논의의 범위
　Ⅱ. 국제신탁의 준거법―헤이그신탁협약 … 358
　　　1. 협약의 특징과 체제
　　　2. 협약의 범위(제Ⅰ장)
　　　3. 신탁의 준거법(제Ⅱ장)
　　　4. 신탁의 승인(제Ⅲ장)
　　　5. 신탁의 준거법 및 승인에 대한 강행법규와 공서에 의한 제한

Ⅲ. 국제신탁의 준거법─우리 법의 해석론 … 372
　　1. 논점의 정리
　　2. 신탁의 성질결정의 일반 이론
　　3. 신탁계약에 의하여 설정되는 생전신탁의 준거법
Ⅳ. 국제신탁의 국제재판관할 … 381
　　1. 국제사법에 따른 국제재판관할규칙
　　2. 수익권에 관한 소─특히 신탁재산이 부동산인 경우
　　3. 신탁의 외부 관계
　　4. 신탁의 내부 관계
　　5. 신탁계약상의 관할합의
Ⅴ. 국제신탁에 관한 실무상의 몇 가지 논점 … 390
　　1. 사채신탁
　　2. 담보부사채신탁
　　3. 담보권의 신탁
　　4. 투자신탁(신탁형태의 집합투자기구)
Ⅵ. 맺음말─장래의 과제 … 402

제19장　일본에서의 신탁 실무와 신탁법리의 전개　　안성포

Ⅰ. 들어가며 … 404
Ⅱ. 일본 신탁제도 규율체계의 전개 … 405
　　1. 신탁제도의 도입 배경
　　2. 신탁업계의 규제와 신탁법 및 신탁업법의 제정
　　3. 겸영법의 성립
　　4. 신탁을 이용한 집단투자스킴
　　5. 2006년 신탁법 제정 및 신탁업법의 개정
　　6. 2006년 금융상품거래법의 제정
Ⅲ. 신탁법제와 신탁 실무의 부정합성과 그 해결법리 … 426
　　1. 신탁법과 신탁업법의 관계
　　2. 의제신탁법리에 의한 신탁행위의 외연 확장
　　3. 신탁법상 임의규정에 관한 법해석의 한계
　　4. 신탁의 실질을 반영한 타익신탁과 자익신탁의 구분
　　5. 신탁수익권에 대한 금상법규제의 문제점
Ⅳ. 여론 … 459

찾아보기 … 462
편저자 약력 … 466

01

총설

제1장   신탁의 기본 구조에 관한 연구
제2장   개정 신탁법이 신탁 실무에 미치는 영향

01

신탁의 기본 구조에 관한 연구[*]

정순섭[**]

I. 서론

비교법학자들에게 영미법과 대륙법의 차이를 설명하는 좋은 사례가 되어 왔던 신탁에 관한 논의는 오늘날 보다 현실적인 의미를 가지게 되었다.

영미식 신탁제도는 많은 대륙법계 국가에서 수입되어 있고,[1] 가족 내 재산관리수단으로서의 전통적인 기능을 떠나 현대 자본시장의 중요한 법적 도구로 사용되고 있다. 우리나라도 비록 일본을 통하기는 하였지만, 영국에서 발달하여 미국에 계수된 신탁제도를 실정법으로

---

* 이 논문은 BFL 제17호(2006. 5)에 게재된 글을 수정 · 보완한 것이다.
** 서울대학교 법과대학 · 법학전문대학원 교수
1) 현재 미국 루이지애나주, 캐나다 퀘벡주, 스코틀랜드, 리히텐슈타인, 이스라엘, 네덜란드, 일본, 한국, 대만, 중국 등 많은 대륙법계 국가 또는 대륙법의 영향을 받은 국가에서 신탁제도를 도입하고 있다.

도입하였다.[2] 이후 신탁법을 기초로 한 신탁법리는 경제분야, 특히 금융 영역에서 매우 높은 이용도를 보여 왔으며, 금융시장의 중요한 기본 법률의 하나로 자리 잡고 있다. 신탁의 금융에서의 활용은 특히 은행신탁상품, 자산유동화상품과 간접투자상품과 같은 상품설계에서 매우 특징적인 발전을 보이고 있다.

최근 국제적으로 신탁법의 현대화를 위한 노력이 다양하게 전개되고 있다. 이러한 현상은 신탁의 모국이라고 할 수 있는 영국과 미국 등 영미법계 국가는 물론 전통적으로 신탁제도에 친하지 않은 대륙법계 국가에서도 발견되고 있다. 영국은 2000년 '수탁자 법(Trustee Act)'을 제정하였으며, 미국도 주 신탁법의 통일을 위하여 2000년 '통일신탁법전(Uniform Trust Code)'을 제정하였다.[3] 일본은 2006년 제정 이후 80년 만에 신탁법을 개정하였다. 한편 국제화를 위한 노력으로는 헤이그국제사법회의에서 신탁을 인정하지 않는 국가에서의 다른 국가에서 설정된 신탁의 승인을 촉진하기 위하여 작성한 '신탁의 준거법과 승인에 관한 협약 1985'를 들 수 있다.[4] 유럽 차원의 신탁법리 통일을 위한 유럽신탁법원리(Principles of European Trust Law)의 발표도 그러한 사례로 들 수 있다.[5]

---

2) 우리나라는 1961년 12월 30일 종전의 조선민사령에 의하여 국내에 적용되던 일본의 신탁법을 폐지하면서 신탁법을 새로이 제정하였다. 신탁법 부칙〈제900호, 1961. 12. 30〉 제2조 (법령의 폐지) 조선민사령 제1조 제7호의2는 이를 삭제한다.

3) 미국의 통일신탁법전에 대해서는 우선 David M. English, The Uniform Trust Code (2000) : Significant Provisions and Policy Issues, 67 Missouri Law Review 143 (2002) 참조. 일본 문헌으로는 大塚征民／樋口範雄 編, 現代アメリカ信託法, 有信堂, 2002 참조. 이 일본 문헌은 우리나라에도 번역되어 있다. 명순구／오영걸 역, 현대미국신탁법, 세창, 2005.

4) Convention on the Law Applicable to Trusts and on Their Recognition 1985.

5) David J. Hayton／S. C. J. J. Kortmann／H. L. E. Verhagen (eds.), Principles of European

이러한 현상은 경제활동 특히 금융거래의 국제화와 함께 신탁이 가지는 상거래 활성화기능에 다시 주목하게 된 결과라고 평가된다. 그러나 우리나라에서는 신탁법리가 가지는 이러한 중요성에도 불구하고 많은 이론적 관심의 대상이 되지 못하였던 것이 사실이다. 많은 이유가 있겠지만, 무엇보다도 신탁법리는 우리 법이 기반으로 하고 있는 대륙법이 아닌 영미법의 소산이라는 인식에 기인하는 것으로 생각된다. 그러나 후술하는 바와 같이 이미 실정법에 의하여 도입되어 이용되고 있는 현실을 무시할 수는 없을 것이다.

신탁에 관한 법적 문제는 우선 저촉법적 차원과 실질법적 차원으로 나누어 살펴볼 수 있다. 저촉법적으로는 다른 나라에서 형성된 신탁의 승인과 준거법이 문제 된다. 이는 특히 신탁을 허용하지 않는 국가에서 더욱 중요한 문제가 된다. 신탁의 국제적 발전에 따라 신탁을 인정하지 않는 국가에서의 신탁에 관한 준거법의 선택 및 승인에 관한 문제가 점점 중요성을 더해 가고 있다. 한편 실질법적으로는 신탁이 보통법(common law)과 형평법(equity)의 분리라는 영미법 고유의 제도적 산물이라는 점에서 그와 같은 법체계의 분리를 알지 못하는 국가에서 신탁법리의 사법체계상 지위 혹은 신탁의 기본 구조를 어떻게 파악할 것인지의 문제이다. 신탁에 관한 저촉법적 문제는 별도로 논의될 예정이므로 본고에서는 신탁의 실질법 문제를 중심으로 검토한다.[6]

이하 본고에서의 논의는 먼저 II. 신탁의 의의와 기능에서 신탁법 제1조에 규정되어 있는 신탁의 정의규정을 중심으로 신탁의 일반적 의

Trust Law, Kluwer Law International (1999). 일본 문헌으로는 新井誠 編, 歐洲信託法
の基本原理, 有斐閣, 2003 참조.
6) 석광현, "국제금융에서의 신탁과 국제사법," BFL 제17호(2006. 5), 서울대학교 금융
법센터, 60면.

의를 살펴보고, 그 역사적 발전과 경제적 기능에 관한 논의를 간략히
정리한다. III. 신탁의 기본적 구조에서는 신탁법에서 가장 중요하면서
도 가장 난해한 문제인 신탁수익권의 법적 성질을 검토한다. 이는 우
리 신탁법의 모델이 된 일본에서도 그 입법 당초부터 많은 논란의 대
상이 되어 온 것으로서 신탁법리의 적정한 운용을 위해 반드시 정리
되어야 할 과제라고 할 수 있다. IV. 신탁의 성립에서는 신탁의 성립
요건을 위탁자에 의한 재산의 처분과 수탁자의 관리 · 처분, 그리고
신탁설정의사의 세 가지로 구분하여 살펴본다. 특히 신탁계약의 요물
계약성, 단독행위에 의한 신탁설정의 가부, 수동신탁의 가부, 묵시적
의사에 의한 신탁의 설정 가부의 네 가지가 중요한 논점이 될 것이다.
V. 유한책임신탁의 가능성과 신탁의 파산에서는 수탁자의 제3자에 대
한 계약상 책임과 관련하여 발생하는 책임의 범위에 관한 논의와 함
께 이를 신탁재산으로 한정할 수 있는 입법을 제안하고 있다. 수탁자
의 책임제한에 관한 이러한 논의는 신탁의 파산에 관한 제도 정비와
함께 이루어져야 하는 점에 대해서도 논의한다. VI. 맺음말에서는 이
상의 논의를 정리하고 결론을 제시한다.

II. 신탁의 의의와 기능

1. 신탁의 의의

신탁법상의 신탁은 재산권을 가진 자(위탁자 또는 신탁설정자, settlor)
가 관리자(수탁자, trustee)와의 특별한 신임관계에 기하여 자기 또는 제
3자(수익자, beneficiary)의 이익을 위해 해당 재산권을 수탁자에게 관리

하게 하는 제도이다.[7] 이러한 점에서 신탁법상의 신탁은 '타인을 이용
한 사무처리제도' 혹은 '재산관리제도'로서 민법상의 대리 · 위임 · 임
치나 상법상의 익명조합 · 위탁매매 등과 유사한 제도라고도 볼 수 있
다. 제도로서 신탁의 가장 중요한 특징은 신탁재산을 수탁자의 소유
로 완전 이전하면서, 이전된 신탁재산을 수익자를 위해 관리 · 처분한
다는 제약을 수탁자에게 과하는 점이다. 이를 위한 제도적 전제로서
위탁자와 수탁자 간에는 신임관계의 존재를 요한다.

신탁법상 신탁의 개념은 대륙법상의 신탁행위 개념(Treuhand)과는
구분되어야 한다. 이것은 당사자가 일정한 경제적 목적을 달성하기
위하여 일방 당사자(신탁자)가 상대방(수탁자)에게 그 목적 달성에 필
요한 정도를 넘는 권리를 이전하고, 수탁자는 그 이전받은 권리를 당
사자의 경제적 목적을 넘어서 행사하여서는 아니 될 의무를 부담하게
하는 행위를 말한다. 이러한 신탁행위는 수익자에 해당하는 제3자가
대상재산에 대하여 물권적 권리를 보유하지 않는 점과 도산절차상 취
급에서 영미법상 신탁과 구분된다.[8]

---

7) 신탁법 제2조(신탁의 정의) 이 법에서 '신탁'이란 신탁을 설정하는 자(이하 '위탁자'
라 한다)와 신탁을 인수하는 자(이하 '수탁자'라 한다) 간의 신임관계에 기하여 수
탁자에게 특정의 재산(영업이나 저작재산권의 일부를 포함한다)을 이전하거나 담
보권의 설정 또는 그 밖의 처분을 하고 수탁자로 하여금 일정한 자(이하 '수익자'라
한다)의 이익 또는 특정의 목적을 위하여 그 재산의 관리, 처분, 운용, 개발, 그 밖에
신탁 목적의 달성을 위하여 필요한 행위를 하게 하는 법률관계를 말한다.
8) 대륙법상 신탁행위에서는 신탁자가 유일한 소유권자이므로 그가 원하는 경우 대상
권리를 언제든지 제3자에게 이전할 수 있다. 그러나 순수한 계약법상의 이행강제수
단을 통하여 수탁자의 의무이행을 요구할 수 있는 점에서 영미법상 신탁과 유사한
기능적 요소를 포함한다고 말할 수 있다. 新井誠, 財産管理制度と民法 · 信託法, 有
斐閣, 1999, 36-41면. 이에 대하여 상세한 논의는 Hein Kötz, Trust and Treuhand,
Vandenhoeck & Ruprecht (1963) 참조. 이 책의 일본어 번역본이 있다. ハイン · ケッツ
/三菱信託銀行信託研究會 譯, トラストとトロイハント: イギリス · アメリカとドイツの信託機
能の比較, 勁草書房, 1999. 특히 번역본의 127-154면 참조.

2. 신탁의 발전

영국에서 발생하여 미국을 거쳐 일본에 계수된 신탁법제를 도입한 우리나라의 경우 신탁제도의 바람직한 발전 방향을 모색하기 위해서는 영국과 미국 그리고 일본의 신탁 관련 이론과 실무의 궤적을 충실히 살펴볼 필요가 있다. 그런 연후에야 우리나라의 현실에 가장 적합한 발전 경로를 채택할 수 있을 것이다.[9]

신탁제도가 최초로 정립된 영국에서 신탁은 보통법과 형평법으로 이루어진 이원적 법체계의 산물이다. 즉 보통법상 권리구제제도의 형식적 엄격성과 미비점을 보완하기 위한 형평법상의 제도로서 발전하기 시작하였다. 미국의 경우 신탁법은 연방이 아닌 각 주의 입법권에 속한다. 많은 주의 신탁법은 체계적이고 포괄적인 입법이라고 할 수 없다. 이에 주법 통일을 위한 전국회의(National Conference of Commissioners on Uniform State Laws)는 각 주의 신탁법 제정을 위한 포괄적인 모델로서 통일신탁법전을 2000년 8월에 제정하였다.[10]

일반적으로 대륙법에 있어서 전반적인 신탁의 부재를 고려할 때에는 보통법과 형평법의 분화라는 영미법 고유의 현상이 대륙법에 존재하지 않는 사실에 주목할 가능성이 높다. 그러나 최근 들어 이른바 '형

---

9) 현행 신탁법은 외형상으로만 영미 신탁법을 그대로 받아들였을 뿐 내용상으로는 독일 민법학이 발전시킨 신탁행위이론을 오히려 더 많이 담고 있다고 하는 주장도 있다. 방석호, "저작권 신탁관리계약의 법적 의미와 분석," 민사판례연구 제27집 (2005), 654-655면. 그러나 우리 신탁법은 수익자에게 일종의 물권적 권리를 포함하고 있는 등 여러 가지 측면에서 독일의 신탁행위 개념과는 차이를 보이고 있다.

10) 미국법률협회(American Law Institute)는 다른 법분야에서와 마찬가지로 신탁법의 통일을 위하여 신탁법 리스테이트먼트를 편찬하였다. 현재 3종의 리스테이트먼트가 간행되어 있다. 그중 제1차와 제2차 리스테이트먼트는 1935년과 1957년에 각각 간행되었다. 1980년대 이후 제3차 개정 작업이 이루어지고 있으며, 1992년에 Prudent Investor Rule에 관한 부분이 간행되었다.

평법 없는 신탁'의 현실성과 가능성을 논하고 있는 견해에 따르면, 형평법의 부재가 신탁제도의 전반적인 부재현상을 설명해 주지는 못하는 것으로 알려져 있다.[11] 입법상 조치를 통하여 형평법의 부재에 따른 공백을 충분히 보완할 수 있다고 보기 때문이다. 따라서 문제는 좀 더 근원적인 것에서 찾아야 할 것으로 보인다.

그 이유는 영미식 신탁법리의 가장 중요한 특징인 재산권의 분화현상을 대륙법에서는 토지에 대한 봉건적 제약으로 간주하였던 데 기인하는 것으로 보인다.

일본의 신탁법제는 기본적으로 미국에서 발전한 근대적인 신탁제도를 계수한 것이라고 할 수 있다. 일본 신탁법제의 중심인 신탁법 및 신탁업법은 영미의 판례법상의 규범을 기초로 하면서 구체적인 조문화에 있어서는 인도 신탁법이나 미국 캘리포니아 민법전을 참고로 하였다고 알려져 있다.[12] 따라서 일본 신탁법제의 모법은 영미법, 보다 구체적으로는 미국법이라고 할 수 있다.

3. 신탁의 기능

신탁은 신탁재산의 관리 · 운용에 관한 다양한 상품조성구조와 각종 금융상품을 설계하기 위한 '틀'의 제공을 가능하게 한다. 이러한 신탁의 상거래 활성화기능은 신탁이 가진 도산격리(insolvency protection), 도관과세(conduit taxation), 신인법(fiduciary regime), 구조의 유연성(flexibility

---

11) Michael Bryan, "Reflections on Some Commercial Applications of the Trust," Ian Ramsay, Key Developments in Corporate Law and Trusts Law : Essays in Honour of Professor Harold Ford, LexisNexis (2002). 본고에서는 초고인 Michael Bryan, Reflections on Commercial Applications of the Trust (2001) 세미나 발표 원고를 참조하였다.

12) 中野正俊, 信託法講義, 酒井書房, 2005, 1면.

in design)의 네 가지 요소를 기초로 한다.[13] 우선 도산격리에 대해서는
신탁법의 중요한 역할은 신탁 당사자 간 관계의 규율이 아니라 이들
당사자와 제3자 간의 관계의 규율에 있다는 점에서 출발한다. 이 후자
의 관계는 계약으로 쉽게 정립할 수 있는 문제가 아니다. 특히 신탁법
은 채권자와의 관계에서 자산 중 일부를 분리하여 독립적인 취급을 가
능하게 한다. 이것이 바로 신탁의 도산격리효과이다. 따라서 신탁법의
핵심적인 기능은 계약법(contract law)적인 것이 아니라 재산법(property
law)적인 것이라고 할 수 있다.[14] 그리고 구조의 유연성과 관련하여 신
탁법은 가장 자유로운 회사법하에서 훨씬 탄력적인 조직구조 형성을
가능하게 한다.[15]

III. 신탁의 기본적 구조 ─ 신탁수익권의 법적 성질

1. 개관

신탁의 기본적 구조에 대한 논의를 위해서는 보다 근본적인 문제로
서 신탁법리와 민법을 중심으로 하는 일반 사법법리 간의 이질성의
중화와 체계적 정합성이라는 관점에서의 검토가 선행되어야 한다. 이
를 위해서는 우선 신탁법리의 사법체계상 지위에 대한 전반적인 재검

---

13) 이에 대해서는 John Langbein, The Secret Life of the Trust : The Trust as an
   Instrument of Commerce, 107 Yale Law Journal 176 (1997) ; Henry Hansmann / Ugo
   Mattei, The Functions of Trust : A Comparative Legal and Economic Analysis, 73
   New York University Law Review 434 (1998) 참조.
14) Henry Hansmann / Ugo Mattei, 앞의 논문(주 13), pp.469-472.
15) Henry Hansmann / Ugo Mattei, 앞의 논문(주 13), pp.472-478.

토가 필요하다. 이는 결국 영미법상 신탁제도의 기본 구조를 결정하
는 보통법과 형평법의 구별 및 그 체계상 지위와 효력 관계 등에 상응
하는 법리를, 그러한 구별을 알지 못하는 대륙법에 기초한 우리 사법
체계에서 구축하는 방안을 모색하는 문제라고 할 수 있다. 그러나 본
고에서는 신탁법리의 사법체계상 지위를 형평법의 부재를 입법적으
로 보완하는 특별법과 일반법 관계라는 정도의 일반적인 인식만으로
끝을 맺고, 이 문제는 추후의 연구과제로 한다.[16]

신탁의 기본적 구조에 관한 논의는 수익자가 신탁재산에 대하여 가
지는 권리 혹은 수탁자가 신탁재산에 대하여 가지는 권리의 법적 성
질을 중심으로 한 것이다. 결국 신탁을 순수하게 채권적인 것으로 이
해할 것인지 아니면 보다 대세적인 (물권적인) 것으로 이해할 것인지에
관한 입장의 차이라고 할 수 있다. 우리 신탁법의 모델이 된 일본에서
도 신탁의 기본적 구조에 관하여는 신탁법 입법 당초부터 현재까지
논란이 이어지고 있다. 이러한 논의는 신탁법의 제반 규정을 일관성
있게 이해하기 위한 전제가 된다. 예컨대 수탁자의 충실의무 대상에
관하여 채권설에서는 수익자, 실질적 법주체성설에서는 신탁재산, 그
리고 상대적 권리이전설에서는 위탁자라고 주장하게 된다. 그리고 수
탁자의 신탁재산에 대한 점유형태도 채권설에서는 자주점유, 실질적
법주체성설에서는 타주점유로 보게 된다.

이하 주로 일본에서의 논의를 중심으로 신탁법상 신탁수익권의 법

---

16) 이와 관련하여 우리 신탁법의 모델을 제공한 일본에서는 상당한 논의가 이루어져
왔다. 일본에서도 신탁법리 형성의 연혁적인 과정을 중시하여 일본의 사법체계상
신탁법리는 '물 위에 뜬 기름과 같이 이질적인 존재'라고 하여 '신탁의 법리를 대륙
법 법리에 안이하게 접합하는 것을 경계'하는 것이 여전히 일반적인 입장을 대변한
다고 할 수 있다. 이에 대해서는 우선 道垣內弘人, 信託法理と私法體系, 有斐閣, 1995,
1-17면 참조.

적 성질을 중심으로 신탁의 기본 구조에 관한 학설의 발전을 정리하
고 결론을 제시한다.[17] · [18]

2. 채권설[19]

채권설에서는 신탁수익권을 수탁자에 대한 채권으로 설명한다. 이

---

17) 이하 일본에서의 학설에 대한 소개는 新井誠, 信託法, 有斐閣, 2002, 29-62면을 참
  조하였다.

18) 이에 관한 영국과 미국의 학설의 추이를 정리하면 다음과 같다. 먼저 영국에서는
  19세기 후반의 법원제도개혁에 의한 형평법법원(Court of Equity ; Chancery)과 보
  통법법원(Common Law Court)의 통합을 전후하여 논의 내용이 약간 다르다. 법원
  제도개혁 전에는 신탁재산에 관하여 수탁자가 보통법상의 소유권(legal ownership)
  을, 수익자가 형평법상의 소유권(equitable ownership)을 각각 보유함으로써 신탁재
  산에 관하여 이중보유관계(double ownership)가 성립한다는 신탁재산이중소유설
  이 지배적이었다. 그리고 수탁자는 신탁재산에 대한 보통법상의 권원(legal title)과
  신탁 목적에 따라 관리 · 처분할 수 있는 수탁소유권(trust ownership)을 가지는 데
  불과하고, 수익자가 가지는 수익권은 신탁재산에 관한 물권적 권리(*jus in rem*)라
  고 하는 물권설도 있었다. 이에 대하여 법원제도개혁 후에는 신탁재산의 소유권이
  수탁자에게 완전히 귀속하고, 수익자는 신탁 목적에 따라 관리 · 처분할 것을 수탁
  자에게 요구할 수 있는 채권적 권리(*jus in personam*)를 가진다고 하는 채권설이
  메이틀랜드(F. W. Maitland)에 의하여 주장되어 특히 영국 외의 논의에 일정한 영
  향을 미쳤다. 현재 영국의 신탁법 학설은 신탁의 기본 구조에 관하여 반드시 명확
  한 이론구성을 보이고 있지는 않다.
  미국에서는 19세기 말경까지는 명확한 논의가 없는 채로 영국의 논의를 충실히 수
  입하고 있었지만, 19세기 말 이후 영국과 상당히 다른 논의가 나타나게 된다. 19세
  기 말부터 20세기 초에 걸쳐 에임스(J. B. Ames), 랭델(C. C. Langdell) 등이 주장한
  채권설이 통설적 견해를 구성하였지만, 미국의 채권설은 영국의 채권설과 기본적
  인 부분에서 차이가 있다. 1910년대 이후에는 물권설이 대두되기 시작하여 1930년
  에 물권설의 대표적 논자인 스코트(A. W. Scott)가 기초한 신탁법 리스테이트먼트
  제1판이 실질적으로 물권설을 채택함으로써 현재는 물권설이 통설적 견해를 구성
  하고 있지만, 이 미국의 물권설도 영국의 물권설과는 근본적으로 다른 특징을 가지
  고 있다. 이상 논의는 星野豊, 信託法理論の形成と應用, 信山社, 2004, 5-129면 참조.

19) 青木徹二, 信託法論(初版), 1926 ; 入江眞太郎, 全訂信託法原論, 1933 등이 대표적
  주창자이다. 新井誠, 앞의 책(주 17), 30-33면에서 재인용.

설에 따르면, 신탁행위(신탁법 제1조의 기본 구조)는 (i) '재산권의 이전 기타의 처분'과 (ii) '일정한 목적에 따른 관리 · 처분'이라는 두 가지 개념요소로 이루어져 있는데, 전자를 신탁행위가 가지는 '물권적 효력'으로, 후자를 신탁행위가 가지는 '채권적 효력'으로 규정하는 것이다. 이러한 이해에 따르면 1개의 신탁행위에 물권적 처분(물권이전의 실현)과 채권적 처분(채권적 구속의 설정)을 1세트로 실현하는 점에 신탁의 특색이 있는 것이다.

이 설에서는 (i)의 재산권의 이전은 '완전권의 이전'으로서 신탁행위의 대상인 재산권에 관하여는 관리 · 처분권뿐만 아니라 그 명의까지 포함하여 위탁자로부터 수탁자에게로 법률상 완전히 이전하게 된다. 한편 수탁자는 (ii)의 채권적 구속력을 통하여 신탁재산을 수익자의 이익을 위하여 활용해야 하는 제약을 받게 된다. 그리고 이 구속력은 수익자의 수탁자에 대한 채권적 청구권이라는 형태로 나타나게 된다.

채권설은 민법체계와의 정합성을 중시하여 판덱텐(Pandekten) 체계에 충실하게 신탁법을 해석하는 것으로서 일본 신탁법의 기초자인 이케다 도라지로(池田寅二郎) 박사 자신이 채권설을 따르고 있어 일본 신탁법의 구조도 기본적으로는 채권설적 발상에 친화력이 높은 것이라고 일반적으로 이해되고 있다.[20] 그러나 채권설은 수탁자의 신탁위반 처분에 대하여 수익자가 물권적 성질이 있는 취소권을 수탁자의 거래행위의 상대방인 제3자에 대하여 행사할 수 있는 점을 설명할 수 없다는 한계를 가지고 있다.

---

20) 판덱텐체계의 특색으로는 재산법과 가족법의 구분, 물권과 채권의 준별, 통칙으로서의 총칙규정의 설치 등을 들 수 있지만, 여기에서는 물권과 채권의 준별이 핵심이다. 채권설은 신탁법 제1조에서 규정하는 신탁행위의 기본 구조를 물권과 채권의 준별이라는 일본 민법전의 관점에서 분석하여 여기에 정합적인 해석을 부여하고자 하는 것이다.

3. 실질적 법주체성설[21]

이 설은 수탁자가 신탁재산에 대한 관리자로서의 명의 및 관리권을 가지고, 수익자는 수탁자에 대한 채권과 신탁재산에 대한 물적 권리를 보유한다는 입장이다. 구체적으로는 신탁재산의 실질적 법주체성의 승인(신탁재산의 독립성 강조), 수탁자의 관리자적 성격의 승인(수탁자의 소유자성 부인), 그리고 수익권의 물적 권리성의 승인(수익권의 단순한 채권성 부인)의 세 가지를 요체로 하는 주장이다.

첫째, 이 설은 신탁재산이 법형식상으로는 수탁자에게 귀속하기 때문에 수익자를 귀속 주체로 할 수 없는 한편, 신탁법상 인정되는 법적 효과 때문에 수탁자에 대한 완전권 귀속도 부정해야 할 것이므로 "신탁재산은 결국 실질적으로는 그 자체 독립한 주체가 될 수밖에 없다"고 주장한다.

둘째, 이 설은 신탁재산의 실질적 법주체성을 승인하는 결과로서 신탁재산에 관한 완전권의 수탁자에의 귀속이라는 채권설의 논리구성을 부정해야 할 것이라고 주장한다. 신탁관계에 있어서 신탁재산은 신탁 당사자(특히 수탁자 내지 수익자)에 대한 귀속관계가 문제될 뿐인 단순한 권리의 '객체'로서 존재하는 것은 아니기 때문이다. 이 때문에 이 설에서는 수탁자가 가지는 것은 완전권이 아니라 '명의'와 '관리권'이라고 이해하게 된다.

셋째, 이 설은 수익자는 신탁재산에 대한 급부청구권인 채권을 취득함과 동시에, 신탁재산에 대한 물적 권리도 취득하는 것이라고 한다. 수익권이란 신탁재산(내지 외형적으로는 수탁자)에 대한 채권임과

---

21) 四宮和夫, 信託法, 有斐閣, 1958에 의하여 주장된 견해이다. 新井誠, 앞의 책(주 17), 34-40면.

동시에 신탁재산에 대한 물적 권리로서의 성질도 함께 가지는 특수한 복합적 권리라는 결과가 된다.[22)]

채권설을 비판하는 학설로서 실무적으로도 높은 지지를 받고 있는 유력설이다. 그러나 권리의 객체인 신탁재산에 권리의 주체로서의 지위를 부여하고 있는 점, 수익권에 신탁재산에 대한 물적 권리를 포함한 것과의 정합성이 없는 점, 신탁은 위탁자로부터 수탁자에 대하여 재산권의 이전이 없으면 안 되는데, 재산권이 이전이 없는 점 등에 대해서는 비판이 제기되고 있다.

4. 제한적 권리이전설

이 설은 소유권은 대내적으로는 수익자에게 귀속하지만, 대외적으로는 수탁자에게 귀속한다는 입장으로서 '상대적 권리이전설'이라고도 한다. 신탁재산의 소유권 귀속 문제에 관하여 수탁자에게 완전권

---

22) 물적 권리성의 인정근거에 대하여 첫째, 신탁재산을 한도로 하는 물적 유한책임규정(일본 신탁법 제19조) 때문에 불가항력에 의한 신탁재산의 멸실 · 훼손의 위험은 수익자가 부담한다. 둘째, 물상대위규정(동법 제14조) 때문에 신탁재산의 물리적 변동이 원칙적으로는 그대로 수익권의 변동으로 연결되어 있다. 신탁재산과 수익자 간에는 일종의 물적 상관관계가 존재하고 있다고 할 수 있다. 게다가 이 물적 상관관계는 공시의 원칙(동법 제3조, 제31조)에 따라 제3자에 대해서도 공시할 수 있기 때문에 일종의 물권적 성격을 가지는 것으로 이해할 수 있다고 주장한다. 다만 이 설에서는 여기서 말하는 물적 권리는 '완전권을 외부에서 제한하는 제한 물권 같은 것'이 아니고, 신탁재산에 내재하는 목적적 제한이 수익자에게 반영되어 형성된 특수한 것'이라고 한다. 셋째, 신탁재산에 대한 일종의 추급효를 인정하는 일본 신탁법 제31조(한국 신탁법 제52조)는 채권설의 주장과 같이 수익권을 대인적인 행위청구권에 불과한 채권이라고 보면 제3자에게 유출된 신탁재산의 환취의 근거가 되는 것은 본래 불가능하고, 따라서 동조가 이를 인정하고 있는 것은 역으로 수익자의 권리가 물권적 성격을 가진다는 것을 증명하는 것이라고 생각할 수 있다는 것이다. 四宮和夫, 信託法(新版), 有斐閣, 1989, 73-74면, 76-79면.

이 귀속한다는 채권설의 입장을 비판하면서, 예컨대 복수 수탁자가
존재하는 경우 수탁자에 대한 완전권이전을 전제로 하는 채권설구조
에서는 본래 복수 수탁자의 관계는 단순한 공유라고 이해하면 되는 것
이고, 합유를 규정하는 일본 신탁법 제24조(한국 신탁법 제45조)의 존재
는 상대적 권리이전설의 입장에서야말로 신탁관계의 특색을 나타내는
규정으로 이해할 수 있다고 한다. 그리고 수탁자의 의무에 대해서도 신
탁행위는 결코 단순히 수탁자에게 채권적 급부의무를 부담시키는 것
에 그치지 않는 것이라고 주장하여 채권설과 입장을 달리하고 있다.[23]

최근에는 종래의 제한적 권리이전설이 소유권의 대내외적 분리에
기초한 제한적 권리이전을 주장하였던 것에 비하여, 신탁 목적에 의
한 제한적 권리이전을 주장하는 견해가 있다.[24] 이 설은 실제상의 문
제로서 수탁자에게 자기명의로 되어 있는 타인재산의 관리·처분에
있어서 자기소유재산이라는 인식은 없다고 하여 수탁자의 완전권으
로 구성하는 채권설을 부정한다. 그리고 신탁재산 자체가 소유자라는
인식도 없다고 하여 수탁자의 명의와 관리권으로 구성하는 실질적 법
주체성설도 부정한다. 이 설에서는 수탁자의 신탁재산에 대한 권리를
신탁 목적이 관리인 경우에는 관리권으로 그리고 처분인 경우에는 처
분권으로 구성한다.

5. 수물권설[25]

이 설은 수탁자의 법적 지위와 수익권의 법적 성질이라는 두 가지

---

23) 岩田新, 信託法新論, 1933에 의하여 주장된 견해이다. 新井誠, 앞의 책(주 18), 33-34면
에서 재인용.
24) 中野正俊, 앞의 책(주 12), 18-20면.
25) 大阪谷公雄, 信託法の硏究(上)(下), 信山社, 1991에 의하여 주장된 견해이다. 新井

문제에 대하여 실질적 법주체성설의 입장을 비판하고 있다.

첫째, 수탁자의 법적 지위에 대하여 수탁자는 대외적으로 소유자와 동일한 권리 주체성(소유자적 지위)을 가진다고 주장한다. 실질적 법주체성설이 주장하는 물적 관리권 개념은 한편으로 일본 민법의 기본 원칙인 물권법정주의에 반할 뿐 아니라, 다른 한편으로 일본 신탁법이 수탁자에게 부여하는 법률효과는 단순한 관리권이 아니라 대외적으로 소유권자와 동일한 권리 주체로서의 지위와 무한책임을 부여하는 것인 점을 설명할 수 없다고 비판한다. 이 설에서 수탁자에게 소유자적 지위를 인정하는 최대의 근거는 수탁자가 대외적으로 부담하는 무한책임에 있다.

둘째, 수익권의 성질에 대하여 메이틀랜드(F. W. Maitland)의 견해를 원용하면서 수익권은 대인적 권리, 즉 채권이라고 반론한다. 이 설에 따르면 본래 영미법에서 수익자의 추급력은 '선의 · 유상의 제3자'에 대하여는 미치지 않는다. 결국 개별 구체적인 신탁재산이 수탁자의 신탁 위반으로 유출된 경우라도 만일 취득자가 선의 및 유상의 취득자라면 수익자는 해당 신탁재산을 환취할 수 없는 것이다(이것을 일본법 문맥에서 말하면 수익권의 대항력은 선의 · 유상의 제3자에게는 미치지 않는다는 것이다). 그러나 물권에는 이른바 대세적 효력이 이어 그 대항력은 취득자 측의 주관적 요인(선의/악의)이나 그 취득태양(유상/무상)에 좌우되지 않는 것이 원칙이다. 수익권의 대항력이 이러한 요소에 영향을 받는 이상 수익권의 본질은 대물적 권리일 수 없다고 주장하는 것이다. 이리하여 이 설은 수익권의 대물적 권리성, 즉 물권성을 부정한 후에 수익권을 '수물권(隨物權)'이라는 특수한 채권이라고 규정

誠, 앞의 책(주 17), 40-42면.

하는 것이다.[26]

6. 부동산신탁 · 금전신탁 분리설[27]

이 설은 신탁을 신탁재산의 내용에 따라서 '부동산신탁'과 '금전신탁'으로 양분하여 각각 별개의 구성을 부여한다. 즉 부동산신탁에 있어서는 신탁재산의 수탁자에 대한 귀속도가 약하기 때문에 그 실태는 수익자의 권리를 물적 권리로 강하게 파악하는 실질적 법주체성설에 보다 친화적임에 비하여, 금전신탁에서는 수탁자에 대한 귀속도가 강하여 오히려 수탁자에 대한 완전권이전을 전제로 하는 채권설이 보다 실정에 적합하다고 주장하는 것이다. 이 설은 채권설과 실질적 법주체성설을 비교한 후에, 신탁제도에 대한 기본적 이해 내지 설명으로는 후설의 입장이 "합리성을 많이 가지고 있다"고 평가한 후, 양설이 상정하고 있는 모델 케이스가 다르기 때문에 이와 같은 학설의 분리가 생겼다고 본다.

7. 정리

신탁의 기본적 구조에 관한 일본에서의 이러한 논란에 대해서는,

---

26) 여기에서 수물권이란 '물건의 성질에 따라서 변화하는 채권'이라고 한다. 예컨대 부동산임차권은 본래는 채권이지만, 일본 민법 제605조의 규정에 따라 등기할 수 있고, 이 등기를 마친 부동산임차권은 이후 물권 취득자에 대해서도 대항력을 취득하게 되는 것이다. 이와 마찬가지로 수익권은 본질적으로는 채권이지만, 일본 신탁법 제31조 등의 규정에 따라 일정한 범위에서 제3자에게도 대항력을 가지는 등 특별한 성격을 가진 권리로 이해된다는 것이다.

27) 田中實, 信託法入門, 有斐閣, 1992 ; 田中實 / 山田昭(雨宮孝子 補訂), 改訂信託法, 學陽書房, 1998에 의하여 주장된 견해이다. 新井誠, 앞의 책(주 17), 42-43면.

영미에서의 신탁법이론의 대립은 재산권 개념이나 법체계의 기본 구조에 관한 개념 파악에 관한 대립이었지만, "일본에서는 제정법으로서의 신탁법이 논의의 전제가 되었기 때문에 이러한 대립의 배경이 반드시 정확하게 인식되지는 않았다"고 지적하고, 신탁의 본질적 특징을 신탁재산에 대한 신탁 목적의 구속성과 기존의 법체계와 다른 차원의 권리관계를 자유롭게 창설할 수 있는 법리라는 점에서 구하면서, 특정한 신탁법이론을 강요하는 것은 이러한 신탁법의 본질적 특징에도 맞지 않으므로 동일한 신탁관계에서 복합적·다면적인 이론 구성의 창설을 허용해야 할 것이라고 하는 주장이 있다.[28)]

현행 신탁법의 해석으로서는 이상 검토한 바와 같이 신탁수익권에는 본질적으로 채권과 물권의 성질이 함께 포함되어 있다고 할 수 있다. 채권설을 기본으로 하면서 물권적 요소도 함께 입법화한 것으로 보아야 할 것이다. 현실적인 문제의 해결을 위해서는 채권설과 실질적 법주체성설을 경우에 따라 적용하는 것이 타당하다고 본다. 결론의 제시는 추후의 연구과제로 한다.

IV. 신탁의 성립

1. 개관

신탁법 제2조는 "신탁을 설정하는 자(이하 '위탁자'라 한다)와 신탁을 인수하는 자(이하 '수탁자'라 한다) 간의 신임관계에 기하여 수탁자에게

---

28) 星野豊, 앞의 책(주 18), 326면 이하.

특정의 재산(영업이나 저작재산권의 일부를 포함한다)을 이전하거나 담
보권의 설정 또는 그 밖의 처분을 하고 수탁자로 하여금 일정한 자(이
하 '수익자'라 한다)의 이익 또는 특정의 목적을 위하여 그 재산의 관리,
처분, 운용, 개발, 그 밖에 신탁 목적의 달성을 위하여 필요한 행위를
하게 하는 법률관계를 말한다"라고 정의하고 있다. 이에 따르면 신탁
의 성립요건은 (i) '위탁자의 수탁자에 대한 재산권의 이전, 기타의 처
분'과 (ii) '수탁자의 일정한 목적에 따른 재산권의 처분 또는 관리'의 두
가지로 이루어진다고 할 수 있다. 그러면 이 두 가지 요건의 충족으로
신탁은 성립하는 것인지, 아니면 그 외에 별도의 성립요건을 갖추어야
하는지에 대해서는 논란이 있다. 이 세 번째 요건으로서 주로 문제 되는
것이 '신탁설정의사의 요부와 그 내용'이다. 이하 신탁의 성립요건에 대
해서 차례로 검토해 본다.

또 한 가지 특기할 사항은 우리나라 신탁법의 모델이 된 일본의 신
탁법에는 '특별한 신임관계에 기하여'라는 요건을 두고 있지 않다는
점이다. 그러나 해석론으로는 우리나라와 동일하게 특별한 신임관계
(confidence)의 존재를 요구하고 있다. 그 이유는 '위탁자의 수탁자에 대
한 재산권의 이전, 기타의 처분'이 무상으로 이루어지는 것은 위탁자와
수탁자 간의 특별한 신임관계를 전제로 하고 있다고 보기 때문이다.[29]
따라서 이러한 차이점이 특별한 법적 결과를 초래하지는 않을 것으로
보인다.

우리나라에서는 신탁법이 제정된 1961년 이후 당사자들이 명시적
으로 신탁계약을 체결한 경우를 제외하고 신탁의 성립을 인정한 사례

---

29) 中野正俊, 앞의 책(주 12), 10면. 인도 신탁법 제4조와 중국 신탁법 제2조는 '신임
   (confidence)'으로, 미국 신탁법 리스테이트먼트(제2판) 제4조는 '신인관계(fiduciary
   relationship)'로 표현하고 있다.

가 없었다. 그러나 최근 대법원은 기업이 발행한 사채의 원리금 지급
대행을 위하여 사채발행회사와 은행이 체결한 사채원리금 지급대행
계약을 신탁계약으로 판시하였다.[30] 동 판결의 당부에 대해서는 논자
에 따라 다양한 논의가 있을 수 있을 것으로 생각되지만, 그동안 우리
나라에서 신탁법 자체가 거의 논의의 대상이 되어 오지 않은 점에 비
추어 신탁법리에 대한 일반적 논의의 단초를 여는 중요한 판결이라고
할 수 있을 것이다. 앞서 본 신탁법리의 현대화를 위한 국제적인 노력
을 고려할 때 금번 대법원의 신탁판결은 여러 가지 측면에서 새로운
발전을 위한 계기가 될 수 있을 것으로 생각된다.

2. 재산권의 이전, 기타의 처분

(1) 신탁행위의 요물계약성

　신탁행위는 재산권의 처분을 제1요건으로 하는 결과 신탁의 설정
을 목적으로 하는 신탁행위, 특히 신탁계약의 법적 성질에 대해서는
낙성계약설과 요물계약설이 대립하고 있다.[31]

　낙성계약설은 위탁자와 수탁자의 합의만으로 신탁은 성립한다고
보는 견해이다. 즉 '신탁계약의 성립 시기'와 '신탁계약의 효력 발생
시기'를 구분하여 우선 위탁자와 수탁자 간의 신탁계약 체결에 관한
합의만으로 신탁계약이 유효하게 성립하지만, 이러한 신탁계약의 효
력이 발생하는 것은 위탁자가 신탁계약의 취지에 따라 신탁재산이 되

---

30) 대법원 2002. 7. 26. 선고 2000다17070 판결. 이 판결에 대해서는 정순섭, "사채원리
　　금지급대행계약의 법적 성질론," 증권법연구 제5권 제1호(2004), 317-350면 참조.
31) 이하의 설명은 新井誠, 앞의 책(주 17), 109-111면 참조.

는 재산권의 이전, 기타의 처분을 한 시점이 되는 것이다. 이 견해는 일본에서의 전통적인 통설이다.

요물계약설은 위탁자와 수탁자 간의 합의 이외에 재산권의 처분이 있는 때에 비로소 신탁계약이 성립한다고 보는 견해이다. 이 견해는 무엇보다 신탁법 제1조가 재산권의 이전, 기타의 처분을 신탁법상 신탁의 성립요건으로 규정하고 있는 점을 강조하고 있다. 또한 당사자의 관계를 단순한 민법상의 계약관계로 규율하지 않고, 특별법인 신탁법을 적용하여 특수한 규율을 적용하는 것을 인정하기 위해서는 당사자 간의 관계가 그에 상응하는 실체를 갖출 것을 요하며, 해당 관계에 특히 신탁재산의 독립성(신탁법 제25조, 일본 신탁법 제15조), 신탁재산에 대한 강제집행의 금지(신탁법 제21조, 일본 신탁법 제16조) 등 신탁의 재산법적 효과를 인정하기에 충분한 정도의 실효적 내지 실질적 재산권의 이전, 기타의 처분이 이루어진 때 그러한 실체, 즉 신탁성이 갖추어진 것으로 볼 수 있다는 것이다.

우리나라에는 '신탁법 제1조의 해석상 신탁의 설정이 장차 위탁자가 수탁자에게 신탁의 대상인 재산권을 수탁자에게 이전, 기타 처분을 약속하는 것이 아니라 신탁설정 당시에 이전 또는 기타의 처분을 하여야만 신탁관계의 성립을 인정하는 취지'라고 하면서 요물계약설을 지지하는 견해가 있다.[32]

(2) 단독행위에 의한 신탁설정의 가부

신탁선언(declaration of trust)이란 재산권을 가지는 자가 단독행위에

---

32) 홍유석, 신탁법(전정판), 법문사, 1999, 83면.

의해 스스로를 수탁자로 하여 신탁을 설정하는 것을 말하고, 이에 따라 설정된 신탁을 선언신탁(declared trust)이라고 한다. 영미에서는 신탁선언이 신탁설정방식으로 일반적으로 인정되고 있다. 일본의 통설은 신탁선언의 효력을 부인하고 있다. 그 근거는 신탁법 제1조의 법문상 수탁자는 위탁자와 '타인'일 것을 요구하고 있는 점과 입법 연혁 등 형식적인 이유와 집행면탈의 가능성 등 실질적인 이유 때문이다.[33]

우리나라의 경우 "신탁의 본질과 재산관계의 명확성을 기하여야 한다는 점에서, 원칙적으로는 이러한 신탁을 그대로 인정하기는 어렵겠지만, 공익 목적 등을 위하여 인정의 필요성은 있다"고 하는 견해가 있다.[34] 장형룡은 "신탁행위란 신탁을 설정하기 위한 법률행위를 말한다"고 하면서 신탁행위에 계약으로서의 신탁계약 이외에 단독행위로서의 신탁선언이 포함된다고 보고 있다.[35] 우리나라의 개정 신탁법은 일본의 개정 신탁법(제3조 제3호)과 마찬가지로 신탁선언에 의한 신탁의 성립을 명문으로 인정하고 있다.[36]

---

33) 이에 대해서는 新井誠, 앞의 책(주 18), 117-120면 참조.

34) 이재욱/이상호, 신탁법해설, 한국사법행정학회, 2000, 68면.

35) 장형룡, 신탁법개론(개정판), 육법사, 1991, 82-84면. 이중기, "신탁법리에 의한 재산권의 보호," 성곡논총 제29집(1998), 531-532면도 신탁선언에 대해서 동일한 취지의 주장을 하고 있다.

36) 제3조(신탁의 설정) ① 신탁은 다음 각 호의 어느 하나에 해당하는 방법으로 설정할 수 있다. 다만, 수익자가 없는 특정의 목적을 위한 신탁(이하 '목적신탁'이라 한다)은 공익신탁법에 따른 공익신탁을 제외하고는 제3호의 방법으로 설정할 수 없다(개정 2014. 3. 18).
   3. 신탁의 목적, 신탁재산, 수익자(제106조의 공익신탁의 경우에는 제67조 제1항의 신탁관리인을 말한다) 등을 특정하고 자신을 수탁자로 정한 위탁자의 선언

3. 일정한 목적에 따른 재산권의 처분 또는 관리

(1) 개관

위탁자가 신탁의 설정을 통하여 달성하고자 하는 목적을 신탁 목적이라고 한다. 수탁자는 위탁자의 의사의 제한하에 신탁재산을 관리 · 처분하게 된다. 신탁 목적은 특정되어 있어야 하며 위탁자는 신탁계약상 수탁자의 의무이행과 관련한 행위기준을 구체적으로 명시하여야 한다. 신탁의 목적에 대해서도 민법상 법률행위의 목적에 관한 일반원칙이 적용되지만(신탁법 제5조), 신탁법은 특히 탈법행위를 목적으로 하는 신탁(동법 제6조), 소송을 목적으로 하는 신탁(소송신탁, 동법 제7조), 채권자사해신탁(동법 제8조)을 구체적으로 금지하고 있다.

(2) 양도담보와 신탁

이와 관련하여 채권자 자신의 이익을 위해 담보물의 권리(소유권)를 채권자에게 귀속시키는 양도담보가 문제 될 수 있다. 과거 일본에서는 양도담보를 신탁법상 신탁과 같이 보는 견해가 적지 않았다.[37] 그러나 그렇게 볼 경우 양도담보에서 수탁자에 해당하는 채권자(담보권자)는 위탁자에 해당하는 채무자가 이전하는 재산권을 자기의 이익을 위해 보유하게 된다. 수탁자가 수익자가 되는 이러한 결과는 수탁자가 공동수익자의 1인이 되는 경우를 제외하고 수탁자는 수익자가 될 수 없게 하는 신탁법 제29조에 위반한다.

---

37) 中野正俊, 앞의 책(주 12), 12-13면.

(3) 수동신탁의 가부

신탁법상 신탁은 여러 가지 기준에 따라 다양한 분류가 가능하다. 그중에서도 능동신탁과 수동신탁의 구분은 수탁자의 신탁상 의무의 적극성을 기준으로 한 분류이다. 투자신탁에 있어서 수탁자인 수탁회사의 역할이 소극적·수동적인 것에 그치는 경우에는 매우 중요한 의미를 가질 수 있다.

일반적으로 수동신탁에는 (i) 수익자가 신탁재산에 관하여 각종의 행위를 하는 것을 인용할 의무를 수탁자가 부담하는 데 그치는 신탁과 (ii) 수탁자가 위탁자 또는 수익자의 지시에 따라 관리·처분하는 신탁의 두 가지가 포함된다고 보는 것이 유력한 견해이다.[38] 전자는 명의신탁, 후자는 명의신탁 아닌 수동신탁 또는 협의의 수동신탁이라고 부르고 있다. 협의의 수동신탁에 대해서는 이를 일률적으로 무효라고 보는 견해와 일률적으로 무효라고 할 수는 없다는 견해가 있다. 구체적 사정을 고려하여 그 효력을 따져야 한다는 견해가 나뉘지만, 일률적으로 무효로 보는 견해가 일본에서는 보다 전통적인 입장이다. 그러나 전자, 즉 명의신탁은 신탁법상의 신탁이 아닌 것으로서 무효라고 한다.[39]

4. 신탁설정의사

신탁법 제1조에서 신탁의 성립요건으로 명시적으로 요구하고 있는

---

38) 四宮和夫, 앞의 책(주 22), 9면 ; 이재욱/이상호, 앞의 책(주 34), 38-39면.
39) 김준호, 신탁행위론, 법문사, 1997, 6면 ; 이재욱/이상호, 앞의 책(주 34), 39면 ; 장형룡, 앞의 책(주 35), 74-75면.

'재산권의 처분'과 '일정한 목적에 따른 재산의 처분 또는 관리'라는
두 가지 외에 제3의 요건으로서 신탁설정의사를 요하는지 여부가 문
제 된다. 구체적으로는 신탁의 성립을 위해 위탁자와 수탁자가 계약
을 체결함에 있어서 위 두 가지 요건에 대한 인식 외에 신탁을 설정한
다는 인식 내지 의사를 요하는지가 쟁점이 된다.[40]

V. 유한책임신탁의 가능성과 신탁의 파산[41]

1. 개관

신탁법은 제32조에서 수탁자가 수익자에 대하여 부담하는 채무에
관하여 신탁재산의 한도 내에서 이른바 '물적 유한책임'을 진다고 규
정하고 있지만, 제3자에 대하여 부담하는 채무에 관하여는 규정이 없
다.[42] 이 중 수탁자의 불법행위에 따른 책임이나 수탁자가 신탁재산의
권리주체인 사실에 따라 부담하는 책임은 특약에 의한 제한이 본질적
으로 불가능한 것이므로 본고에서의 논의는 수탁자의 제3자에 대한
계약상 책임에 한정된다. 현재 국내에서 수탁자가 신탁사무의 처리에

---

40) 이에 대하여 상세한 논의는 본서의 제4장 194면 이하의 논의를 참조.
41) 이하 논의에 대하여 상세한 사항은 정순섭, "펀드의 금융거래와 당사자의 책임,"
    투신 제50호(2005), 21-33면 참조.
42) 수탁자의 제3자에 대한 책임은 본래 수탁자가 신탁사무로서 제3자와 체결한 계약
    상의 책임, 수탁자의 불법행위에 따른 책임, 그리고 수탁자가 신탁재산의 권리 주체
    인 사실에 따라 부담하는 책임의 세 가지로 분류할 수 있다. Restatement (Second)
    of Trusts §262, §264, §265 참조. 여기서는 수탁자가 신탁사무로서 제3자와 체결한
    계약상의 책임을 대상으로 한다.

있어서 제3자에 대하여 채무를 부담한 경우의 책임에 대해서 직접적으로 논의하고 있는 견해는 없다. 그러나 사견으로는 다음과 같은 정도로 해석되어야 할 것으로 본다.

첫째, 수탁자는 제3자에 대한 관계에서 신탁재산의 소유자이고, 대외적인 행위를 행하는 주체인 점, 둘째, 전통적으로 신탁은 수탁자의 신용이나 명성을 이용하는 제도라는 점, 셋째, 신탁법 제42조에서 규정하고 있는 수탁자의 비용·손해보상청구권은 수탁자가 신탁사무의 처리를 위하여 제3자에 대하여 책임을 진 경우 그 비용이나 손해의 보상을 위한 근거로 볼 수 있는 점 등에서 신탁법상 수탁자가 신탁사무의 처리에 있어서 제3자에 대하여 채무를 부담한 경우 수탁자는 무한책임을 지는 것이 원칙이다. 수탁자는 제3자에 대하여 신탁재산으로 책임을 지는 외에, 수탁자 개인도 신탁채권자에 대한 채무자가 되어 '개인적인 책임'을 부담하는 것이다.

다만 수탁자는 신탁법상 비용보상청구권에 의하여 신탁재산이나 수익자에 대하여 비용의 보상을 받을 수 있다. 수탁자의 비용보상청구의 구체적인 범위에 대해서는 신탁재산에 대한 관계와 수익자에 대한 관계로 구분하여 생각할 수 있다. 본고에서 상세한 검토를 할 수는 없지만, 신탁재산에 대한 관계에서는 그 액을 한도로 보고, 수익자에 대한 관계에서는 수익자가 수익권을 포기하면 수탁자는 수익자에게 구상할 수 없게 되므로 일단 수익자가 향수할 수 있는 이익의 범위를 그 한도로 한다고 본다.

결론적으로, 수탁자는 신탁사무를 처리하는 과정에서 부담한 채무에 대하여 대외적으로 그 전액을 변제할 책임을 지는 반면, 신탁재산액 이상의 보상을 받는 것은 현실적으로 불가능하다고 정리할 수 있다.

2. 유한책임신탁의 가능성

수탁자의 제3자에 대한 책임은 각국에서 중요한 문제로 논의되고 있다. 이 문제의 핵심에는 수익자의 이익보호와 거래의 안전 또는 활성화 지원이라는 상호 대립되는 정책목표의 선택 문제가 존재한다. 이하 검토하는 바와 같이 각국의 전통적인 법리는 수익자의 이익보호를 최대화하면서 거래의 활성화를 도모하기 위해 수탁자의 책임을 강화하는 방향으로 전개되어 왔다. 이러한 접근방식은 제3자의 신탁과의 거래를 위축시키는 효과를 가지게 된다. 이하 미국과 영국 그리고 일본을 중심으로 한 각국의 입장을 검토하기로 한다. 특히 미국과 일본은 최근 이 분야에서 가장 명확한 입장 변화를 보이고 있다.

미국에서 수탁자는 신탁재산의 관리 · 운용에 따른 채무에 관하여 자기의 고유재산을 포함하여 무한책임을 지는 것이 원칙이다. 영국에서도 수탁자가 신탁사무의 처리와 관련하여 부담하는 채무에 관하여 자기의 고유재산도 포함하여 무한책임을 부담하는 것이 원칙이다. 일본에서도 수탁자는 신탁재산의 관리 · 운용에 있어서 부담한 채무에 관하여 채무자로서 무한책임을 부담한다는 것이 통설이다. 이들 국가 모두 수탁자는 고유재산으로 변제한 경우에는 신탁재산 및 수익자에 대하여 구상할 수 있게 하고, 필요한 경우 수탁자의 책임 범위를 신탁재산으로 한정하는 약정('책임재산한정약정')의 효력도 인정하고 있다. 미국에서 2000년 작성된 통일신탁법전은 수탁자가 부담하는 계약책임을 신탁재산으로 제한하는 규정을 두고 있다.[43] 일본의 개정 신탁법

---

43) 제1010조 제3자에 대한 수탁자의 책임의 제한 : (a) 계약에서 별도로 정함을 두고 있는 경우를 제외하고, 수탁자는 계약 중에서 수인자로서의 지위(fiduciary capacity)를 명시하는 한 수탁자의 수인자로서의 지위에서 적절히 체결한 계약에 관하여

도 '한정책임신탁'이라는 명칭으로 등기를 조건으로 수탁자의 책임을 신탁재산으로 한정하는 신탁의 설립근거를 두고 있다. 우리 개정 신탁법도 동일한 취지로 유한책임신탁을 도입하였다(제114~139조).

우리나라의 경우 자본시장과 금융투자업에 관한 법률은 이미 펀드의 금융거래상 수탁회사의 책임이 신탁재산에 한정된다는 명문의 규정을 두고 있었다(제80조 제2항). 따라서 이번 개정으로 자본시장과 금융투자업에 관한 법률이 적용되지 않는 경우에 대해서도 책임한정구조가 적용될 수 있게 되었다.

3. 신탁의 파산

이 문제는 또한 신탁재산의 파산능력과 관련하여 논의할 필요가 있다고 본다. 신탁법상 수탁자인 수탁회사의 책임재산을 신탁재산으로 한정하게 되면, 종래 수탁자의 무한책임을 전제로 하던 체제와는 달리 신탁재산의 도산 가능성이 현실화될 수 있다. 이에 대해서는 채무자 회생 및 파산에 관한 법률에서 상세한 규정을 두고 있다(제578조의 2~17).

VI. 맺음말

신탁법리의 도입과정에서 철저한 논의가 부족하였던 우리나라에서

개인으로서 책임을 지지 않는다. 이상 외국 입법례에 대한 상세한 검토는 정순섭, 앞의 논문(주 41), 21-33면 참조.

입법자의 의도를 파악할 수 없는 상황에서 신탁법리에 대한 사법체계상 정합성 있는 해석을 시도하는 것은 매우 어려운 과제라고 할 수 있다. 신탁법을 기초로 한 신탁법리는 경제분야 특히 금융 영역에서 매우 높은 이용도를 보여 왔으며, 금융시장의 중요한 기본 법의 하나로 자리잡고 있다. 그러나 우리나라에서는 신탁법리가 가지는 이러한 중요성에도 불구하고 많은 이론적 관심의 대상이 되지 못하였던 것이 사실이다. 그러나 이미 실정법에 의하여 도입되어 이용되고 있는 현실을 무시할 수는 없을 것이다.

이상 본고에서는 신탁법의 기초에 해당하는 문제에 관해 일반적인 정리를 시도해 보았다. 무엇보다도 금융거래를 포함한 상사거래를 위하여 신탁법리가 광범위하게 활용되고 있는 현실을 고려하면 그러한 거래의 원활화를 뒷받침할 수 있는 제도적 보완이 필요하다는 사실을 강조할 수밖에 없다. 특히 단독행위에 의한 신탁설정의 허용, 수동신탁으로서 무효인지가 문제 되는 일부 거래의 명확화 등이 시급한 과제라고 할 수 있다. 신탁의 성립요건과 관련하여 우리 대법원은 묵시적 의사에 의한 신탁의 설정을 인정함으로써 대단히 전향적인 입장을 보이고 있는 점은 매우 주목된다. 신탁수익권의 법적 성질에 대해서는 더욱 깊이 있는 논의가 필요할 것으로 본다. 그리고 끝으로 수탁자에 의한 신탁재산을 위한 거래에 있어서 제3자에 대한 책임은 중요한 문제이다. 유한책임신탁을 인정할 경우 신탁의 파산에 관한 제도를 정비하는 것은 그 전제요건이 될 것이다.

02

개정 신탁법이 신탁 실무에 미치는 영향[*]

오창석[**]

I. 서론

1. 신탁법의 개정[1)]

신탁법은 1961년 제정된 이래 1997년 정부부처명 변경과 2002년 민사집행법 제정에 따른 형식적인 개정 외에는 실질적 내용에 대한 개정은 전혀 없었으나, 최근 경제 규모의 성장과 함께 신탁금융 실무

---

[*] 이 논문은 BFL 제39호(2010. 1)에 게재된 글을 수정 · 보완한 것이다.
[**] 법무법인 광장 변호사
[1)] 원래 본 논문은 2009. 10. 27.자로 입법예고된 신탁법 전부개정법률(안)을 기초로 작성되어 개정 신탁법(2011. 7. 25. 법률 제10924호로 전부 개정된 것. 이하 '개정 신탁법')이 시행되기 전에 BFL 제39호(2010. 1)에 게재되었으나, 2012. 7. 25. 개정 신탁법이 시행됨에 따라 신탁법 전부개정법률(안) 중 개정 신탁법에서 반영되지 않은 내용은 개정 신탁법을 기준으로 수정하였다.

가 획기적으로 발전함에 따라 신탁법과 2009. 2. 4. 이전까지 시행되던 구 신탁업법이 변화된 경제 현실을 반영하지 못하고 신탁 실무를 효율적으로 규율하지 못한다는 지적이 계속적으로 제기되어 왔고, 이러한 상황에서 2009. 2. 4.부터 시행된 자본시장과 금융투자업에 관한 법률(이하 '자본시장법')에 구 신탁업법이 통폐합되자, 신탁법 역시 현실에 맞추어 개정할 필요가 있다는 공감대가 형성되었다.

이에 법무부는 (i) 신탁의 활성화를 위한 신탁제도의 유연화, (ii) 다양한 사회적·경제적 요구에 부응하기 위한 새로운 신탁유형 도입, (iii) 다수의 수익자 등 다수 당사자가 있을 경우의 법률관계 구체화, (iv) 신탁(재산)에 대한 관리·감독 주체 조정 및 기능의 강화, (v) 신탁에 관련된 제3자 권리보호, (vi) 수탁자의 의무와 책임의 합리적 제한, (vii) 그 밖의 신탁제도 현대화를 위한 법률관계의 구체화 등을 기본방향으로 하는 신탁법 전면개정 추진을 목표로, 신탁법개정위원회를 구성하여 신탁법 개정작업을 진행하여 왔으며, 드디어 2011. 7. 25. 법률 제10924호로 전부 개정되어 2012. 7. 26.부터 개정 신탁법이 시행되었다.

이하에서는 위와 같이 신탁법률관계를 구체화함은 물론 다양하고 새로운 제도의 도입을 담은 개정 신탁법이 신탁 실무에 미치는 영향에 관하여 논의하되, 주로 그간 신탁 실무상 있어 왔던 제반 문제점들의 해결에 개정 신탁법이 어떠한 도움을 줄 수 있는지 분석하여 보고자 한다.[2]

---

2) 법무부의 입법예고에서는 제안이유에 대해 '1961년 제정 이래 내용 개정이 전혀 없었던 신탁법을 변화된 경제 현실을 반영하고, 글로벌스탠더드에 부합하도록 개선하기 위해 사해신탁 취소소송의 요건 강화, 수익권의 증권화, 다수 수익자 간의 의사결정방법의 구체화, 신탁의 청산 및 합병·분할제도 신설, 유한책임신탁의 도입 등 새로운 내용을 다수 규정하고, 체계를 전면 수정하여 신탁의 활성화를 위한 법

2. 신탁 실무의 현황

신탁은 크게 민사신탁과 상사신탁으로 구분될 수 있으나, 현재 민사신탁은 거의 이용되지 않고 있다. 상사신탁은 은행 중심의 금전신탁, 증권회사 중심의 증권투자신탁, 부동산신탁회사 중심의 부동산신탁으로 크게 구분할 수 있다.

2013년 말 현재 57개 신탁회사의 총 수탁고는 496조 7천만 원 수준으로 전년 말에 비하여 58조 2천만 원(13.3퍼센트) 증가하였다. 그중 겸영사(은행 · 증권회사 · 보험회사)의 수탁고는 377조 9천만 원(76.1퍼센트), 부동산신탁회사의 수탁고는 118조 8천만 원(23.9퍼센트) 정도이며, 신탁재산별로 분류하면 금전신탁이 247조 2천만 원(49.7퍼센트), 재산신탁(금전채권 · 유가증권 · 부동산)이 249조 2천만 원(50.2퍼센트)을 차지하고 있다.[3]

(1) 금전신탁 · 증권투자신탁

금전신탁은 주로 은행의 상사(영업)신탁을 중심으로 금융업의 한 부분으로서 주로 이용되어 왔다. 신탁업무는 은행업무와 경합하게 되었고, 양 업무를 균형 있게 발전시키기 위해 정부는 신탁업에 대해 엄격한 감독을 행하게 되었는바, 이것은 신탁제도의 이용에 현실적으로 많은 제약을 따르게 하였다. 그 결과 우리나라의 상사신탁은 금융업 내에서만 기능하여 왔고 그로 인해 신탁상품의 개발이나 영업의 혁신이 부진하게 되었다.

적 기반을 마련하려는 것'이라고 밝히고 있다.
3) 금융감독원 보도자료, 2013년 신탁업 영업현황(2014. 3. 14).

증권투자신탁에 관하여는 1969년 증권투자신탁업, 1998년 증권투자회사법, 2003년 간접투자자산운용업법에서 발전된 집단투자기구인 투자신탁과 1998년 자산유동화에 관한 법률에서 신탁을 이용한 자산유동화에 대하여 일관되게 신탁법이 아닌 특별법의 제·개정으로 대응되어 온 결과, 구 신탁법과 신탁업법은 제 역할을 다하지 못하였다.

이에 따라 2007년 구 신탁업법과 구 간접투자자산운용업법을 통합하는 자본시장법이 제정되기에 이르렀으나, 이들을 아우르는 기본법인 신탁법은 여전히 제정 당시의 내용이 그대로 유지되어 왔다.

(2) 부동산신탁

부동산신탁의 경우, 1990. 4. 13. 부동산투기억제대책의 일환으로 부동산신탁제도가 도입된 후, 1991년 성업공사의 대한부동산신탁주식회사, 한국감정원의 한국부동산신탁주식회사가 설립된 이후 2013년 말 현재 11개 부동산신탁회사가 영업 중에 있다.

부동산신탁은 다시 (i) 신탁회사가 부동산 소유권을 관리하는 업무(을종) 또는 대상 부동산의 임대차관리, 시설물 유지관리, 법률 및 세무업무 등을 종합적으로 처리하는 업무(갑종)를 수행하는 '관리신탁', (ii) 대형 고가의 부동산, 권리관계가 복잡하여 처분함에 어려움이 있는 부동산, 잔금 정산까지 장기간이 소요되어 소유권 관리에 안전을 요하는 부동산을 신탁회사가 전문성과 공신력을 바탕으로 효율적으로 처분하여 주는 '처분신탁', (iii) 과거 근저당권설정방식에 의한 부동산대출과는 다르게 신탁회사가 담보물의 권리를 안전하게 보전·관리함으로써 채권관리가 용이하고 환가 시에도 일반 매각방식으로 처분하여 적정가격을 받게 하는 '담보신탁' 및 (iv) 토지소유자가 토지의 효율적 개발을 위해 신탁회사에 개발을 의뢰하면 부동산 전문가에 의한 최적의 개발을 통해 안정적인 이익을 창출하고 이를 수익자에게 배당하는 '토지신탁'으로 구분된다.

종래 IMF 이전에는 토지신탁(개발신탁)이 주로 이루어졌으나, 신탁계정은 자체 토지신탁사업자금을 차입할 수 없기 때문에 토지신탁사업에 필요한 자금을 신탁회사의 고유계정이 차입하는 사업형태를 취하게 되고, 그 결과 필연적으로 부동산신탁회사가 과도한 리스크를 부담하게 된다. 이는 신탁사업 중 하나가 부실화되면 곧 신탁회사의 파산으로 이어져, 결국 한국부동산신탁주식회사 및 대한부동산신탁 주식회사가 파산하는 결과를 낳았다.

IMF 이후 프로젝트 파이낸싱(Project Financing, 이하 'PF')[4] 시장이 발전함에 따라 (i) 구 회사정리법 제240조 제2항(현행 채무자 회생 및 파산에 관한 법률 제250조 제2항)과 같이 위탁자 및 수탁자의 도산에 영향을 받지 아니하는 신탁의 '도산절연성' 및 (ii) 위탁자의 채권자의 강제집행으로부터 신탁재산 자체를 보호할 수 있는 신탁의 기능을 이용하여, 구조화된 프로젝트(structured finance)를 위한 매개물(vehicle)로서 담보신탁제도가 발전하였고, 이후 부동산신탁은 이러한 담보신탁을 위주로 발전하게 되었다.

3. 이하에서 살펴볼 개정 신탁법의 주요 내용

이하에서는 개정 신탁법이 신탁 실무에 미칠 수 있는 영향들 가운

---

4) 금융기관이 해당 프로젝트의 사업성과 자산, 사업주의 신용만을 보고 자금을 지원하는 금융기법으로 대출금의 상환은 해당 프로젝트에서 발생하는 수입(cash flow)을 재원으로 한다.

데, 특히 (i) 신탁의 정의, (ii) 재신탁 및 공시, (iii) 위탁자의 지위이전, (iv) 사해신탁, (v) 수익권 양도, (vi) 유한책임신탁, (vii) 신탁의 분할·합병, (viii) 신탁의 파산과 관련한 규정이 미칠 영향을 구체적으로 살펴보기로 한다.

II. 신탁의 정의

1. 신탁재산의 관리방법을 포괄적으로 규정

구 신탁법은 신탁 목적 달성을 위해 필요한 수탁자의 행위에 대하여 '그 재산권을 관리·처분하게 하는 법률관계'[5]라고 규정하고 있었는바, 이러한 구 신탁법의 규정은 수탁자가 신탁재산을 관리·처분하는 행위를 넘어서 이를 운용하거나 이를 이용하여 개발행위를 하는 등의 다양한 법률행위를 포괄하기 어려운 문제점이 있었다. 개정 신탁법은 수탁자가 신탁 목적의 달성을 위하여 할 수 있는 행위를 포괄적으로 규정함으로써 해석상의 논란을 없애고, 다양한 유형의 신탁이 모두 위와 같은 개념 속에 포섭될 수 있도록 하였다.

즉 개정 신탁법 제2조(신탁의 정의)는 "이 법에서 '신탁'이란 신탁을 설정하는 자(이하 '위탁자'라 한다)와 신탁을 인수하는 자(이하 '수탁자'라 한다) 간의 신임관계에 기하여 위탁자가 수탁자에게 특정의 재산(영업

---

5) 구 신탁법 제1조(목적과 정의) ② 본법에서 신탁이라 함은 신탁설정자('위탁자')와 신탁을 인수하는 자('수탁자')와 특별한 신임관계에 기하여 위탁자가 특정의 재산권을 수탁자에게 이전하거나 기타의 처분을 하고 수탁자로 하여금 일정한 자('수익자')의 이익을 위하여 또는 특정의 목적을 위하여 그 재산권을 관리·처분하게 하는 법률관계를 말한다.

이나 저작재산권의 일부를 포함한다)을 이전하거나 담보권의 설정 또는
그 밖의 처분을 하고 수탁자로 하여금 일정한 자(이하 '수익자'라 한다)
의 이익 또는 특정한 목적을 위하여 그 재산의 관리, 처분, 운용, 개발,
그 밖에 신탁 목적의 달성을 위하여 필요한 행위를 하게 하는 법률관
계를 말한다"고 규정하여, 운용행위와 개발행위가 포함되는 것을 명
백히 함과 동시에 새로운 유형의 신탁에서 필요한 관리방법도 모두
포함될 수 있도록 '기타 신탁 목적의 달성을 위해 필요한 행위'라는
포괄적인 내용을 추가하였다.

이러한 정의규정의 개정은 수탁자로 하여금 신탁재산의 경제적 가
치를 증대하기 위하여 좀 더 다양하고 효율적으로 신탁재산을 운용하
거나 새로운 경제적 수요에 부응할 수 있는 다양한 형태의 신탁재산의
관리방법을 도입할 수 있는 계기를 마련하였다고 볼 수 있다.

2. 신탁재산 범위의 확대

(1) 소극재산의 포함

구 신탁법 제1조 제2항은 신탁재산에 대하여 '특정의 재산권'이라
고 규정하고 있는바, 일반적으로 '재산권'이라는 개념은 적극재산만을
의미할 뿐 소극재산(채무)을 포함하지 않는 것으로 해석되기 때문에
적극재산 외에 소극재산(채무)도 신탁재산이 될 수 있는지 의문이 있
고, 학설도 소극재산이 포함된다고 해석하는 견해와 포함되지 않는다
는 견해가 대립되어 있었다.

개정 신탁법은 앞서 본 바와 같이 신탁재산이 될 수 있는 대상에 대
하여 '재산권'이라는 용어를 '재산'이라는 용어로 대체하여 신탁재산

에 소극재산도 포함되는 것으로 볼 수 있도록 하였는바, 그 결과 적극재산과 소극재산이 결합된 영업의 신탁이나 상속재산에 대한 유언신탁이 활성화될 가능성이 높아졌다고 할 것이다.

소극재산의 신탁은 위탁자와 수탁자 사이의 법률행위에 의한 채무인수의 성격을 띠게 될 것이다. 신탁계약의 체결 당시 명시적인 채권자의 승낙이 없어 면책적 채무인수인지 병존적 채무인수인지 명확하지 않다면 병존적으로 인수한 것으로 볼 것이나,[6] 신탁재산의 범위 내에서 책임을 지는 유한책임신탁의 경우에는 그 성격상 면책적 채무인수로 보아야 할 것이다.

(2) 담보권신탁의 인정

구 신탁법하에서 신탁재산에 담보권이 포함될 수 있음은 분명하다고 할 것이나, 신탁재산의 '이전, 기타의 처분'에 담보권설정도 포함될 수 있는지는 명확하지 않았는데, 개정 신탁법 제2조는 위에서 본 바와 같이 "특정의 재산을 이전하거나 담보권의 설정 그 밖의 처분을 하고"라고 규정함으로써 '담보권의 설정'을 신탁재산의 설정방법에 명시적으로 포함시키고 있다.[7] 이러한 담보권신탁이 인정되면 채권자는 담보권의 효력을 유지한 채 별도의 이전등기 없이도 수익권을 양도하

---

6) 대법원 2002. 9. 24. 선고 2002다36228 판결.
7) '담보권신탁'은 기존의 '담보신탁'과는 구분되는 개념이다. 담보권신탁은 수탁자에게 담보권을 설정하여 주는 방법으로 신탁을 설정하는 방법이나, 담보신탁은 채무자(위탁자)가 수탁자에게 자기 소유의 부동산 등을 신탁재산으로 하여 신탁을 설정한 후 채무자의 수탁자를 (우선)수익자로 지정한 후 (혹은 수익권증서를 담보로 제공한 후) 채무자의 채무불이행 시 신탁재산을 처분하여 채권자에게 변제하여 주는 방식의 신탁이다.

는 방법으로 사실상 담보권을 양도할 수 있어서 법률관계가 간단해지고 자산유동화의 수단으로서의 활용이 용이해진다는 이점이 있다고 보인다.

다만 이러한 담보권신탁은 형식적으로 볼 때 담보권자(수탁자)와 채권자(수익자)가 분리되는 현상이 발생하여 담보권의 부종성에 반하는 측면이 있으므로, 이를 방지하기 위하여 실질적인 담보권자인 채권자가 수익권을 양도할 시에는 민법 제450조 소정의 채권양도절차에 따라 채권자가 수탁자에게 통지하거나 수탁자의 승인을 받아야 수탁자에게 대항할 수 있도록 수익권의 양도를 제한할 필요가 있다.[8] 그러나 담보권신탁에서 수익권의 양도를 제한한다 하더라도 담보권자와 채권자의 분리에는 변함이 없으므로 (i) 채무자 및 애초 담보부채권자가 되기를 원했던 자 이외의 제3자가 채무자로부터 채권과 각종 담보권을 취득하여, (ii) 그 제3자가 신탁선언을 통하여 해당 채권 및 담보권을 신탁재산으로 전환시킨 후, (iii) 그 제3자가 수탁자로서의 신탁재산(즉 해당 채권 및 담보권)에 대한 수익권을 애초 담보부채권자가 되기를 원했던 자에게 부여하는 형태로 해결해야 한다고 주장하는 견해도 있으므로[9] 실무상 담보권신탁이 활성화될 것인가 여부도 판단하기 쉽지 아니한 것으로 보인다.

---

8) 신탁등기사무처리에 관한 예규(등기예규 제1501호) 1. 신탁등기 나. 신청방법 (7) 담보권신탁등기 (라) 신탁재산에 속하는 (근)저당권에 의하여 담보되는 피담보채권이 이전되는 경우에는 수탁자는 신탁원부기록의 변경등기를 신청하여야 하고, 이 경우 부동산등기법 제79조는 적용하지 아니한다.
9) 함대영, "신탁형자산유동화에서의 진정양도판단," BFL 제44호(2010. 11), 서울대학교 금융·법센터, 76-77면.

III. 재신탁 및 공시

1. 재신탁의 근거규정 마련

(1) 구 신탁법의 실무상 문제점

구 신탁법상 수탁자가 신탁재산을 다시 신탁하는 것이 허용되는지 여부에 관하여는 특별한 언급이 없었다. 자산유동화에 관한 법률 제2조 제1호 라호에서는 '자산유동화'의 개념으로 '유동화전문회사 또는 신탁업자가 다른 유동화전문회사 또는 신탁업자로부터 유동화자산 또는 이를 기초로 발행된 유동화증권을 양도 또는 신탁받아 이를 기초로 하여 유동화증권을 발행하고 당초에 양도 또는 신탁받은 유동화자산 또는 유동화증권의 관리 · 운용 · 처분에 의한 수익이나 차입금 등으로 자기가 발행한 유동화증권의 원리금, 배당금 또는 수익금을 지급하는 일련의 행위'를 포함하여 규정하고 있으나, 유동화자산으로 등록되지 않은 자산의 경우 수탁자가 신탁재산을 다시 신탁하는 것이 허용되는지 여부에 관하여는 명문의 규정이 전무한 형편이었다.

그러나 예를 들어 수탁자가 신탁재산인 금전을 운용하는 방법 중의 하나로 투자신탁의 수익권을 매입한다거나, 혹은 부동산 재건축 · 재개발 등 도시환경정비사업 시행을 위하여 조합원들로부터 부동산을 수탁한 조합이 그 정비사업의 안정적인 계속을 보장하기 위하여 신탁부동산을 다시 신탁회사에 신탁하는 등 실무상 수탁자가 신탁재산을 다시 신탁하는 것이 허용될 필요가 있었다.

구 신탁법 제1조 제2항에 규정된 신탁의 정의규정에서 '재산권을 관리 · 처분'하는 방법 중에는 신탁재산을 다시 신탁함으로써 재수탁자로 하여금 이를 행하게 하는 것 역시 포함된다고 해석될 수도 있을 것이나, 법원행정처의 종전 입장은 신탁법 및 부동산등기법에 재신탁할 수 있다는 규정이 없어 재신탁등기를 할 수 없다는 것이었으므로, 신탁법의 개정을 통하여 재신탁에 관한 법률의 근거를 마련할 필요가 제기되었다.

(2) 개정 신탁법에 따른 변화

개정 신탁법 제3조 제5항은 "수탁자는 신탁행위로 달리 정한 바가 없으면 신탁 목적의 달성을 위해 필요한 경우에는 수익자의 동의를 얻어 타인에게 신탁재산에 대하여 신탁을 설정할 수 있다"고 규정하고 있으므로 신탁행위에 달리 정한 바가 없으면 원칙적으로 수탁자가 신탁재산에 대해 타인에게 신탁을 설정하는 것이 허용된다. 신탁 목적의 달성을 위해 필요한 경우이어야 하고, 수익자의 동의가 있어야 하므로, 수탁자의 재신탁이 충실의무에 반할 가능성은 방지될 수 있을 것이다. 현행 자본시장법에서는 재신탁에 대해 정하고 있지 않으나 2012. 3. 22.자로 입법예고된 자본시장법 개정안에 따르면, 신탁업자가 재신탁된 신탁재산을 다른 신탁업자에게 다시 재신탁하는 것을 금지하여 재신탁에 따라 발생할 수 있는 수탁자의 충실의무 위반 가능성을 규제하고 있다.

신탁법 개정에 의하여 허용되는 재신탁은 (i) 수탁자가 위탁자 및 수익자와의 관계에서 수탁자로서의 법적 지위를 그대로 유지한다는 점에서 수탁자의 변경과 구별되고, (ii) 수탁자(신탁계정)가 수익자로 된다는 점에서 수탁자의 이익향수금지와 개념상 구별된다. 예를 들어 수탁자는 신탁재산인 금전의 안정적 관리와 수익 창출을 위해 부동산에 투자하는 신탁, 주식에 투자하는 신탁, 국공채에 투자하는 신탁, 은행예금 등으로 분산투자한 후 그로부터 얻은 수익과 손실을 정산한 신탁수익을 수익자로 하여금 향수하도록 할 수 있을 것이다. 또한 수탁자의 신탁설정은 (iii) 수탁자의 신탁사무 자체가 신탁재산에 신탁을 설정하여 그로부터 얻은 수익을 수익자에게 향유하게 하는 것이라는 점에서, 수탁자가 스스로 신탁사무를 처리할 수 없을 때 새로운 수탁자가 선임될 때까지 법원이 한시적으로 선임하는 신탁재산관리인제도와도 구별되고, (iv) 수탁자로부터 신탁을 설정받은 재수탁자는 수탁자로부터 재산권을 이전받아 신탁사무를 처리한다는 점에서 신탁사무의 위임과 구별된다.

예를 들어 재개발조합원들로부터 부동산을 수탁한 재개발조합이 신탁부동산을 신탁회사에 다시 개발·처분신탁하는 경우, 전문성 있는 신탁회사의 토지개발 노하우를 이용하면서 재개발조합의 채권자들에 의한 강제집행, 재개발조합 집행부의 배임 등으로 인하여 재개발사업이 중단되는 것을 방지할 수 있어 재개발·재건축사업에서도 재신탁이 활용될 수 있을 것으로 예상된다.

2. 신탁의 공시

(1) 구 신탁법의 실무상 문제점

구 신탁법 제3조는 신탁의 공시에 대해 다음과 같이 규정하고 있었다.

제3조(신탁의 공시) ① 등기 또는 등록하여야 할 재산권에 관하여는 신탁은 그

등기 또는 등록을 함으로써 제3자에게 대항할 수 있다.

　② 유가증권에 관하여는 신탁은 대통령령의 정하는 바에 의하여 증권에 신탁재산인 사실을 표시하고 주권과 사채권에 관하여는 또한 주주명부 또는 사채원부에 신탁재산인 사실을 기재함으로써 제3자에게 대항할 수 있다.

이와 같은 구 신탁법상으로는 등기 또는 등록이 가능한 재산권과 유가증권, 주권, 사채권에 대하여는 신탁사실의 공시가 가능하나, 그 이외 공시방법이 없는 재산권의 경우에는 제3자에게 신탁사실을 대항할 수 없는 문제점이 있어, 신탁 및 이해관계인의 보호를 위해 등기 또는 등록부가 편성되지 아니한 경우에도 새롭게 공시방법이 추가될 필요가 있었다.

특히 체비지, 환지나 택지개발지구 내의 분양택지 등 등기할 수 있는 재산이기는 하나 아직 지적이 정리되지 아니하여 등기부가 개설되지 않은 토지의 경우에는 신탁등기를 할 수 없어 제3자에게 신탁사실을 대항하지 못한 결과 사실상 이러한 부동산에 대하여는 신탁이 이루어지기 어려운 상황이었다. 또한 수분양자 및 이해관계인에게 피해가 발생할 가능성이 있었고, 건축물의 분양에 관한 법률에 따라 선분양을 위한 신탁등기를 경료하는 것이 불가능하다는 문제도 지적되었다.

따라서 "환지처분 전에 구획정리사업시행자가 체비지지정을 하여 이를 제3자에게 처분하는 경우, 매수인이 토지를 인도받거나 체비지대장에 소유자로 등재되면, 매수인은 다른 이중양수인에게 그 권리취득을 대항할 수 있다"(대법원 2009. 1. 30. 선고 2006다37465 판결)는 판결의 취지에 따라 체비지대장 등에 수탁자로 등재되면 제3자에게 신탁재산임을 대항할 수 있도록 입법적으로 해결하자는 목소리가 제기되었다.

한편 매일 대량으로 유통되는 유가증권에 대해 구 신탁법과 같은 엄격한 공시방법을 강제할 필요성이 있는지에 대해서는 의문이 제기되기도 하였다.

(2) 개정 신탁법에 따른 변화

신탁의 공시에 대하여 개정 신탁법 제4조는 다음과 같이 규정하고 있다.

> 제4조(신탁의 공시와 대항)
> ① 등기 또는 등록할 수 있는 재산권에 관하여는 신탁의 등기 또는 등록을 함으로써 그 재산이 신탁재산에 속한 것임을 제3자에게 대항할 수 있다.
> ② 등기 또는 등록할 수 없는 재산권에 관하여는 다른 재산과 분별하여 관리하는 등의 방법으로 신탁재산임을 표시함으로써 그 재산이 신탁재산에 속한 것임을 제3자에게 대항할 수 있다.
> ③ 제1항의 재산권에 대한 등기부 또는 등록부가 아직 없을 때에는 그 재산권은 등기 또는 등록할 수 없는 재산권으로 본다.
> ④ 제2항에 따라 신탁재산임을 표시할 때에는 대통령령으로 정하는 장부에 신탁재산임을 표시하는 방법으로도 할 수 있다.

이러한 개정 신탁법에 의하면 등기 또는 등록할 수 없는 재산권에 관하여도 분별관리 기타 신탁재산임을 입증하면 제3자에게 대항할 수 있고, 건축 중인 건물이 완공 전이어서 등기를 할 수 없는 경우에도 명인방법 등에 의한 신탁의 공시가 가능하며, 특히 지적이 정리되지 않아 등기부가 편철되지 않은 토지에 대해서도 체비지대장 등에의 신탁사실 기재를 통해 신탁재산임을 공시할 수 있으므로, 체비지, 환지뿐 아니라 한국토지주택공사가 분양하는 택지 등에도 활발하게 신탁이 이용될 수 있을 것이다.

한편 유가증권의 경우 구 신탁법하에서는 제3자에게 신탁재산임을 대항하기 위해서는 증권에 신탁재산임을 표시해야 하고, 주권 및 사채권의 경우 추가적으로 주주명부 및 사채원부에 신탁재산임을 기재할 것을 대항요건으로 요구하였으므로, 유가증권을 대량매매하는 신탁의 경우에는 위와 같은 대항요건을 갖추는 것이 사실상 곤란한 면이 있었으나, 개정 신탁법에서는 이러한 대항요건이 삭제되었으므로 경제성 및 금전, 파생상품 등 금융분야에서 신탁의 유연성을 활용한 대량유통 목적의 신탁의 활성화를 기대할 수 있을 것이다. 다만 상법 제356조의2에 따라 전자등록부에 등록된 유가증권은 등기·등록할 수 있는 재산권에 해당하므로 전자등록부에 신탁재산인 사실을 등록하여야 대항할 수 있다.

IV. 위탁자의 지위이전

1. 문제점

구 신탁법하에서는 위탁자의 지위를 이전할 수 있느냐에 논란이 있어 왔다. 실무상으로는 신탁설정 후 위탁자의 신용이나 사업시행능력에 문제가 발생하는 경우, 위탁자를 교체하여 신탁 및 신탁을 이용한 개발사업이 차질 없이 진행되도록 할 필요가 있었으며, 특히 위탁자·수탁자·수익자 등 신탁관계인이 모두 동의하는 경우 실질적으로 이를 허용하지 아니할 만한 이유가 없었으나, 구 신탁법에 이를 명시적으로 허용하는 규정이 없어 결국 신탁을 종료시키고 새로운 신탁을 설정할 수밖에 없었다. 나아가 신탁을 이용한 개발사업에 있어 사업 당사자 간에는 실질적으로 위탁자의 역할(주로 사업시행자로서의 역할)이 배제되어 전혀 그 역할이 없음에도 불구하고 신탁계약상으로는 여전히 위탁자로 남겨 둘 수밖에 없는 상황이 발생할 수 있었다. 이와 같이 실무상 토지신탁 등에서 위탁자의 지위이전에 대한 필요성이 있음에도 불구하고, 구 신탁법에서는 이에 대한 규정이 없었을 뿐 아니라 이를 정면으로 판단한 명시적인 판례도 없었으므로 위탁자의 지위이전 가부에 관한 학설이 대립하였다.

2. 개정 신탁법에서의 조항 신설

(1) 조항 신설

개정 신탁법에서는 다음과 같이 위탁자 지위의 이전을 허용하는 조항을 신설하였다.

> 제10조(위탁자 지위의 이전)
> ① 위탁자의 지위는 신탁행위로 정한 방법에 따라 제3자에게 이전할 수 있다.
> ② 제1항에 따른 이전방법이 정하여지지 아니한 경우 위탁자의 지위는 수탁자와 수익자의 동의를 받아 제3자에게 이전할 수 있다. 이 경우 위탁자가 여럿일 때에는 다른 위탁자의 동의도 받아야 한다.
> ③ 제3조 제1항 제2호에 따라 신탁이 설정된 경우 위탁자의 상속인은 위탁자의 지위를 승계하지 아니한다. 다만 신탁행위로 달리 정한 경우에는 그에 따른다.

(2) 조항 신설의 의미

개정 신탁법에 의하면 명문으로 위탁자 지위의 양도를 허용하여 기존의 부동산신탁에서 가장 큰 문제였던 사업시행자 파산 등 신용하락시 위탁자를 변경하여 사업을 원활히 수행하여 수분양자 등 이해관계인을 보호할 수 있게 되었으며, 자본시장법상 부동산펀드 등 투자신탁에서 위탁자인 회사를 변경할 실무상 필요가 있을 경우 이에 부응하여 위탁자를 변경할 수 있게 되었다.

나아가 자산유동화 목적으로 설정된 자익신탁형태의 투자신탁에서 수익증권을 유통할 때 위탁자 겸 수익자의 지위를 동시에 이전할 수 있어서 위탁자와 수익자가 분리되는 문제점을 해결할 수 있게 되었으므로, 수익권을 양도하였음에도 불구하고 여전히 위탁자에게 재산세가 부과되는 것에 대한 거부감으로 수익권양도가 활성화되지 못했던 점도 개선될 수 있을 것으로 전망된다.

3. 관련 문제

(1) 신탁의 변경과 관련하여

신탁의 변경에 관하여 구 신탁법은 제36조에서 '신탁재산관리방법의 변경'에 대해서만 규정하고 있었다.[10] 그러나 개정 신탁법 제88조

---

10) 구 신탁법 제36조(신탁재산관리방법의 변경) ① 신탁행위 당시에 예견하지 못한 특별한 사정으로 신탁재산의 관리방법이 수익자의 이익에 적합하지 아니하게 된 때에는 위탁자, 그 상속인, 수익자 또는 수탁자는 그 변경을 법원에 청구할 수 있다. ② 전항의 규정은 법원이 정한 관리방법에 이를 준용한다.

제1항은 "신탁은 위탁자, 수탁자 및 수익자의 합의로 변경할 수 있다. 다만 신탁행위로 달리 정한 경우에는 그에 따른다", 제2항은 "제1항에 따른 신탁의 변경은 제3자의 정당한 이익을 해치지 못한다"라고 규정하고 있다. 또한 제3항은 "신탁행위 당시에 예견하지 못한 특별한 사정이 발생한 경우 위탁자, 수익자 또는 수탁자는 신탁의 변경을 법원에 청구할 수 있다"고 규정하고 있다. 이처럼 개정 신탁법에서는 원칙적으로 신탁 당사자의 합의에 의하여 신탁을 변경할 수 있도록 하여 신탁의 변경을 유연하게 인정하고 있다.

따라서 개정 신탁법에 의하면 위탁자의 지위를 이전하여 신탁계약의 당사자를 변경할 수 있을 뿐 아니라 신탁재산의 관리방법은 물론 신탁의 목적 등 신탁의 실체적 내용에 관하여도 변경을 할 수 있기 때문에, 외부의 변화에 보다 탄력적으로 대응할 수 있을 것으로 예상된다.

(2) 수탁자의 지위이전과 관련하여

1) 사례

A은행은 2007. 9. 21. B회사와 신탁부동산에 관한 부동산담보신탁계약을 체결하고, C보험회사를 1순위 우선수익자로 하여 신탁부동산을 수탁받았는바(이하 '본건 신탁'), 본건 신탁은 A은행, B회사 및 C보험회사가 신탁부동산에 '○○○○신축공사' 추진을 위하여 체결한 대출계약 및 업무약정에 따른 것이다. 위 대출계약 및 업무약정에 의하면 B회사가 채무자로서 기한이익을 상실할 경우 A은행은 B회사의 채권자 C보험회사에 대한 대출금채무를 대위변제하고 C보험회사로부터 그 대출금채권(본건 신탁상의 1순위 우선수익권 포함)을 양도받기

로 약정하였다. 그런데 2009. 3. 27. B회사가 C보험회사에 대하여 지급
하여야 할 이자를 지급하지 아니할 것으로 예상되는바, A은행은 위
약정에 따라 C보험회사에 대한 B회사의 대출금채무를 대위변제하고
C보험회사로부터 대출금채권 및 본건 신탁상의 1순위 우선수익권 등
을 양수받을 경우 A은행은 수탁자이자 1순위 우선수익권자의 지위를
겸하게 되어 신탁법 위반의 문제가 발생할 수 있다.[11]

　이러한 경우 A은행은 본건 신탁의 수탁자 지위를 사임하고, D신탁
회사를 신수탁자로 선임하는 방법을 고려할 수 있다.

2) 수탁자의 지위이전 가부

　구 신탁법상 수탁자를 중간에 경질하려면 수탁자가 사임한 뒤 신수
탁자가 선임되는 방식을 취하여야 하는데, 구 신탁법 제13조 제1항은
"수탁자는 수탁행위에 특별한 정함이 없는 한 수익자와 위탁자의 승
낙 없이 임무를 사임할 수 없다"고 규정[12]하고 있었으므로, 수탁자의
사임에도 원칙적으로 수익자와 위탁자의 승낙이 필요했다. 또한 구 신
탁법 제17조에 따르면 신탁행위에 특별한 정함이 없는 이상 신수탁자
는 이해관계인의 청구에 의하여 법원이 선임하도록 되어 있었으므로
원칙적으로 법원에 의하지 아니하고 수익자와 위탁자의 승낙만으로는
신수탁자를 임의로 선임할 수 없었다(구 신탁법 제17조 제1항, 제3항).[13]

---

11) 구 신탁법 제29조(수탁자의 이익향수금지) 수탁자는 누구의 명의로도 신탁의 이
　익을 향수하지 못한다. 단 수탁자가 공동수익자의 1인인 때에는 예외로 한다.
12) 개정 신탁법 제14조(수탁자의 사임에 의한 임무종료) ① 수탁자는 신탁행위로 달
　리 정한 바가 없으면 수익자와 위탁자의 승낙 없이 사임할 수 없다.
13) 구 신탁법 제17조(신수탁자의 선임) ① 수탁자의 임무가 종료한 경우에는 이해관
　계인은 신수탁자의 선임을 법원에 청구할 수 있다.
　③ 전 2항의 규정은 신탁행위에 특별한 정함이 있는 때에는 적용하지 아니한다.

그러나 개정 신탁법 제21조 제1항 본문은 "수탁자의 임무가 종료된 경우 위탁자와 수익자는 합의하여 또는 위탁자가 없으면 수익자 단독으로 신수탁자를 선임할 수 있다", 같은 조 제2항은 "위탁자와 수익자 간에 신수탁자 선임에 대한 합의가 이루어지지 아니한 경우 이해관계인은 법원에 신수탁자의 선임을 청구할 수 있다"라고 정하고 있으므로 개정 신탁법에 의하면 신수탁자의 선임이 보다 용이해지고, 이를 활용하면 수탁자의 지위이전과 유사한 효과를 얻을 수 있을 것으로 보인다.

4. 수익채권과 신탁채권의 관계

(1) 구 신탁법의 문제점

구 신탁법은 수익자가 그 지위에 기하여 수탁자에게 신탁재산에 속한 재산의 인도와 그 밖에 신탁재산에 관한 급부를 요구할 수 있는 '수익채권'과, 수익채권 외에 신탁재산에 관하여 발생한 신탁관계인 및 제3자의 채권인 '신탁채권'(예컨대 신탁 전의 원인으로 발생한 권리, 수탁자의 신탁사무처리로 인하여 발생한 권리, 반대수익자의 수익권매수청구권, 신탁의 목적을 위반한 수탁자의 법률행위 중 취소될 수 없거나 취소되지 않은 행위로 발생한 권리, 수탁자의 신탁사무처리로 인하여 발생한 불법행위에 기한 권리 등) 간의 우열관계에 관하여 명시적 규정이 없어 그 관계가 불명확하였다.

(2) 개정 신탁법의 규정 및 의의

개정 신탁법 제62조에서는 "신탁채권은 수익자가 수탁자에게 신탁재산에 속한 재산의 인도와 그 밖에 신탁재산에 기한 급부를 요구하는 청구권(이하 '수익채권'이라 한다)보다 우선한다"고 하여, 신탁채권이 수익채권에 우선함을 명시하였다.

수익자는 신탁재산의 분배를 받는 지위에 있고 수탁자가 행한 신탁사무처리는 신탁재산의 가치를 유지·증가하기 위한 것이라는 점, 수익자에 대한 신탁재산의 분배에 관하여는 엄격한 법적 규제가 존재하지 않는다는 점, 수익채권은 회사법상 주주의 잔여재산분배청구권과 유사한 것이라는 점 등에 비추어 볼 때 수익채권은 신탁사무처리에 기하여 발생한 신탁채권에 열후한 것이라고 보는 것이 공평하다는 점에서 이러한 입장은 타당하다고 보인다.

위 규정은 해석상 신탁채권자의 보호를 위한 강행규정으로 보아, 신탁행위로서 신탁채권에 우선하는 수익채권을 만드는 것은 제한된다고 할 것이다. 다만 예컨대 PF 신탁사업에서 시공사가 우선수익자인 대출금융기관의 대출채권(수익채권)보다 자신의 공사대금채권(신탁채권)의 변제에 후순위로 수입금을 집행하기로 약정하는 경우와 같이 신탁채권자가 자신의 우선권을 포기하는 경우와 같이 수익채권보다 열위에 있는 신탁채권을 만드는 것은 가능할 것이다.

개정 신탁법은 수탁자에게 채권지급의 선후를 정할 수 있도록 분명한 지침을 제공하고, 강제집행절차나 신탁재산 파산 등의 경우 발생할 수 있는 분쟁을 사전에 예방한다는 측면에서 의의가 있다. 다만 신탁채권과 수익채권 간의 우열관계가 극명하게 드러나는 신탁재산의 파산의 경우와 관련하여서는, 채무자 회생 및 파산에 관한 법률 제578조

의16 제1항은 "유한책임신탁재산에 대하여 파산선고가 있는 경우 신탁
채권은 신탁법 제62조에 따른 수익채권보다 우선한다", 제2항은 "수
탁자 또는 신탁재산관리인과 채권자(수익자를 포함한다)가 유한책임신
탁재산의 파산절차에서 다른 채권보다 후순위로 하기로 정한 채권은
그 정한 바에 따라 다른 채권보다 후순위로 한다"라고 정하여 신탁채
권이 수익채권보다 우선함을 명시하였다.

V. 사해신탁

1. 서론

　구 신탁법 제8조는 '채무자가 채권자를 해하기 위해 신탁을 설정한
경우' 이러한 신탁을 사해신탁이라고 하면서 채권자는 이러한 신탁에
관하여 취소 및 원상회복을 청구할 수 있도록 규정하고 있다. 하지만
구 신탁법 제8조의 해석과 관련하여 그간 상당한 논란이 있어 왔고,
실무상에서도 민법 제406조와 달리 수탁자가 선의라도 그 취소가 허
용되는 바람에 상사신탁의 수탁자(신탁회사)가 예기치 못한 의무를 부
담하는 등 많은 문제점도 지적되어 왔다.
　그 결과 신탁법 개정이 논의되면서 신탁법 제8조가 중요한 이슈로
등장하였고, 상당한 논란 속에 개정되었다. 아래에서는 먼저 구 신탁
법의 내용 및 논란이 있었던 부분을 먼저 살펴보고, 개정 신탁법의 구
체적 내용 및 실무에 미칠 영향을 검토해 보도록 하겠다.

2. 구 신탁법 제8조의 내용 및 문제점

(1) 구 신탁법 제8조의 조문 내용

구 신탁법 제8조 제1항은 "채무자가 채권자를 해함을 알고 신탁을 설정한 경우에는 채권자는 수탁자가 선의일지라도 민법 제406조 제1항의 취소 및 원상회복을 청구할 수 있다"라고 규정하고 있고, 같은 조 제2항은 "전항의 규정에 의한 취소와 원상회복은 수익자가 이미 받은 이익에 영향을 미치지 아니한다. 단 수익자가 변제기가 도래하지 아니한 채권의 변제를 받은 경우 또는 수익자가 그 이익을 받은 당시에 채권자를 해함을 알았거나 중대한 과실로 이를 알지 못한 경우에는 예외로 한다"라고 규정하고 있다.

즉 사해신탁은 채무자가 채권자를 해함을 알고 신탁을 설정한 경우를 말하므로, 일단 사해성, 사해의사, 신탁설정행위가 있어야 채권자는 사해신탁취소권을 행사할 수 있다고 할 것이다. 한편 이러한 사해신탁은 민법 제406조의 채권자취소권과 매우 흡사한 제도라고 할 수 있지만, 수탁자가 선의인 경우에도 취소가 가능하다는 점, 신탁수익자에 대한 규정을 따로 두고 있다는 점 등에서 구별될 수 있다. 이러한 민법 제406조와의 차이점으로 인하여 그 해석에 있어 많은 논란이 발생하였고, 실무에서도 많은 문제를 야기하여 왔다.

(2) 사해신탁의 일반적인 요건

사해신탁에서 말하는 사해성, 사해의사는 민법 제406조의 채권자취소제도에서 말하는 개념과 동일하다고 하겠다. 즉 사해성은 채무자의

신탁설정으로 그의 일반 재산이 감소하여 채권의 공동담보에 부족이
생기거나 이미 부족 상태에 있는 책임재산이 한층 더 부족하게 됨으
로써 채권자에 대한 변제 가능성이 더 줄어드는 것을 말한다. 이러한
사해성은 자익신탁인 경우와 타익신탁인 경우 다소 차이가 난다고 할
것인바, 자익신탁을 설정한 경우 채무자는 신탁설정으로 수익권을 갖
게 되므로, 자익신탁설정으로 인해 당연히 담보재산이 줄어든다고 볼
수 없으나, 타익신탁을 설정한 경우 제3자에게 수익권을 취득시키는
것이므로, 이로 인하여 채무초과 상황이 초래되면 사해성을 충족시킬
가능성이 높아진다고 할 것이다.[14)·15)]

---

14) 개발신탁에서의 채무초과 판단에 관하여 대법원 2003. 12. 12. 선고 2001다57884
   판결(해당 법률행위로 인하여 채무자 명의의 책임재산 또는 공동담보가 감소되었
   는가라는 일면만을 보아서는 안 되고, 실질적으로 책임재산의 증감, 즉 신탁이 책
   임재산의 감소 또는 공동담보의 부족을 초래하였는가를 고려하여야 한다). 위 판
   결에 관하여 "사해성의 판단에 있어 건물의 신축공사가 일부 진행된 상태에서의
   집행 가능한 책임재산으로서의 토지 및 미완공 건축물의 가치와 채무자가 이 사
   건 신탁을 통하여 이 사건 토지 위에 이 사건 건물을 완공, 분양함으로써 얻을 수
   있는 재산적 가치에 대하여 심리하여 이를 비교형량하여야 한다"라는 평석[이우
   재, "개발신탁의 사해행위 판단방법," 대법원 판례해설 제46호(2004), 법원도서관,
   527면]을 고려할 때, 위 판결은 개발신탁에 있어 사해행위의 판단은 단순히 타익
   신탁이라는 이유만으로 인정되는 것이 아니라 다양한 기준에서 비교형량해서 결
   정해야 된다는 취지로 해석해야 할 것이다.
15) PF사업과 관련된 부동산담보신탁에 있어 사해행위 판단과 관련하여 일부 문헌에
   서는 "채무초과 상태에 있는 사업시행자가 유일한 재산인 부동산에 관하여 위와
   같이 프로젝트 파이낸싱과 결합된 토지담보신탁 또는 건물담보신탁을 한 경우, 위
   각 신탁계약의 내용이나 신탁의 경위에 비추어 보면, 위 각 신탁과 결합된 건설사
   업의 시행 결과 사업시행자는 궁극적으로 신축건물 등의 분양수입금에서 위 대출
   금 및 신탁보수 등 비용을 뺀 만큼의 책임재산의 증가를 얻게 되고, 신탁계약의 특
   성상 사업시행자의 일반 채권자들로서는 사업시행자가 신탁회사로부터 지급받을
   신탁수익 또는 신탁종료 후 반환받을 재산에 대하여 강제집행의 방법으로 채권의
   만족을 얻을 수 있게 되므로, 결국 토지담보신탁 또는 건물담보신탁은 채무자의
   갱생을 위한 행위로서 사해행위에 해당하지 않는다고 보아야 할 경우가 많을 것
   이다"라고 설명하면서, 이러한 신탁의 경우 사해행위에 해당될 가능성이 제한될

채무자의 사해의사는 채무자가 신탁설정 당시에 신탁설정에 의해 채무자의 소극재산이 적극재산보다 많아진다는 것을 알고 있음을 의미한다. 이러한 사해의사는 적극적인 의사가 아니라 변제능력이 부족해진다는 소극적인 인식으로서 충분하다고 할 것이다. 또한 사해신탁은 신탁설정행위에 의해 설정되므로, 사해신탁 역시 신탁설정의 요건을 갖추고 있어야 한다. 즉 신탁의 성립요건을 갖추지 못해 신탁으로 설정되지 못한 경우는 애초부터 사해신탁에 해당될 여지가 없다.

(3) 사해신탁의 특수한 점 및 해석상의 논쟁

1) 수탁자의 선의에 관하여

사해신탁취소권과 채권자취소권의 가장 큰 차이점은 수탁자가 선의인 경우에도 신탁행위를 취소할 수 있다는 것이다. 즉 객관적인 사해성만 갖추면 수탁자가 선의인지 그렇지 않은지 묻지 않고 취소될 수 있는 것인바, 이는 수탁자는 신탁재산으로부터 실질적인 수익을 얻지 않는 신탁재산의 관리자에 불과하므로, 채권자에 의한 신탁의 취소가 있어 수탁자가 신탁재산을 반환하더라도, 수탁자 자신이 직접 입은 손실은 없다고 보았기 때문이다.[16]

그러나 이러한 수탁자에 대한 요건의 완화와 관련해서, 일부에서는 "신탁법상의 신탁행위의 경우에는 사해행위로서의 취소가 쉽게 인정되어 왔고, 이러한 결과는 신탁업법상의 신탁회사의 파산에도 한 원

수 있다는 점을 지적하고 있다[진상훈, "부동산신탁의 유형별 사해행위 판단방법," 민사집행법연구 제4권(2008), 329-330면].

16) 이중기, 신탁법, 삼우사, 2007, 76면 ; 이재욱/이상호, 신탁법 해설, 한국사법행정학회, 2000, 104면.

인을 제공한 것으로 보인다"라고 기술하기도 하였고,[17] 또 다른 문헌에서는 "부동산신탁의 경우에는 수탁자의 지위가 단순한 수탁수수료만 받고 그 운용의 책임이 종결되는 단순한 관계가 아니라 수탁받은 부동산에 건물을 신축하여 분양하는 복잡한 관계가 형성되며, 그로 인하여 수탁자도 수입을 얻는 구조로 되어 있으므로, 단순히 수탁자가 신탁재산의 지위로부터 이익을 얻을 지위가 없다는 이유만으로 수탁자가 선의임에도 불구하고 신탁이 취소될 수 있다면 불합리"하다는 취지의 주장도 있었다.[18]

수탁자에 대한 이러한 요건 완화가 신탁회사(상사신탁의 수탁자)를 파산에 이르게까지 하였는지는 정확히 알 수는 없으나, 실무에서 위탁자의 채권자는 위탁자의 사해성만 입증하면 손쉽게 사해신탁취소로 인한 원상회복청구권을 피보전권리로 하여 신탁부동산에 대한 처분금지가처분이나 취소소송을 제기할 수 있어, 신탁회사의 지위 등이 불안정하게 되는 경우가 다수 발생하였으며, 더구나 신탁회사와 같이 신탁의 운영으로 보수를 얻는 상황에서 사해신탁으로 신탁이 취소되고 신탁재산이 반환된다면 선의인 위 수탁자는 그 보수 등 이익의 손실을 보는 경우도 발생되는 것은 분명하다.

이러한 문제점은 부동산담보신탁 또는 기타의 신탁에서 자신들의 이익을 보존하고자 위탁자의 채권자에 의하여 또는 위탁자조차 가장(假裝) 채권자를 내세워 사해신탁취소소송 및 처분금지가처분신청이 남발되는 원인으로 지적되기도 하였다.

그 결과 아래에서 보는 바와 같이 개정 논의 과정에서 수탁자가 선의인 경우에도 신탁행위를 취소할 수 있다는 구 신탁법 규정은 그 개

---

17) 이우재, 앞의 논문(주 14), 555면.
18) 이재욱, "부동산신탁 및 부동산뮤츄얼펀드 등의 함정," 법률신문 2000. 8. 10.자, 14면.

정의 필요성이 인정되어 일부 사해신탁취소권의 범위를 제한하는 방향으로 개정되었다.

2) 수탁자의 원상회복과 관련하여

구 신탁법에서는 사해신탁으로 취소권이 행사되고 원상회복을 채권자가 구하는 경우 수탁자의 원상회복 범위와 관련하여 다소 논란이 있었다. 즉 토지신탁과 같은 개발신탁의 경우 신탁이 설정되면 수탁자는 자금을 동원하여 사업을 진행하고 시간이 경과함에 따라 상당한 자금이 투입된다. 그렇게 된 다음 신탁취소권이 행사되고 원상회복이 명해진다면 수탁자는 큰 피해를 보게 된다. 이 경우 사해신탁 이후 수탁자의 자금투입으로 목적물의 가치가 달라진 경우에 해당되어 그대로 원상회복을 명하는 것은 부당하고, 원래의 가치만큼만 가액배상이 명해져야 한다는 견해가 있었다.[19]

한편 구 신탁법에 따르면 수탁자가 전득자에게 신탁재산을 처분한 경우, 위탁자의 채권자는 수탁자를 상대로 사해신탁취소권을 행사하여 신탁재산의 가액배상을 구할 수도 있게 된다.

그런데 부동산신탁의 실무에서, 준공된 건물 중 미분양물건을 처분신탁 또는 담보신탁하고, 위탁자 또는 시공사가 분양업무를 행하여 우선수익자 또는 수익권의 질권자인 PF 대출금융기관의 동의를 받아 신탁회사에게 수분양자 앞으로의 소유권이전을 요청하면 신탁회사는 이에 따라 신탁재산을 수분양자들에게 소유권이전을 하는 방식의 처분특약을 체결하는 경우, 이러한 신탁계약이 사해신탁으로 취소되는 때에는 이미 수분양자들에게 신탁재산의 소유권이전을 마친 수탁

---

19) 임채웅, "사해신탁의 연구," 법조 통권 제600호(2006. 9), 법조협회, 25면.

자는 이에 대한 가액배상의 부담을 져야 한다는 결론에 이르게 된다. 그 결과 선의의 신탁회사가 신탁계약을 통해 얻는 보수 등의 이익에 비하여 신탁재산 상당의 가액을 배상하여야 하는 엄청난 부담을 안게 되므로, 신탁회사들은 위와 같이 수분양자들에게 직접 소유권이전을 하는 방식의 신탁에 다소 소극적이고 꺼리는 경향이 있었다.

3) 사해신탁취소권의 취소의 상대방 선택과 관련하여

채권자취소권의 경우 취소의 상대방은 채권자가 선택할 수 있다. 즉 사해행위의 상대방(수익자), 전득자가 모두 악의인 경우 채권자는 전득자를 피고로 하여 사해행위의 취소를 구하고 재산의 반환을 청구할 수도 있고, 사해행위의 상대방(수익자)을 선택하여 사해행위의 취소 및 손해배상을 청구할 수도 있다. 하지만 사해신탁에서 이러한 채권자취소권에서의 상대방의 선택을 그대로 적용하여 취소의 상대방을 신탁의 수탁자 · 수익자 중에서 선택할 수 있는지 여부와 관련하여 논란이 있어 왔다.

민법상 채권자취소권을 유추하는 견해에 의하면, 채권자취소권과 신탁취소권은 모두 사해행위 혹은 사해신탁행위를 취소하고 채무자의 재산회복을 목적으로 하는 점에서 공통점이 있으므로 사해신탁취소권에 있어서도 채권자는 수탁자에 대해서뿐 아니라 신탁수익자에 대해서도 신탁행위를 취소하고 수익한 재산의 원상회복을 구할 수 있다고 한다.

반면에 사해신탁의 경우 채권자는 취소 상대방을 선택할 수 있는 것은 아니고 수탁자에게 먼저 취소권을 행사해야 된다는 견해[20]도 있

---

20) 이중기, 앞의 책(주 16), 70-72면.

다. 위 견해에서는 수탁자는 신탁재산 원본을 보유하고 있는 데 반해, 수익자는 상대적으로 작은 가치인 신탁재산의 운용수익만을 분배받으므로, 채권자가 수탁자에 대해 신탁행위를 취소하고 신탁재산 원본을 반환받으면 채권변제에 충분한 경우가 많지만, 수익자에 대해 신탁행위를 취소하고 분배수익만을 반환받는 것으로는 채권변제에 부족한 경우가 많기 때문에 수탁자에 대한 취소권 선행사가 필요하다는 점을 지적한다. 또한 이러한 견해는 수익자 간의 형평상 수탁자를 취소의 상대방으로 하는 것이 타당하다고 한다. 즉 수탁자에 대한 신탁설정의 취소와 신탁원본의 반환은 신탁재산 자체를 감소시키므로 모든 수익자에게 균등하게 신탁재산 감소의 효과가 미치지만, 채권자가 어느 수익자에 대해 취소권을 행사하는 경우 그 수익자에 대한 취소와 반환청구는 반환하지 않은 수익자와의 관계에서 구상의 문제를 야기하게 되므로, 소송경제적 측면에서도 수탁자에 대한 신탁취소권이 선행사되어야 한다고 한다.

한편 신탁수익자에 대한 독립적인 취소권을 인정하지 않는 견해도 있다.[21] 구 신탁법 제8조 제2항의 내용을 수익자에 대해서 별도로 독립적으로 취소권을 행사할 수 있다는 것이 아니라 수탁자에 대한 취소권의 행사와 동시에 또는 그에 대한 취소권행사의 성공 이후의 법률관계에 관하여 규정한 것이라고 해석하는 견해이다. 즉 수탁자에 대한 관계에서 취소권이 행사되어 신탁설정이 취소되면, 수익자도 원래는 그간 받은 이익을 더 이상 보유할 권원이 없어지지만 선의의 수익자에게는 가혹한 결과가 되므로 이미 받은 이익에는 영향을 미치지 않는다는 특별한 규정으로 해석하고자 하는 것이다.

---

21) 임채웅, 앞의 논문(주 19), 29-31면. 이 견해는 신탁취소권을 수탁자에게 선행사하여야 한다는 위 견해와 입장이 유사한 것으로 보인다.

4) 선의의 수익자 보호와 관련하여

민법 제406조는 전득자가 전득 당시 선의이면 채권자는 전득자에 대해 사해행위를 취소하고 원상회복을 구할 수 없다고 규정하고 있지만, 구 신탁법 제8조에서는 신탁수익자에 대한 취소에 대하여 아무런 언급이 없다. 따라서 신탁취소권 행사에 있어 수익자의 선의/악의는 문제 되지 않는 것으로 보인다. 이처럼 구 신탁법에서 채권자가 사해신탁취소권을 행사하는 데 있어 수익자의 선의를 고려하지 아니한 이유는 무상처분에 의한 신탁을 전제하였기 때문이다.

그렇다면 사해신탁취소권이 행사되는 경우 선의의 수익자는 더 이상 신탁재산으로부터 수익을 받는 것이 불가능해지므로, 이들에 대한 보호가 필요하다고 할 것이다. 특히 수익권을 유상으로 취득한 자의 경우 더욱 그러하다고 할 것이다. 신탁법 개정을 논의할 당시 개정안에서는 수익자의 선의/악의라는 주관적 사정을 사해신탁취소권의 요건으로 하면서, 무상으로 수익권을 취득한 자의 경우에는 사해신탁이 취소되어도 사해신탁에 대한 기대만을 상실하는 것으로 이익의 침해가 크지 않으므로 수익자의 선의/악의 여부와 상관없이 사해신탁취소권을 인정하고, 대가를 제공하고 수익권을 취득한 유상수익자가 사해신탁에 대하여 선의인 경우에는 예측할 수 없는 손해를 방지하기 위하여 사해신탁취소권을 인정하지 않았다.

그러나 위와 같은 개정안에 대하여, 수익자가 수익권의 취득을 위하여 대가를 지급한 경우라고 하더라도 그 대가가 신탁재산에 비하여 극히 미약한 경우에도 유상인수로 보아 취소대상에서 배제하는 것은 타당하지 않으므로 '유상' 여부에 따라 취소 여부를 달리하는 것은 적절하지 않다는 반론이 있었고, 개정 신탁법에서는 수익자의 선의/악의에 따라 취소 가부를 정하도록 하였다.

5) 신탁수익자의 원상회복 범위와 관련하여

구 신탁법 제8조 제2항에서는 신탁행위가 취소되더라도 수익자가 받은 이익은 영향을 받지 아니하나, 수익자가 변제기가 도래하지 않은 채권의 변제를 받은 경우 또는 수익자가 그 이익을 받은 당시에 채권자를 해함을 알았거나 중대한 과실로 이를 알지 못한 경우에는 예외로 한다는 취지로 규정하였다. 이는 채권자취소권에서의 전득자의 반환 범위와 전혀 다른 점이다. 신탁수익자를 채권자취소권에서의 전득자와 유사한 지위에 있는지 여부와 관련해서 논란이 있을 수 있으나, 채권자취소권에 있어서 전득행위는 사해행위의 상대방과 전득자 사이의 독립된 법률행위이지만 신탁수익자는 기본적으로 수탁자와 사이에 별도의 법률행위를 필요로 하지 않는다는 점에 비추어 볼 때 구별된다고 할 것이다.

이 경우 수익자의 악의, 중과실의 입증책임은 채권자에게 있다는 견해가 있다.[22] 즉 신탁취소권의 경우 수익자가 이미 받은 이익에 대한 취소의 효력이 미치지 못함이 원칙이고 수익자가 악의이거나 중대한 과실이 있는 경우가 예외로서 규정되었기 때문이다.

수익자의 원상회복 범위와 관련하여 실무상 PF사업에서 대출금융기관에 우선수익권이 설정되는 경우를 한 번 생각해 보자. 수탁자인 신탁회사가 선의이고 대출금융기관까지 모두 선의라도 하더라도 채무자인 시행사가 사해행위를 하였고 사해의사가 인정되는 이상 신탁취소권은 인정될 것이다. 만일 막대한 자금을 대출금융기관으로부터 차입하여 건물을 신축하는 사업이라고 하면 신탁취소권의 행사로 토지 및 건물 등 신탁부동산은 채무자에게 반환되나, 수익자는 막대한

---

22) 임채웅, 앞의 논문(주 19), 33면.

자금을 대여해 주었음에도 불구하고 이를 찾아올 수 없게 된다. 구 신탁법 제8조 제2항은 수익자가 받은 이익은 다시 반환하지 않아도 된다고 하나, 이 경우 대출금융기관의 수익이라는 것은 장래의 이익이라고 할 것이어서 구 신탁법 제8조 제2항은 어떠한 도움도 되지 않고 심각한 피해가 발생하게 된다.

이러한 수익자에 대한 원상회복의 문제는 수익자의 선의 / 악의를 가리지 않고 신탁취소권을 인정한 결과 빚어진 문제이고, 개정 신탁법은 수익자의 범위를 제한하였다.

(4) 구 신탁법의 문제점

위에서도 지적한 바와 같이 구 신탁법은 수탁자와 수익자가 선의인 경우에도 신탁취소권을 인정한 결과, 선의의 수탁자·수익자에 대한 고려가 전혀 없었다. 또한 신탁수익자의 지위를 어떻게 해석해야 될지 여부와 관련하여 구 신탁법은 불명확하게 규정한 결과, 많은 해석상 논란을 불러왔던 것으로 보인다. 사해신탁취소권이 행사된 경우 원상회복의 범위와 관련해서도 상사신탁의 수탁자인 신탁회사, 수익자(특히 PF사업에서의 대출금융기관)의 현실을 전혀 고려하지 아니한 문제점도 있었다.

3. 개정 신탁법의 구체적 내용 및 실무에 미칠 영향

(1) 개정 신탁법의 논의 과정

신탁법의 개정 논의 과정에서는 (i) 신탁의 중립성 관점에서 구 신탁법상의 태도를 견지함이 바람직하다는 견해와 (ii) 사해신탁과 관련하여 오래전부터 지적되어 온 위와 같은 구 신탁법의 문제점들을 개선하는 데에 초점이 맞추어야 한다는 견해가 마지막까지 치열하게 대립하다가, 결국 기존에 지적되었던 문제점들을 개선하는 방향으로 개정이 이루어졌다.

수익자가 선의인 경우 사해신탁의 취소를 제한해야 한다는 점, 사해신탁취소를 갈음한 수익권양도청구의 허용, 선의의 수익자 보호에 따른 사해신탁 남용 방지, 사해신탁취소의 경우 거래 상대방 보호 등이 논의되었다.[23]

또한 사해신탁은 소로써만 행사가 가능한지, 수탁자와 수익자 모두를 공동피고로 하는 필요적 공동소송으로 하는 것이 신탁재산을 둘러싼 법률관계를 일체로 처리할 수 있어 바람직하다는 의견과 필요적 공동소송으로 하면 다수의 수익자가 있는 경우 등에 채권자에게 과도한 부담이 될 수 있다는 의견도 있었다. 또한 수탁자의 선의 / 악의 여부를 사해신탁의 요건으로 할지 여부 등도 논의가 있었다.

나아가 수탁자에 대하여 사해신탁취소권을 먼저 행사하도록 규정할지 여부와 관련해서도 선행사를 긍정하는 것이 신탁단체에 책임을 먼저 묻는 것이 되어 공평하고, 수익자도 보호할 수 있다는 의견과, 수탁자와 수익자 중 누구를 피고로 할지는 채권자의 선택에 맡기는 것이 타당하며, 재판청구권의 침해 소지도 있어 이를 반대하는 견해도 있었다. 또한 독일과 마찬가지로 강제집행수인의 소를 도입하자는 견해도 있었고, 민사소송법 등 법률 명문규정에서 이를 인정하지 않는 이상 도입이 어렵다는 견해도 있었다.

---

23) 대법원 신탁제도연구반, 「신탁법 개정안」 중간시안 요강 및 설명자료(2009. 6).

(2) 개정 신탁법 제8조의 내용

위와 같은 논의절차를 거친 결과 마련된 개정 신탁법 제8조 규정은 아래와 같다.

제8조(사해신탁)

① 채무자가 채권자를 해함을 알면서 신탁을 설정한 경우 채권자는 수탁자가 선의일지라도 수탁자나 수익자에게 민법 제406조 제1항의 취소 및 원상회복을 청구할 수 있다. 다만 수익자가 수익권을 취득할 당시 채권자를 해함을 알지 못한 경우에는 그러하지 아니하다.

② 제1항 단서의 경우에 여러 명의 수익자 중 일부가 수익권을 취득할 당시 채권자를 해함을 알지 못한 경우에는 악의의 수익자만을 상대로 제1항 본문의 취소 및 원상회복을 청구할 수 있다.

③ 제1항 본문의 경우에 채권자는 선의의 수탁자에게 현존하는 신탁재산의 범위 내에서 원상회복을 청구할 수 있다.

④ 신탁이 취소되어 신탁재산이 원상회복된 경우 위탁자는 취소된 신탁과 관련하여 그 신탁의 수탁자와 거래한 선의의 제3자에 대하여 원상회복된 신탁재산의 한도 내에서 책임을 진다.

⑤ 채권자는 악의의 수익자에게 그가 취득한 수익권을 위탁자에게 양도할 것을 청구할 수 있다. 이때 민법 제406조 제2항을 준용한다.

⑥ 제1항의 경우 위탁자와 사해신탁(詐害信託)의 설정을 공모하거나 위탁자에게 사해신탁의 설정을 교사·방조한 수익자 또는 수탁자는 위탁자와 연대하여 이로 인하여 채권자가 받은 손해를 배상할 책임을 진다.

(3) 각 조항들의 구체적인 내용 및 향후 실무에 미칠 영향

1) 제1항과 관련하여

① 사해신탁인 경우 채권자는 수탁자나 수익자에 대하여 신탁의 설정을 취소하고 원상회복을 구할 수 있음을 원칙으로 하되, 선의인 수익자에 대하여서는 취소 및 원상회복을 구할 수 없다는 내용이다. 사해신탁임을 모르고 수익권을 취득한 수익자를 보호하기 위한 규정이다.

② 개정 신탁법 제8조 제1항 단서가 수탁자에 대한 정함이 없이 선의의 수익자에 대하여 사해신탁의 취소 및 원상회복을 구할 수 없다고 규정하고 있어, 위탁자의 채권자가 위 단서 규정에 관계없이 수탁자에 대하여 언제든지 사해신탁취소권을 행사할 수 있다고 해석할 수 있는지 아니면 수익자가 선의이면 수탁자의 선의 / 악의에 관계없이 사해신탁취소권을 행사할 수 없는지가 해석상 문제가 될 수 있다.

이에 대하여 수익자의 선의에 관계없이 수탁자에 대하여 언제든지 사해신탁취소권을 행사할 수 있다는 견해를 취하는 경우, 구 신탁법에서 제기되었던 비판의 상당수가 해결되지 않아 개정의 취지가 무색해질 수 있다는 점[24]과 신탁업을 영위하는 신탁업자에 대한 보호조치의 필요성을 고려할 때, 수익자가 선의라면 수탁자의 선의 / 악의에 관계없이 사해신탁취소권을 행사할 수 없다는 견해가 타당하다고 생각된다.

③ 수탁자로부터 신탁재산을 전득한 자를 상대로 하여 사해신탁취소권을 행사할 수 있는지 여부도 의문이 생길 수 있으나, 개정 신탁법

---

24) 김태진, "사해신탁취소권에 관한 개정 신탁법의 해석과 재구성," 선진상사법률연구 통권 제59호(2012. 7), 법무부, 193-195면.

은 사해신탁취소권행사의 상대방을 수탁자와 수익자로 명시하고 있으므로 전득자에 대한 사해신탁취소권행사는 부정된다고 보아야 할 것이다.

물론 이 경우 채권자취소권이 적용될 수 있는가는 여전히 문제 된다고 할 것이다. 이와 관련하여 종래에는 사해행위가 신탁행위였다고 하여 채권자취소권의 적용이 배제되는 것은 아니라고 하면서 채권자취소권행사 문제로 보는 견해가 있다.[25] 이러한 종래의 논의가 개정 신탁법에서도 그대로 적용된다고 하면 전득자에 대하여 별도의 채권자취소권이 행사될 여지도 있다고 할 것이다. 그러나 수익자가 선의인 경우 수탁자의 선의/악의에 관계없이 사해신탁취소권을 행사할 수 없다고 한다면, 사해신탁취소권이 부정되는 마당에 민법상 채권자취소권으로 취소가 가능하다는 것은 부당하므로 전득자가 악의라 하더라도 채권자취소권을 행사할 수 없다고 보는 것도 가능할 것이다.

실무상 PF사업구도에서 살펴보면 신탁회사가 수분양자에게 신탁부동산을 처분하는 경우 그 수분양자의 지위는 전득자의 지위와 유사하다고 볼 수 있다. 만일 수분양자가 악의인 경우 채권자취소권을 통하여 위탁자의 채권자가 신탁행위를 취소할 수 있다면 수분양자의 지위가 다소 불안해지는 측면이 있다는 점에서 보더라도 채권자취소권의 행사를 제한할 필요가 있다고 본다. 다만 일본 신탁법에서는 수익자가 취득한 재산이 다시 제3자에게 양도된 경우 채권자와 해당 제3자 간의 관계는 민법상의 사해행위취소에 의해 처리되는 것으로 해석한다고 한다.[26]

---

25) 이중기, 앞의 책(주 16), 89면.
26) 최수정, 일본 신신탁법, 진원사, 2007, 26면.

④ 개정 신탁법 제8조 제1항과 관련한 중요한 쟁점 중 하나는 입증 책임이라고 할 것이다. 구 신탁법에서는 수익자의 반환 범위에서만 수익자의 선의／악의, 중과실만 문제 되었을 뿐 사해신탁취소권의 성립요건이라는 점에서는 문제 되지 않았기 때문에 별다른 논의가 없었던 것으로 보인다.

하지만 이제는 선의의 수익자가 있는 경우 채권자는 아예 사해신탁 취소권을 행사할 수 없게 되었으므로, 선의의 입증책임이 누구에게 있는지 여부가 매우 중요한 문제가 되었다.

개정 신탁법 제8조 제1항의 구조는 민법 제406조 제1항의 구조와 동일하고, 채권자취소권행사에 있어 사해행위의 상대방과 전득자의 악의에 대한 입증책임분배원칙이 그래도 적용되는 것이 타당하다고 생각된다. 우리 민사소송법에서는 법률요건분류설[27]에 따라 입증책임 분배원칙을 정하고 있다는 점을 고려해 볼 때 더욱 그러하다. 그 결과 선의의 입증책임은 수익자에게 있다고 보아야 할 것이다.

다만 이처럼 선의의 입증책임을 수익자가 부담하는 것으로 해석하는 경우, 수익자가 자신이 선의였다는 점을 적극적으로 입증하는 것이 곤란하다는 점에 비추어 볼 때, 선의의 수익자에 대하여 사해신탁 취소의 위험에서 보호해 주기 위한 개정 신탁법의 입법의도와 상치되는 측면이 있으므로 앞으로 선의의 입증책임에 대한 논의가 더욱 필요할 것으로 보인다.

---

27) 법률요건분류설은 증명책임의 분배를 법규의 구조에서 찾아야 한다는 견해로 통설 및 판례의 입장이다. 즉 권리의 존재를 주장하는 사람은 요증사실 중 권리근거 규정의 요건사실에 대하여 증명책임을 지고, 권리의 존재를 다투는 상대방은 요증 사실 중 반대규정의 요건사실에 대하여 증명책임을 진다고 한다(이시윤, 신민사소송법, 박영사, 2003, 448-449면).

2) 제2항과 관련하여

개정 신탁법 제8조 제2항에 따르면, 사해신탁에서 복수의 수익자들이 있고 일부의 수익자만이 악의인 경우 악의인 일부 수익자에 대해서만 사해신탁취소권을 행사할 수 있다.

이 경우 수탁자에 대해서는 사해신탁취소권을 행사할 수 있는지에 대한 문제가 생길 수 있는데, 제1항의 해석에 있어 수익자가 선의인 경우 수탁자의 선의 / 악의에 관계없이 사해신탁취소권을 행사할 수 없다고 본다면, 복수의 수익자 중 선의의 수익자가 존재하는 이상 선의의 수익자의 이익을 보호할 필요는 제1항의 경우와 차이가 없으므로 마찬가지로 수탁자에 대해서 사해신탁취소권을 행사할 수 없다고 보는 것이 타당하다.

다만 신탁설정 당시 추후 사해신탁취소권의 행사를 막기 위하여 일부러 다수의 수익자 중에서 선의의 수익자 1인을 포함시키는 경우에도 위 견해가 타당하다고 할 수 있을지 의문이 있으며, 이러한 점에서 앞으로 심도 깊은 논의가 필요할 것이다.

3) 제3항과 관련하여

위 조항은 수탁자가 선의인 경우 사해신탁으로 신탁이 취소되더라도 수탁자가 반환해야 할 범위를 제한하는 규정이다. 즉 이 경우 수탁자는 신탁재산이 현존하는 한도에서만 위탁자에게 반환하면 된다는 취지이다.

개정 신탁법에서는 수탁자의 선의 / 악의에 관계없이 사해신탁취소권의 행사를 긍정하였지만, 채권자취소권과 비교해 볼 때(민법 제406조에 의하면 채무자가 선의인 경우 채권자취소권을 행사할 수 없다) 수탁자가 불측의 손해를 입을 수 있으므로 이를 막기 위해 선의인 수탁자는 신탁재산이 현존하는 한도에서만 위탁자에게 반환하면 된다는 것이다.

4) 제4~6항과 관련하여

① 사해신탁의 수탁자와 거래한 신탁채권자는 사해신탁이 취소되어 신탁재산이 원상회복되면 예측할 수 없는 손해를 입을 수 있으므로, 선의인 신탁채권자를 보호하기 위하여 위탁자에게 신탁채권에 대한 이행책임을 인정하도록 한 것이 제4항이다. 일부만 취소되어 반환하는 경우에도 위탁자로 하여금 신탁채무 전부에 대하여 이행책임을 인정하면 신탁채권자에게 사해신탁 취소 전보다 취소 후에 더 많은 책임재산을 인정해 주는 것이 되어 부당하기 때문에 위탁자의 이행책임의 범위를 '원상회복된 신탁재산의 한도 내'로 제한하였다.

② 제5항은 위탁자의 채권자에게 악의의 수익자가 취득한 수익권을 위탁자에게 양도할 것을 청구할 수 있는 권한을 주고 있다. 일본 신탁법 제11조 제5항에서도 "위탁자가 그 채권자를 해치는 것을 알고 신탁을 했을 경우 채권자는 수익자를 피고로서 그 수익권을 위탁자에 양도할 것을 소로서 청구할 수 있다"라고 규정한 바 있다.

이러한 양도청구권은 상법 제17조 제2항[28] 영업주의 상업사용인에 대한 개입권 관련 규정 등(상법 제89조, 제198조, 제269조, 제397조, 제567조)에서 인정되는 양도청구권의 예를 따른 것으로 보이나, 이러한 양도청구권을 우리 법에서 쉽게 인정할 수 있을지 의문이다. 모든 거래는 유

---

28) 상법 제17조 제2항은 "상업사용인이 전항의 규정에 위반하여 거래를 한 경우에 그 거래가 자기의 계산으로 한 것인 때에는 영업주는 이를 영업주의 계산으로 한 것으로 볼 수 있고 제3자의 계산으로 한 것인 때에는 영업주는 사용인에 대하여 이로 인한 이득의 양도를 청구할 수 있다"라고 규정되어 있다. 즉 영업주는 사용인에게 이득양도를 청구할 수 있다는 규정이다.

효하다는 전제에서 개별적으로 이익을 양도하도록 한다는 것은 매우 특이한 제도임은 틀림없다.

③ 한편 개정 신탁법 제8조 제6항에서는 위탁자와 사해신탁의 설정을 공모하거나 위탁자에게 사해신탁의 설정을 교사 또는 방조한 수익자 또는 수탁자에 대하여 손해배상책임을 부담하게 하여 위탁자의 채권자를 두텁게 보호하고 있다.

(4) 개정 신탁법에서의 사해신탁취소권과 다른 제도의 관계

1) 수익자의 취소권과의 관계

개정 신탁법 제75조 제1항에서는 "수탁자가 신탁의 목적을 위반하여 신탁재산에 관한 법률행위를 한 경우 수익자는 상대방이나 전득자가 그 법률행위 당시 수탁자의 신탁목적의 위반 사실을 알았거나 중대한 과실로 알지 못하였을 때에만 그 법률행위를 취소할 수 있다"라고 규정하고 있다. 즉 수탁자가 신탁의 목적을 위반하여 신탁재산을 처분한 때 수익자는 상대방 또는 전득자에 대하여 그 처분의 취소를 구할 수 있는 제도이다. 이러한 수익자의 취소권은 채권자취소권·사해신탁취소권과 비교해 볼 때, 타인의 행위를 취소할 수 있는 제도라는 점에서 공통점이 있으나, 다른 점도 많다고 할 것이다.

수익자의 취소권은 소의 형식으로 할 필요가 없고 재판 외 의사표시로도 할 수 있으며, 취소권이 행사되면 수탁자의 법률행위는 소급하여 무효로 되고 목적물의 반환청구는 수탁자의 직무가 된다고 할 것이다. 만일 수탁자가 이를 게을리하는 경우 수익자는 채권자대위권을 행사하여 반환을 청구할 수 있다고 할 것이다.

2) 신탁의 선언과의 관계

개정 신탁법 제3조 제1항 제3호에서는 '신탁의 목적, 신탁재산, 수익자(제106조의 공익신탁의 경우에는 제67조 제1항의 신탁관리인을 말한다) 등을 특정하고 자신을 수탁자로 정한 위탁자의 선언'으로 신탁의 설정이 가능하도록 규정하였다.[29] 이러한 신탁의 선언제도와 관련하여 위탁자가 이를 집행면탈, 그 밖의 부정한 목적으로 위 신탁의 선언제도를 이용할 가능성도 있다. 그래서 개정 신탁법 제3조 제3항에서는 "위탁자가 집행의 면탈이나 그 밖의 부정한 목적으로 제1항 제3호에 따라 신탁을 설정한 경우 이해관계인은 법원에 신탁의 종료를 청구할 수 있다"라고 규정하고 있다.

이처럼 신탁의 종료를 청구할 수 있다는 개정 신탁법 제3조 제3항 규정은 사해신탁의 신탁취소권과 일면 유사한 측면이 있다. 하지만 위 규정은 신탁설정이 취소되는 것이 아니라 신탁이 종료된다는 점에 있어 신탁취소권과 구별된다고 할 것이다.

일본 신탁법 제3조 제3호 및 제23조 제2항[30]에서는 위탁자가 그 채권자를 해함을 알고 자기신탁을 설정한 경우에는 위탁자의 채권자는 신탁의 취소소송을 경유하지 않고도 즉시 신탁재산에 대하여 강제집

---

29) 이러한 신탁선언은 자본시장법상 신탁업자가 아니라도 신용도를 갖추고 있는 대기업이 신탁선언의 방법으로 자기신탁을 하는 것과 같은 다양한 형태로 이용될 수 있을 것이다.

30) 일본 신탁법 제23조 제2항에서는 "제3조 제3호에 든 방법에 의해 신탁이 이루어진 경우, 위탁자가 그 채권자를 해함을 알고 해당 신탁을 한 때는 전항의 규정에도 불구하고 신탁재산책임부담채무에 관한 채권을 갖는 채권자 외에 해당 위탁자에 대한 채권으로 신탁 전에 발생한 것을 갖는 자는, 신탁재산에 속한 재산에 대해 강제집행, 가압류, 가처분 또는 담보권의 실행 또는 경매 또는 국세체납처분을 할 수 있다. 단 수익자가 현존하는 경우 그 수익자의 전부 또는 일부가 수익자로 지정을 받은 것을 안 때 또는 수익권을 양수한 때에 채권자를 해함을 알지 못한 때는 그러하지 아니하다"라고 규정되어 있다.

행 등을 할 수 있다고 규정하고 있지만 강제집행수인의 소를 인정하지 않는 우리 법체계에서는 적합하지 아니한 것으로 보인다.

4. 실무에서의 전망

사해신탁과 관련된 개정 신탁법은 구 신탁법 제8조의 문제점을 해결하여, 장차 신탁설정의 활성화에 상당 부분 기여할 것으로 보인다. 특히 부동산 PF사업에 있어 신탁회사, 대출금융기관, 시공사 등 이해관계인들이 시행사(위탁자)의 채권자가 제기하는 막무가내식 사해행위 취소의 소 및 처분금지가처분으로부터 다소간 자유로워져서 보다 안정적으로 사업추진이 가능하게 되어 신탁의 기능이 좀 더 충실하게 수행될 수 있을 것으로 예상되고, 신탁회사가 직접 수분양자 등 제3자에게 신탁재산의 소유권을 이전하는 신탁도 보다 활성화될 수 있을 것으로 전망된다.

하지만 이들에 대한 지나친 보호는 그 이면의 위탁자의 채권자의 지위가 침해당하는 문제점도 발생하게 된다. 따라서 개정 신탁법은 현행 신탁법이 가지고 있던 문제를 해결하는 동시에 앞으로 신탁의 관련 당사자들의 이해를 가장 잘 조화할 수 있는 방향으로 해석 및 운영되어야 할 것이다.

VI. 수익권 양도

1. 수익권의 양도 및 질권설정

(1) 구 신탁법의 문제점

수익권의 양도, 담보설정은 신탁의 유연화, 수익권에 관련된 거래 당사자의 이해관계 조정에 중요한 내용임에도 불구하고, 구 신탁법은 이와 관련된 명시적 규정을 두지 아니하였다. 기존 학설은 수익권 양도의 법률관계를 지명채권의 양도에 준하는 것으로 파악하고 있었으나, 이를 입법적으로 수용하는 조문을 신설함으로써 수익권 양도, 담보설정과 관련한 법률관계를 명확히 할 필요가 있었다.

(2) 개정 신탁법의 규정 및 의의

1) 수익권은 수익자가 가지는 신탁재산 및 수탁자에 대한 각종 권리의 총체로서 재산권의 일종이고 지명채권에 유사한 성질의 권리로 해석되고 있으므로, 개정 신탁법 제64조는 지명채권의 경우와 마찬가지로 원칙적으로 수익자는 자유로이 그가 갖는 수익권을 양도할 수 있음을 명시하였다. 다만 일신전속적인 권리 등 그 성질상 양도를 허용하지 않는 경우에는 수익권의 양도가 허용되지 아니하고, 한편 신탁행위로 수익권의 양도를 금지하거나 일정한 제한을 가할 수 있으며, 다만 거래안전을 위해 이러한 금지 또는 제한으로 선의의 제3자에게 대항할 수 없다고 규정하였다.

개정 신탁법 제65조에서는 이러한 수익권 양도의 대항요건으로서,

양도인의 통지 또는 수탁자의 승낙이 있어야 수탁자 기타 제3자에게 대항할 수 있고, 위 통지나 승낙은 확정일자 있는 증서로 하지 아니하면 수탁자 이외의 제3자에게 대항할 수 없다.

2) 한편 개정 신탁법 제66조는 수익권을 목적으로 하는 질권설정의 자유를 명시하고, 수익권을 목적으로 하는 질권설정의 대항요건 및 수탁자의 항변에 관하여 수익권의 양도에 관한 규정을 준용하도록 하였으며, 질권의 효력에 관한 명시적 규정을 신설하였다.

3) 이와 같이 수익권 양도를 입법적으로 수용함으로써 이와 관련된 법률관계가 명확해져 신탁의 유연화, 수익권에 관련된 거래 당사자의 이해관계 조정에 일조할 것으로 기대된다.

다만 수익권 양도의 효력과 관련하여 실제 사안에서는 다음과 같은 점이 문제 될 수 있을 것으로 보인다.

첫째, 신탁행위로서 수익권 양도를 금지하거나 일정한 제한을 가할 수 있다는 점에서, 신탁계약 등 신탁행위에서 특별한 금지나 제한을 두고 있는지 우선 검토되어야 할 것이다. 둘째, 수익권 양도 시 수익자의 수탁자에 대한 보충적 비용 등의 상환의무도 함께 양도되는지 여부가 문제 될 수 있는바, 변제기가 도래한 구체적인 비용 등의 상환채무 등은 양도인의 개인채무이지 수익권의 내용을 구성하지는 않는 것으로 보아, 기왕의 채무는 특약이 없는 한 양도인이 부담하고, 장래채무는 수익권의 이전에 수반하여 양수인에게 이전하는 것으로 보아야 할 것이다. 또한 이와 같이 수익권 양도 시 수익자의 수탁자에 대한 비용 및 보수상환의무 등도 장래를 향하여 이전된다고 보는 경우, 수익자가 복수인 경우 수익자 간의 관계 (여러 수익자 간의 의무를 연대채무로 볼 것인지, 의무분담비율은 어떻게 산정할 것인지) 등이 문제 될 수 있으나 이는 입법화되지 아니하여 해석론에 의하여 해결할 문제로 남아 있다.

2. 수익자의 의사결정

(1) 구 신탁법의 문제점

구 신탁법에는 수익자가 2인 이상 존재하는 경우 수익자 간의 의사결정방법에 대한 명시적인 규정이 없어 다수 수익자 간의 이해관계 조정에 미흡한 측면이 있음에 따라, 수익자가 2인 이상인 신탁의 수익자의 의사결정에 관한 규정의 필요성이 대두되었다.

(2) 개정 신탁법의 규정 및 의의

개정 신탁법 제71조는 복수의 수익자가 있는 경우 합의를 요하는 사항에 대한 수익자의 의사결정은 '전원일치'에 의한다는 원칙을 정하고 있다(제71조 제1항). 다만 이는 임의규정으로서, 신탁행위에 의하여 복수의 수익자에 의한 의사결정방법을 자유로이 정할 수 있다(제3항). 따라서 2인 이상의 수익자가 있는 경우, 신탁행위로 전원합의원칙을 배제하고 수익자집회에서의 다수결, 일정 요건을 충족하는 통지, 기타의 방법으로 수익자의 의사를 결정하도록 할 수 있고, 사안별로 의사결정방법을 달리 정할 수도 있다.

또한 수익자집회에서의 '다수결'로 수익자의 의사를 결정하는 것으로 신탁행위에서 정하는 경우, 수익자집회의 소집, 의결권, 결의방법, 의사진행 등 수익자집회에 관한 법률관계도 원칙적으로 신탁행위로 자유롭게 정할 수 있으며, 신탁행위에서 따로 정하지 아니하는 부분에 대하여서는 개정 신탁법 제72조 내지 제74조의 규정이 보충적으로 적용된다(제2항). 신탁행위에 별도의 정함이 없는 경우, 개정 신탁법 제72조 내지 제74조에 의하면 수익자집회는 정기적으로 개최할 필요는 없고 수시로 필요한 때에 개최하며, 원칙적으로 수탁자가 수익자집회를 소집할 권한을 가지도록 하되, 수익자 보호 차원에서 수익자에게도 수익자집회의 소집을 요구할 권한을 부여하고 있다. 또한 수익자집회의 결의는 의결권을 행사할 수 있는 수익자의 의결권의 과반수를 가진 수익자가 출석하고 출석한 수익자의 의결권의 과반수로 하며, 다만 수탁자 해임의 합의, 중요한 신탁변경, 신탁종료 등 중요한 사항에 관한 수익자집회의 결의는 의결권의 과반수를 가진 수익자가 출석하고 출석한 수익자의 의결권의 3분의 2 이상으로 하여야 한다.

이와 같이 개정 신탁법은 복수의 수익자가 있는 경우 의사결정방식에 대한 규정을 신설함으로써 복잡한 법률관계를 간명하게 하여 대규모 신탁설정이 원활해질 것으로 기대된다. 다만 신탁행위에 별도의 정함이 없는 경우 개정 신탁법은 복수 수익자의 의사결정방법으로서 '전원일치'의 원칙을 정하고 있는데, 이러한 의사결정방법은 오히려 신탁의 현대화·유연화에 역행하는 것이 아닌지 의문시된다.

3. 수익자의 취소권 및 유지청구권

(1) 구 신탁법의 문제점

구 신탁법 제52조는 신탁의 본지에 위반한 처분행위의 취소에 관하여, 신탁의 공시를 한 신탁재산과 공시방법이 규정되지 아니한 신탁재산을 나누어 취소의 요건을 달리 정하고 있는데,[31] 신탁의 공시가 되어 있다고 하더라도 수탁자의 행위가 신탁의 본지에 반하는지 여부는 공시 내용으로부터 분명하게 알 수 없는 점, '신탁의 본지'는 수탁자의 의무이행의 기준이 되는데 그 의무의 범위와 신탁의 본지의 범위가 반드시 일치하는 것은 아니어서 그 의미가 불분명하다는 점, 자금의 차입행위 등 '신탁재산의 처분'에 해당하지 않는 경우에도 취소의 대상으로 할 필요가 있다는 점 등 주로 거래 상대방 보호의 관점에서 비판이 있어 왔다.

(2) 개정 신탁법의 규정 및 의의

1) 개정 신탁법 제75조는 수익자의 취소권이 성립하기 위하여 객관적 요건으로서 (i) 신탁 목적의 위반, (ii) 신탁재산에 관한 법률행위, 주관적 요건으로서 상대방이나 전득자의 고의 또는 중과실을 요구하고 있는바, 구 신탁법과 달리 취소의 대상으로서 '신탁의 본지 위반'이 아닌 '신탁의 목적 위반'의 행위일 것을 요하고, 처분행위뿐 아니라 처분 이외의 법률행위도 명시적으로 포함하고 있으나, 법률행위 이외의 소송행위, 사실행위 등은 포함되지 않는다. 또한 신탁재산의 종류에 상관없이 신탁 목적의 위반 사실에 대한 거래 상대방의 인식의 유무를 취소권 발생의 주관적 요건으로 설정하여, '상대방이나 전득자가 그 법률행위 당시에 수탁자의 신탁 목적 위반 사실을 알았거나 중대한

---

31) 구 신탁법 제52조는 신탁의 공시가 가능한 부동산과 유가증권의 경우 '신탁의 공시'라는 객관적 요건(제1항)을, 공시를 할 수 없는 신탁재산에 대하여는 '상대방과 전득자의 고의·중과실'이라는 주관적 요건(제2항)을 수익자취소권의 요건으로 규정하고 있었다.

과실로 알지 못한 경우'에 취소권을 행사할 수 있도록 규정하였다.

이러한 수익자취소권은 수익자가 자신의 명의로 행사하여야 하고, 사해행위취소권과 달리 반드시 재판상 행사할 필요는 없고 재판 외에서도 행사할 수 있으며, 수익자가 취소권을 행사하면 법률행위는 소급적으로 무효가 된다.[32)]

2) 한편 개정 신탁법 제77조는 수익자의 사전적 구제수단으로서 종전에 해석론상 인정된 신탁위반행위의 금지청구권의 법적 근거를 마련하기 위하여 상법 제402조의 유지청구권을 참고하여, 법령 또는 신탁행위로 정한 사항을 위반하거나 위반할 우려가 있고 해당 행위로 신탁재산에 회복할 수 없는 손해가 발생할 우려가 있는 때에는 수탁자에게 위반행위를 중지할 것을 청구할 수 있도록 유지청구권을 명시적으로 규정하였다.

3) 이와 같이 개정 신탁법은 수탁자의 신탁위반행위에 대하여 유지청구권이라는 사전적 구제수단을 인정하고, 사후적 구제수단으로서의 수익자취소권의 적용 범위 및 요건을 간명하고 분명하게 함으로써 수익자의 보호수단을 강화하였다는 점에 의의가 있다.

다만 수익자취소의 효과가 미치는 주관적 범위, 신탁재산의 반환방법 등에 대하여 여전히 논란이 있고, 유지청구권을 폭넓게 허용한다면 오히려 원활한 신탁사무의 처리를 저해하고 신탁 목적의 달성을 방해할 수도 있으므로, 이러한 요건의 구체적인 적용과 효과와 관련한 실무의 축적이 필요할 것이다.

---

32) 이중기, 앞의 책(주 16), 584면 ; 최동식, 신탁법, 법문사, 2006, 268면.

4. 수익증권발행신탁

구 신탁법은 수익증권에 관한 규정을 두고 있지 아니하고, 은행의
불특정금전신탁, 투자신탁, 유동화증권(ABS) 등과 같이 특별법상 정함
이 있는 경우에 한해 수익증권의 발행이 허용되었다. 그 이외의 신탁
에 있어서도 수익권을 표창하는 문서로 수익권자에게 수익권증서가
발행되기도 하였으나 이는 유가증권이 아니라 단지 증거증권에 지나
지 않아 수익권증서의 교부만으로 수익권이 이전될 수 없었다. 그러
나 수익권의 양도성 증대와 거래비용 감소의 필요성은 몇몇 상사신탁
에만 국한되는 것이 아니므로, 수익권의 유통성에 관한 실무상의 수
요를 충족하지 못하여 온 것이 사실이었다.

개정 신탁법은 수익권의 성질이 자본증권(주식·사채)과 유사함에 착
안하여 상법상 주권 및 사채권에 대한 규정을 기본 모델로 하여, 제7절
이하에서 수탁자가 수익증권을 발행할 수 있는 신탁('수익증권발행신
탁')을 도입하고, 수익증권의 발행, 수익자명부, 수익증권의 불소지, 수
익증권발행신탁 수익권의 양도, 수익증권의 권리추정력 및 선의취득,
수익증권발행신탁 수익권에 대한 질권, 기준일, 수익증권 발행 시 권
리행사 등 및 수익증권의 상실에 관한 규정을 신설하였다.

이에 따라 금전신탁이 아닌 신탁의 경우에도 수익권의 유통성을 확
보할 수 있는 길이 열리게 되었고 이러한 수익증권발행신탁은 향후
다양한 신탁유형에 적용될 수 있을 것으로 예상되는바, 아래에서는
특히 부동산신탁에 있어서 수익증권발행신탁이 이용될 수 있는 예를
살펴보기로 한다.

(1) 관리신탁

수익증권발행신탁이 부동산관리신탁에 이용될 경우 기존의 부동산 투자신탁을 대체하여 보다 간편하고 안전한 구조로 변화할 수 있을 것이다. 예를 들어 투자자가 부동산을 매수하여 개발사업 또는 임대 사업을 영위하는 데 투자하려는 경우, 매도자를 위탁자로 하고 수익 자를 투자자로 하거나 또는 매도자를 수익자로 하되 수익증권을 투자 자가 매입함으로써 수익자의 지위를 누리는 관리신탁을 설정하는 방 법을 이용하면 자본시장법상의 부동산투자신탁을 이용하지 않고도 보다 간편하고 안정적인 구도하에 같은 목적을 달성할 수 있게 될 것 이다.

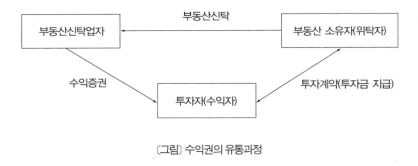

〔그림〕 수익권의 유통과정

위의 〔그림〕과 같이 관리신탁을 이용하는 경우 문제 되었던 수익권 의 유통성 확보 문제 역시 개정 신탁법하에서는 부동산투자신탁의 경 우와 마찬가지로 수익증권을 발행할 수 있게 될 것인바, 시장에서 이 용되는 사례가 많지 않았던 기존 관리신탁(갑종, 을종)도 좀 더 활성화 될 것으로 예상된다.

(2) 처분신탁

처분신탁의 경우에도 위 관리신탁의 이용례와 마찬가지로 향후 부동산투자신탁을 대신할 수 있는 신탁구도로 이용될 수 있을 것으로 예상된다. 즉 투자자들은 신탁회사로부터 수익증권을 발행받아 신탁기간 동안은 신탁부동산의 운용 수익을 배당받고, 신탁부동산의 처분시점에는 처분대가에서 얻는 수익을 배당받을 수 있을 것이다.

(3) 개발신탁(토지신탁)

기존의 개발신탁에 있어서는 자금조달의 방식이 PF 대출금융기관에 대한 우선수익권 또는 수익권에 대한 질권을 설정하는 방법에 한정되어 있었으나, 개정 신탁법에 따라 향후 수익증권을 발행하여 최초 신탁설정 시뿐 아니라 향후 추가 자금조달 시 내지 기존의 대출금을 대환할 경우 수익증권을 유동화하여 이를 통해 자금조달을 하게 되면 자금조달 측면에서 개발신탁(토지신탁)이 좀 더 활성화될 수 있을 것으로 판단된다.

VII. 유한책임신탁

1. 신탁재산과 수탁자의 책임

(1) 수탁자의 무한책임

신탁재산은 독립성이 있어, 수탁자의 고유재산과 구별된다. 하지만 구 신탁법 제32조는 수탁자가 수익자에 대하여 부담하는 채무에 관하여만 신탁재산의 한도 내에서 이른바 '물적유한책임'을 진다고 규정하고 있을 뿐 제3자에 대하여 부담하는 채무[33]에 관하여는 규정하지 않고 있었다. 이때에 수탁자는 신탁사무수행으로 인한 책임과 관련하여 그 상대방인 제3자에 대해 신탁재산으로 책임을 질 뿐만 아니라 고유재산으로도 책임을 지는 것으로 해석되었다. 이러한 제3자에 대한 수탁자의 무한책임은 "수탁자가 신탁재산에 대하여 강제집행을 할 수 있는 채권자에 대하여 부담하는 채무에 관한 이행책임은 신탁재산의 한도 내로 제한되는 것이 아니라 수탁자의 고유재산에 대하여도 미치는 것으로 보아야 한다"고 판시한 대법원 2004. 10. 15. 선고 2004다31883, 31890 판결 등을 통해 뒷받침되었다. 이는 민법의 원칙상 독립된 법인격을 가진 자에 대해서만 법률행위의 효과 및 책임이 귀속되므로 수탁자가 법률행위를 하는 경우 그 효과와 책임은 수탁자에게만 미치는 것이 원칙이고 따라서 수탁자가 개인적으로 채무를 지고 그에 따른 책임을 져야 하는 것과 같다.[34] 즉 회사는 독립된 법인격을 가지

---

33) 제3자에 대하여 부담하는 채무는 수탁자의 불법행위에 따른 책임 및 수탁자가 신탁재산의 권리 주체인 사실에 따라 부담하는 책임을 포함하나, 여기에서는 수탁자의 제3자에 대한 계약상의 책임에 한정되어 살펴보기로 한다.

34) 이중기, 앞의 책(주 16), 386면.

고 있으므로, 회사를 대표하는 자연인이 회사의 명의로 행위하는 경우에 그 효과와 책임이 회사에만 미치고 자연인에게는 미치지 않는다. 그러나 신탁 자체는 독립된 법인격을 가지지 못하므로 수탁자가 신탁을 위하여 행위하는 경우에는 수탁자의 명의로 행위할 수밖에 없어 그 효과와 책임이 수탁자 자신에게 미치게 된다. 그 결과 수탁자가 항상 상대방에 대해 채무를 지게 되어 신탁재산이 책임재산이 될 뿐 아니라 수탁자의 고유재산도 책임재산이 되어 결과적으로는 무한책임을 지는 것이다.

(2) 수탁자의 무한책임의 한정 필요—책임재산한정특약

하지만 최근 신탁에 있어서는 과거와 달리 수탁자의 신용보다는 신탁재산 자체의 가치가 더 중요하거나, 또 수탁자가 신탁재산의 운용과 관련하여서도 거액의 대외적 책임을 부담하는 경우가 증가하여 수탁자의 무한책임을 한정할 필요성이 대두되었다.

따라서 실무에서는 법률상의 근거는 없지만 수탁자의 책임을 제한하기 위하여 '책임재산한정특약'이라는 것이 이용되었다. 수탁자가 상대방과 거래를 할 때에 신탁사업별로 책임재산을 한정하는 내용의 특약을 체결하여, 수탁자의 신탁채권에 대한 책임을 신탁재산으로 한정하게 하는 것이다. 책임재산한정특약은 계약을 체결한 상대방에 대해서만 주장할 수 있을 뿐이고, 특약을 체결하지 않는 자에 대해서는 일반 원칙으로 돌아가 수탁자의 고유재산으로서 책임을 져야 했고, 특약은 계약상 책임에 대해서만 적용되는 것이고 불법행위책임에 대해서는 적용이 없는 것이 원칙이다.

2. 유한책임신탁

(1) 유한책임신탁제도의 논의

과거 전통적인 신탁에서는 신탁재산보다 수탁자의 신용을 중시하였기 때문에 수탁자의 책임을 담보로 신탁거래가 행하여졌다면, 이제는 위에서 언급한 바와 같이 수탁자의 신용보다는 신탁재산 자체의 가치가 더 중요한 경우가 발생하고 있고, 또 최근 발생하고 있는 일부 신탁은 신탁재산의 가치가 매우 클 뿐 아니라 거래 상대방도 신탁재산의 가치를 보고 수탁자와 거래하게 되는 등 거래의 상황에 많은 변화가 발생하게 되었다. 이에 기존에 이용되고 있던 '책임재산한정특약'의 경우에는 법률상 근거가 존재하지 아니할 뿐 아니라 계약이라는 형태이기 때문에 계약 상대방이 아닌 제3자에게는 그 효력이 미치도록 할 수 없다는 등의 단점이 있었다.

또한 구 간접투자자산운용업법 제90조 제2항에서 "자산운용회사 또는 수탁회사가 자산의 취득 · 매각 등의 거래를 한 경우 해당 거래에 대한 이행책임은 투자신탁재산을 한도로 부담한다"라고 규정하고 있어 펀드의 금융거래상 수탁회사의 책임이 신탁재산에 한정된다는 명문의 규정을 두고 있었으며, 나아가 자본시장법 제80조 제2항에서는 "투자신탁의 집합투자업자는 투자대상자산의 취득 · 처분 등을 한 경우 그 투자신탁재산으로 그 이행 책임을 부담한다"라고 규정하기에 이르렀다. 하지만 이는 자본시장법의 적용을 받지 않는 경우에는 적용될 수 없었다.

이와 같은 이유로 한정적으로 책임을 제한하는 책임재산한정특약보다 이러한 특약의 유무에 상관없이 수탁자의 책임이 제한되는 신탁

의 설정을 모색하게 되었고, 그 결과 개정 신탁법에서는 유한책임신
탁제도가 도입되었다.

유한책임신탁이라는 것은 수탁자가 신탁의 채무에 대해 신탁재산
에 속하는 재산만으로 그 이행의 책임을 지는 이른바 '수탁자의 책임
을 유한책임으로 하는 신탁'을 말한다. 미국의 통일신탁법전은 수탁자
가 부담하는 계약책임을 신탁재산으로 제한하는 규정을 두고 있으며,
일본 신탁법은 제216조에서 "유한책임신탁은 신탁행위에 모든 신탁
재산 책임부담채무에 대해 수탁자가 신탁재산에 속하는 재산만을 가
지고 그 이행의 책임을 지는 취지의 규정을 하고, 제232조가 정하는
바에 의한 등기에 의해서, 유한책임신탁으로서의 효력이 생긴다"라고
규정함으로써 유한책임신탁을 도입하였다.

(2) 유한책임신탁의 도입

개정 신탁법은 제11장에서 유한책임신탁이라는 제목하에서 제114조
에서 제139조까지 26개 조문을 통하여 수탁자의 고유재산이 아닌 신
탁재산만으로 신탁채무에 대하여 책임을 지는 유한책임신탁제도를
새롭게 도입하였다.

(3) 유한책임신탁의 내용

개정 신탁법에서 도입한 유한책임신탁제도의 구체적인 내용을 살
펴보면 다음과 같다.

유한책임신탁설정에 관하여 우선 신탁재산에 속하는 채무에 대하
여 신탁재산만으로 책임진다는 취지로 유한책임임을 등기하도록 하

고, 그 등기사항을 법정함으로써 제3자가 쉽게 이를 알 수 있도록 하였다(개정 신탁법 제114조).[35] 이는 유한책임신탁의 거래 상대방인 채권자에게 책임재산이 신탁재산으로 한정된다는 점에 있어서 예견 가능성을 부여하기 위하여 그러한 취지를 정하고, 이를 공시하기 위하여 등기를 유한책임신탁의 효력발생요건으로 정한 것이다.

유한책임신탁은 책임재산이 신탁재산으로 한정되기 때문에 거래 안전을 위하여, 이를 반드시 표시하도록 의무화하였으며(개정 신탁법 제115조),[36] 동시에 수탁자에게 명시 · 교부의무를 부과하여 거래 상대방에게 유한책임신탁임을 명시하고, 그 내용을 서면으로 교부하도록 하여 제3자가 책임재산이 신탁재산으로 한정됨을 분명히 알 수 있도록 하여 유한책임신탁으로 인하여 예상하지 못한 손해를 입지 않도록 하였다(개정 신탁법 제116조).[37]

책임재산이 신탁재산으로 한정되므로 재산의 액수를 정확히 평가하는 것이 중요하기 때문에 수탁자로 하여금 회계서류 작성의무 등을 부과하였으며, 수익증권발행신탁임과 동시에 유한책임신탁인 경우에는 사실상 주식회사와 유사한 경제적 · 법률적 효과를 가지고 있으므로 그 규모에 따라서 주식회사의 외부감사에 관한 법률에서 정한 회계감사에 준하여 독립된 외부 회계감사인을 선임한 다음 회계감사를

---

35) 개정 신탁법 제114조(유한책임신탁의 설정) ① 신탁행위로 수탁자가 신탁재산에 속하는 채무에 대하여 신탁재산만으로 책임지는 신탁(이하 '유한책임신탁'이라 한다)을 설정할 수 있다. 이 경우 제126조에 따라 유한책임신탁의 등기를 하여야 그 효력이 발생한다.
36) 개정 신탁법 제115조(유한책임신탁의 명칭) ① 유한책임신탁의 명칭에는 "유한책임신탁"이라는 문자를 사용하여야 한다.
② 유한책임신탁이 아닌 신탁은 명칭에 유한책임신탁 및 그 밖에 이와 유사한 문자를 사용하지 못한다.
37) 개정 신탁법 제116조(명시 · 교부의무) ① 수탁자는 거래상대방에게 유한책임신탁이라는 뜻을 명시하고 그 내용을 서면으로 교부하여야 한다.

받도록 규정하였다(개정 신탁법 제117조).[38]

　유한책임신탁에 있어서 신탁채권에 기하여 수탁자의 고유재산에 대하여는 강제집행, 경매, 보전처분 또는 체납처분을 할 수 없다고 규정하여 유한책임신탁의 의미를 분명히 하였다(개정 신탁법 제119조).[39] 하지만 개정 신탁법 제119조 제1항 단서에서 수탁자가 고의나 중대한 과실로 그 임무를 게을리하거나, 수탁자가 신탁사무를 처리함에 있어서 고의나 과실로 위법행위를 한 경우에는 유한책임신탁임에도 불구하고, 고유재산으로도 그 손해에 대하여 배상할 책임을 지도록 하여 채권자 보호를 도모하고 있다(개정 신탁법 제118조,[40] 제119조).

---

38) 개정 신탁법 제117조(회계서류 작성의무) ① 유한책임신탁의 경우 수탁자는 다음 각 호의 서류를 작성하여야 한다.
　　1. 대차대조표
　　2. 손익계산서
　　3. 이익잉여금처분계산서나 결손금처리계산서
　　4. 그 밖에 대통령령으로 정하는 회계서류
　　② 다음 각 호의 요건을 모두 갖춘 유한책임신탁은「주식회사의 외부감사에 관한 법률」의 예에 따라 감사를 받아야 한다.
　　1. 수익증권발행신탁일 것
　　2. 직전 사업연도 말의 신탁재산의 자산총액 또는 부채규모가 대통령령으로 정하는 기준 이상일 것
39) 개정 신탁법 제119조(고유재산에 대한 강제집행 등의 금지) ① 유한책임신탁의 경우 신탁채권에 기하여 수탁자의 고유재산에 대하여 강제집행 등이나 국세 등 체납처분을 할 수 없다. 다만, 제118조에 따른 수탁자의 손해배상채무에 대하여는 그러하지 아니하다.
40) 개정 신탁법 제118조(수탁자의 제3자에 대한 책임) ① 유한책임신탁의 수탁자가 다음 각 호의 어느 하나에 해당하는 행위를 한 경우 그 수탁자는 유한책임신탁임에도 불구하고 제3자에게 그로 인하여 입은 손해를 배상할 책임이 있다. 다만, 제3호 및 제4호의 경우 수탁자가 주의를 게을리하지 아니하였음을 증명하였을 때에는 그러하지 아니하다.
　　1. 고의 또는 중대한 과실로 그 임무를 게을리한 경우
　　2. 고의 또는 과실로 위법행위를 한 경우
　　3. 대차대조표 등 회계서류에 기재 또는 기록하여야 할 중요한 사항에 관한 사실

이와 함께 주식회사의 이익배당의 경우와 동일하게 채권자를 위한 책임재산이 확보된 후에야 배당이 가능하도록 하기 위하여 수탁자로 하여금 수익자에게 신탁재산에서 급부 가능한 범위를 초과하여 신탁재산에서 급부할 수 없으며, 범위를 초과하여 급부한 경우 수탁자와 수익자는 이를 신탁재산에 전보할 책임을 부과하였다(개정 신탁법 제120조,[41] 제121조[42]).

또한 추가적으로 유한책임신탁의 청산과 파산을 정함으로써 유한책임신탁으로 하여금 주식회사와 유사하게 청산절차 및 파산절차를 밟을 수 있도록 파산적격을 인정하였다(개정 신탁법 제132조,[43] 제138조[44]).

(4) 유한책임신탁의 효과

개정 신탁법이 유한책임신탁을 도입함에 따라 수탁자는 신탁사무 처리로 인한 개인적 무한책임에서 벗어나게 되었고 반사적으로 수탁

과 다른 기재 또는 기록을 한 경우

4. 사실과 다른 등기 또는 공고를 한 경우

41) 개정 신탁법 제120조(수익자에 대한 급부의 제한) ① 유한책임신탁의 수탁자는 수익자에게 신탁재산에서 급부가 가능한 한도를 초과하여 급부할 수 없다.

42) 개정 신탁법 제121조(초과급부에 대한 전보책임) ① 수탁자가 수익자에게 제120조 제1항의 급부가 가능한 한도를 초과하여 급부한 경우 수탁자와 이를 받은 수익자는 연대하여 초과된 부분을 신탁재산에 전보할 책임이 있다. 다만, 수탁자가 주의를 게을리하지 아니하였음을 증명한 경우에는 그러하지 아니하다.

43) 개정 신탁법 제132조(유한책임신탁의 청산) ① 유한책임신탁이 종료한 경우에는 신탁을 청산하여야 한다. 다만, 제98조 제2호 및 제3호의 사유로 종료한 때에는 그러하지 아니하다.

② 제1항에 따른 청산이 완료할 때까지 유한책임신탁은 청산의 목적범위 내에서 존속하는 것으로 본다.

44) 개정 신탁법 제138조(청산 중의 파산신청) 청산 중인 유한책임신탁의 신탁재산이 그 채무를 모두 변제하기에 부족한 것이 분명하게 된 경우 청산수탁자는 즉시 신탁재산에 대하여 파산신청을 하여야 한다.

자의 거래 상대방으로서는 책임재산이 신탁재산으로 한정되는 효과
가 발생할 것이다. 기존의 신탁의 경우 수탁자의 책임 범위가 제한되
지 아니하고 수탁자의 고유재산으로까지 확대될 경우에 수탁자에게
과도한 부담으로 작용하여 신탁이 소극적으로만 운용될 가능성이 있
었으나, 개정 신탁법으로 도입되는 유한책임신탁의 경우 출자자, 소유
자의 유한책임성을 확보함으로써 수탁자의 고유재산을 수탁자의 책
임으로부터 독립시키고, 책임의 범위를 신탁재산으로만 한정하게 되
어 시장이나 기술동향의 변화를 신속하게 판단하는 수탁자의 능력이
요구되는 사업 등에서 신탁이 보다 활발하게 이용될 수 있을 것으로
예상된다.

특히 개발신탁(토지신탁)의 경우 신탁회사가 개발사업에 대한 모든
리스크를 부담하게 되어 사업성이 좋지 않을 경우 곧바로 신탁회사의
부실화로 연결될 수 있는 위험성을 안고 있어 기존의 부동산신탁회사
들 사이에서 활성화되지 못했으나, 유한책임신탁은 사업성이 좋지 않
아 개발사업이 실패로 돌아가더라도 그것이 곧 신탁사의 부실화로 연
결되는 것을 차단함에 따라, 기존의 개발신탁(토지신탁)을 꺼렸던 신탁
회사들에게도 적극적으로 부담 없이 개발신탁(토지신탁)에 뛰어들 수
있는 좋은 환경을 제공하게 되었고, 이는 향후 개발신탁(토지신탁)이
활성화될 수 있는 발판이 될 수 있을 것으로 보인다.

3. 신탁사채의 도입

개정 신탁법은 제6장으로 신탁사채에 관한 규정을 새로이 도입함으
로써, 담보부사채신탁법에 의하지 않고도 향후에는 개정 신탁법에 따
라 신탁재산을 담보로 한 신탁사채발행이 가능할 것으로 보인다.

신탁사채는 특히 개발신탁(토지신탁)의 유한책임신탁에서 유용하게
이용될 수 있을 것으로 예상된다. 개발신탁(토지신탁)에서 유한책임신
탁을 설정하여 진행할 경우 향후 사업을 진행함에 있어 추가로 자금
을 조달할 필요가 있으나 선순위 우선수익자가 있거나 수익권에 압류
또는 가압류가 되어 있어 추가 자금조달에 있어서 담보제공을 할 수
없는 경우에 있어서 새로운 담보제공의 방법으로 신탁사채를 발행할
수 있을 것이다.

또한 신탁사채는 신탁채권으로서 수익채권보다 우선하고 신탁재산
을 담보로 제공받을 수 있으므로 수익채권자보다 안정적인 지위를 보
유하고, 그에 따라 이자율을 낮출 수 있게 되어 새로운 자금조달방법
으로 기능할 수 있으며, 기존의 우선수익권 또는 수익권에 대한 질권
설정보다 각광을 받을 수 있을 것으로 기대된다.

4. 신탁재산으로서의 영업과 수익증권발행신탁의 결합

(1) 신탁재산으로서 소극재산을 포함하는 영업

구 신탁법 제1조는[45] '특정의 재산권'을 이전할 것을 규정하고 있었
기 때문에 수탁자에게 이전될 수 있는 대상은 '재산권'에 한정되는 것
으로 해석하는 것이 일반적이었으며, '재산권'은 일반적으로 적극재산
만을 의미하고 소극재산을 포함하지 않는 것으로 해석되어 적극재산

---

45) 구 신탁법 제1조(목적과 정의) ② 본법에서 신탁이라 함은 신탁설정자(이하 '위탁
자'라 한다)와 신탁을 인수하는 자(이하 '수탁자'라 한다)와 특별한 신임관계에 기
하여 위탁자가 특정의 재산권을 수탁자에게 이전하거나 기타의 처분을 하고 수탁
자로 하여금 일정한 자(이하 '수익자'라 한다)의 이익을 위하여 또는 특정의 목적
을 위하여 그 재산권을 관리 · 처분하게 하는 법률관계를 말한다.

과 소극재산이 유기적으로 조직된 '영업'의 신탁이 불가능하다고 해석되었다.[46]

상업 목적으로 신탁이 활용되는 경우에 신탁의 대상이 되는 재산은 적극재산뿐 아니라 소극재산을 포함하는 영업인 경우가 많을 것이며, 상법에서 영업의 양도에 관한 규정을 두고 있으므로 영업은 신탁적 양도의 대상이 될 수 있을 것이다. 다만 영업에는 소극재산까지 포함되는 경우가 대다수이므로 앞에서 본 바와 같이 구 신탁법과 같이 신탁재산을 적극재산에만 한정하는 경우에는 영업을 신탁재산으로 할 수 없을 것이다. 하지만 개정 신탁법은 '재산'을 신탁할 수 있도록 함으로써 소극재산을 포함[47]한 영업을 신탁할 수 있도록 개정되었을 뿐만 아니라 이에 더하여 신탁재산으로서의 '영업'을 명시적으로 규정함으로써 이를 분명히 하였다(개정 신탁법 제2조).

(2) 수익증권발행신탁의 도입

앞서 본 바와 같이, 구 신탁법은 수익증권에 대하여 규정하고 있지 아니하였으며, 단지 증거증권으로서의 수익권증서를 발행하고 있었을 뿐이었다. 하지만 수익권의 양도성이 증대되고 그 필요성뿐만 아니라 거래비용 감소와 같은 요구가 나타남에 따라, 기존 일부 은행의 불특정금전신탁, 투자신탁, 유동화증권 등과 같이 특별법에서 정한 경우에만 수익증권을 발행하고, 일반 신탁에서 허용되지 않던 수익증권

---

46) 이에 대하여는 재산권을 재산과 동일시하는 해석으로 소극재산의 경우에도 신탁이 가능하다는 견해가 있었다.
47) 따라서 수탁자가 위탁자로부터 적극재산과 소극재산을 동시에 수탁받아 적극재산을 통하여 소극재산을 정리해 주는 신탁 등 수탁의 유연성이 제고될 수 있을 것으로 기대된다.

을 일반적으로 허용할 필요성이 대두되어 개정 신탁법에서는 수익증권의 발행을 허용하게 되었다. 그럼으로써 위탁자는 수익권의 유가증권화를 통해 대규모 자금을 미리 융통할 수 있어 자금조달이 원활해지고, 수탁자의 수익권 관리비용을 절감할 수 있으며, 수익자는 수익권의 유통성이 증대됨으로 인해 투자자금을 조기에 회수할 수 있는 편리성을 도모하고자 하고 있다.[48]

수익증권의 발행에 관한 규정들은 기본적으로 상법상 주권 및 사채권에 관한 규정을 모델로 하고 있는바, 수익권의 성질이 유가증권 중에서 주식과 사채와 같은 자본증권과 가장 유사하기 때문이다. 따라서 규정을 살펴보면 수익증권의 발행의무, 수익증권의 형식(무기명 · 기명), 기재사항, 수익자명부 작성, 수익증권의 불소지제도, 수익증권의 양도, 기준일과 수익자집회 등 주식 · 사채와 매우 유사한 규정을 가지고 있음을 알 수 있다.

(3) 유한책임신탁과 신탁재산으로서의 영업, 수익증권발행신탁의 결합 — 사업 주체로서의 사업신탁

이제까지 살펴본 바와 같이 유한책임신탁은 수탁자의 제3자에 대한 책임을 신탁의 재산 범위 내로 한정하고 있다는 점, 신탁재산으로 소극재산을 포함하는 영업을 양도받을 수 있다는 점, 신탁이 사실상 주식과 유사한 수익증권을 발행할 수 있다는 점들을 종합하면, 이 세 가지가 합쳐지는 경우에 사실상 주주들의 유한책임으로 구성되는 주식회사와 유사하다는 점을 발견할 수 있다.

---

48) 자세한 사항은 VI. 4. 수익증권발행신탁 참조.

〈표〉 사업신탁과 주식회사의 비교

	유한책임신탁 + 수익증권발행신탁	주식회사
지분의 표시	수익증권	주식
영업	신탁재산으로서의 영업	영업
설립등기	개정 신탁법 제114조 제1항	상법 제172조
등기사항	개정 신탁법 제114조 제2항	상법 제317조, 제289조
상호에 관한 규정	개정 신탁법 제115조	상법 제19조, 제20조, 제23조
회계서류 작성	개정 신탁법 제117조 제1항	상법 제447조
외부감사	개정 신탁법 제117조 제2항	주식회사의 외부감사에 관한 법률 제2조
제3자에 대한 책임	개정 신탁법 제118조 제1항	상법 제401조 제1항
사무처리에 있어서의 위법행위에 대한 책임	개정 신탁법 제118조 제1항	상법 제389조, 제210조
고유재산 집행금지	개정 신탁법 제119조	주주의 유한책임
배당의 제한 (급부의 제한)	개정 신탁법 제120조	상법 제462조 제1항
초과배당의 반환 (초과급부의 반환)	개정 신탁법 제121조	상법 제462조 제2항

이와 같이 수익증권발행신탁과 유한책임신탁이 결합되는 경우에는 사실상 주식회사와 유사한 형태로 운영할 수 있으며, 이를 감안하여 개정 신탁법도 상법상 주식회사를 규율하는 제도들을 다수 도입하였음을 알 수 있다. 수익증권발행신탁과 유한책임신탁이 결합된 경우에 수탁자는 위탁자가 출자한 가치 이상의 위험은 부담하지 않게 되고 동시에 사업수행에 따라 수탁자에게 발생하는 채무나 손실에 있어서도 그 책임재산을 신탁재산으로만 한정할 수 있을 뿐 아니라, 주식회사의 경우 복잡한 설립절차와 함께 다양한 이해관계자들이 존재하는 등 여러 가지 기업 설립과 운영에서 단점이 있는 반면에, 유한책임신탁과 결합한 사업신탁의 경우에는 이러한 설립절차를 거치지 아니하더라

도 사실상 동일한 효과를 나타낼 수 있는 장점이 있어 기존 신탁의 소극성에서 벗어나 적극적인 영업을 하는 등 경제계에서 요구되는 사항들을 충족시켜 줄 것으로 판단된다. 하지만 다만 사업 주체로서 법인격이 인정되지 아니하고 수탁자로서 행위하게 된다는 점에 있어서는 향후 실무를 통해 보완될 필요가 있는 부분이 많이 드러날 것으로 보인다.

VIII. 신탁의 분할 · 합병

1. 신탁의 변경

(1) 구 신탁법의 규정과 문제점

신탁은 장기간 지속되는 것이기 때문에, 주변 경제사정의 변화는 물론 신탁관계 당사자 사이의 관계도 변화할 수 있고, 경우에 따라서는 신탁 목적을 변경할 필요성도 있을 수 있으며, 적절한 변경이 이루어지지 않는다면 위탁자가 의도하는 목적을 달성하기 어려울 수도 있다. 특히 장기간 존속하는 퇴직연금신탁이나 부동산 경기의 영향을 받는 토지신탁의 경우에는 주위 환경 변화에 따라 신탁을 변경할 필요성이 있다.[49] 그러나 신탁의 변경에 관하여 구 신탁법은 제36조에서 '신탁재산관리방법의 변경'에 대하여만 규정하고 있었는데, 이러한 구 신탁법은 위와 같은 신탁변경의 수요에 부합하지 못하는 측면이 있었다.

---

49) 이중기, 앞의 책(주 16), 639면.

(2) 개정 신탁법의 요지 및 예상되는 변화

　개정 신탁법 제88조 제1항은 "신탁은 위탁자, 수탁자 및 수익자의 합의로 변경할 수 있다. 다만, 신탁행위로 달리 정한 경우에는 그에 따른다"라고 하여, 신탁은 원칙적으로 신탁 당사자의 합의에 의하여 변경될 수 있고, 신탁행위에 의하여도 변경할 수 있다고 하여 신탁의 변경을 유연하게 인정하고 있다. 그리고 개정 신탁법 제88조 제2항은 신탁을 변경하더라도 '제3자의 정당한 이익'을 해하지 못한다고 정하고 있다. 신탁의 변경은 위와 같이 당사자의 합의 또는 신탁행위에서 정한 바에 의하지만, '신탁행위 당시에 예견하지 못한 특별한 사정이 발생한 경우' 위탁자, 수익자나 수탁자는 신탁의 변경을 법원에 청구할 수 있다(개정 신탁법 제88조 제3항). 한편 수익자신탁과 목적신탁은 그 설정방법이나 관리·감독관계가 다르므로 양자 간에 서로 다른 형태로 변경하는 것은 허용되지 않으며(개정 신탁법 제88조 제4항), 수익증권발행신탁과 수익증권발행신탁이 아닌 신탁 간에 변경을 허용하면 수익증권발행을 둘러싼 법률관계가 복잡해지고 거래안전을 해할 우려가 있으므로 그와 같은 변경도 허용되지 않는다(개정 신탁법 제78조 제7항).

　한편 개정 신탁법 제89조는 일정한 사항(개정 신탁법 제89조 제1항 각 호)[50]의 신탁변경사항에 대하여 반대하는 수익자에게 수익권매수청구권을 부여하여 신탁의 변경에 반대하는 수익자로 하여금 신탁에서 이

---

50) 개정 신탁법 제89조(반대수익자의 수익권매수청구권) ① 다음 각 호의 어느 하나에 해당하는 사항에 관한 변경에 반대하는 수익자는 신탁변경이 있는 날부터 20일 내에 수탁자에게 수익권의 매수를 서면으로 청구할 수 있다.
　1. 신탁의 목적
　2. 수익채권의 내용
　3. 신탁행위로 수익권매수청구권을 인정한 사항

탈할 수 있도록 하고, 신탁변경에 따른 분쟁 예방을 도모하고 있다. 이러한 수익권매수청구권은 아래에서 보는 바와 같이 신탁의 합병·분할에도 준용되는데, 신탁관계의 변경을 동의하지 아니하는 수익자로 하여금 신탁에서의 자유로운 이탈을 보장해 주는 취지이다.

개정 신탁법에 의하면 위탁자, 수탁자 및 수익자의 합의로 종래 변경 가능하였던 신탁재산의 관리방법은 물론 신탁의 목적 등 신탁의 실체적 내용에 관하여도 변경을 할 수 있기 때문에 경제환경 등의 변화에 따른 신탁의 유연성이 제고될 것으로 보인다.

2. 신탁의 합병

(1) 신탁의 합병에 관한 규정 신설의 필요성

소액의 신탁재산을 가지고 있는 여러 개의 신탁을 합치는 경우 신탁사무처리의 편의성, 규모의 경제 실현, 수탁자에 대한 보수와 세금의 절감 등 여러 가지 유리한 점이 생긴다. 그러나 구 신탁법은 신탁의 합병에 대하여는 아무런 규정을 두고 있지 않고 있는바, 신탁재산을 합치고자 하는 경우 각각의 신탁을 해지시킨 후 새로운 신탁을 설정하는 수밖에 없었다.

(2) 개정 신탁법의 요지 및 예상되는 변화

개정 신탁법 제90조는 "수탁자가 동일한 여러 개의 신탁은 1개의 신탁으로 할 수 있다"고 하여 신탁의 합병에 대하여 정하고 있다. 위 제90조는 '수탁자가 동일한 경우'로 요건을 정하고 있기 때문에 수탁자가 다른 합병은 허용되지 아니한다. 따라서 수탁자가 다른 경우 신탁을 합병하기 위해서는 신탁의 변경을 통한 수탁자 교체절차나 수탁자의 합병절차를 통하여 먼저 '동일한 수탁자'의 요건을 갖춘 이후 위 제90조에 따라 신탁을 합병할 수 있을 것이다.

신탁을 합병하기 위해서는 수탁자는 개정 신탁법 제91조가 정하는 바에 따라 '합병계획서'를 작성하여 각 신탁별로 위탁자와 수익자의 승인을 받아야 한다(개정 신탁법 제91조 제1항, 제2항). 그리고 합병계획서를 승인하지 않는 수익자에게는 신탁의 변경에서와 같이 수익권매수청구권이 인정된다(개정 신탁법 제91조 제3항).

한편 신탁의 합병은 기존 신탁채권자 입장에서 볼 때에는 채권의 담보가 되는 신탁재산의 변동을 초래하는 것이므로, 합병되는 신탁재산의 종류 여하에 관계없이 채권자 보호절차를 밟도록 하고 있다(개정 신탁법 제92조).

신탁이 합병된 경우, 회사의 합병과 마찬가지로 합병 전 신탁의 권리·의무는 포괄적으로 합병 후 신탁에 이전된다(개정 신탁법 제93조). 포괄승계이므로 개별적 권리이전행위나 별도의 채무인수절차를 거칠 필요는 없으나, 승계한 권리를 처분하기 위해서는 등기·등록 등 공시방법을 갖추어야 할 것이다(민법 제187조).

개정 신탁법에 따라 다음과 같은 신탁의 합병을 예상할 수 있다.

각자 기업연금신탁을 운용하는 두 회사가 합병하는 경우, 신탁의 합병에 의하여 기업연금신탁을 합병하여 통합 운용한다면 효율적인 신탁운용을 도모할 수 있다.[51] 또한 수 개의 신탁에서 펀드 금액이 감소하여 효율적 운용이 어려울 경우 신탁을 합병하여 하나의 펀드로

---

51) 최동식, 앞의 책(주 32), 374면.

하면 운용에 있어서 규모의 경제를 달성할 수 있다.[52]

나아가 A신탁의 재산은 환가처분하기 어려우나 성장성 높은 비상장주식이고, B신탁의 재산은 환가처분이 쉬운 상장주식인 경우 두 신탁을 합병한다면, 합병 전 A신탁의 수익자는 B신탁재산의 처분으로 당장 수익을 받을 수 있고, 합병 전 B신탁의 수익자는 A신탁재산의 성장 가능성을 기대할 수 있을 것이다(이러한 점은 신탁의 합동 운용만으로는 기대하기 어려운 효과이다).[53]

위 개정 신탁법에 근거하여 공동주택부지를 제외하고는 신탁토지의 합필을 허용하지 않아 온 법원행정처 및 등기실무의 입장이 변경된다면, 부동산신탁의 경우에도 신탁의 합병이 유용하게 이용될 수 있을 것이다.

따라서 개정 신탁법에 의할 경우 여러 사정에 의하여 별도로 운용되었던 각종 신탁의 합병이 예상된다.

3. 신탁의 분할

(1) 신탁의 분할에 관한 규정 신설의 필요성

구 신탁법은 신탁의 분할에 대하여도 아무런 규정을 두고 있지 아니하고 있다. 신탁분할의 필요성은 합병만큼 크지는 않으나, 수익자간에 신탁에 관한 의견이 충돌하는 경우, 수익자의 수익권에 대한 수요모델이 달라지는 경우 (어느 수익자는 고위험·고수익을 추구하는 반면 다른 수익자는 안정적인 저수익을 추구하는 경우) 등에 있어서 각 수익자

---

52) 이중기, 앞의 책(주 16), 656면.
53) 이중기, 앞의 책(주 16), 657면.

의 수요를 최대한 충족시키기 위하여 신탁의 분할이 필요하다.[54]

(2) 개정 신탁법의 요지

개정 신탁법 제94조 제1항은 "신탁재산 중 일부를 분할하여 수탁자가 동일한 새로운 신탁의 신탁재산으로 할 수 있다"고 하여 신탁의 분할을, 동조 제2항은 "신탁재산 중 일부를 분할하여 수탁자가 동일한 다른 신탁과 합병(이하 '분할합병'이라 한다)할 수 있다"고 하여 신탁의 분할합병을 정하고 있다.

신탁의 분할의 경우에도 합병과 마찬가지로 수탁자는 분할계획서를 작성하여 각 신탁별로 위탁자와 수익자의 승인을 받아야 하고(개정 신탁법 제95조 제1항, 제2항), 위 분할계획서를 승인하지 않는 수익자에게 수익권매수청구권을 부여하고 있다(개정 신탁법 제95조 제3항). 또한 신탁의 분할도 신탁재산의 변동을 초래하므로 채권자 보호절차를 두고 있다(개정 신탁법 제96조).

신탁분할의 효과로는 분할하는 신탁재산에 속한 권리·의무는 분할(합병)계획서가 정하는 바에 따라 분할 후에 신설된 신탁 또는 합병된 신탁에 존속하고(개정 신탁법 제97조 제1항), 특히 "수탁자는 분할하는 신탁재산의 채권자에게 분할된 신탁과 분할 후에 신설신탁 또는 분할합병신탁의 신탁재산으로 변제할 책임이 있다"고 정하여 신탁분할로 인하여 신탁채권자에게 책임재산이 감소되는 불이익을 입지 않도록 정하고 있다(개정 신탁법 제97조 제2항).

신탁의 분할은 신탁 당사자들 특히 수익자들의 이익 충돌이 심각할

---

54) 이중기, "신탁제도 개선에 관한 용역," 2008, 233면.

경우, 이를 정리하는 수단으로 사용될 수 있을 것이다.

IX. 신탁의 파산

1. 개정 신탁법의 내용

개정 신탁법 제98조는 신탁의 종료사유 중 하나로 '유한책임신탁에서 신탁재산에 대한 파산선고가 있은 경우'를 추가하였고, 유한책임신탁의 청산에 관한 규정 중에 제138조로 "청산 중인 유한책임신탁의 신탁재산이 그 채무를 모두 변제하기에 부족한 것이 분명하게 된 경우 청산수탁자는 즉시 신탁재산에 대하여 파산신청을 하여야 한다"고 규정하여 신탁행위로 수탁자가 신탁재산에 속하는 채무에 대하여 신탁재산만으로 책임을 부담하는 유한책임신탁에 있어서는 독립적인 법인격이 없는 신탁재산에 대해서도 파산을 인정하고 있다.

다만 개정 신탁법에서는 유한책임신탁에 있어 신탁재산의 파산선고로 신탁이 종료될 수 있다는 것에 대해서만 규정하고 있고, 신탁재산 파산의 재판관할, 파산신청, 파산재단의 범위, 파산원인, 신탁채권과 수익채권의 우선순위, 파산관재인의 권한, 부인권, 준용규정 등 신탁재산 파산과 관련한 주요 내용은 채무자 회생 및 파산에 관한 법률을 개정하여 규정하고 있다.[55]

---

55) 도산 관련 절차는 채무자 회생 및 파산에 관한 법률에 일률적으로 규정하는 것이 타당하고, 신탁에 관한 일반법인 신탁법에 파산절차까지 규정하는 것은 법체계상 부적절하기 때문에 유한책임신탁의 파산절차에 대해서는 채무자 회생 및 파산에 관한 법률에 별도로 규정을 마련하게 된 것이다.

일반적으로 '신탁과 파산'이라 함은 위와 같은 신탁재산의 파산뿐 아니라, 수탁자의 회생절차 개시나 파산과 관련한 내용, 회생채권자 또는 파산채권자 등을 해하여 부인할 수 있는 신탁행위에 관련한 내용도 포함될 것이나, 이와 같은 점들은 종래부터 논의되던 것으로 신탁법 개정으로 인하여 실무상 큰 영향을 미칠 것으로 보이지 않으나, 개정 신탁법에서 새로 도입한 신탁재산의 파산은 신탁 실무에 큰 영향을 미칠 것으로 보인다.

2. 신탁 실무에 미칠 영향

신탁재산의 파산제도의 활용도 내지는 실무에 미치는 영향의 정도는 개정 신탁법에서 새로이 마련한 유한책임신탁제도가 얼마나 활성화될 수 있느냐에 달려 있다고 할 것이다.[56]

종래에 부동산개발신탁에 있어 수탁자가 신탁사무의 처리상 부담한 채무에 대해 신탁재산뿐 아니라 고유재산에 의해서도 책임을 부담함으로 인하여 막대한 손실을 입은 사례가 다수 있음은 물론, 결국 수탁자인 신탁회사가 파산에 이른 경우도 있었다.

만약 신탁회사가 유한책임신탁의 방법으로 개발신탁을 인수한다면 해당 신탁재산으로 신탁채무를 완제하기 부족한 상태에 이르더라도 이를 이유로 신탁회사가 파산에 이르지 않고 개별 신탁재산에 대한 파산선고를 통해 파산재산을 파산채권자에게 공평하게 분배할 수 있을 것으로 예상된다. 또한 각 신탁별로 신탁재산의 파산이 인정됨으로 인하여, 동일한 수탁자가 수행하고 있는 다수의 신탁사업 간의 간

---

56) 유한책임신탁의 자세한 내용 및 실무에 미칠 영향에 대해서는 Ⅶ. 유한책임신탁 참조.

섭을 절연시킬 수 있어, 동일한 수탁자가 수행하는 일부 신탁사업이 악화되어 파산에 이르더라도 다른 신탁사업은 이에 영향을 받지 않고 계속 유지될 수 있을 것이다.

나아가 채무자 회생 및 파산에 관한 법률에서 파산 시 신탁채권과 수익채권 간의 우선순위를 명백히 규정하여, 신탁재산의 파산의 경우 채권 간의 우선권을 이유로 한 다툼을 예방할 수 있고, 파산으로 인하여 수탁자의 임무가 종료되고 파산관재인이 파산업무를 주관하게 되므로, 보다 공평하게 그리고 신탁재산의 분배에 대한 분쟁을 최소화하여 신탁과 관련한 다수 당사자의 관계를 정리할 수 있을 것으로 예상된다.

결론적으로 사업신탁의 경우에 신탁재산의 파산제도가 활용될 여지가 매우 높고, 이는 기존 실무에 지대한 영향을 미칠 것으로 예상된다. 그러나 담보신탁이나 을종 관리신탁 등 수탁자가 신탁재산을 이용하여 어떠한 사업을 하는 것이 아니라서 수탁자가 신탁과 관련하여 새로운 채무를 부담할 가능성이 없는 신탁에 있어서는 신탁재산의 파산제도가 활용될 여지는 거의 없을 것으로 예상되며, 따라서 개정 신탁법이 유한책임신탁에 대해서만 신탁재산의 파산을 인정하려 한 것은 타당하다고 생각된다.

X. 결어

이상에서 개정 신탁법이 담고 있는 다양한 내용 중에서 특히 신탁의 정의, 재신탁, 위탁자의 지위이전, 사해신탁, 수익권의 양도, 유한책임신탁, 신탁의 분할·합병, 신탁재산의 파산과 관련하여, 이러한 개정 내용이 향후 신탁 실무에 어떠한 영향을 미치는가에 대해서 그간에 신탁 실무의 현실을 바탕으로 개괄적으로 살펴보았다. 개정 신탁법은 위와 같은 내용 외에도 신탁선언을 통한 신탁설정, 신탁재산관리인제도, 상계, 수탁자의 의무와 권리, 수익자지정, 신탁관리인 등에 관한 규정에서 새로운 제도를 도입하거나 기존의 관련 조항을 큰 폭으로 수정 · 보완하였다.

서론에서 밝힌 바와 같이 이번 개정 신탁법은 신탁법 제정 이래 48여 년 만에 처음으로 전면 개정되어 그간의 실무계와 학계에서 논의되었던 신탁 실무의 문제점들을 상당 정도 해소할 수 있으리라 예상되며, 전반적으로 신탁의 유연성, 현실적응성에 상당한 정도 유익한 내용을 담고 있다고 생각된다. 특히 재신탁의 허용, 신탁 공시규정의 정비, 사해신탁요건의 정비, 위탁자 지위 양도의 허용, 수익증권발행의 허용, 신탁사채의 도입, 신탁의 분할 · 합병 및 유한책임신탁의 도입은 상사 신탁에 있어서 그 활용도가 높을 것으로 예상된다.

다만 한편으로는 이번 개정이 수십 년 만에 이루어진 전면 개정이라는 점에서, 그 적용 과정에서 어느 정도 혼란을 피할 수 없을 것이고, 이는 신탁 실무의 발전과 관련 법령의 완비, 법원의 판례 및 학문적인 연구 과정을 통해 장기간에 걸쳐 수정 · 보완될 수밖에 없다고 생각된다. 아무쪼록 이번 신탁법의 개정으로 우리나라의 신탁 실무와 법률적 연구가 더 한층 발전하는 계기가 될 것을 기대해 본다.

02

신탁의 성립

제3장   신탁선언의 연구
제4장   신탁의 성립과 신탁설정의사
제5장   신탁등기의 실무
제6장   신탁재산의 형성과 법적 인식
제7장   개정 신탁법상 사해신탁취소제도의 개관
제8장   개정 신탁법상 수탁자의 권한과 의무, 책임
제9장   영국과 미국의 사채수탁회사의 역할

03

신탁선언의 연구[*]

임채웅**

I. 들어가는 말

일반적으로 신탁이란 위탁자가 수탁자에게 재산(권)¹⁾을 이전하고,

* 이 논문은 BFL 제39호(2010. 1)에 게재된 글을 수정·보완한 것이다. 이 글이 발표
된 것은 2010년으로 신탁법 개정을 앞두고 신탁선언 및 그에 대한 개정 논의 내용
을 검토한 것이었다. 이번에 편집자의 요청으로 지금 시점에 맞게 글을 고쳐 보려
고 하였으나, 지금은 신탁법 개정이 이미 이루어진 뒤여서 기존 내용을 그대로 유지
할 수 없었고, 그러한 내용을 고치면 글의 동일성이 유지되기 어려울 것으로 판단되
었다. 그런데 개정안을 논의한 글은 그 나름대로의 의미가 있는 것이므로 이를 그대
로 유지할 필요도 있다고 생각된다. 따라서 원래 발표된 대로의 원문은 그대로 두
고, 그 말미에 '보론'을 추가하여, 이미 입법된 내용에 입각하여 몇 가지 논점에 대
해 언급하여 두는 것으로 하려고 한다. 보론에 의하여 바뀐 내용을 제외한 원문의
내용, 즉 외국의 예에 대한 소개와 행위론 측면에서의 설명 등은 여전히 유효하다.
** 법무법인 태평양 변호사
1) 우리나라의 현행 신탁법 제1조와 일본의 구 신탁법 제1조는 '재산권의 이전 기타
의 처분'을 통해 신탁이 설정되는 것으로 규정하였으나, 일본 신신탁법 제3조는 양
도 등의 대상을 '재산권'이 아니라 '재산'으로 규정하였다. 한편 현재 국내의 신탁법

수탁자는 수익자를 위하여 그 재산을 관리, 처분하는 것을 말한다. 이러한 신탁관계는 법에 의하여 생길 수도 있고, 당사자의 의사에 의하여 성립할 수도 있다. 우리나라의 현행 신탁법상 당사자의 의사에 터잡은 신탁의 성립은 계약에 의한 것과 유언에 의한 것이 있다.

그런데 신탁의 발상지라 할 수 있는 영미권에서는 종래 위탁자가 수탁자를 겸하는 신탁이 가능하였고, 일본의 신신탁법이 그러한 제도를 도입하였다. 이러한 영향으로 현재 우리나라에서도 활발히 논의되고 있는 신탁법 개정 논의 중에는 위와 같은 신탁을 도입하자는 주장이 펼쳐지고 있다.

위탁자가 수탁자를 겸하는 신탁을 설정하는 행위를 '신탁선언(declaration of trust)'이라 하고, 신탁선언에 의하여 생기는 신탁을 '자기신탁'이라 한다. 신탁선언에 의하여 발생하는 자기신탁에는 여러 가지 면에서 특별한 점이 있다. 계약신탁과 유언신탁은 성립과정에 차이가 있으나, 성립된 후에는 동일한 신탁이다. 물론 유언신탁의 경우 유언이라는 점에서 발생하는 어쩔 수 없는 차이가 있기는 하나, 신탁의 면에서는 차이가 없다고 할 수 있다.[2] 이에 반하여 자기신탁은 성립과정에서뿐 아니라, 성립 후에도 다른 신탁과 다른 점이 있을 수 있다.

개정안도 이 점은 마찬가지이다. 즉 법무부의 개정안(이하 이를 '법무부안'이라고 한다) 제2조는 "특정의 재산(영업이나 지적재산권의 일부를 포함한다)을 이전하거나 담보권의 설정 그 밖의 처분을 하고…"라고 하고 있고, 대법원의 개정안(이하 이를 '대법원안'이라 한다. 이에 관한 문헌으로 법원행정처 신탁제도연구반, 신탁법 개정을 위한 입법자료(2009) 참고) 제1조 제2항 제1호는 "신탁행위로 이전, 담보권 설정 및 그 밖의 방법으로 처분(수탁자 또는 제3자에 대한 신탁재산지정권의 수권을 포함한다)받은 신탁재산을…"이라고 하고 있다. 이와 같이 종래 신탁설정의 대상을 '재산권'이라고 하였던 것을 '재산'으로 고치고자 하는 것이 현재의 경향이며 올바른 방향이라 생각된다.

2) 유언신탁에 관한 일반적인 검토로는 임채웅, "유언신탁 및 유언대용신탁의 연구," 인권과 정의 제397호(2009. 9), 대한변호사협회, 124면 이하 참고.

이 글은 이와 같이 우리나라에 도입이 논의되고 있는 신탁선언제도에 관한 주요 외국의 법제를 살펴보고, 그 도입 필요성과 문제점 등에 관해 살펴보는 것을 목적으로 한다.

II. 영국과 미국의 신탁선언

1. 영국

신탁제도의 발상지라고 할 수 있는 영국의 현행 신탁제도를 규율하는 대표적인 법률은 '1925년 재산법(The Law of Property Act 1925, LPA)' 이다. 동법 제53조(Instrument required to be in writing)(1)(b)는 신탁선언에 대하여 다음과 같이 규정하고 있다.

> 토지와 채권에 관한 신탁선언은 명시적으로 이루어져야 하며, 그러한 신탁을 선언할 수 있는 사람이 서명한 문서나 그의 유언에 의하여 입증되어야 한다.[3]

위 규정은 신탁선언 전반에 대한 규정이라기보다는 신탁선언 시 갖추어야 할 요건에 대한 것이라 할 수 있다.[4]

신탁선언의 입증이 문서 등에 의하여 이루어지는 것이지, 신탁선언

---

3) 원문 : s. 53(1)(b), "A declaration of trust respecting any land or any interest therein must be manifested and proved by some writing signed by some person who is able to declare such trust or by his will."

4) 만일 신탁설정이 유언에 의하는 경우 '1837년 유언법(The Wills Act 1837)' 제9조가 적용된다.

자체가 문서로 이루어지는 것은 아니므로, 전보로 의사표시를 하거나 제3자에게 편지를 보낸 경우에도 해당된다. 증거가 되는 서면의 서명은 대리인에 의하여 이루어질 수 없다.[5]

2. 미국

주지하다시피 미국은 연방국가로서 우리에 비해 법제가 매우 복잡하다. 게다가 신탁법은 주법으로 되어 있어 더욱 그러하다. 따라서 모든 주의 법을 검토하기는 어렵다. 신탁에 관해서는 통일적인 법률제정을 위한 노력으로 이루어진 제2차 신탁법 리스테이트먼트[6]가 있고, 2000년에 성립한 통일신탁법전(Uniform Trust Code, UTC)이 있다. UTC는 2008. 3. 현재 미국의 20개 주가 채택하였고, 3개 주가 입법에 반영하였다. 이와 같이 UTC 자체는 법이 아니고, 미국의 모든 주가 채택하고 있는 것은 아니지만, 현 단계에서는 미국의 현행 신탁법이라고 할 만하다.[7] 미국의 제2차 신탁법 리스테이트먼트와 UTC는 신탁선언에 관해 다음과 같은 규정을 두고 있다.

---

5) L. B. Curzon, Law of Trusts, 2nd ed., MacDonald and Evans, 1980, 33면.
6) Restatement of the Law Second, Trusts. 'Restatement'에 대한 적절한 번역용어를 찾기 어려워, '리스테이트먼트'라고 한다. 제1차 신탁법 리스테이트먼트는 1935년에 성립되었는데, 1959년에 하버드대학 교수인 스코트(Austin W. Scott)가 보고자로서 작성한 제2차 신탁법 리스테이트먼트가 성립되어 미국 신탁법에 많은 영향을 주었다. 한편 제3차 신탁법 리스테이트먼트가 1990년에 성립되었으나, 수탁자의 의무에 관한 내용만 담고 있다. 제2차 신탁법 리스테이트먼트는 성립된 후 이미 상당한 시간이 경과하였으나, 미국 신탁법에 관한 한 아직도 중요한 논의 대상이다.
7) UTC에 대한 일문(日文) 해설서로 大塚正民 / 樋口範雄 編著, 現代アメリカ信託法, 有信堂, 2002 참고. 이 책의 한역본으로 오쓰카 마사타미 / 히구치 노리오 편저, 현대미국신탁법, 명순구 / 오영걸 역, 세창출판사, 2005가 있다.

· 제2차 신탁법 리스테이트먼트

〔신탁설정방법〕

제10조 신탁설정의 주요한 방법은 다음과 같다.

(a) 재산소유자가 다른 사람을 위하여 신탁의 형식으로 그의 재산을 보유하겠다고 하는 선언 또는 다른 사람이 그와 같이 선언한 것을 취득하는 방법.

(b) 재산소유자(또는 재산에 대한 관리자를 지정할 수 있는 권한을 갖는 자)가 계약 또는 유언에 의하여 그 재산을 다른 사람에게 양도하고, 그로 하여금 신탁의 형식으로 보유하게 하는 방법.

(c) 다른 사람에게 금원을 지급하거나 재산권을 양도하는 취지의 계약을 체결하거나, 체결된 계약지위를 인수하고, 그 다른 사람은 제3자를 위하여 신탁형식으로 그 금원이나 재산을 보유하는 방법.[8]

· UTC

제401조 신탁설정방법

신탁은 다음과 같은 방법에 의하여 설정된다.

(1) 위탁자의 생존 중 또는 유언이나 위탁자의 사망 시에 효력을 갖는 다른 방법의 처분에 의하여 위탁자의 재산을 수탁자가 되는 다른 사람에게 양도하는 방법.

(2) 재산소유자가 스스로 동일한 재산을 수탁자의 지위에서 보유하겠다고 선언하는 방법.

(3) 수탁자 지정권을 행사하는 방법.[9]

---

8) 원문 : Methods of Trust Creation
§10. The principal methods of trust creation are -
(a) A declaration by a property owner that he holds the property in trust for another, or procuring such a declaration by another ;
(b) A transfer by the owner of property (or the holder of a power of appointment over the property) of that property, by deed or will, to another to hold in trust ;
(c) Making, or procuring to be made, a contract to pay money or deliver property to another which the payee or transferee is to hold in trust for a third person.
9) 원문 : Section 401. Methods of Creating Trust.
Trust may be created by :

UTC 제407조는 신탁은 신탁증서에 의하여 증명될 필요는 없다고 하고 있다. 따라서 원칙적으로 신탁선언도 구술로 이루어질 수 있다. 그러나 동조는 구술에 의하여 설정된 신탁(oral trust)은 명백하고 설득력 있는 증거(clear and convincing evidence)에 의하여 증명되어야 한다고 하고 있다. 이러한 입장은 영국 법의 그것과 궤를 같이한다.

그러나 사기방지법(the Statute of Frauds)이 적용되는 지역에서는 동법이 적용되는 범위 내에서는 실질적으로 신탁설정에 관해 서면에 의할 것이 요구된다. 일부 지역에서는 신탁선언에 의한 신탁설정에 대해서는 사기방지법이 적용되지 않기도 한다.[10]

3. 유럽 신탁법 기본 원칙

유럽 신탁법 기본 원칙(Principles of European Trust Law)은 유럽의 주요 신탁법학자들의 연구·검토를 거친 끝에 1999. 1. 15. 채택된 것인데, 위 원칙 제2조는 신탁선언에 의한 신탁설정을 인정하고 있다.

제2조 신탁의 설정
신탁을 설정함에는 원칙적으로 어떤 자(위탁자)가 생전 또는 사망 시에 독립된 신탁재산을 창설할 의도를 갖고, 자산을 수탁자에게 이전하여야 한다. 다만 위탁자는 소유하는 특정의 자산에 대하여 스스로 수탁자가 되는 취지의 선언을 하여

---

(1) transfer of property to another person as trustee during the settlor's lifetime or by will or other disposition taking effect upon the settlor's death ;
(2) declaration by the owner of property that the owner holds identifiable property as trustee ; or
(3) exercise of a power of appointment in favor of a trustee.
10) L. Robert Mennell / Sherril L. Burr, Wills and Trusts (3rd ed.), Thomson West (2007), p.204.

신탁을 설정할 수 있다.[11) · 12)]

4. 소결

위 각 법령들을 보면 영미권에서는 신탁선언이 일반적으로 인정되고 있음을 알 수 있다.

우리나라와 크게 다른 법제도를 채택하고 있는 국가의 법제도를 논의하는 데 법조문을 비교하는 것만으로는 부족하다. 그 나라의 실체법, 절차법과 판례 및 문화적 차이까지 정확히 이해해야 비로소 엄밀한 비교가 가능해진다. 이 글은 문제가 된 신탁선언의 도입 문제를 논의하고자 하는 것이므로, 영미권의 사정에 관해서는 신탁선언이 영미권에서 일반적으로 넓게 인정되고 있는 점에 대한 확인까지만으로 그치고, 그 이상의 자세한 검토는 추후의 과제로 미룬다.

---

11) 원문 : Article II Creation of the trust.
   The general rule is that in order to create a trust a person called the "settlor" in his lifetime or on death must, with the intention of creating a segregated trust fund, transfer assets to the trustee. However, it may also be possible for a settlor to create a trust by making it clear that he is to be trustee of particular assets of his.
12) 이 원칙의 설정에 미국 측에서는 참가하지 아니하였다. 이 원칙은 순수한 강학상의 원칙을 넘어서 향후 통일적인 유럽신탁법의 제정을 겨냥하여 마련된 것으로 그 의의가 매우 크다. 이에 대한 상세한 검토는 추후의 연구과제로 미룬다. 이 원칙에 대한 일문(日文) 참고문헌으로 新井誠 編, 歐州信託法の基本原理, 有斐閣, 2003이 있다.

III. 일본 신신탁법

1. 조문

일본의 신신탁법은 구 신탁법과 달리 신탁선언에 관하여 아래와 같은 내용의 규정을 두었다.[13]

· 일본 신신탁법

제3조(신탁의방법) 신탁은 다음에 든 방법에 의한다.

1. (생략, 계약신탁)

2. (생략, 유언신탁)

3. 특정한 자가 일정한 목적에 따라 자기가 가지고 있는 일정한 재산의 관리 또는 처분 그리고 그 외 해당 목적의 달성을 위해 필요한 행위를 스스로 하는 취지의 의사표시를 공정증서와 그 외 서면 또는 전자적 기록(전자적 방식, 자기적 방식과 그 외 지각을 통해서는 인식할 수 없는 방식으로 작성된 기록으로서, 전자계산기에 의한 정보처리용으로 제공된 것으로 법무성령에서 정한 것을 말한다. 이하 동일하다)으로 해당 목적, 해당 재산의 특정에 필요한 사항과 그 외 법무성령에서 정한 사항을 기재하거나 기록한 것에 의한 방법.

제4조(신탁효력의 발생)

(3) 전조 제3호에 든 방법에 의해 설정된 신탁은 다음 각 호에 든 구분에 따라, 해당 각 호에서 정하는 바에 따라 효력을 발생한다.

1. 공정증서 또는 공증인의 인증을 받은 서면 또는 전자기록(이하 본호 그리고 다음 호에서 '공정증서 등'이라 총칭한다)에 의해 설정된 경우 : 해당 공정증서 등의 작성

---

13) 일본 신신탁법의 번역은 최수정, 일본신신탁법, 진원사, 2007을 참고하였다. 이하 같다.

2. 공정증서 등 이외의 서면 또는 전자적 기록에 의해 설정된 경우 : 수익자로 지정된 제3자(해당 제3자가 2인 이상인 경우에는 그중 1인)에 대해 확정일이 있는 증서에 의하여 해당 신탁이 설정된 취지 및 그 내용의 통지

(4) 전3항의 규정에도 불구하고 신탁은 신탁행위에 정지조건 또는 시기가 붙은 때에는 해당 정지조건의 성취 또는 해당 시기의 도래에 의해 그 효력이 발생한다.

제23조(신탁재산에 속한 재산에 대한 강제집행 등의 제한 등)

(2) 제3조 제3호에 든 방법에 의해 신탁이 이루어진 경우, 위탁자가 그 채권자를 해함을 알고 해당 신탁을 한 때는 전항의 규정에도 불구하고 신탁재산책임부담채무에 관한 채권을 갖는 채권자 외에 해당 위탁자(수탁자임에 한한다)에 대한 채권으로 신탁 전에 발생한 것을 갖는 자는, 신탁재산에 속한 재산에 대해 강제집행, 가압류, 가처분 또는 담보권의 실행 또는 경매 또는 국세체납처분을 할 수 있다. 단 수익자가 현존하는 경우 그 수익자의 전부 또는 일부가 수익자로 지정을 받은 것을 안 때 또는 수익권을 양수한 때에 채권자를 해함을 알지 못한 때는 그러하지 아니하다.

(3) 제11조 제7항 및 제8항의 규정은 전항의 규정 적용 시에 준용한다.

제11조(사해신탁의 취소 등)

(7) 수익자의 지정 또는 수익권의 양도에 대해서는 제1항 본문, 제4항 본문 또는 제5항 전단 규정의 적용을 부당하게 면하기 위한 목적으로, 채권자를 해함을 알지 못한 자(이하 본항에서 '선의자'라 한다)를 무상(무상과 동일한 유상을 포함한다. 이하 본항에서 동일하다)으로 수익자로 지정하거나 선의자에게 무상으로 수익권을 양도해서는 안 된다.

(8) 전항의 규정에 위반되는 수익자의 지정 또는 수익권의 양도에 의해 수익자로 된 자에게 제1항 단서 및 제4항 단서(제5항 후단에서 준용되는 경우를 포함한다)의 규정은 적용하지 아니한다.

한편 일본 신신탁법에 따른 신탁선언에 관한 규정은, 신신탁법 부칙

제2항에 따라, 신신탁법 시행일부터 기산하여 1년을 경과하는 날까지
는 적용하지 않는다. 종전에 없던 새로운 설정방법을 인정함에 따른
충격을 완화하려는 규정이라 볼 수 있는데, 이러한 경과규정의 설치
는 우리의 개정 논의에도 참고가 된다.

2. 신탁선언의 내용

(1) 신탁선언 또는 자기신탁의 의의

자기신탁이란 특정한 자가 일정한 목적에 따라 자기가 갖고 있는
일정한 재산의 관리 또는 처분 및 기타 해당 목적의 달성을 위해 필요
한 행위를 스스로 한다는 취지의 의사표시를 하는 방법에 의한 신탁
이고(제3조 제3호), 이와 같은 자기신탁을 설정하는 행위를 신탁선언이
라고 한다. 필자가 검토한 바에 따르면, 일본 신신탁법이 '신탁선언'이
나 '자기신탁'이라는 용어를 사용하고 있는 것은 아닌 듯하나, 신탁법
시행규칙 제2조에서 '자기신탁'이라는 용어가 사용되고 있다.[14]

(2) 성립요건

자기신탁을 하는 취지의 의사표시는, (i) 공정증서 기타의 서면 또는
전자적 기록에 의하여야 하고, (ii) 해당 목적, 해당 재산의 특정에 필요

---

14) 信託法 施行規則
　　第二條 : この省令において使用する用語は、法において使用する用語の例による
　　ほか、次の各號に掲げる用語の意義は、それぞれ當該各號に定めるところによる。
　　一 自己信託 法第三條第三號に掲げる方法によってされる信託をいう。

한 사항 기타의 법무성령에서 정한 사항을 기재하거나 또는 기록하여
야 한다(제3조 제3호). 일본 신탁업법 시행령 제50조의2가 '신탁법 제3조
제3호에서 규정한 방법에 의한 신탁에 대한 특례'를 두어 자세히 규정
하고 있다.

　이러한 규정을 둔 취지는 쉽게 이해할 수 있다. 즉 신탁선언에 의하
는 경우, 신탁재산의 소유자가 바뀌지 않는 관계로 제3자가 그 사실을
알기 어렵다. 따라서 다른 유형의 신탁설정유형보다 더 엄격한 요건
을 갖추도록 한 것이다. 한편 일본 신신탁법 제258조는 '수익자의 정
함이 없는 신탁' 소위 '목적신탁'에 대해 규정하고 있는데, 동조 제1항
은 "수익자의 정함(수익자를 정하는 방법의 정함을 포함한다. 이하 동일하
다)이 없는 신탁은, 제3조 제1호 또는 제2호에 든 방법에 의해 설정할
수 있다"라고 규정함으로써, 신탁선언에 의한 목적신탁의 설정은 불
가능하게 하고 있다.

(3) 효력발생 시기

　일본 구 신탁법과 달리 일본 신신탁법 제4조는 신탁효력의 발생 시
기에 대하여 규정하고, 각 항에서 신탁설정의 각 방법에 따른 효력발
생 시기를 두고 있는데, 신탁선언에 의한 설정 중, 공정증서 또는 공증
인의 인정을 받은 서면 또는 전자적 기록(이하 '공정증서 등'이라 한다)
에 의하여 이루어지는 경우, 해당 공정증서 등의 작성에 의하여 효력
이 발생하고(제4조 제3항 제1호), 공정증서 등 이외의 서면 또는 전자적
기록에 의하여 이루어진 경우에는, 수익자가 되어야 할 자로서 지정
된 제3자(다만 해당 제3자가 2인 이상 있는 경우에는 그중 1인)에 대한 확
정 일부가 있는 증서에 의한 해당 신탁이 이루어진 취지 및 그 내용의

통지에 의하여 효력이 발생한다(동항 제2호).

이러한 신탁유형에 따른 효력발생 시기에 관한 조문을 두어서 비로소 효력발생 시기가 확정되는 것은 아니라고 보이며, 이론적으로 검토하더라도 모두 동조에서 규정한 대로의 결론을 얻을 수 있다. 특히 계약이나 유언에 의한 경우는 더욱 그러하다. 따라서 이 조문의 효력은 창설적인 것이라 할 수는 없고 확인적인 것이라 할 수 있다. 결국 이 조문을 둔 취지는 소급적으로 설정할 수 없음을 명백하게 하기 위한 것으로 이해할 수 있다.[15]

(4) 강제집행 등의 특례

위탁자가 그 채권자를 해할 것을 알고 신탁선언에 의하여 신탁을 설정한 경우, 신탁재산책임부담채무가 되는 채권을 갖는 채권자 외에도 위탁자에 대한 채권으로 신탁 전에 생긴 것을 갖는 자는 신탁재산에 속한 재산에 대하여, 강제집행, 가압류, 가처분 또는 담보권의 실행 또는 경매, 국세체납처분(이하 '강제집행 등'이라고 한다)을 할 수 있다(제23조 제2항 본문).

나아가 수익자가 현존하는 경우, 그 수익자의 전부 또는 일부가 수익자로서의 지정을 받은 때, 또는 수익권을 양수한 때에 채권자를 해하는 것을 알지 못하였을 때는 사해신탁에 있어서의 취소와 마찬가지로, 강제집행 등의 신청이 허용되지 않는다(제2항 단서). 따라서 그 경우에는 수익자는 제3자 이의의 소를 제기하여 이의를 주장하고, 강제집행 등의 효력을 다툴 수 있다(제5항).

---

15) 같은 취지로 小野傑外, 新しい信託法解說, 三省堂, 2007, 148면.

IV. 도입 여부에 대한 검토

1. 들어가는 말

종래 일본에서 일본 구 신탁법을 전제로 하는 경우, 신탁선언에 의한 신탁설정이 가능한가 그렇지 않은가에 대해 의견의 엇갈림이 있었으나, 부정적인 견해가 다수를 점하고 있었으며, 우리나라도 사정은 비슷하였다.[16)]

현재 국내의 신탁법 개정 논의를 보더라도 신탁선언제도의 도입 자체에 대해 반대하는 견해를 찾아보기 어렵고, 그래서인지 도입 자체의 필요성에 대한 상세한 검토 역시 발견하기 어렵다. 이러한 상황은 학술적인 차원에서는 아쉬움이 없지 않으나, 학계나 실무계에서 도입하는 것 자체에 대해서는 찬성하는 쪽으로 합의가 이루어진 것과 다를 바 없는 지금의 상황에서, 도입의 필요성을 상세히 검토하는 것은 어느 정도 불필요한 일이기도 하다. 따라서 이 글은 이러한 점과 관련하여, 도입과 관련된 일본의 논의를 간략하게 소개하고, 이어 필자의 견해를 밝히는 것으로 그치고자 한다.

---

16) 우리나라의 현행 신탁법하에서도 신탁선언이 가능할 것으로 보는 대표적인 견해로 이중기, 신탁법, 삼우사, 2007, 34면. 한편 이에 반대하는 대표적인 견해로 최동식, 신탁법, 법문사, 2006, 54면 이하, 각 참고. 필자는 후자의 견해에 찬성하는 바인데, 이 글의 주목적은 입법론에 대한 것이며, 현행 법에 대한 해석론에 대한 것이 아니므로, 현행 법의 해석론과 기존 견해에 대한 검토는 하지 않기로 한다.

2. 일본의 논의

(1) 도입의 필요성

일본 문헌 중 신탁선언의 도입 필요성을 잘 정리한 것이 있으므로 이를 소개한다.[17]

첫째, 재산을 관리할 능력이 없는 자녀를 둔 부모가 자녀에게 재산을 증여하기 위한 방법으로 활용될 수 있다.

둘째, 회사가 특별한 프로젝트(사업부문)에서 올리는 수익을 담보로 하여 자금을 조달하려고 하는 경우, 해당 프로젝트에 필요한 자산에 대하여 신탁선언을 하고 그 수익권을 투자가에게 판매할 수 있다. 이 경우, 종업원의 신분에도 영향을 주지 않고, 한편 기술의 노하우에 대한 외부유출의 위험을 피하면서 자금조달을 할 수 있다.

셋째, 회사가 자사의 채권 등을 유동화하여 자금조달을 할 경우, 신탁선언을 이용하면, 채권자가 변경되는 것에 따른 채무자의 심리적 저항을 회피하면서 유동하는 것이 가능해짐과 동시에 제3자가 수탁자로서 이용하는 경우에 비해 비용 등을 감축하면서 유동화할 수 있다.[18]

(2) 법 개정 시의 논의

일본 신신탁법 입법과정에서, 원칙적으로 자기신탁을 인정할 수 없

---

17) 鈴木正具 / 大串淳子, コンメンタール信託法, ぎょうせい, 2008, 12면.

18) 그 외에도 자기신탁은 수탁자가 신탁재산을 보유함에 있어 다른 성격의 재산과 혼합되는 것을 방지하기 위한 방법으로 활용될 수도 있다. 이 점에 관하여는 宮澤 秀臣, "コミングリングリスクを回避する手段としての自己信託 · I, II, III," 法律時報 제81권 제1호 내지 제3호(2009. 1. 내지 3) 해당 부분 참고.

으나 대상재산이 스스로 수탁자로 하는 다른 신탁의 신탁재산인 경우에 한하여 예외적으로 인정하는 안(갑안), 자기신탁을 특단의 제한을 주지 않고 인정하는 안(을안), 일정한 요건하에 자기신탁을 인정하는 안(병안)의 3안이 요강시안의 단계로 제시되었는데, 논의를 거쳐 결국 위에서 본 바와 같은 요건을 추가하여 허용하는 입법이 이루어졌다.

3. 필자의 견해

필자가 검토한 바로는 우리나라에 신탁선언의 도입에 관해서는 뚜렷한 반대는 없는 듯하다. 개정 논의에서도 대개는 남용 가능성 등을 우려하여 그에 대한 대책을 논의하는 것이 일반적이다. 금융신탁상품의 형태 및 부동산개발과 관련되어 해당 부동산에 대해 이루어지는 신탁이 우리나라의 신탁 실무상 설정되는 신탁의 대종을 이루는데,[19] 이번 법 개정에서 자기신탁제도가 도입된다고 하여 우리나라의 신탁 실무상 당장에 이 제도가 어느 정도나 활용될 수 있을지 의문이다. 필자가 보기에는 당장에는 크게 활용될 것으로 보이지 않는다.[20]

그러나 그렇다고 해서 도입의 필요성이 없다고 할 수는 없다. 특정

---

19) 법원에 신탁과 관련하여 제기되는 소의 대부분이 이와 같은 경우들에 대한 것이다. 그 외에 신탁을 통하여 에스크로를 하는 경우가 있다. 실무상 에스크로는 신탁을 통하는 경우도 있고, 그렇지 않은 경우도 있다.

20) 신탁이 주는 가장 중요한 법률효과는 역시 위탁자와 절연되는 것이다. 일부 실무가들은 이 점을 들어 신탁에는 본질적으로 집행면탈의 의도가 있는 것이라고 생각하기도 한다. 그러나 비록 그러한 면이 있다고 하더라도 신탁의 긍정적인 면을 완전히 부정하기는 어렵다. 게다가 위탁자가 해당 재산을 완전히 처분해 버릴 수도 있다는 점을 생각하면 더욱 그러하다. 그런데 위 입법안에서 보는 바와 같이, 자기신탁의 경우 위탁자(겸 수탁자)의 채권자들에 의한 공격을 피할 수 없다면, 자기신탁제도를 이용할 의미가 크게 줄어들 수도 있다. 그러나 이러한 위탁자와의 절연이 크게 문제 되지 않는 경우에는 그렇지 아니하다.

한 수요가 있어 입법조치를 할 필요가 있을 수도 있으나, 당장의 수요를 기대하기 어렵더라도 향후 수요를 기대하며 입법을 할 수도 있다.

이러한 점에서 본다면, 국제 조류에 맞추어 우리나라도 신탁선언을 통한 신탁, 즉 자기신탁제도를 도입하는 것이 옳다. 우리나라 신탁법이 제정된 이래 거의 50년 만에 처음으로 전면개정이 검토되고 있는데, 이번 개정작업이 마무리된 뒤에 다시 이 정도 규모의 전면개정을 논의하려면 상당히 많은 시간이 필요할 것이라는 점을 고려하면, 입법 필요성이 있는 것은 최대한 이번 개정작업에 반영하는 것이 옳다.[21]

자기신탁에 대해 회의적인 견해[22]도 대개 원칙적으로 자기신탁을 반대하기보다는, 그로 인한 부작용 특히 집행면탈의 수단으로 사용되는 것이 아닌가 하는 우려에 바탕을 두는 것으로 이해된다. 따라서 필자는 이에 대한 적절한 조치가 이루어질 것을 전제로 하여, 신탁선언 제도의 도입에 찬성한다.

한편 우리에게 신탁선언이 아직은 생소한 것이 사실이지만, 우리 법제에도 이미 일부 도입되어 있다는 점이 지적될 필요가 있다. 즉 자본시장과 금융투자업에 관한 법률(이하 '자본시장법') 제9조(그 밖의 용어의 정의) 제24항은, "이 법에서 '신탁'이란 신탁법 제1조 제2항의 신탁을 말한다"고 하고 있으며, 동법 제74조(투자자예탁금의 별도예치)는 다음과 같이 규정하고 있다.

---

21) 한국금융투자협회 및 법무부 주최로 지난 2009. 6. 26. 서울에서 열린 세미나에 참가한 일본 도쿄대의 도가우치 히로토 교수와 간다 히데키 교수의 발언에 의하면, 일본에서도 신탁법이 제정된 뒤 80년이 걸려 신신탁법에 관한 논의가 이루어지면서, 이번 기회를 놓치면 앞으로 전면적으로 개정하는 데 다시 80년이 걸릴 것이므로, 크게 문제만 없으면 최대한 반영해 두자는 입장이 지배적이었다고 한다.
22) 이러한 견해를 문헌에 의하여 뒷받침하기는 어렵다. 일부 실무가들이 제기하고 있는 문제점이다.

① 투자매매업자 또는 투자중개업자는 투자자예탁금(투자자로부터 금융투자상품의 매매, 그 밖의 거래와 관련하여 예탁받은 금전을 말한다. 이하 같다)을 고유재산과 구분하여 증권금융회사에 예치(預置) 또는 신탁하여야 한다.

② 겸영금융투자업자 중 대통령령으로 정하는 투자매매업자 또는 투자중개업자는 제1항에 불구하고 투자자예탁금을 제1항에 따른 예치 또는 신탁 외에 신탁업자(증권금융회사를 제외한다. 이하 이 조에서 같다)에게 신탁할 수 있다. 이 경우 그 투자매매업자 또는 투자중개업자가 신탁업을 영위하는 경우에는 신탁법 제3조 제1항에 불구하고 자기계약을 할 수 있다.

즉 위 제74조 제2항에서는 위 법에서 정한 경우에 관해서는 이미 자기신탁을 인정하고 있는 것이다.[23] 이와 같이 신탁선언 및 자기신탁이 우리에게 아주 낯선 개념도 아닌 점을 고려하면, 이 제도의 도입에 더 적극적인 자세를 취할 수 있게 된다.

V. 도입방안 등에 관한 검토

1. 법리구성

우리나라에서는 아직 신탁선언(자기신탁)제도가 도입된 상황이 아니므로, 해석론은 아니고 입법론적 차원에서 검토를 할 수밖에 없다. 그런데 앞에서 살펴본 대로, 현재 우리나라의 개정 논의는 아무래도

---

23) 우리나라의 현행 신탁법에 관해서도 신탁선언에 의한 신탁설정이 가능하다고 하는 견해도 있으나, 위와 같은 규정에 미루어 볼 때, 우리나라의 현재의 법제는 일단 신탁법에 의해서는 가능하지 않은 것으로 보고 있다고 볼 수 있다. 한편 위 규정에서는 '자기계약'이라는 표현을 쓰고 있으나, 그것이 강학상의 '계약'을 의미하는 것은 아닌 것으로 판단된다.

일본의 신신탁법으로부터 많은 영향을 받고 있다고 봄이 옳다. 그러 므로 일단 일본 신신탁법을 참고하여, 위 제도를 우리나라에 도입할 경우의 문제점 등에 대해 생각해 보기로 한다. 먼저 법리구성에 관해 생각해 본다.

(1) 행위론의 면

먼저 행위론에 관하여 검토해 보기로 하면, 신탁선언은 위탁자에 의한 단독행위라 할 수 있다. 위탁자에 의한 단독행위로 위탁자 및 수 익자에게 법률효과가 발생하는 경우로 파악할 수 있는 것이다.

한편 일본에는 신탁선언을 상대방 있는 단독행위로 파악하는 견해 와 상대방 없는 단독행위로 파악하는 견해가 있다.[24] 이 점을 잠시 생 각해 보면, 비록 신탁에는 수익자라는 또 다른 당사자가 있고 신탁선 언의 경우 목적신탁이 허용되지 않는 것으로 봄이 통상적이지만, 그 렇다고 해서 그 수익자가 반드시 단독행위에 있어서의 상대방이라고 할 수 없다. 일본 신신탁법 제4조 제3항 제1호가 공정증서 등에 의하 여 설정되는 자기신탁의 경우 공정증서 등의 작성으로 그 효력이 발 생되는 것으로 규정하는 것을 보아도 그렇다. 수익자로 예정된 자의 수익권이 확정되기 위해 별도의 절차가 필요하더라도 그 절차는 신탁 설정 다음 단계의 문제가 된다.[25] 우리나라의 각 개정안에서도 수익자 의 관여를 신탁선언이 효력을 발생하는 요건으로 규정하고 있지 아니

---

24) 鈴木正具 / 大串淳子, 앞의 책(주 17), 43면.
25) 일본 신신탁법 제4조 제3항 제2호에 따르면 공정증서 등 작성 이외의 방법에 의하 여 자기신탁이 설정되는 경우에는 수익자로 지정된 자에 대한 통지가 필요하도록 되어 있고, 이 경우는 상대방 있는 단독행위가 된다 하겠으나, 이는 한정된 경우에 대한 것이므로 위와 같은 일반론을 취하는 데 지장을 주지 않는다.

하다. 따라서 우리나라에서도 신탁선언을 상대방 없는 단독행위로 파악할 수 있게 된다. 유언 역시 단독행위로 보아야 할 것이기 때문에, 단독행위에 의한 신탁설정은 우리나라의 현행 신탁법하에서도 낯설지 않다. 따라서 이론적으로는 신탁선언행위에 관하여 사해행위임을 이유로 하여 취소할 수 있고,[26] 도산 문제가 관련되면 부인권 행사의 대상이 될 수도 있다.

신탁선언까지 포함하여 신탁설정방법을 계약 · 유언 및 신탁선언으로 나누는 것이 보통이지만, 행위론에 입각하여 본다면 신탁선언은 유언에 더 가까운 것이고, 위탁자를 기준으로 한다면 생전신탁이라는 점에서 계약신탁에 더 가까운 것이라 볼 수도 있다. 이를 그림으로 보면 〔그림 1〕과 같다.

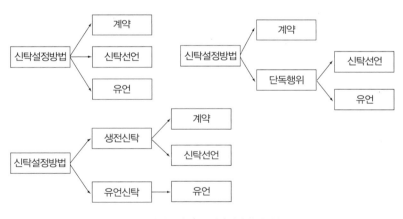

〔그림 1〕 행위론에 따른 신탁설정방법의 구분

---

26) 신탁선언과 사해신탁을 이유로 한 취소의 문제는 아래에서 다시 다룬다.

(2) 재산이전

신탁설정을 통하여 재산은 일단 위탁자로부터 수탁자에게 이전되어야 한다. 그런데 신탁선언의 경우 이러한 재산이전이 있을 수 없다. 소유권은 대외적·대내적을 가릴 것 없이 위탁자 겸 수탁자에게 그대로 유보된다.[27)

권리 자체의 면에서는 그러하나, 그 효과의 면에서도 완전히 그렇다고 하기는 어려운 면이 있다. 위탁자 겸 수탁자는 신탁재산에 관하여 통상의 채권적 부담 이상의 매우 무거운 부담을 지게 된다. 신탁법제를 분석하는 데 수탁자의 고유재산과 신탁재산은 소유자가 다른 것처럼 생각하는 것이 편리할 때가 많은데, 자기신탁에서도 그러하다. 따라서 자기신탁에서 권리 자체의 변동은 없지만, 위탁자 겸 수탁자의 지배영역 내에서 그의 고유재산에서 신탁재산으로 변동되었다고 인식할 수 있다.

이러한 점은 특히 부동산에서 명백히 드러난다. 아울러 부동산에서는 자기신탁인 점의 공시도 그다지 문제 될 여지가 없다. 비록 권리의 이전은 일어나지 않는다 하더라도, 등기부에 신탁취지가 등기될 것이기 때문이다. 이러한 등기는 실제로 권리변동에 따른 등기와 다를 바가 없다.[28)

---

27) 영미권에서는 신탁재산에 관한 보통법상의 권리와 형평법상의 권리가 나누어지는 것으로 파악하지만, 우리나라 법제에서는 그러한 개념을 인정하지 않고 있으므로, 일반적인 신탁에서는 수탁자가 신탁재산에 대한 권리를 완전히 취득한다. 따라서 자기신탁에서는 위탁자 겸 수탁자가 권리를 그대로 보유한다.

28) 신탁에 관한 등기 중 신탁설정과 관련된 것에서는 위탁자가 등기의무자, 수탁자가 등기권리자가 되며, 이러한 점에 의하여 어느 정도 등기의 적절성이 통제될 수 있다. 그런데 자기신탁에서는 등기권리자와 등기의무자가 일치하게 된다. 위탁자의

 등기나 등록이 이루어지지 않는 재산은 문제이다. 신탁선언 자체는 공증 등에 의하여 명백히 할 수 있다고 하더라도 그 재산까지 완벽하게 공시하기 어려울 수 있을 것이기 때문이다. 신탁재산이 금전인 경우를 생각해 보면, 이러한 점은 일반적인 신탁에서도 마찬가지이지만, 그래도 일반적인 신탁의 경우 재산권의 양도가 일어나므로 그 과정을 통하여 어느 정도 통제가 되지만, 자기신탁에서는 양도가 일어나지 않으므로 신탁재산의 분별관리 등이 더 문제 될 수 있다. 따라서 일반적인 신탁에 비하여 더 엄격한 분별관리제도 등이 고려되어야 한다. 이러한 점은 신탁법에서 규정할 것은 아니고, 하위법령이나 금융법령으로 규정할 문제라 생각된다.

채권자들의 이해관계를 제외한다면, 신탁의 설정으로 손해를 볼 사람은 없을 것이므로, 보통 문제가 될 것 같지는 않으나, 위와 같은 점에 따른 통제기능의 부족함을 어떻게 보완할 수 있을 것인지가 문제이다.

그런데 보통은 부동산에 대한 자기신탁에서는 공시가 문제 되지 않을 것이지만, 그러한 결과를 조성하기 위하여 약간 검토되어야 할 점이 있다. 엄밀히 말하자면 신탁선언을 한 경우 권리이전은 필요 없으므로, 부동산에 대한 신탁선언이 있는 경우에는 권리이전을 위한 등기는 필요 없다. 따라서 그 점에 관한 등기는 신탁의 점에 대한 대항력을 갖추기 위한 등기로서의 성격을 갖게 된다. 이러한 점에서 신탁선언을 도입할 경우 거래의 안전도모 또는 기타 불필요한 분쟁발생을 막기 위하여 반드시 그 사항을 등기하도록 강제하여야 할 필요가 있으며, 이 점은 어떤 형식으로든 입법조차가 필요한 점이다.

한편 일본의 경우 신탁선언제도의 도입과 함께 부동산등기법 제98조 제3항에서 "신탁법 제3조 제3호에서 든 방법에 의하여 이루어진 신탁에 의한 권리의 변경의 등기는, 수탁자가 단독으로 신청할 수 있다"라고 규정하였다. 신탁선언이 있고 등기가 필요한 경우, 형식적인 의미의 등기권리자가 없기 때문에 법리상으로 당연한 규정이라 할 수 있다. 한편 위 조문에서의 '권리의 변경의 등기'는 실체법적 의미에서의 일반적인 권리변경을 의미하는 것이 아니라, 신탁선언의 경우를 특정하여 표현한 것으로 이해되어야 한다.

(3) 설정구조

1) 수탁자

자기신탁은 위탁자가 수탁자를 겸하는 관계인데, 그 수탁자가 반드시 1인이어야 할 필요는 없을 것이다. 위탁자 겸 수탁자가 2명 이상인 경우도 상정할 수 있으며, 위탁자 겸 수탁자는 1인이나, 위탁자는 겸하지 아니하면서 그와 공동수탁자가 되는 사람이 있을 수 있다. 위탁자가 아닌 공동수탁자를 두면, 위탁자 겸 수탁자만 있는 경우에 비해 위탁자 겸 수탁자를 견제할 수 있는 자가 있는 것이므로, 신탁법률관계를 위해서도 바람직할 것으로 생각된다.[29]

문제는 만일 강제집행 등에 관해 특례를 두어 위탁자의 채권자가 신탁설정을 취소함이 없이 신탁재산에 대해 강제집행할 수 있도록 하는 경우이다. 즉 위탁자 겸 수탁자가 아닌 공동수탁자가 있는 경우에도 이와 같은 강제집행이 가능한 것인가가 문제이다. 만일 이 경우에는 위와 같은 강제집행이 불가능하다면, 위탁자 겸 수탁자가 아닌 공동수탁자는 둘 수 없다는 것으로 귀결됨이 상당할 것이다.

그러나 필자는 이 경우에도 위와 같은 특례를 이유로 하여 위탁자 겸 수탁자가 아닌 공동수탁자를 두는 것을 금할 필요는 없다고 생각하며, 그와 같은 수탁자를 두는 것도 가능하고, 그 경우 여전히 위 특례에 따른 강제집행도 가능하다고 본다.[30]

---

29) 물론 공동수탁자를 두면 단독수탁자만 있는 경우에 비해 의사결정이 늦어지는 등 어려움이 발생할 수 있으나, 이는 공동수탁자 자체의 문제이며, 자기신탁 고유의 문제는 아니다.

30) 이 경우 신탁재산은 공동수탁자의 합유재산이 되므로, 강제집행 법률관계상의 채무자는 공동수탁자 전원이 된다. 위탁자의 채권자는 위탁자 겸 수탁자가 아닌 공동수탁자의 채권자는 아니지만, 위 특례에 의하여 강제집행이 허용되는 것으로 해

2) 수익자

신탁선언에 의한 위탁자 겸 수탁자가 수익자의 지위를 겸할 수는 없다. 이 점은 가령 입법에 의하여 명백히 금지되지 않는다고 하더라도 마찬가지이다.[31] 위탁자가 수탁자이면서 동시에 수익자라면 신탁의 실질이 존재한다고 할 수 없기 때문이다. 위탁자 겸 수탁자가 공동 수익자가 될 수도 없다고 본다.

위와 같은 점은 신탁법리상 의문의 여지가 없다. 따라서 위탁자 겸 수익자가 수익권을 취득한 경우, 해당 신탁은 당연히 종료된다고 보아야 하는데, 수익권의 일부를 취득할 경우가 문제이다. 취득하는 부분이 양적 일부일 수도 있고, 질적 일부일 수도 있다. 질적 일부일 경우, 우선수익권의 내용상 일반 또는 후순위 수익권은 실제로 그다지 의미가 없는 경우가 있을 수 있는데, 여하간 이러한 수익권의 일부를 위탁자 겸 수탁자가 취득하였다고 하여 그 신탁이 종료된다고 할 수 있는가가 문제이다. 만일 이 경우에도 무조건 신탁이 종료된다고 하면, 그러한 일방적인 행위로 다른 수익자의 권리가 침해되는 것이 되어 부당한데, 한편으로는 다른 수익자의 권리를 유지해 주기 위하여 실질이 존재하지 않는 신탁 부분을 여전히 유효한 것으로 취급하는 것 역시 문제이다. 필자는 이러한 경우 위탁자 겸 수탁자가 취득한 수익권은 무효가 되며, 수익권은 소멸하되 일종의 청산청구권을 취득하는 것으로 이해한다. 따라서 일단 이러한 결과가 발생한 이후에는, 위탁자 겸 수탁자가 그 권리를 타에 처분함으로써 그 수익권이 부활될 여지도 없다고 본다. 나머지 다른 수익자에 관한 부분은 여전히 신탁으

석할 수 있을 것이다.

31) 이러한 점에 관해서는 일본 문헌의 견해도 일치된다. 鈴木正具 / 大串淳子, 앞의 책 (주 17), 43면 ; 新井誠, 信託法(第3版), 有斐閣, 2008, 142면 등.

로서 유효하나, 이 경우에도 일부 무효의 법리를 유추적용하여, 만일 이로 인하여 신탁의 목적을 달성할 수 없게 될 때에는 신탁 전체가 종료되는 것으로 보아야 할 것이다.

(4) 파산관재인 문제

신탁선언의 경우, 위탁자가 수탁자의 지위를 겸하므로, 만일 동인이 파산하게 되면, 파산관재인은 위탁자를 위한 파산관재인의 지위에도 서고 수탁자를 위한 파산관재인의 지위에도 서게 된다. 위탁자와 수탁자가 다른 일반적인 신탁관계에서 위탁자가 파산한 경우에는 특별히 신탁법리상 문제 될 여지가 없고, 수탁자가 파산한 경우에는 신탁법률관계가 조속하게 수탁자의 파산관재인의 지배에서 벗어나야 하지만,[32] 신탁선언의 경우 위탁자의 지위에서도 수탁자의 지위에서도 모두 파산하는 것이므로, 위와 같은 경우와 다르다.

이에 관해 어느 쪽의 지위를 선택할 것인가는 관재인의 자유라고 보는 일본의 견해가 있다.[33]

이는 법률관계의 쌍방이 한 인격체에 귀속됨에 따라 발생하는 문제이다. 살피건대, 파산관재인의 지위에 대해 이론상으로는 어떻게 파악하든지 간에 파산관재인은 실질적으로 파산자의 일반 채권자를 위하는 자리인데, 위탁자의 일반 채권자와 수탁자의 채권자라는 의미에서의 수익자[34]의 이해관계는 서로 상반되는 것이므로, 파산관재인이 두

---

32) 이러한 점에 관한 검토로 임채웅, "수탁자가 파산한 경우의 신탁법률관계 연구," 사법 제6호(2008. 12), 사법연구재단, 119면 이하 참고.

33) 新井誠, 앞의 책(주 31), 143면.

34) 이 경우에는 위탁자 겸 수탁자가, 특별히 수탁자로서의 독립된 지위를 갖는 것이 아니므로, 수탁자의 일반 채권자를 논할 여지는 없고, 수익자가 문제가 된다.

지위를 겸할 수는 없다.

따라서 궁극적으로는 별도의 파산관재인이 선임되거나, 신탁재산의 면에서는 파산 상태가 아니라면,[35] 해당 신탁을 위한 별도의 수탁자를 선정하여야 한다. 이론적으로는 이러하나 문제가 없지 않다. 즉 별도의 파산관재인을 선임한다는 것은 결국 신탁재산의 파산을 인정하여야 한다는 것이며,[36] 별도의 수탁자를 선정할 근거를 어디에서 찾아야 할 것인지도 문제이다. 신탁설정 시 근거조항을 두었다면 좋을 것이나, 그렇지 않은 경우 결국 법원의 결정에 의존할 수밖에 없을 것이며, 향후 이 점에 대한 엄밀한 검토를 거친 후 절차규정을 정비하여야 한다.

이렇듯 이 점에 관해서는 추가의 논의가 필요하나, 여하간 파산관재인이 위탁자의 파산관재인의 지위와 수탁자의 파산관재인 지위 사이에서 임의로 선택할 수 있다는 위 일본의 견해는 타당하지 않다. 먼저 법원에서 선임하는 파산관재인의 그의 직무 범위를 임의로 선택한다는 것은 옳지 않다. 만일 별도의 파산관재인을 선임하는 경우라면, 마땅히 법원이 동시에 또는 이시에 따로 선임할 것이다. 위탁자가 수탁자를 겸하는 경우에도, 위탁자 고유재산의 권리자라는 지위가 일반적인 지위이므로, 동인의 파산관재인은 기본적으로 위탁자와 관련된 파산관재인인 것이고, 수탁자와 관련된 파산관재인은 예외적으로 또는 추가적으로 선임되어야 하는 자리이다. 수탁자와 관련된 파산관재

---

35) 이러한 점에 관한 정밀한 검토는 이 글의 범위를 벗어난다. 여하간 위탁자 겸 수탁자의 파산이 곧바로 신탁재산의 파산 문제로 연결되는 것은 아니라는 점만은 분명하다. 이러한 점에 관해서는 신탁재산의 파산 문제가 정리되어야 좀 더 명확한 법리 전개가 가능하다.

36) 현재 우리나라의 개정 논의에서도 이 점이 명확하지 않다. 일단은 신탁법이 아니라 도산법 개정의 문제로 미루어 두고 있는 형편이다.

152 | 제2부 신탁의 성립

인을 추가하는 경우를 상정해 보면, 파산관재인으로 선임된 자가 관재인으로 부임한 뒤 임시로 수탁자의 업무도 처리하는 위치에 섰다가, 별도의 조치에 의하여 동 업무에 대한 관여를 그치는 흐름을 취하게 될 것이다.

2. 우리나라의 개정안 검토

(1) 개정안

현재 우리나라에 나와 있는 개정안은 다음과 같은 두 가지가 대표적인 것이다. 입법과정상 법무부안이 기본적인 안이라 할 수 있고, 대법원안은 참고할 수 있는 제안이라 할 수 있다.

· 법무부안

제3조(신탁의 설정) ① 신탁은 다음 각 호의 어느 하나에 해당하는 방법으로 설정할 수 있다. 다만 특정의 목적을 위한 신탁은 제3호의 방법으로 설정할 수 없다.

1. 위탁자와 수탁자 간의 계약

2. 위탁자의 유언

3. 신탁의 목적, 신탁재산, 수익자 등을 특정하고 자신을 수탁자로 정한 위탁자의 선언

② 제1항 제3호의 신탁의 설정은 공정증서를 작성하는 방법으로 하여야 하며, 신탁을 해지할 수 있는 권한을 유보(留保)할 수 없다.

③ 위탁자가 집행면탈, 그 밖의 부정한 목적으로 제1항 제3호의 방법으로 신탁을 설정한 경우 이해관계인은 법원에 신탁의 종료를 청구할 수 있다.

· 대법원안

제2조(신탁의 방법)

신탁은 다음 각 호 중 어느 하나의 방법으로 설정할 수 있다. 다만 목적신탁은 제3호의 방법으로 설정할 수 없다.

1. 위탁자와 수탁자 사이의 계약

2. 위탁자의 유언

3. 위탁자가 신탁재산의 관리, 처분 및 그 밖에 목적을 달성하기 위해 필요한 행위를 스스로 한다는 취지의 의사표시와 신탁의 목적, 신탁재산 특정에 필요한 사항, 그 밖에 대통령령으로 정한 사항을 공정증서 또는 공증인이 인증한 서면·전자문서에 기재하거나 수익자(2인 이상일 경우 그중 1인)에게 확정일자 있는 증서로 통지하는 방법

제21조(강제집행의 제한 등)

① 신탁재산책임부담채무에 관한 채권(신탁재산에 속한 재산에 대해 발생한 권리를 포함한다)에 근거한 경우를 제외하고, 신탁재산에 속한 재산에 대해서는 강제집행, 가압류, 가처분, 경매 또는 체납처분을 할 수 없다.

② 제1항에 불구하고, 제2항 제3호에 따라 신탁이 설정된 경우에 위탁자가 채권자를 해함을 알고 신탁을 설정한 때에는 채권자는 신탁재산에 대하여 강제집행, 가압류, 가처분, 경매 또는 체납처분을 할 수 있다. 다만 수익자의 전부 또는 일부가 수익자로 지정된 사실을 안 때 또는 수익권을 양수받은 때에 채권자를 해함을 알지 못한 경우에는 그러하지 아니하다.

③ 제2항 본문의 적용을 벗어나려는 목적으로 채권자를 해함을 모르는 자를 수익자로 무상 지정하거나 그에게 수익권을 무상으로 양도한 경우에는 제2항 단서를 적용하지 아니한다.

④ 제2항 및 제3항은 제2항의 신탁이 행해진 때부터 2년이 지난 때에는 적용하지 아니한다.

두 개정안 모두 내용이 방대하므로, 여기서는 신탁선언과 관련된

내용만 인용할 수밖에 없는데, 실제로는 위 개정안들만으로는 개정작
업이 완전히 이루어질 수 없는 상황이다. 대표적인 예를 들어 보면, 신
탁재산의 파산 문제는 도산법 개정에서 검토할 사항으로 미루어 두고
있는 형편이며, 담보권설정에 의한 신탁설정방식도 논의되고 있으나,
이 역시 민법 개정작업의 추이를 지켜보는 것으로 정리되고 있다.[37]
이러한 점에서 개정작업이 결코 쉽지 않을 것임을 짐작할 수 있다.

여하간 위 두 개정안 중 신탁선언에 관한 부분을 검토해 보면, 일본
신신탁법의 영향을 많이 받은 것으로 보이고, 큰 방향은 대체로 일치
하는 듯하면서도, 세부적인 내용에는 어느 정도 차이가 있다. 두드러
지는 차이는 강제집행에 대한 특례에 대한 것이다. 이러한 차이는 그
논리적인 귀결로 사해신탁취소의 문제와도 연결된다.

(2) 강제집행에 대한 특례 등

1) 특례

위 법무부안은 신탁선언과 관련하여 강제집행에 대한 특례를 두고
있지 아니하다.[38] 이에 대하여 일본 신신탁법과 대법원안은 특례를 규
정하고 있으나, 자세히 보면 일본 신신탁법과 대법원안 사이에도 차
이가 있다. 즉 일본 신신탁법은 "신탁재산책임부담채무에 관한 채권
을 갖는 채권자 외에 해당 위탁자에 대한 채권으로 신탁 전에 발생한
것을 갖는 자"라고 하고 있음에 반하여, 대법원안은, '채권자'라고
만 하고 있어, '신탁 전에 발생한 것'이라고 규정하고 있지 아니하다.

---

37) 이러한 사항은 필자가 관여자들로부터 직간접적으로 전문한 것이며, 문헌에 의하
여 뒷받침하기는 어렵다.
38) 강제집행에 관한 법무부안 제21조도 마찬가지이다.

문언대로만 해석할 경우 이 차이는 상당히 크다. 현행 신탁법 제21조도 신탁 전에 발생한 채권에 의하여 신탁재산에 대해 강제집행할 수 있도록 규정하고 있으나, 그렇다고 해서 위와 같은 특례의 의미가 소멸되지는 않는다.

현행 신탁법 제21조에 의하여 위탁자에 대하여 신탁 전에 발생한 채권을 보유하고 있는 채권자들이 자유롭게 신탁재산에 대해 강제집행을 할 수 있는 것은 아니며, 실제 그 가능성은 매우 제한되어 있다. 약간 거칠게 이야기하면, 담보권이 있거나 가압류 등이 되어 있는 경우에만 가능하다.[39] 따라서 현실적으로 특례를 두지 않으면 위탁자의 채권자에 의한 신탁재산에 대한 강제집행은 거의 봉쇄되어 버린다.

한편 일본 신신탁법 규정에 따른, '… 채권으로 신탁 전에 발생한 것'의 의미도 문제이다.[40] 표현만 보면 일본 구 신탁법 제16조 제1항과 다를 바가 없는데, 만일 그 해석 역시 동일하게 이루어진다면[41] 위와 같은 특례를 둔 의미는 거의 사라져 버린다. 신탁선언의 경우에 혹시라도 발생할지 모르는 해석상의 혼란을 막는 정도의 의미밖에 없다.

이 점과 관련하여 만일 법무부안을 따른다면, 특별한 해석론을 전개할 필요도 없고, 아울러 위탁자로부터의 격리효과도 매우 강력하게 나타날 것이다. 이 점은 곧바로 신탁선언의 이용도와도 관련될 수 있는 문제이다. 하여간 대법원안에 따를 경우, 강제집행할 수 있는 위탁자의 채권자의 범위가 크게 늘어나므로, 집행면탈의 우려는 상당히

---

39) 이러한 점들에 대한 상세한 검토로 임채웅, "신탁재산에 대한 민사집행의 연구," 법조 통권 제635호(2009. 8), 법조협회, 91면 이하 참고.
40) 관련 일본 문헌을 검토해 보더라도, 이 점에 관한 상세한 논의를 발견하기는 어렵다. 일본의 논의에 대한 자세한 검토는 추후의 연구과제로 미룬다.
41) 필자는 이 점에 관하여는 일본의 구 신탁법과 신신탁법 사이에 차이가 없다고 본다. 이 점에 관한 간략한 검토로 임채웅, 앞의 논문(주 39), 99면 이하 참고.

불식될 수 있다. 필자는 신탁선언의 경우 여타의 신탁보다 집행면탈에 대한 우려가 더 크다는 점을 고려해 볼 때,[42] 이와 같이 강력한 특례를 두는 것이 타당하다고 본다. 이러한 특례를 두면 신탁선언의 이용도가 낮을 우려 역시 있으나, 반면 집행면탈의 우려가 없는 당사자만 이용하게 되는 긍정적인 효과 역시 있을 것으로 보며, 그렇게 되는 것이 더 타당하리라 생각된다.

대법원안의 "위탁자가 채권자를 해함을 알고"라는 요건은, 사해행위취소에 관한 실무태도에 비추어 볼 때 "위탁자가 채권자를 해함을 알았다고" 인정함에는 별다른 문제가 없을 것이다. "수익자가 … 채권자를 해함을 알지 못한 경우에는 그러하지 아니하다"라는 점이 실무에서는 주로 문제 될 것이다. 이 점에 관해서는 수익자에게 입증책임이 있다고 보아야 한다.[43] 실제로는 수익자의 선의요건에 대한 통제를 통

---

[42] 신탁선언의 경우가 다른 유형의 경우보다 집행면탈의 우려가 본질적으로 특별히 더 크다고 할 수는 없다. 그러나 자기신탁의 경우는 다른 경우와 달리 위탁자가 수탁자가 되어 여전히 해당 재산을 관리 · 처분할 수 있다는 점에서, 집행면탈이 문제 되는 경우 법감정적으로 더 수용하기 어렵다고 생각된다.

[43] 사해행위취소의 소에서 수익자의 선의를 수익자가 주장 · 입증하여야 한다는 점은 채권자에게 매우 강력한 지위를 부여하며, 실질적으로 사해행위취소의 소에서의 가장 핵심적인 심리사항이다. 그런데 그로 인한 여러 가지 불합리한 점 때문에, 수익자에게 스스로의 선의를 주장 · 입증할 책임을 부여할 것이 아니라, 채권자에게 수익자의 악의를 주장 · 입증할 책임을 부여하여야 할 것이라는 생각을 가진 실무가들이 적지 않다. 필자도 잠정적으로는 이러한 견해에 동의하고 있는데, 그러나 자기신탁에서 위탁자의 채권자로부터의 공격에서 벗어나려는 수익자는 그 선의를 스스로 주장 · 입증하여야 한다고 본다. 이 점은 아래에서 살펴보는 사해행위취소의 경우에도 마찬가지이다.

한편 자기신탁은 대개 강학상의 민사신탁, 그중에서도 위탁자 겸 수탁자와 수익자 사이가 가족관계일 경우에 많이 이용될 수 있을 것으로 전망되는데, 이러한 경우에 수익자가 선의였음을 과연 어느 정도나 인정할 수 있을 것인지, 실무상 문제가 제기될 여지가 크다. 어차피 어떤 사람의 선의/악의는 당사자가 실토하기 전에는 간접증거에 의하여 추단할 수밖에 없는 것인데, 민사재판 실무의 감각상으로는 위와 같은 경우에는 수익자의 선의가 쉽게 인정되지 않을 가능성이 높다. 이러한 점

하여 신탁선언제도 활용의 적정성이 지켜질 수 있을 것으로 기대된다.

2) 사해신탁취소의 문제

앞에서 살펴본 대로 신탁선언은 단독행위이고, 따라서 사해행위 또는 사해신탁으로서의 취소 대상이 될 수 있다. 그런데 위와 같은 특례를 둘 경우, 사해신탁취소에도 영향을 주게 된다.

위탁자의 채권자가 신탁재산에 대해 직접 집행할 수 있는 경우에는 사해신탁취소를 인정할 필요가 없다. 그러나 일본 신신탁법과 위 대법원안의 경우, 설정 후 2년이 지난 뒤에는 특례에 따른 집행이 불가능하므로 취소가 허락되어야 한다. 2년 이내라 하더라도, 일본 신신탁법의 경우와 같이 '신탁 전 원인으로 인한 채권'에 속하지 아니하는 경우와 같이 위탁자의 채권자가 신탁재산에 대해 직접 집행할 수 없는 경우에는 사해신탁취소가 인정되어야 한다.[44]

한편 민법에 따른 사해행위취소에 있어서의 수익자가 선의인 경우에는 취소가 허용되지 아니하나, 현행 신탁법에서는 사해신탁의 경우 민법에 따른 사해행위취소에 있어서의 수익자에 해당하는 수탁자가 선의인 경우에도 취소가 허용됨이 원칙이나, 법무부안에서는 선의인 경우에도 취소할 수 있다는 점을 삭제하고 있다.[45] 신탁선언의 경우

에서 궁극적으로는 자기신탁의 이용률이 낮아질 여지도 있고, 반면에 집행면탈을 위한 남용의 여지는 적게 되지 않을까 짐작해 본다.

44) 수익자의 선의로 인하여 집행이 불가능한 경우에도 사해신탁취소가 허용되어야 한다. 여기서의 수익자는 사해행위취소의 소구조하에서의 피고인 수익자가 아니다. 그러한 구조하에서의 수익자는 수탁자이다.

45) 즉 법무부안 제8조(사해신탁) 제1항은 "채무자가 채권자를 해함을 알고 신탁을 설정한 경우에는 채권자는 수탁자나 수익자를 피고로 하여 민법 제406조 제1항의 취소 및 원상회복을 청구할 수 있다. 그러나 수탁자가 유상으로 신탁을 인수하거나 수익자가 유상으로 수익권을 취득할 때에 채권자를 해함을 알지 못한 경우에는 그러하지 아니하다"라고 하고 있다.

수탁자의 선의는 문제 되기 어려우며, 법무부안에 따르더라도, 신탁선언의 경우에는 취소의 대상이 될 수 있음에는 변함이 없다.

(3) 기타

1) 철회권 유보의 문제

법무부안은 제3조 제2항에서 신탁선언의 경우 위탁자가 신탁해지권을 유보할 수 없도록 규정하고 있으나, 대법원안은 그러하지 아니하다. 일본의 신탁법 개정 시안 제2조의2 제4항에서도 신탁을 취소할 권리를 유보할 수 없도록 하고 있었으나,[46] 일본 신신탁법에서는 그와 같이 규정하지 아니하였다.

신탁선언의 경우 위탁자가 철회권을 유보하지 못하도록 하는 것은, 집행면탈을 목적으로 신탁선언을 해두었다가 집행의 우려가 없어지면 신탁선언을 철회하는 행태를 막고자 하는 것이라 이해할 수 있다.

그러나 집행면탈의 문제는, 가령 그 문제가 발생한다고 하더라도 신탁의 설정으로 발생하는 것이며, 철회권과 직접 상관이 있는 것은 아니다. 집행면탈의 방지는 집행에 관한 특례를 두는 것이 최선의 해결책일 것이다. 따라서 필자는 이러한 철회권 유보금지조항을 두는 것에는 찬성하지 않는다.

2) 신탁종료청구제도

법무부안은 제3조 제3항에서, 위탁자가 부정한 목적으로 신탁선언을 할 경우, 이해관계인이 신탁의 종료를 청구할 수 있도록 하고 있으

---

46) 海原文雄, 英米信託法槪論, 有信堂, 1988, 88면.

나, 대법원안은 그러한 규정을 두고 있지 아니하다.

위 법무부안의 유래는 일본 신신탁법 제166조에서 찾을 수 있는데, 필자의 견해로는 위 법무부안과 같이 신탁선언에 국한할 것이 아니라, 일본 신신탁법과 같이 불법한 목적으로 신탁이 설정된 때를 포함하여 널리 공익의 확보를 위한 종료신청제도를 두는 것이 바람직하다.

VI. 맺는말

이상 신탁선언의 국내 도입을 위한 준비의 일환으로 외국의 예를 소개하고, 도입 시의 법리구성을 비롯한 문제점 등에 대해 살펴보았다. 문헌에 의하여 뒷받침하기는 어려우나, 현재까지 일본에서도 자기신탁이 많이 이용되고 있지는 않는 듯하다. 이러한 점은 우리나라도 당장에는 비슷하리라 생각되지만, 그래도 도입하는 데 대해 필자는 적극적으로 찬성한다. 새로운 제도가 반드시 당장의 수요가 있는 경우에만 도입되어야 하는 것은 아니라는 점, 신탁의 장점이자 필요는 바로 그 유연성에서 나오는데, 새로운 신탁설정방법을 제공하는 것이 유연성의 제고에 큰 도움이 된다는 점에서 그러하다. 신탁선언의 도입을 경계하는 가장 큰 이유는 결국 이를 이용하여 집행면탈을 꾀하는 것 아닌가라는 우려이겠으나, 위탁자의 채권자들이 곧바로 신탁재산에 대해 집행을 할 수 있게 함으로써 그 우려를 어느 정도 불식시킬 수 있으리라는 점과 위탁자가 어떻게든 집행을 면탈하고자 한다면, 선의의 제3자에게 매각해 버릴 수도 있을 것이며, 현실적으로 이를 막기는 어렵다는 점을 고려한다면, 일정한 조치를 둠을 전제로 하여 신탁선언제도를 도입함이 옳다고 생각된다.

보론

1. 현행 신탁법 관련 부분

현행 신탁법은 신탁선언, 또는 자기선언에 대하여 아래와 같은 규정을 두고 있다.

> 신탁법 제3조(신탁의 설정)
> ① 신탁은 다음 각 호의 어느 하나에 해당하는 방법으로 설정할 수 있다. 다만, 수익자가 없는 특정의 목적을 위한 신탁(이하 '목적신탁'이라 한다)은 제106조의 공익신탁을 제외하고는 제3호의 방법으로 설정할 수 없다.
> 1. 2. (생략)
> 3. 신탁의 목적, 신탁재산, 수익자(제106조의 공익신탁의 경우에는 제67조 제1항의 신탁관리인을 말한다) 등을 특정하고 자신을 수탁자로 정한 위탁자의 선언
> ② 제1항 제3호에 따른 신탁의 설정은 제106조의 공익신탁을 제외하고는 공정증서(公正證書)를 작성하는 방법으로 하여야 하며, 신탁을 해지할 수 있는 권한을 유보(留保)할 수 없다.
> ③ 위탁자가 집행의 면탈이나 그 밖의 부정한 목적으로 제1항 제3호에 따라 신탁을 설정한 경우 이해관계인은 법원에 신탁의 종료를 청구할 수 있다.

위와 같은 입법으로 인하여, 신탁선언에 의한 신탁설정을 둘러싼 여러 쟁점들에 대해서는 이미 어느 정도 정리된 셈이다. 이하에서는 원문에서 제기하였던 여러 쟁점 중 위와 같은 입법으로 인하여 어떻게 정리되었는가 하는 점들에 대해 간략히 다루고자 한다.

2. 등기의 문제

우리나라 신탁 실무상 주요 신탁재산은 여전히 부동산이다. 부동산의 경우 등기 문제가 따른다. 신탁선언의 경우 위탁자가 수탁자를 겸하기 때문에 누가 등기권리자가 되고 누가 등기의무자가 되는가 하는 문제가 있으나, 부동산등기법에 아래와 같은 규정을 둠으로써 수탁자가 단독으로 등기를 신청할 수 있게 되었다.

> 부동산등기법 제84조의2(신탁재산에 관한 등기신청의 특례)
> 다음 각 호의 어느 하나에 해당하는 경우 수탁자는 단독으로 해당 신탁재산에 속하는 부동산에 관한 권리변경등기를 신청할 수 있다.
> 1. 신탁법 제3조 제1항 제3호에 따라 신탁을 설정하는 경우

3. 공동수익자의 문제

신탁법 제36조는 다음과 같이 규정하고 있다.

> 신탁법 제36조(수탁자의 이익향수금지)
> 수탁자는 누구의 명의로도 신탁의 이익을 누리지 못한다. 다만 수탁자가 공동수익자의 1인인 경우에는 그러하지 아니하다.

원래 수탁자는 수익자를 위하여 신탁재산을 관리하거나 운용하여야 하는 자인데, 그 스스로가 수익자가 되는 것은 적당하지 않다. 그러나 신탁법은 수탁자가 공동수익자가 되는 것은 허용하고 있다. 위탁자가 수탁자를 겸하는 신탁선언의 경우에도, 같은 사람이 동시에 수

익자가 되는 것은 법이 허용하지 않는다.

문제는 공동수익자의 경우이다. 법규정상으로는 자기신탁의 경우에 위 제36조가 적용되지 않는다고 볼 근거는 없다. 본인은 신탁의 본질상 한 당사자가 위탁자, 수탁자 및 수익자의 지위를 겸할 수 없는 것은 신탁법상 상당히 강하게 지켜져야 할 원칙이라 생각하며, 따라서 이 글의 원문에는 위탁자 겸 수탁자는 공동수익자도 될 수 없다는 견해를 피력한 바 있다.

이에 대해 국내에서, 본인이 아는 범위 내에서는 문헌상으로는 제대로 다루어지지 아니하였으나, 실무계에서는 본인의 견해에 반대하는 분들이 많았다. 특히 금융과 관련된 분야에서는 신탁을 이용한 금융상품을 설계함에 있어 금융회사가 위탁자가 되는 경우, 일단 수익권을 그 위탁자가 모두 인수한 다음, 이를 타에 처분할 수 있기를 바라는 경우가 많았다. 영업으로 신탁을 하는 경우에는 수익권을 궁극적으로 누리려는 업자는 보기 어렵고, 어떻게든 수익권을 매각하여야 하는데, 기술적으로 일시적으로라도 보유하고자 하는 욕구가 큰 것이다.

위탁자 겸 수익자는 공동수익자도 될 수 없다고 본 위 견해는, 신탁법이 개정되기 전 단계에서의 논의였을 뿐 아니라, 신탁 실무계의 상황을 제대로 파악하기 전의 것이었다. 신탁법 개정에 의하여 그와 같은 경우를 명확히 금지한 것도 아니므로, 현행 신탁법을 바탕으로 할 때, 무조건 안 된다고 하기는 어렵게 되었다. 이에 위 견해를 바꾸어 공동수익자가 될 수 있다는 입장을 취하기로 한다.[47]

신탁선언이 아직 실무적으로 널리 활용되고 있는 상황은 아니므로,

---

47) 일본의 주요 문헌도 이러한 견해를 취하고 있다. 福田正之 外, 詳解新信託法, 淸文社, 2007, 105면 이하.

실제 경험에 뒷받침되는 견해라 하기는 어려우나, 여러 관련자들과 토의해 보면, 공동수탁자도 그렇고 공동수익자의 경우에도, 가령 공식적으로는 50 대 50으로 권한이나 수익을 분배한다고 하더라도, 실제로는 어느 한쪽이 이니셔티브를 쥐고 실무가 진행될 것이라는 인상을 받았다. 요는 신탁선언의 경우에도 위탁자 겸 수탁자가 공동수익자가 되는 것은 원칙적으로 허용하되, 가령 그것이 유일한 수익자가 되어서는 아니 된다는 규정을 회피하기 위하여 형식적으로 그렇게 하는 경우에는 그 신탁의 유효성이 도전받는 경우가 생길 수도 있을 것이라는 점을 지적하여 두고 싶다.

4. 파산 등과 관련된 문제

신탁과 파산에 관한 논의가 있었고, 신탁선언에 의한 신탁의 경우에도 여러 문제가 있을 수 있는데, 신탁법 개정에 이은 채무자 회생 및 파산에 관한 법률의 개정에서도 이 글의 원문에서 다룬 점이 명확하게 입법되지는 못하였다. 제9장에서 '유한책임신탁재산의 파산에 관한 특칙'을 두었을 뿐이다.

따라서 신탁선언의 경우에 대해서는 여전히 해석론에 의할 수밖에 없다. 유한책임신탁 이외의 신탁에 대해서는 신탁만의 파산은 인정하지 아니하였으므로, 신탁만의 파산은 고려될 수 없고, 수탁자의 고유재산으로도 채무를 변제하지 못하는 경우가 발생하면 그 수탁자의 파산이나 회생만이 문제가 된다.

신탁법 제11조, 제12조에 의하여 파산자는 수탁자가 될 수 없으며, 수탁자가 된 이후에 파산이 선고되면 임무가 종료된다. 따라서 신수탁자 선임이 문제가 될 것이다.

회생의 경우에 대해서는 따로 정함이 없다. 따라서 신탁행위에서 따로 정함이 없다면 회생절차의 개시만으로 수탁자가 당연히 그 권한을 잃는다고 하기는 어렵다.[48]

---

48) 신탁선언에 의한 신탁 고유의 문제는 아니나, 회생절차와 관련하여 생각해 볼 점이 있다. 신탁법 제24조는 "신탁재산은 수탁자의 파산재단, 회생절차의 관리인이 관리 및 처분권한을 갖고 있는 채무자의 재산이나 개인회생재단을 구성하지 아니한다"라고 하여, 신탁재산은 회생재단에 속하지 않는다는 점을 명확히 하고 있다. 따라서 채무자 아닌 자가 관리인으로 선임된 경우, 수탁자였던 채무자가 수탁자로서의 권한을 여전히 행사할 수 있는 것이 아닌가 하는 생각을 해볼 수 있다. 관리인의 권한이 회생재단에 속하는 것에 한정된다면 이렇게 보지 않을 수 없다. 그러나 유한책임신탁이 아닌 이상, 신탁재산의 관리에 의하여 채무자의 책임은 계속하여 늘어날 수 있다. 요컨대 채무자의 재산에 계속하여 영향을 미치게 되는 것이다. 따라서 신탁재산은 회생재단에 속하지 않는다고 하더라도, 수탁자로서의 업무를 채무자에게 맡겨 두는 것은 옳지 않다는 생각을 해보게 된다. 이러한 문제점을 피하기 위해서는 신탁설정 시 회생절차의 개시도 수탁자 임무종료사유의 하나로 명확히 규정해 두는 것이 좋을 것이다.

04

신탁의 성립과 신탁설정의사[*]
- 사채원리금 지급대행계약에 대한 판례를 중심으로 -

정순섭**

I. 머리말

신탁은 신탁재산의 관리 · 운용에 관한 다양한 상품조성구조와 각
종 금융상품을 설계하기 위한 '틀'의 제공을 가능하게 한다. 이러한 신
탁의 상거래 활성화기능은 신탁이 가진 도산격리(insolvency protection),
도관과세(conduit taxation), 신인법(fiduciary regime), 구조의 유연성(Flexi-
bility in design)의 4가지 요소를 기초로 한다.¹⁾ 국내에서도 새로운 금융
테크닉, 특히 자산유동화를 비롯한 구조금융(structured finance)의 발전

---

* 이 논문은 증권법연구 제5권 제1호(2004. 6)에 게재된 글을 수정 · 보완한 것이다.
** 서울대학교 법과대학 · 법학전문대학원 교수
1) 이에 대해서는 John Langbein, The Secret Life of the Trust : The Trust as an Instrument
   of Commerce, 107 Yale Law Journal 176 (1997) 참조. Henry Hansmann / Ugo Mattei,
   The Functions of Trust : A Comparative Legal and Economic Analysis, 73 New York
   University Law Review 434 (1998)도 매우 유용하다.

에 따라 신탁법리의 다양한 활용 가능성에 대한 논의가 이루어지고
있다.[2]

　최근 국제적으로 신탁법의 현대화와 국제화를 위한 노력이 다양하
게 전개되고 있다. 이러한 현상은 신탁의 모국이라고 할 수 있는 영국
과 미국 등 영미법계 국가는 물론, 전통적으로 신탁제도에 친하지 않
은 대륙법계 국가에서도 발견되고 있다. 그러한 노력의 예로는 영국
의 2000년 수탁자법(Trustee Act) 제정과 미국의 2000년 통일신탁법전
(Uniform Trust Code) 제정을 들 수 있다.[3] 일본은 2006년 신탁법 개정을
완료하였다.[4] 한편으로 국제화를 위한 노력으로는 헤이그국제사법회
의에서 신탁을 인정하지 않는 국가에서의 다른 국가에서 설정된 신탁
의 승인을 촉진하기 위하여 작성한 "신탁의 준거법과 승인에 관한 협
약 1985(Convention on the Law Applicable to Trusts and on Their Recognition
1985)"를 들 수 있다.[5] 유럽 차원의 신탁법리 통일을 위한 유럽신탁법
원리(Principles of European Trust Law)의 발표도 그러한 사례로 들 수 있
다.[6] 이러한 현상은 경제활동 특히 금융거래의 국제화와 함께 신탁이

---

2) 예컨대 강희철／장우진／윤희웅, "자산유동화법에 의한 자산유동화의 한계와 이를
　극복하기 위한 수단으로서의 비정형유동화에 관한 고찰," 증권법연구 제4권 제1호
　(2003), 218-220면 참조. 또한 天野佳洋, "信託制度利用の活性化(上)," 國際商事法務
　제31권 제9호(2003), 1073면 ; 天野佳洋, "信託制度利用の活性化(下)," 國際商事法務
　제31권 제9호(2003), 1256면 참조.
3) 미국의 통일신탁법전에 대해서는 우선, David M. English, The Uniform Trust Code
　(2000) : Significant Provisions and Policy Issues, 67 Missouri Law Review 143 (2002)
　참조. 일본 문헌으로는 大塚征民／樋口範雄 編, 現代アメリカ信託法, 有信堂, 2002
　참조.
4) 최근 일본의 신탁업법의 개정에 대해서는 金融審議會金融分科第二部會, 信託業の
　あり方に關する中間報告書(2003. 7. 28) 참조.
5) 이에 대해서는 우선 공식해설서인 Alfred von Overbeck, Explanatory Report (1985)
　참조.
6) David J. Hayton／S. C. J. J. Kortmann／H. L. E. Verhagen (eds.), Principles of European

가지는 상거래 활성화기능에 다시 주목하게 된 결과라고 평가된다.

우리나라에서는 신탁법이 제정된 1961년 이후 당사자들이 명시적으로 신탁계약을 체결한 경우를 제외하고 신탁의 성립을 인정한 사례가 없었다. 그러나 최근 대법원은 기업이 발행한 사채의 원리금 지급대행을 위하여 사채발행회사와 은행이 체결한 사채원리금 지급대행계약을 신탁계약으로 판시하였다.[7] 동 판결의 당부에 대해서는 논자에 따라 다양한 논의가 있을 수 있을 것으로 생각되지만, 그동안 우리나라에서 신탁법 자체가 거의 논의의 대상이 되어 오지 않은 점에 비추어 신탁법리에 대한 일반적 논의의 단초를 여는 중요한 판결이라고 할 수 있을 것이다. 앞서 본 신탁법리의 현대화를 위한 국제적인 노력을 고려할 때 위 대법원의 신탁판결은 여러 가지 측면에서 새로운 발전을 위한 계기가 될 수 있을 것으로 생각된다.

본고는 다양한 현실 금융거래상의 수요에 즉응하기 위해 신탁법리의 확대 적용이 필요하다는 관점을 기본 입장으로 하지만, 이를 위해서는 먼저 신탁법리의 사법체계상 지위에 대한 보다 근본적인 검토가 선행되어야 한다는 점도 또한 충분히 인식하고 있다. 본고는 그러한 심층적인 논의를 위한 시론에 해당한다.

본고는 모두 6장으로 구성된다. 머리말에 이어 II. 사채원리금 지급대행계약의 법적 성질에서는 사채원리금 지급대행계약에 대하여 신탁의 성립을 인정한 대법원 판결을 소개한다. III. 신탁의 성립요건에서는 신탁의 성립요건에 관한 국내외의 논의 상황을 특히 신탁설정의사를 중심으로 검토한다. IV. 수익자의 확정과 신탁관리제도에서는 수

Trust Law, Kluwer Law International (1999). 일본 문헌으로는 新井誠 編, 歐洲信託法の基本原理, 有斐閣, 2003 참조.

7) 대법원 2002. 7. 26. 선고 2000다17070 판결〔법원공보 2002. 9. 15(162), 2025〕.

익자가 불특정인 경우 신탁관리인의 선임을 요구하는 신탁법 제18조의 의미를 신탁재산관리인 등 다른 유사제도와 비교·검토한다. V. 신탁업법의 적용 문제에서는 신탁의 인수를 업으로 하는 경우 인가를 요하는 신탁업법상 인가요건의 적용 범위를 검토한다. 이는 신탁법리의 장기적인 확대적용 가능성에 대하여 매우 중대한 장애물로 작용할수 있다. VI. 맺음말에서는 신탁법리의 적용 확대가 필요하다는 기본인식 아래 신탁의 성립요건으로서의 신탁설정의사에 관한 객관적 해석의 필요성을 강조하고, 향후 신탁법리의 확대 적용을 위한 논의의 방향을 제시하기로 한다.

II. 사채원리금 지급대행계약의 법적 성질

1. 의의

사채원리금 지급대행계약은 사채를 발행함에 있어서 원리금 지급의 안전성 확보와 절차의 간소화를 위해 특정 금융기관을 사채원리금 지급대행기관으로 지정하여 사채원리금 지급일 전의 사전에 약정된 일자에 사채발행회사가 지급대행기관에 원리금 지급용 자금을 입금하게 하고, 동 은행은 이를 사전에 약정된 방식에 따라 특정된 사채권자에게 지급하는 것을 내용으로 사채발행회사와 지급대행기관 간에 체결되는 계약을 말한다. 사채발행회사는 보통 사채원리금 지급일자의 전일까지 확정된 사채원리금에 해당되는 금액을 입금하고, 지급대행기관은 이를 보관하다가 사채원리금 지급일자에 지급하는 절차를 그 대상으로 한다. 후술하는 대법원 판결에서 보다시피 사채원리금 지급의 확실성은 안정적인 사채의 발행 및 유통시스템의 구축을 위한 중요한 제도적 기반의 하나를 형성하기 때문에 유가증권신고 등 사채 발행절차에서 지급대행계약과 관련된 사실을 충분히 공지하도록 제도화하고 있다.[8)]

그러나 실무상으로는 사채발행회사가 사채원리금용 자금의 입금이 이루어지는 날과 사채원리금의 현실 지급이 이루어지는 날 사이의 간격이 특별한 리스크가 실현될 가능성이 있을 만큼 길지 않았기 때문에 그 법적 성질에 관한 논의는 많은 관심의 대상이 되지 않았던 것이 현실이다. 그러나 '사채원리금용 자금의 입금이 이루어지는 날과 사채 원리금의 현실 지급이 이루어지는 날' 사이에 사채발행회사나 지급대행금융기관의 신용위험이 현실화되는 경우에는 문제가 다르다. 이 경우 지급대행기관(은행)이 해당 사채발행회사에 대하여 대출채권을 가지고 있는 경우에는 자행계좌에 입금되어 있는 것을 기화로 상계처리를 할 가능성이 매우 높을 것이다. 결국 해당 사채원리금 지급용 자금(예금)의 귀속과 관련하여 사채발행회사, 지급대행기관 그리고 사채권자 사이에 분쟁이 발생하게 될 것이다. 후술하는 대법원 판결은 이러한 상황에서 사채발행회사가 파산한 경우를 그 대상으로 한다.

이러한 문제는 '은행이 제3자의 이익을 위해 자행계좌에 입금된 일정한 금전을 일반예금과 분리하여 관리하는 경우'에 일반적으로 발생할 가능성이 존재한다. 일본에서는 지방공공단체의 공사도급과 관련하여 건설회사가 개설한 공사전도금 예금계좌의 귀속,[9)] 수수한 보험

---

8) 사채를 발행하기 위한 유가증권신고서의 경우 원리금 지급대행계약을 체결한 때에는 그 계약서 사본을 첨부하여야 한다. 증권거래법 제8조, 동 시행령 제18조, 유가증권의 발행 및 공시 등에 관한 규정 제20조 제1항(iii)~(v).

9) 最高裁 2002. 1. 17. 第一小法庭 判決, 民集 제56권 제1호, 20면(신탁의 성립을 인정).

료의 입금을 위하여 손해보험대리점이 개설한 예금계좌의 귀속,[10] 사건의뢰인으로부터 수취한 금전의 입금을 위하여 변호사가 개설한 예금계좌의 귀속,[11] 맨션관리회사의 관리비예금계좌의 귀속 등을 둘러싸고 유사한 논의가 진행되고 있다.[12]

2. 법적 성질

(1) 개관

이 문제를 해결하는 방법에는 우선 제3자를 위한 계약으로 처리하는 방안, 예금자의 인정 문제로 처리하는 방안 그리고 신탁계약으로 처리하는 방안의 세 가지 접근방법이 있을 수 있을 것으로 생각된다. 후술하는 대법원 판결의 원심은 이를 제3자를 위한 계약으로 보는 입장을 취하고 있다. 한편 예금자 인정의 문제로 보는 입장은 사채원리금 지급대행계약의 법적 성질을 문제 삼지 않고, 보다 직접적으로 은행에 개설된 별단예금계좌의 예금자를 누구로 할 것인지라는 접근방법을 취하는 방안이다. 예컨대 사채발행회사가 아닌 불특정 사채권자를 예금자로 인정하는 방식인데, 본건 판결의 사안에 대해서는 적절한 논의로 생각되지 않는다. 이하에서는 제3자를 위한 계약으로 보는

---

10) 最高裁 2003. 2. 21. 第二小法廷 判決, 民集 제57권 제2호, 95면.

11) 最高裁 2003. 6. 12. 第一小法廷 判決, 民集 제57권 제6호, 563면(보충의견에서 신탁의 성립 가능성을 인정).

12) 이러한 논의를 개괄적으로 정리한 것으로서 우선 天野佳洋／正田賢司／田爪浩信／道垣內弘人,"〈座談會〉預金のを歸屬めぐる最新判例と實務對應,"金融法務事情 제1686호(2003), 8면 ; 渡邊博己,"專用普通預金口座の預金者と預金者破綻時の預金の歸屬,"金融法務事情 제1690호(2002), 67면 참조.

방안과 신탁으로 보는 방안을 간략히 살펴본 후 대법원 판결에서 문제 된 사안을 검토하기로 한다.

(2) 제3자를 위한 계약

이 견해는 은행이 제3자를 위하여 일정한 자가 입금한 금전을 보관하는 경우를 은행을 낙약자, 입금자를 요약 그리고 제3자를 수익자로 하는 제3자를 위한 계약으로 보는 입장이다. 이 경우 예금의 귀속은 수익자인 제3자의 의사표시 유무에 따라 결정된다.

(3) 신탁

이 견해는 은행이 제3자를 위하여 일정한 자가 입금한 금전을 보관하는 경우를 은행을 수탁자, 입금자를 신탁설정자 혹은 위탁자 그리고 제3자를 수익자로 하는 신탁계약으로 보는 입장이다. 이 경우 예금의 귀속은 신탁의 재산법적 효과에 따라 당연히 수익자에게 속한다. 이 때에는 제3자를 위한 계약의 경우와는 달리 수익자의 수익의 의사표시를 요하지 않는다.

3. 대법원 판결

(1) 사안

본 판결에서 문제 된 사안을 정리하면 다음과 같다.

① Y약품주식회사(이하 'Y사')는 1994년 12월 5일 권면 총액은 금 50억 원, 이율은 11퍼센트, 원금은 사채발행일로부터 3년 만기 일시상환, 이자는 발행일로부터 상환일 전일까지 3개월마다 후급, 사채원리금 지급장소는 K은행 충무로지점, 지급보증기관은 S보증보험으로 된 제59회 무기명식 이권부 보증사채를 발행하였다.

② Y사는 K은행과의 사이에 사채원리금 지급대행계약을 맺어 원리금 지급업무의 대행사무를 동 은행의 충무로지점에서 취급하기로 하고, 위 대행사무 수행에 있어서 계약서의 조항 이외에 관계법과 K은행의 규정 및 소외 회사의 내규에 따라 처리하기로 하며, Y사는 각종 사채의 발행에 관한 명세표 및 사채의 견양, 기타 K은행의 대행사무 수행에 필요한 서류를 K은행에 인도하고, 사채원리금의 지급 대상자는 채권 및 이권의 소지자로 하며, Y사는 지급할 원리금 상당액을 지급 개시일 1일 전에 피고의 충무로지점에 인도하되 무이자로 하고, 만약 Y사가 원리금 지급기일의 업무개시 시간까지 지급할 자금을 K은행에 인도하지 아니할 때에는 그 지급불능 사실을 지급보증기관에 통보하며, Y사가 발행하는 사채가 종전 사채의 원리금 변제자금을 마련하기 위한 '차환발행'인 경우에는 그 사실을 지체 없이 K은행에 통지하기로 하는 한편, 원금상환이 개시된 날로부터 3개월이 경과한 날 또는 Y사의 약정 위반으로 인하여 K은행의 업무수행이 어렵게 된 경우 등에 한하여 계약을 종결할 수 있다고 약정하였다.

③ 한편 S보증보험은 Y사 발행의 사채원리금의 지급을 보증하였는데, 그 약정에서도 사채원리금 지급장소는 K은행의 충무로지점임을 확인하였고, Y사가 주간사회사인 D증권 주식회사와 맺은 Y사 제59회 보증사채 총액인수 및 매출계약서도 위와 같은 약정을 전제로 하고 있다.

④ 이를 토대로 하여 Y사는 증권거래법 제8조에 따라 증권관리위

원회(현 금융감독위원회)에 유가증권신고서를 제출하였는바, 여기에서
도 위의 제반 사항과 특히 원리금 지급대행기관이 K은행의 충무로지
점임을 명기하였고, 신문공고 및 발행된 사채권의 이면에도 원리금
지급장소가 K은행의 충무로지점임을 명시하였다.

⑤ 그런데 Y사는 제59회 보증사채의 만기가 도래하였으나 원금을
상환할 자금이 부족하자 1997. 11. 19. 개최된 이사회에서 이를 차환하
기 위하여 제97회 무기명식 이권부 보증사채 권면 총액 금 37억 원을
발행하기로 결의하고, 그 납입장소 및 사채원리금 지급장소를 K은행의
충무로지점으로 하였으며, 이에 따라 K은행과의 사이에 위와 동일한
내용의 사채원리금 지급대행계약을 체결하였다. 한편 S보증보험과의
사이에 위와 동일한 내용의 사채보증보험약정을 체결하였다. 제97회
보증사채를 총액인수한 증권회사로부터 납입된 금 33억 5,627만 원이
1997. 12. 4. K은행 충무로지점의 별단예금구좌에[13] 납입 완료되었고,
이에 따라 위 지점은 Y사의 요청에 따라 사채납입확인서를 작성하여
Y사에게 교부하여 주었다.

⑥ 제59회 보증사채의 원리금 상환기일인 1997. 12. 5. 사채권자들을
대리한 증권예탁원은 K은행에게 이 사건 사채원리금의 지급을 청구

---

13) '사채원리금 지급기금'의 별단예금계좌. 별단예금은 은행업무상 환, 대출, 보관 등
은행의 업무상 발생하는 미결제자금, 미경리예수금 또는 타 예금규정으로 처리하
기 곤란한 예금 등 각종 원인으로 인한 일시적 보관금을 처리하기 위한 편의적 계
정으로서 원래 예금거래를 위한 계정이 아니라 은행의 회계 목적 달성에 필요한
계정이고, 후일 다른 계정으로 대체되거나 고객에게 환급될 과도적인 예금인 만큼
일정한 거래기한이나 거래약관이 없음은 물론 예금증서나 통장 등도 발행하지 않
고 다만 필요한 경우에는 예치증, 영수증 등 확인서 정도만 발행할 뿐이며, 이와
같이 사무처리 중의 일시예치금이라는 성격상 별단예금에 대하여는 이자를 지급
하지 않는 것이 원칙이다. 서울지판 1998. 12. 10. 98가단15659, 7면. 구좌와 계좌라
는 용어에 대해서는 본고에서는 구좌 대신에 계좌라는 용어를 사용하지만, 판결
원문에 기재된 것은 그대로 두었다.

하였으나 거절당한 데다가 같은 날 Y사의 부도가 발생하자, S보증보험으로부터 이 사건 제59회 보증사채에 따른 보험금 51억 3,750만 원을 수령하였다.

⑦ Y사는 1997. 12. 4. 17 : 55경 별단예금에 입금된 위 금 33억 5,627만 원을 1일 금 130만 원의 이자가 발생되는 당좌계좌로 이체하였고, 1997. 12. 5. 오전 중에 Y사의 부도에 대비하여 위 금원에 대한 다른 채권자로부터의 압류를 피하여 이를 S보증보험에 지급하고 그 금원으로 S보증보험이 사채원리금을 대지급할 수 있도록 위 당좌계정에서 한미은행으로 금 31억 원, 상업은행으로 금 9천만 원을 각 이체하였다. 그러나 S보증보험이 위 금원은 사채원리금 지급자금이므로 지체 없이 원상복구시킬 것을 요구하자 Y사가 이를 수락하였고, K은행 측에서도 S보증보험이 원상복구를 강력히 요구하자 Y사에 대하여 K은행에게 재입금시킬 것을 요구한 결과, Y사는 같은 날 16 : 00경 한미은행에 이체되었던 금 31억 원을 K은행에 재입금하였다.

⑧ 1997. 12. 5. 17 : 55경 Y사의 부도가 발생하자 K은행은 1997. 12. 8. 위 금 31억 원을 포함한 Y사의 K은행에 대한 예금 원리금 합계 금액 52억 6,913만 1,130원의 채권과 피고의 Y사에 대한 대출원리금액 99억 6,193만 9,964원의 채권을 대등액에서 상계처리하였다.

⑨ 이에 S보증보험(원고)이 K은행(피고)을 상대로 K은행이 사채원리금 지급자금으로 별단예금에 입금된 금원을 Y사의 요구에 의하여 Y사의 당좌예금으로 이체할 수 없고, 이를 당좌예금으로 이체한 경우이로써 사채권자에게 대항할 수 없을 뿐만 아니라 사채권자들이 이로 인하여 입게 된 손해를 배상할 책임을 부담한다고 주장하여 소를 제기하였다.

(2) 판결

1) 개관

이러한 주장의 당부를 판단함에 있어 관건이 되는 것은 사채원리금 지급대행계약의 법적 성격이다. 이에 대해 제1심과 제2심은 본건 사채 원리금 지급대행계약을 '제3자를 위한 계약'으로 파악하여 수익자인 제3자, 즉 사채권자의 수익의 의사표시가 있는지와 그 시기를 중요한 판단의 기준으로 삼았다. 그렇지만 대법원은 본건 사채원리금 지급대 행계약의 법적 성질을 '신탁계약'으로 보아 문제를 해결하고 있다. 이 하에서는 사채원리금 지급대행계약의 법적 성질에 관한 논의를 중심 으로 판결의 내용을 정리해 둔다.

2) 제1심 판결

본건의 제1심인 서울지방법원은 본건 사채원리금 지급대행계약의 법적 성격은 "[K]은행(낙약자)이 [Y]사(요약자)에 의하여 자기의 별단 예금구좌로 입금되는… 사채원리금 상환용 자금은 이를 사채권자(수 익자)를 위하여 신의성실을 다하여 보관하고 사채권자의 청구가 있으 면 사채권자에게 지급하겠다는 내용의 이른바 제3자를 위한 계약"으로 판시하였다.[14]

이어서 법원은 사채권자들이 "청약, 매입한 시점 또는 적어도 위 사채권 자의 대리인인 증권예탁원이 1997. 12. 5. [K]은행에게… 사채원리금의 지급 을 구한 시점"에 수익의 의사표시가 이루어진 것으로 보아 그 시점을 기준으로 직접 위 별단예금에 대한 지급청구권을 취득한다고 전제한

---

14) 서울지방법원 1998. 12. 10. 98가단15659 판결, 7면.

다음, 이후에 이루어진 별단예금계좌로부터의 이체 등은 제3자를 위한 계약상의 수익자인 사채권자의 권리를 변경 또는 소멸시키는 행위라고 보아 사채권자들에 대한 손해배상의무를 인정하였고, 또한 그 이후에 이루어진 상계에 대해서도 상계에 관한 권리를 남용한 것으로 보아 그 효력을 부인하였다(강조— 필자).[15]

3) 제2심 판결

본건의 제2심인 서울지방법원 제2민사부도 본건 사채원리금 지급대행계약의 법적 성격을 사채발행회사를 요약자, K은행을 낙약자, 사채권자를 수익자로 하는 '제3자를 위한 계약'으로 보고 있는 점은 제1심 판결의 결론과 동일하다.[16]

이어서 법원은 "이 사건 사채는 무기명식 이권부 보증사채로서 사채원리금 상환기일에 사채권을 소지한 자에게 원리금이 지급되는 것이어서 상환기일에 이르러서야 비로소 정당한 사채권자가 확정될 수밖에 없는 것이므로 사채권자들이 상환기일에 이르러 사채권을 소지하고 피고에 대하여 사채원리금의 지급을 구한 시점에 비로소 수익의 의사표시가 있다고 보아야 할 것이고, 비록 상환기일 이전에 사채원리금 지급자금이 피고의 별단예금에 일시적으로 입금된 사실이 있다고 하더라도 사채권자가 수익의 의사표시를 하지 않은 이상 위 별단예금의 처분권은 소외 회사에 있다 할 것이므로, 피고가 정당한 처분권자인 소외 회사의 요구에 따라 위 별단예금을 당좌예금으로 이체한 것에 어떠한 위법이 있다고 할 수 없다"고 하여, 원고의 위 주장을 배척하였다(강조— 필자).[17]

---

15) 서울지방법원 1998. 12. 10. 98가단15659 판결, 8면.
16) 서울지방법원 2000. 2. 16. 99나7823(제2민사부) 판결, 3-4면.
17) 서울지방법원 2000. 2. 16. 99나7823(제2민사부) 판결, 4-5면.

다만 법원은 별단예금에서 일단 K은행의 당좌계정으로 이체되었다가 다른 은행으로 다시 이체된 후 상환기일에 K은행에 대한 사채원리금의 청구가 있은 후에 사채원리금 지급자금용으로 목적이 특정되어 K은행에 재입금된 금 31억 원에 대하여는, K은행의 Y사에 대한 반대채권으로 상계할 수 없는 것이라고 하여 S보증보험의 청구를 인용하였고, 이 부분에 대하여 S보증보험은 상고하지 아니하였다.[18]

4) 제3심 판결

대법원은 결론적으로 사채원리금 지급대행계약의 법적 성질을 신탁법상 '신탁계약'으로 판시하고 '제3자를 위한 계약'으로 구성한 원심 판결을 파기하였다. 대법원이 이러한 결론에 이른 근거는 보증사채의 모집 또는 매출에 관한 제도의 취지와 사채원리금 지급대행사무를 금융기관의 업무로 하는 취지 및 이 사건 사채원리금 지급대행계약서(갑 제2호증)의 약정 내용 등을 종합적으로 고려한 결과라고 한다.

첫째, 먼저 보증사채의 모집 또는 매출에 관한 제도와 사채원리금 지급대행사무를 금융기관의 업무로 하는 취지를

> 구 증권거래법 제8조, 제18조와 유가증권발행신고 등에 관한 규정(현 유가증권의 발행 및 공시 등에 관한 규정) 등에 의하면, 일정 금액 이상의 보증사채권을 모집 또는 매출하는 경우에는 해당 유가증권에 관한 신고서를 증권관리위원회(현 금융감독위원회)에 제출하여야 하고 그 신고서는 일정 기간 일정 장소에 비치하여 공중의 열람에 공여하도록 하며, 그 신고서에는 다른 내용과 함께 '기타 투자자 보호를 위하여 필요한 사항'을 기재하여야 하고, 보증사채의 원리금 지급대행계약을 체결한 경우에는 그 계약서 사본을 위 신고서에 첨부하여야 하는 것으로 규정

---

18) 서울지방법원 2000. 2. 16. 99나7823(제2민사부) 판결, 6면.

되어 있는바, 이는 이른바 기업공시의 일환으로서 유가증권의 발행 또는 유통과 관련하여 일반 투자자 등에게 투자판단에 필요한 제반 정보를 제공함으로써 그들의 합리적·경제적인 의사결정을 할 수 있도록 지원하고, 나아가 증권시장에서 공정하고 투명한 거래가 형성될 수 있도록 하기 위한 것(강조 — 필자)

이라고 해석하고 있다. 이와 같이 사채원리금 지급대행계약의 내용을 일반 투자자 기타 이해관계자들에게 '확정적으로' 알림으로써 후술하는 신탁설정의사의 객관화의 한계설정과 동시에 신탁법 제3조에 따른 신탁공시의 역할도 수행하는 것으로 볼 수 있을 것이다.[19]

둘째, 사채원리금 지급대행계약서의 내용을 "〔Y〕사는 사채원리금의 지급사무를 피고 은행에게 위탁하고 피고 은행은 이를 수탁하며(제1조), 〔K〕은행은 계약서의 각 항 이외에 관계법, 〔K〕은행의 규정 및 〔Y〕사의 내규에 따라 대행사무를 취급하고(제3조 제1항), 〔Y〕사는 원리금 지급자금(지급할 원리금 상당액)을 지급개시일 1일 전에 〔K〕은행

---

19) 신탁재산의 독립성을 명확히 하고 수탁자의 신탁 본지에 위반한 신탁재산의 처분에 대하여 신탁법 제52조에 의한 취소권을 행사하기 위해서는 신탁재산임을 명확히 할 필요가 있다. 이를 위해 신탁법 제3조는 제3자의 보호를 위해 신탁의 공시를 요구하고, 등기 또는 등록하여야 할 재산권과 유가증권에 대해서는 공시방법을 규정하고 있다. 문제는 금전채권 등 공시방법이 정하여져 있지 않은 재산권에 대해서 신탁공시가 요구되는지 여부이다. 이에 대해서는 별도의 공시를 요구하지 않는다는 견해와 수탁자가 일정한 공시방법을 강구하여야 한다는 견해가 대립되고 있다. 신탁재산의 분별관리만으로도 공시가 이루어진 것으로 완화하여 해석하면 특별한 문제는 없을 것으로 본다. 新井誠, 信託法, 有斐閣, 2002, 214-219면. 다만 신탁공시는 신탁의 제3자에 대한 대항요건이지 성립요건은 아니다(신탁법 제3조 제1항). 신탁재산이 예금채권인 경우 예금통장을 개설할 때 특정 신탁재산임을 표시할 수 있는 방법을 강구할 필요가 있다고 하는 견해가 있다. 이재욱/이상호, 신탁법해설, 한국사법행정학회, 2000, 94면. 현재 특별한 공시방법을 정하고 있지 않은 경우에는 제3자에 대한 대항력을 부정해야 한다는 견해도 있으나 이는 문제가 있는 주장이다. 장형룡, 신탁법개론(개정판), 육법사, 1991, 119-120면("동산신탁 공시방법에 아무런 특별 규정을 두고 있지 않은 현행법 밑에서는 소유권을 바탕으로 한 것은 몰라도, 신탁으로서는 제3자에게 대항할 수 없다").

충무로지점에 인도하여야 하고(제6조 제1항), 〔K〕은행은 위 자금으로
사채권자로 확정된 자에게 그 사채원리금을 지급하고 그 지급내역 등
을 〔Y〕사에게 통지하며(제7조, 제8조, 제9조), 원금상환이 개시된 날부터
3월이 경과한 날 또는 〔K〕은행이 사실상 대행사무를 수행할 필요가
없게 되어 〔K〕은행이 해지통고를 한 때에 계약이 종결하고(제14조), 계
약이 종결한 때에는 〔K〕은행이 5일 이내에 종결통지서 및 원리금지
급계산서와 함께 미지급 자금을 〔Y〕사에게 교부한다(제16조)"고 약정
되어 있는 점을 강조하고 있다. 이는 수탁자로서의 K은행의 권리와
의무를 정리한 것이다.

그리고 대법원은 이러한 판단에 근거하여 본건 사채원리금 지급대
행계약은 "〔Y〕사가 발행한 사채의 사채권자에게 그 원리금을 지급하
기 위하여 〔Y〕사가 사채원리금 지급자금을 〔K〕은행에게 인도하고
〔K〕은행은 이를 인도받아 보관·관리하면서 사채권자에게 그 사채원
리금을 지급하는 것을 목적으로 하는 '신탁계약으로서의 성질'을 가
진다고 판시하였다.

이어서 대법원은 신탁의 재산법적 효과에 따른 당연한 결과로서
"〔K〕은행이 사채권자의 이익과 관계없이 〔Y〕사의 청구만에 의하여
위 사채원리금을 반환하거나 그 지급자금의 반환채권을 수동채권으
로 하여 자신의 〔Y〕사에 대한 채권과 상계하는 것은 신탁의 법리상
허용되지 아니한다고 할 것"이라고 판시하였다.

먼저 신탁이 설정되면 신탁법에 의한 효과로서 신탁재산은 위탁자
의 재산으로부터 분리된다. 이러한 효과는 후술하는 신탁의 성립요건
중 위탁자의 수탁자에 대한 재산권의 이전, 기타의 처분이라는 요건
을 갖춤으로써 자동으로 발생한다. 신탁의 재산법적 효과로서 위탁자
의 신탁재산에 대한 처분권은 상실되므로 "〔K〕은행이 사채권자의 이

익과 관계없이 〔Y〕사의 청구만에 의하여 위 사채원리금을 반환하는 것은 신탁의 법리상 허용되지 아니한다고 할 것"이라고 한 대법원 판결의 입장은 정당하다.

다음으로 신탁의 재산법적 효과로서 신탁재산에 속하는 채권과 신탁재산에 속하지 않은 채무 간의 상계는 금지된다(신탁법 제20조). 신탁재산에 속하는 채권과 수탁자 개인의 채무는 형식상 모두 수탁자의 명의로 되어 있으므로 민법상 상계가 가능하다고 볼 수도 있다. 그러나 신탁재산은 실질상 수탁자의 고유재산과 엄격히 분리되는 독립된 재산이므로 그 귀속 주체가 전혀 다르다. 따라서, "〔K〕은행이… 그 지급자금의 반환채권을 수동채권으로 하여 자신의 〔Y〕사에 대한 채권과 상계하는 것은 신탁의 법리상 허용되지 아니한다고 할 것"이라고 한 대법원 판결의 입장은 정당하다. 신탁법 제20조의 상계금지규정에 위반한 상계는 무효가 된다.[20]

(3) 신탁법리 적용의 타당성과 가능성

이상 논의한 바와 같이 사채원리금 지급대행계약에 따라 별단예금 계좌에 입금된 금전의 법적 성격에 대해 대법원은 이를 신탁계약에 따른 신탁재산으로 보아 문제를 해결하고 있다. 본건은 신탁법에 관련된 판례가 적기도 하지만 당사자가 신탁이라는 문언을 사용하지 않은 경우에 신탁의 성립을 인정한 최초의 사례로서 신탁의 성립에 관한 앞으로의 판결의 입장을 시사하는 것이라고 매우 높이 평가된다. 본건 신탁의 성립을 인정한 대법원의 판결에 대해서는 아직 국내에서는

---

20) 홍유석, 신탁법(전정판), 법문사, 1999, 112면.

논하고 있는 예가 거의 없어 단언할 수 없지만, 부정적인 입장이 강한 가운데 찬반양론이 엇갈리고 있는 것으로 판단된다.[21] 이러한 견해의 차이는 결국 신탁법리의 사법체계상 지위 혹은 신탁법리의 확대적용을 통한 현실법 문제의 해결에 대한 정책적 입장의 차이에 기인하는 것이지만, 구체적으로는 신탁의 성립요건에 대한 이해의 편차에 따른 것이라고 생각된다.

이하 본고에서는 먼저 보다 근본적인 문제로서 신탁법리와 민법을 중심으로 하는 일반 사법법리 간의 이질성의 중화와 체계적 정합성이라는 관점에서 신탁법리의 적용 가능성에 대하여 검토를 진행한다. 이를 위해서는 우선 신탁법리의 사법체계상 지위에 대한 전반적인 재검토가 필요하다. 이는 결국 영미법상 신탁제도의 기본 구조를 결정하는 보통법(common law)과 형평법(equity)의 구별 및 그 체계상 지위와 효력관계 등에 상응하는 법리를 보통법과 형평법의 구별을 알지 못하는 대륙법에 기초한 우리 사법체계에서 구축하는 방안을 모색하는 문제라고 할 수 있다. 그러나 이 문제는 추후의 연구과제로 하고, 본고에서는 양자의 관계를 특별법과 일반법 관계라는 정도의 일반적인 인식만으로 끝을 맺는다.[22]

다음으로, 현행 신탁법상 발생할 수 있는 구체적인 논점을 살펴본다. 주된 논점은 두 가지이다. 첫째, 하나는 신탁의 성립요건으로서 신

---

21) 동 판결에 대한 견해를 간략하게라도 표시하고 있는 것으로는 강희철／장우진／윤희웅, 앞의 논문(주 2), 219-220면 참조.

22) 이와 관련하여 우리 신탁법의 모델을 제공한 일본에서는 상당한 논의가 이루어져 왔다. 일본에서도 신탁법리 형성의 연혁적인 과정을 중시하여 일본의 사법체계상 신탁법리는 '물 위에 뜬 기름과 같이 이질적인 존재'라고 하여 '신탁의 법리를 대륙법 법리에 안이하게 접합하는 것을 경계'하는 것이 여전히 일반적인 입장을 대변한다고 할 수 있다. 이에 대해서는 우선 道垣內弘人, 信託法理と私法體系, 有斐閣, 1995, 1-17면 참조.

탁법 제1조에 명시된 '재산권의 처분'과 '일정한 목적에 따른 재산의 관리 또는 처분'이라는 두 가지 요건으로 충분한 것인지, 아니면 제3의 요건으로서 신탁설정의사를 필요로 하는지, 그리고 실탁설정의사를 요한다면 그 내용은 어떻게 확정할 것인지 등의 문제이다. 신탁의 성립요건에 대한 학설의 추이를 살펴본 후에 사견을 제시해 보기로 한다. 둘째, 또 하나는 신탁법 제18조에서 규정하고 있는 신탁관리인제도의 강행성이다. 신탁법 제18조는 수익자가 '특정되어 있지 않거나 존재하지 않는 경우'에는 신탁관리인을 선임하도록 하여 불특정 수익자 또는 장차 특정되는 수익자의 이익을 보호하고 수탁자의 직무집행을 감독하고자 하는 취지에서 신탁관리인을 선임하도록 하고 있다. 본건 판결의 사안에서는 신탁법상 신탁관리인의 선임이 없이 불특정 다수인인 사채권자(이표권자를 포함)를 수익자로 하는 신탁의 성립을 인정한 것이다.

끝으로 신탁의 인수를 업으로 하는 경우에는 신탁업법상 인가를 요한다. 본건 판결에서는 후술하는 바와 같이 특별히 문제 되지 않지만, 신탁법리의 확대 적용을 염두에 둘 경우에는 신탁업법상 인가요건이 가지는 의미를 검토할 필요가 있다.

III. 신탁의 성립요건

1. 개관

신탁법 제1조 제2항에 따르면 신탁의 성립요건은 (i) '위탁자의 수탁자에 대한 재산권의 이전, 기타의 처분'과 (ii) '수탁자의 일정한 목적에 따른 재산권의 처분 또는 관리'의 두 가지로 이루어진다고 할 수 있다. 그러면 이 두 가지 요건의 충족으로 신탁은 성립하는 것인지, 아니면 그 외에 별도의 성립요건을 갖추어야 하는지에 대해서는 논란이 있다. 이 세 번째 요건으로서 주로 문제 되는 것이 '신탁설정의사의 요부와 그 내용'이다. 본건 판결의 사안에서와 같이 일정한 목적을 위해 별도로 관리되고 있는 재산의 경우 신탁설정의사의 요부가 신탁성립 여부의 판단에 있어서 가장 핵심적인 문제가 될 것이다.

이하 본고에서는 이들 신탁의 성립요건에 대해서 차례로 검토해 본다. 검토의 순서는 먼저 앞의 세 가지 요건에 대해서 간략히 정리한 후, 세 번째 요건, 즉 신탁설정의사의 요부와 그 내용에 대하여 살펴보기로 한다.

2. 위탁자의 수탁자에 대한 재산권의 이전, 기타의 처분

(1) 재산권의 처분

본건 판결의 사안에서는 사채발행회사가 사채원리금 지급자금을 수탁자인 K은행의 별단예금계좌에 입금함으로써 재산권의 처분이라는 요건은 쉽게 충족된다. 신탁업법상 신탁업인가를 받아 신탁업을 영위하는 자에 대해서는 수탁가능재산의 범위에 대한 제한이 있다.

(2) 신탁행위의 법적 성질

신탁행위는 재산권의 처분을 그 제1요건으로 하는 결과 신탁의 설정을 목적으로 하는 신탁행위, 특히 신탁계약의 법적 성질에 대해서

는 낙성계약설과 요물계약설이 대립하고 있다.[23]

　낙성계약설은 위탁자와 수탁자의 합의만으로 신탁은 성립한다고 보는 견해이다. 즉 '신탁계약의 성립 시기'와 '신탁계약의 효력발생 시기'를 구분하여 우선 위탁자와 수탁자 간의 신탁계약체결에 관한 합의만으로 신탁계약이 유효하게 성립하지만, 이러한 신탁계약의 효력이 발생하는 것은 위탁자가 신탁계약의 취지에 따라 신탁재산이 되는 재산권의 이전, 기타의 처분을 한 시점이 되는 것이다. 이 견해는 일본에서의 전통적인 통설이다.

　요물계약설은 위탁자와 수탁자 간의 합의 이외에 재산권의 처분이 있는 때에 비로소 신탁계약이 성립한다고 보는 견해이다. 이 견해는 무엇보다 신탁법 제1조가 재산권의 이전, 기타의 처분을 신탁법상 신탁의 성립요건으로 규정하고 있는 점을 강조하고 있다. 또한 당사자의 관계를 단순한 민법상의 계약관계로 규율하지 않고, 특별법인 신탁법을 적용하여 특수한 규율을 적용하는 것을 인용하기 위해서는 당사자 간의 관계가 그에 상응하는 실체를 갖출 것을 요하며, 해당 관계에 특히 신탁재산의 독립성(신탁법 제25조, 일본 신탁법 제15조), 신탁재산에 대한 강제집행의 금지(신탁법 제21조, 일본 신탁법 제16조) 등 신탁의 재산법적 효과를 인정하기에 충분한 정도의 실효적 내지 실질적 재산권의 이전, 기타의 처분이 이루어진 때 그러한 실체, 즉 신탁성이 갖추어진 것으로 볼 수 있다는 것이다.

　우리나라에는 "신탁법 제1조의 해석상 신탁의 설정이 장차 위탁자가 신탁의 대상인 재산권을 수탁자에게 이전, 기타 처분을 약속하는 것이 아니라 신탁설정 당시에 이전 또는 기타의 처분을 하여야만 신

---

23) 이하의 설명은 新井誠, 앞의 책(주 19), 109-111면 참조.

탁관계의 성립을 인정하는 취지"라고 하면서 요물계약설을 지지하는 견해가 있다.[24] 본건 사안의 경우 위탁자인 사채발행회사와 수탁자인 K은행 간에 사채원리금 지급대행계약이 체결된 후 위탁자인 사채발행회사가 사채원리금 지급자금을 수탁자인 K은행의 별단예금계좌에 입금함으로써, 즉 재산권의 처분이 이루어짐으로써 신탁계약이 성립하였다고 볼 수 있다. 이에 대해 본건 판결은 별도의 판단을 하고 있지 않지만 어떠한 견해에 따르더라도 결론에는 차이가 없다.[25]

3. 수탁자의 일정한 목적에 따른 재산권의 처분 또는 관리

(1) 의의

본건에서는 "해당 재산에 관하여 타인에게 처분 또는 관리하게 한다"는 요건이 충족되어 있다고 볼 수 있는지가 문제이다. 이는 주로 해당 재산에 관한 위탁 혹은 위임의 측면으로 논의되어 온 것이지만, 본고에서는 수탁자의 관리 · 처분권 또는 직무상 권한의 측면에서 검토한다. 여기서 '타인'은 '수탁자'이고, 본건에서는 사채원리금 지급대행기관(은행)이다.

(2) 신탁 목적

위탁자가 신탁의 설정을 통하여 달성하고자 하는 목적을 신탁 목

---

24) 홍유석, 앞의 책(주 20), 83면.
25) 이재욱 / 이상호, 앞의 책(주 19), 66면. "어느 견해에 의하여도 신탁재산의 이전이 필요하다는 점에서 실효성 있는 논의는 아니라고 보인다."

적이라고 한다. 수탁자는 위탁자의 의사의 제한하에 신탁재산을 관리 · 처분하게 된다. 신탁 목적은 특정되어 있어야 하며 위탁자는 신탁계약상 수탁자의 의무이행과 관련한 행위기준을 구체적으로 명시하여야 한다. 본건 사안의 경우 신탁 목적은 사채발행회사가 제공한 금전을 보관하다가 일정한 조건이 갖추어지면 사채권자에게 지급하는 것이다. 신탁의 목적에 대해서도 민법상 법률행위의 목적에 관한 일반원칙이 적용되지만, 신탁법은 특히 탈법행위를 목적으로 하는 신탁(동법 제6조), 소송을 목적으로 하는 신탁(소송신탁, 동법 제7조), 채권자사해신탁(동법 제8조)을 구체적으로 금지하고 있다.

(3) 수탁자의 관리 · 처분권

먼저 수탁자인 은행에게 본건 예금의 관리 · 처분권이 있었던 것인지 여부가 문제 된다. 이에 대해 대법원은 이 사건 사채원리금 지급대행계약은 "〔Y〕사가 발행한 사채의 사채권자에게 그 원리금을 지급하기 위하여 〔Y〕사가 사채원리금 지급자금을 〔K〕은행에게 인도하고 〔K〕은행은 이를 인도받아 보관 · 관리하면서 사채권자에게 그 사채원리금을 지급하는 것을 목적으로 하는 것"으로서 "〔K〕은행은 수탁자로서 〔Y〕사로부터 인도받은 사채원리금 지급자금을 그 신탁의 본지에 따라 관리할 의무"가 있고, "〔K〕은행이 사채권자의 이익과 관계없이 〔Y〕사의 청구만에 의하여 위 사채원리금을 반환하는 것은 신탁의 법리상 허용되지 아니한다고 할 것"이라고 판시하여 수탁자의 예금에 대한 일정한 관리 · 처분권과 의무를 인정하고 있다. 따라서 '일정한 목적에 따른 재산의 처분 또는 관리'라는 요건도 쉽게 충족된다고 할 수 있다.

(4) 수동신탁의 효력

신탁법상 신탁은 여러 가지 기준에 따라 다양한 분류가 가능하다. 그중에서도 능동신탁과 수동신탁의 구분은 수탁자에 대한 신탁상 의무의 적극성을 기준으로 한 분류로서, 본건 판결의 사안에 있어서와 같이 수탁자인 은행의 역할이 소극적 · 수동적인 것에 그치는 경우에는 매우 중요한 의미를 가질 수 있다.

일반적으로 수동신탁에는 (i) 수익자가 신탁재산에 관하여 각종의 행위를 하는 것을 인용할 의무를 수탁자가 부담하는 데 그치는 신탁과 (ii) 수탁자가 위탁자 또는 수익자의 지시에 따라 관리 · 처분하는 신탁의 두 가지가 포함된다고 보는 것이 유력한 견해이다.[26] 전자는 명의신탁, 후자는 명의신탁 아닌 수동신탁 또는 협의의 수동신탁이라고 부르고 있다. 협의의 수동신탁에 대해서는 이를 일률적으로 무효라고 보는 견해와 일률적으로 무효라고 할 수는 없지만, 구체적 사정을 고려하여 그 효력을 따져야 한다는 견해가 나뉘지만, 일률 무효로 보는 견해가 일본에서는 보다 전통적인 입장이다. 그러나 전자, 즉 명의신탁은 신탁법상의 신탁이 아닌 것으로서 무효라고 한다.[27]

본건 판결의 사안에서와 같이 수탁자가 적극적인 관리 · 처분행위를 하는 것이 아니라 사채발행회사가 입금한 금전을 입금일의 익일에 사채권자에게 배분하는 정도에 그치는 경우를 이상 논의한 수동신탁으로 볼 수 있는지 여부가 문제 될 수 있다. 본건 판결에서는 구체적으로 논의되지 않았지만, 위에서 본 바와 같이 수탁자인 은행이 일정한

---

26) 四宮和夫, 信託法(新版), 有斐閣, 1989, 9면 ; 이재욱 / 이상호, 앞의 책(주 19), 38-39면.
27) 김준호, 신탁행위론, 법문사, 1997, 6면 ; 이재욱 / 이상호, 앞의 책(주 19) 39면 ; 장형룡, 앞의 책(주 19), 74-75면.

예금관리 · 처분권을 가지는 것이 명백하므로 수동신탁의 정의에 해
당할 가능성은 높지 않다고 할 것이다. 나아가 수동신탁의 효력을 부
정하는 전통적인 견해 자체에 대해서도 많은 문제점이 제기되고 있는
점을 유의할 필요가 있다.[28]

4. 신탁설정의사

(1) 개관

신탁법 제1조에서 신탁의 성립요건으로 명시적으로 요구하고 있는
두 가지 요건인 (i) '재산권의 처분'과 (ii) '일정한 목적에 따른 재산의
처분 또는 관리'는 이상 살펴본 바와 같이 이를 인정하는 데 큰 문제
가 없다. 따라서 남아 있는 문제는 위의 두 가지 요건 외에 제3의 요건
으로서 신탁설정의사를 요하는지 여부이다. 구체적으로는 신탁의 성
립을 위해 위탁자와 수탁자가 계약을 체결함에 있어서 위 두 가지 요
건에 대한 인식 외에 신탁을 설정한다는 인식 내지 의사를 요하는지
가 쟁점이 된다.

(2) 학설

이재욱/이상호는 "신탁을 설정하는 법률행위를 신탁행위"라고 한
다고 정의한 후, "신탁행위를 위해서는 위탁자가 특정의 재산권에 관
하여 신탁을 설정하려는 의사표시를 하는 것이 필요"하며, "신탁이란

---

28) 金融法委員會, 信託法に關する中間論点整理(2001. 6. 12), 3-4면.

용어는 사용하지 않아도 좋으나, 그 내용은 신탁관계가 명확해지는 정도까지 구체적인 것이어야 한다"고 하여 역시 신탁설정의사의 존재를 당연한 전제로 하는 입장으로 보인다.[29]

홍유석은 "신탁이라는 법률관계를 창설하는 것을 신탁의 설정"이라고 하면서 "신탁의 설정은 법률행위에 의하여 이루어지는데 민법상 법률행위라 하면 일반적으로 계약행위"를 가리킨다고 하고, "신탁행위의 형식에 있어서는 본조(구 신탁법 제2조)에 특별히 정하고 있지 아니하므로, 민법의 계약자유의 원칙에 따라 구두 또는 서면 등 계약방식은 자유로이 정할 수 있다"고 하여 신탁의 설정을 목적으로 하는 신탁행위에 민법상 일반원칙의 적용을 예상하고 있다. 신탁설정의사의 요부와 그 내용 등에 대해서는 구체적으로 논의하고 있지 않지만, 당사자에게 신탁설정의사의 존재를 요하는 입장으로 파악된다.[30]

이중기는 우리 신탁법상 유효한 신탁이 성립하기 위해서는 "적어도 양도될 재산권, 신탁적 양도의사, 신탁수익자 혹은 신탁 목적이 특정되어야 하고, 이에 따른 신탁적 양도행위가 행해지고, 수탁자가 관리·처분권을 보유해야 한다"라고 하여 위탁자의 신탁적 양도의사(certainty of intention)를 신탁의 성립요건으로 하고 있다.[31]

장형룡은 "신탁행위란 신탁을 설정하기 위한 법률행위를 말한다"고 하여 신탁설정의사의 존재를 전제로 하고 있는 것으로 파악되지만, 특이한 것은 신탁행위에 계약으로서의 신탁계약 이외에 단독행위로서의 신탁선언이 포함된다고 보고 있는 점이다.[32]

---

29) 이재욱/이상호, 앞의 책(주 19), 59-61면.
30) 홍유석, 앞의 책(주 20), 82-83면.
31) 이중기, "신탁법리에 의한 재산권의 보호," 성곡논총 제29집(1998), 527면, 529면.
32) 장형룡, 앞의 책(주 19), 82-84면. 이중기, 앞의 논문(주 31), 531-532면도 신탁선언에 대해서 동일한 취지의 주장을 하고 있다. 신탁선언(declaration of trust)이란 재산

강희철 / 장우진 / 윤희웅은 이 판결이 "당사자 간의 신탁설정의 명시적 의사표시 없이 묵시적인 신탁계약 설정의 개념을 인정"한 것으로 파악하면서, "실제로 대법원이 사채원리금 지급대행계약을 신탁계약으로 파악한 것에 대하여는 다소 무리가 있다"고 논하고 있다. 그러한 판단의 근거 등에 대해서는 상세히 언급하고 있지 않기 때문에 알 수 없지만, 신탁법리를 당사자 간의 명시적 의사표시가 있는 경우에 한하여 극히 예외적으로 적용되어야 한다는 엄격한 견해에 입각한 것으로 생각된다.[33]

(3) 외국

1) 미국

미국 신탁법상 신탁은 위탁자의 명시적인 의사에 의한 명시신탁(express trust)과, 위탁자의 신탁설정의사가 추정되는 복귀신탁(resulting trust), 그리고 위탁자의 의사와 전혀 무관하게 법원에 의하여 인정되는 의제신탁(constructive)의 세 가지로 구성된다. 그중 본고에서의 논의와

권을 가지는 자가 단독행위에 의해 스스로를 수탁자로 하여 신탁을 설정하는 것을 말하고, 이에 따라 설정된 신탁을 선언신탁(declared trust)이라고 한다. 영미에서는 신탁선언이 신탁설정방식으로 일반적으로 인정되고 있다. 일본의 통설은 신탁선언의 효력을 부인하고 있다. 그 근거는 구 신탁법 제1조의 법문상 수탁자는 위탁자와 '타인'일 것을 요구하고 있는 점과 입법연혁 등 형식적인 이유와 집행면탈의 가능성 등 실질적인 이유이다. 이에 대해서는 新井誠, 앞의 책(주 19), 117-120면 참조. 우리나라의 경우 "신탁의 본질과 재산관계의 명확성을 기하여야 한다는 점에서, 원칙적으로는 이러한 신탁을 그대로 인정하기는 어렵겠지만, 공익 목적 등을 위하여 인정의 필요성은 있다"고 하는 견해가 있다. 이재욱 / 이상호, 앞의 책(주 19), 68면. 우리나라에서 신탁선언을 해석론으로 인정하는 것은 곤란하다고 생각한다.

33) 강희철 / 장우진 / 윤희웅, 앞의 논문(주 2), 220면.

관련되는 것은 명시신탁의 성립 원인으로서의 신탁설정의사(trust intent)
의 의의와 내용이다. 이와 관련하여 2000년 주법통일위원전국회의와
전미법률협회(American Law Institute)에 의하여 작성된 통일신탁법전
(Uniform Trust Code)의 Section 402(a)(2)는 신탁설정의 요건 중 하나로서
'위탁자가 신탁설정의사를 표시할 것(the settlor indicates an intention to create
the trust)'을 규정하고 있다. 공식주석서에서는 기존의 리스테이트먼트
를 인용하고 있을 뿐 별도의 내용을 설명하고 있지는 않다.[34]

　신탁설정의사와 관련한 미국의 입장은 다음과 같이 정리할 수 있
다.[35] (i) 신탁의사란 내심의 의사가 아니라 신탁설정의 외형적인 의사
표시(manifestation of intention)를 가리킨다. (ii) '신탁'이라는 용어가 의사
표시 가운데 포함되어 있을 필요는 없다. 반대로 '신탁'이라는 용어가
포함되어 있더라도 신탁이 인정되지 않는 경우도 있다. 문제는 법률가
의 견지에서 신탁관계를 창설하려는 의사가 표시되어 있는지 여부이
다. 환언하면 수탁자에 해당하는 자에 대하여 해당 재산을 취급함에 있
어서 수익자의 이익을 위해 행동할 형평법상의 의무(신인의무, fiduciary
duty)를 부과할 의사가 표시되어 있는지 여부가 중점이라고 할 수 있
다. 수탁자 · 수익자 간에 신인관계(fiduciary relationship)를 만들 의사표
시인지 여부가 문제이다. 더욱이 위탁자가 자신이 형성하고자 하는 관
계가 '신탁'이라고 불리는 것인지를 알고 있을 필요도 없다고 한다.[36]

---

34) National Conference of Commissioners on Uniform State Laws, Uniform Trust Code
　　Comments (2001), pp.38-39 ; David M. English, 앞의 논문(주 3), n.129.
35) 이하 미국에서의 신탁설정의사에 관한 논의는 樋口範雄, アメリカ信託法ノートI,
　　弘文堂, 2000, 17-30면 참조.
36) Trust Created under the Will of Damon, 869 P2d 1339(Hawaii, 1994)(신탁이라는 용
　　어가 사용되고 있지만 신탁은 아니라고 한 사례) ; Drewes v. Schonteich, 31 F3d 674
　　(8th Cir., 1994)(신탁이라는 용어가 사용되고 있지 않음에도 신탁이라고 한 사례).

(iii) 신탁의 요소인 신탁재산이나 수익자, 신탁 목적에 관하여 확정된 내용의 의사표시가 없는 경우에는 신탁의 의사표시가 될 수 없다. 다만 수탁자의 표시에 대해서는 법원이 후에 선임할 수도 있기 때문에 확정성이 충분하지 않아도 문제 되지 않는다.

2) 영국

영국의 대표적인 신탁법학자인 헤이턴(David J. Hayton)은 신탁설정 의사의 필요성을 긍정하면서 다음과 같이 논하고 있다. "신탁은 재산의 수탁자에게 부과된 집행 가능하고 타당하며 실제적인 의무의 집합체로서, 신탁설정의사의 확실성(certainty of intention to create a trust), 신탁재산의 확실성(certainty of subject matter of the trust), 신탁 목적의 확실성(certainty of the objects of the trust)을 요한다. 이는 법원에 의한 신탁의 관리와 통제의 행정적 실효성과 가능성을 확보하기 위한 것이다."[37] 그리고 구체적인 신탁설정의사의 파악방식에 대해서는 명시적으로 신탁이라는 용어가 사용될 필요는 없다는 점을 강조하면서, 예컨대 신탁에 관하여 전혀 알지 못하는 위탁자가 신탁과 유사한 효과의 발생을 원하는 의도를 파악할 수 있는 용어를 사용하는 경우에는 신탁의 성립을 인정할 수 있다고 한다.[38] 당사자 간의 관계가 신탁적 관계의 실질을 가진 경우에는 그 형식에 불구하고 신탁으로 인정할 수 있다는 것이다.[39]

---

37) David J. Hayton, The Law of Trusts, Sweet & Maxwell (2003), p.74. 일본에서는 이러한 영국에서의 논의를 미국에서의 그것과 비교하여 '미국 신탁법에서도 이들(3대 확정성) 요소가 중요한 것은 동일하지만, 이들은 신탁설정의 의사를 인정함에 있어서 고려해야 할 요소라 할 것'이라고 논평하는 견해가 있다. 樋口範雄, 앞의 책 (주 35), 25면.

38) David J. Hayton, 앞의 책(주 37), p.75.

39) David J. Hayton, 앞의 책(주 37), p.37. "[E]quity looks at the substance and not at the form."

이에 대해서 영국의 최고법원인 상원도 "신탁설정의 효과를 가진 거래관계의 체결을 위해서는 당사자가 그 법률효과를 명백히 인식하고 있을 필요는 없고, 그러한 거래관계를 체결할 의도가 있으면 충분하다"고 하여 신탁설정의사의 파악에 관하여 유연한 입장을 나타내고 있다.[40]

3) 일본

① 신탁설정의사필요설(통설)

이 견해는 일본의 전통적인 통설로서 신탁의 성립은 법률행위의 일종인 '신탁행위'에 의한 것이고, 신탁행위에는 '신탁설정의 의사'가 표시되어야 한다는 입장이다. 즉 신탁행위는 신탁의 설정을 목적으로 하는 법률행위로서 일반적인 법률행위의 내용에 관한 제한과 동일한 가능, 확정 및 적법의 3요건을 필요로 하는 외에 특히 신탁행위로서 (i) 신탁설정의 의사(intention of constituting a trust), (ii) 신탁의 목적(object of a trust), (iii) 신탁재산(trust property), (iv) 수탁자(trustee), (v) 수익자(cestui que trust)에 관한 의사표시를 요한다는 것이다.[41]

또한 통설과 동일한 입장에 서면서도 신탁설정의 의사를 '신탁관계를 설정함에 상당한 의사표시'로 보고, '신탁설정의 의사를 엿볼 수 있는 것'이면 된다고 하여 '신탁설정의 의사'의 파악방식에 있어서 통설

---

40) "If he enters into arrangements that have the effect of creating a trust, it is not necessary that he should appreciate that they do so ; it is sufficient that he intends to enter into them." Twinsectra Ltd v. Yardley 〔2002〕 UKHL 12 ; 〔2002〕 2AC 164, para.71.

41) 入江眞太郎, 信託法原論, 1928, 129면, 138면〔杉浦宣彦／徐熙錫, "信託の成立要件をめぐる一考察―最一小判平14・1・17を起点として―," 金融廳 Discussion Paper (2003. 9. 9), 20면에서 재인용〕.

보다 유연한 입장을 취하고 있는 견해도 있다.[42]

② 비법률행위설

이 견해는 기본적으로 법률행위의 일종으로서 신탁행위를 파악하는 데 반대하면서, 신탁의 성립은 민법상의 계약과는 다른 신탁법상의 특유한 것이라는 점을 강조하고 있다.[43]

③ 분별관리의무설

이 견해는 신탁설정의사와 관련하여 당사자가 명확한 의사를 표시하고 있지 않은 때에는 '분별관리의무'의 존재를 그 거래관계를 신탁으로 성질결정하기 위한 기준으로 파악하고자 하는 입장이다.[44]

---

42) "(사익)신탁은 신탁행위만으로 성립한다. 신탁행위의 성립에는 원인행위(기본적 신탁행위)와 처분행위를 필요로 한다. 신탁행위는 계약에 의하는 외에 유언으로도 가능하다. 어떤 경우이든 당사자가 신탁관계를 설정함에 상당한 의사를 표시하지 않으면 안 된다. 물론 '신탁'이라는 말을 사용하지 않아도 신탁설정의 의사를 엿볼 수 있는 것이면 된다. 그때 신탁설정의 의사가 있는지 여부의 판단은 '의사표시·법률행위의 해석원리에 따라 이루어져야 하고, 단순한 문언에 따라 결정되는 것은 아니며, 대상·신탁 목적·수익자라는 3대 확정성의 존부, 당사자 간의 관계(예컨대 부양의무의 존부), 당사자의 경제 상태, 용어 등도 포함하여 종합적으로 판단해야 할 것이다." 四宮和夫, 앞의 책(주 26), 106면 이하.

43) "우리나라 신탁법에서는 임의신탁(설정신탁)을 원칙적인 것으로 하고, 법정신탁은 예외적으로밖에 인정하고 있지 않다(제63조, 제73조). 신탁법 제1조는 위탁자에 의한 설정행위와 수탁자의 인수의 형태로 신탁의 법적 구성을 기술하고 있고 당사자 간의 합의에 기하여 형성되는 형태의 민법상의 계약의 그것과 다른 점에 특징이 있다. 신탁의 성립은 오로지 위탁자의 의사에 기하여 행하여지고, 수탁자는 이를 수락한다는 구성으로 이루어진다. 실무나 이론상으로도 계약(합의)에 의한 신탁의 성립이 일반적으로는 인정되고 있다." 田中實/山田昭(雨宮孝子 補訂) 信託法, 學陽書房, 1998, 32면, 40면[杉浦宣彦/徐熙錫, 앞의 논문(주 41), 21면에서 재인용].

44) "신탁법상 수탁자에게 부과되고 있는 제 의무의 도출이 위임에 관한 민법의 적용으로도 가능하다고 이해할 때에는 신탁으로 호칭하는 것의 장점은 물권적 구제의 긍정에 있다. 이것을 조문상의 신탁의 성립요건, 즉 (i) '재산권의 처분'이 존재하고, (ii) '해당 재산에 관하여 타인에게 일정한 목적에 따른 관리 또는 처분을 하게 하는 것'으로 나누어 보면, 전자는 소유권에 의한 구제를 인정할 수 없는 요건이 되

5. 신탁설정의사의 객관적 확인

이상 살펴본 바와 같이 우리 신탁법의 모법인 영국이나 미국 그리
고 일본의 신탁법리에서는 신탁의 성립을 위해서는 신탁설정의사를
별도로 요한다는 점을 분명히 하고 있다. 그러나 그 의사는 '신탁'이라
는 용어를 명시적으로 사용한 '명시적 의사'가 아니라 '묵시적 의사'로
충분하며, 객관적으로 확인될 수 있으면 충분하다.

여기에서 '신탁설정의사'의 '객관적 확인'을 위한 기준이 중요한 문
제로 등장한다. 이는 결국 신탁의 본질적 요소가 무엇인지에 대한 의
문과 동일하다고 할 수 있다. 신탁의 본질적 요소는 결국 위탁자와 수
익자 간의 특별한 신임관계와 수익자의 물권적 구제 가능성에서 찾
을 수 있다고 할 것이다. 일본의 도가우치 히로토(道垣內弘人) 교수가
주장하는 바와 같이 일본이나 우리나라의 신탁법에 있어서 신탁의 특
이성은 '소유권이 존재하지 않음에도 불구하고 물권적 구제가 인정되는 점'에

고, 후자에서 물권적 구제를 인정할 것인지 여부가 판단된다. 이 판단에 관하여
"미국법에서는… 신탁설정의 의사의 존부의 문제로 논의되어… 수탁자에 해당
하는 사람에 대하여, 자신 이외의 수익자의 이익을 위해 행동할 신인의무(fiduciary
duty)를 부과할 의사가 표명되어 있는지 여부가 중점이 되어 있음"에 대하여 "일
본의 신탁법에 있어서 신탁의 특이성을… 소유권이 존재하지 않음에도 불구하고
물권적 구제가 인정되는 점에 두고 생각할 때에는 오히려 분별관리의무를 중점
으로 해서 생각해야" 하고, 이것은 "당사자가 명확한 의사를 표시하고 있지 않은
때 그 거래관계를 '신탁'으로 성질결정함에 있어서의 포인트를 기술하고 있다"는
것이다. 현재로는 '재산권의 이전'과 '해당 재산에 관한 위임'에 더하여 '분별관리
의무'를 신탁을 '발견'함에 있어서의 기준으로 보고자 한다." 道垣內弘人, "公共工
事の請負者が保證事業會社の保證の下に地方公共團體から支拂を受けた前拂金につ
いて地方公共團體と請負者との間の信託契約の成立が認められた事例," 法學敎室
제263호(2002), 198-199면 ; 道垣內弘人, "信託の設定または信託の存在認定," 道垣
內弘人 他, 信託取引と民法法理, 2003, 1-26면 ; 道垣內弘人, "最近信託法判例批評
(9·完)," 金融法務事情 제1600호(2001), 81면, 84면도 참조.

있으며, 따라서 그러한 **물권적 구제의 기초가** 되는 신탁재산의 **분별관리의무**를 '신탁설정의사'의 '객관적 확인'을 위한 기준으로 생각할 수밖에 없을 것이라고 본다. 따라서 당사자가 명확한 의사를 표시하고 있지 않은 때 신탁의 성립을 위한 요건으로서의 신탁설정의사는 '분별관리의무'의 유무에 따라 '객관적으로' 확인할 수 있게 되는 것이다. 즉 신탁계약의 성립을 위한 요건으로서의 신탁설정의사는 신탁계약상 신탁설정자, 즉 위탁자가 수탁자에게 신탁법상 각종 의무와 부담, 특히 재산의 분별관리의무를 지우려는 의사가 명시적 혹은 묵시적으로 표시되면 충족된다('신탁설정의사의 객관화').

문제는 그러한 의사가 어느 정도로 확실할 것을 요하는지 여부이다. 이는 '신탁설정의사의 객관화의 한계'를 의미한다. 본건 대법원 판결에서 유가증권신고 등을 통하여 본건 사채원리금 지급대행계약의 내용이 공시되는 것을 강조한 것도 결국 당사자 간의 합의에 의한 집행의 면탈이나 제3자의 이익보호 등을 고려하여 주관적인 의사 없는 객관적인 신탁의 성립에 한계를 지우려는 의도가 있었지 않나 추측된다. 결론적으로 위에서 본 대법원 판결의 사안에서는 지급대행은행에게 사채발행회사가 사채원리금 지급용 자금으로 입금한 금전을 별단예금계좌에서 분별관리할 의무가 인정된다. 대법원 판결은 이에 대해 명시적인 판단을 하고 있지는 않지만, 이를 전제로 하고 있는 것으로 파악된다. 그러나 객관적인 의사확인에 의한 신탁성립의 인정 범위에는 분명히 한계가 있어야 하지만, 이를 분별관리의무와 신탁 목적에 따른 처분의무 등이 법제도상 보장되어 있는 경우로 한정하는 것은 적절하지 않다고 본다.

끝으로 이와 같이 신탁설정의사를 객관적으로 파악할 경우 신탁법에서 가장 우려하는 문제의 하나인 탈법 목적으로의 신탁의 남용을 방지하는 기능을 수행할 수 있다는 점이다. 이 문제는 신탁설정의사가 있기만 하면 바로 신탁의 설정이 인정되는지라는 문제에 대한 해답이기도 하다. 예컨대 일정한 탈법 목적을 위하여 신탁설정의사만 명시적으로 표시하였고, 실제 수탁자로서의 권리와 의무의 내용이 전혀 규정되거나 이행되지 않는 경우는 '분별관리의무'와 '일정한 목적에 따른 처분의무'를 기준으로 하는 신탁설정의사의 객관적 해석에 의하여 신탁의 성립이 부인될 것이다.

IV. 수익자의 확정과 신탁관리인제도

1. 신탁관리인제도의 의의

본건 판결에서는 신탁설정자, 즉 위탁자는 사채발행회사로, 수탁자는 사채원리금 지급대행은행으로, 그리고 수익자는 사채권자로 보고 있다. 본건 판결의 이러한 결론에 대해서는 이론이 없으나, 문제는 전전유통하는 사채의 특성상 수익자인 사채권자가 신탁계약 성립 시에 확정될 수 없다는 점이다.

신탁을 설정할 때에는 수익자를 지정하거나 확정할 수 있을 정도의 지시를 하는 것이 신탁의 유효요건이며, 반드시 수익자가 특정될 필요는 없다. 따라서 신탁의 성립 및 효력 발생과 관련하여 수익자의 불특정이 문제 되는 것은 아니다.[45] 수익자가 특정되지 않는 동안에는

---

45) 이와 관련하여 담보부사채신탁법에 의한 담보권신탁에서는 수익자인 사채권자가 신탁설정 시 존재하지는 않지만 나중에 존재할 것이 예정되어 있으므로 담보부사채신탁은 확정신탁의 수익자 특정요건을 충족시킨다고 볼 수 있다고 하는 견해가

불특정 수익자 또는 장래 특정될 수익자의 이익보호와 수탁자의 직무 감독을 담당할 자가 없다는 사실이 오히려 더 중요한 문제이다. 신탁 법은 제18조에서 이러한 우려를 고려하여 신탁관리인제도를 두고 있다.

신탁관리인이란 수익자가 불특정인 경우 및 수익자가 미존재인 경우에 있어서 수익자의 이익 옹호를 목적으로 하여 수익자를 위해 재판상 및 재판 외의 권리를 행사하고 또한 수탁자의 직무집행에 대한 감독을 행하여 수익자의 권리 보전을 도모하는 특별한 기관이다.[46] 통상의 신탁의 경우에는 법원이 이해관계인의 청구 혹은 그 직권으로 선임하든지 신탁행위 중에서 위탁자가 지정하게 된다. 또한 공익신탁의 경우에는 법원에 대신하여 주무관청이 선임하게 되어 있다(신탁법 제71조).

2. 신탁관리인제도의 강행성

법문상 신탁관리인제도는 수익자가 불특정인 경우 반드시 두어야 하는 필요적 제도라고 해석된다.[47] 그러나 대법원은 신탁관리인이 없는 불특정 수익자를 위한 신탁의 성립을 인정하고 있다. 강희철/장우진/윤희웅은 신탁관리인의 존재 없이 사채권자라는 불특정 다수인을

있다. 이중기, 앞의 논문(주 31), 530면.

46) 신탁관리인제도는 '일본 독자의 획기적인 제도'로서 '일본으로부터의 역수입이라는 형태로 영미의 신탁법에도 도입되고 있다'고 한다. 新井誠, 앞의 책(주 19), 135면.

47) 新井誠, 앞의 책(주 19), 135면. 저자는 예컨대 수익자가 고령자나 장애인인 경우 등 특정 사례에 관하여는 임의적인 신탁관리인 선임의 여지를 배제하고 있지 않다고 이해하고 있다.

위한 신탁이 설정될 수 있다는 본건 판결의 결론에 대해 "신탁관계를 불특정 다수인을 상대로 하는 경우까지 적극적으로 해석한 것"으로 보면서 "이러한 해석론을 응용한다면, 복잡한 담보부사채신탁법 등의 응용이 없이도, 유가증권과 신탁을 연결할 수 있는 방법이 나올 수 있을 것"이라고 논하고 있다.

V. 신탁업법의 적용 문제

1. 신탁업의 인가

우리나라의 신탁법체계는 그 모법인 일본 법과 마찬가지로 신탁에 관한 일반적인 사법적 법률관계를 규정하는 신탁법과 신탁의 인수를 영업으로 하는 신탁회사에 대한 규제와 감독 그리고 수익자의 보호를 목적으로 하는 신탁업법을 양대 지주로 하고 있다.[48] 신탁업법 제3조는 신탁업은 재정경제부장관의 인가를 받지 아니하고는 이를 영위할 수 없다고 하여 신탁업을 인가사항으로 규정하고 있다. 신탁업에 대해서는 신탁업법상 별도의 정의규정이 없지만, 동법 제2조에서 신탁회사를 '신탁을 업으로 하는' 회사라고 하고 있을 뿐이다. 신탁에 대해서도 별도의 정의규정이 없으므로 신탁법 제1조에서 규정하는 신탁의 정의규정이 그대로 적용될 것이다.[49] 그러나 현재 우리나라에는 신탁업법에 의한 인가를 취득하여 신탁업을 전업으로 하는 회사는 일부

---

48) 신탁법 제1조 ; 신탁업법 제1조. 홍유석, 앞의 책(주 20), 79면, 199면 참조.
49) 홍유석, 앞의 책(주 20), 200-201면 참조.

부동산신탁회사에 불과하며,[50] 은행법, 기타 특별법에 의하여 설립된 금융기관이 신탁업을 겸영하고 있다.[51]

2. 신탁업법의 적용 범위

사채원리금 지급대행계약을 신탁으로 보게 되면, 이를 계속적 · 반복적으로 인수하는 자는 '신탁을 업으로 하는' 자에 해당되어 신탁업법상 인가를 얻어야 한다. 본건의 경우 대법원 판결은 이에 대해 구체적으로 언급하고 있지 않다. 그러나 사채원리금 지급대행계약의 '수탁자'인 은행은 은행법 시행령 제18조의3 제1호에 따라 신탁업무를 겸영업무로서 취급하고 있기 때문에 현실적으로는 문제 되지 않을 것이다. 그러면 은행이 아닌 자, 즉 신탁업 인가를 득하지 않은 자가 본건 대법원 판결에서 채택한 신탁의 성립요건을 충족하는 특정한 법률관계를 계속적 · 반복적으로 인수하는 경우에는 어떠한가.

이 문제는 결국 신탁업법의 적용 범위에 관한 논의를 통하여 해결될 수밖에 없을 것이다. 이와 관련하여 상사신탁과 민사신탁을 구분하는 일본의 간다 히데키(神田秀樹) 교수의 견해는 매우 중요한 의미를 가진다.[52] 그에 따르면 상사신탁은 '수탁자가 담당하는 역할의 중심이 신탁재산의 수동적인 관리 또는 처분을 넘는 경우 혹은 그와 다른 경우'를, 그리고 민사신탁은 '수탁자가 담당하는 역할이 수동적인 재산관리 또는 처분에 그치는 경우'를 각각 의미한다. 간다 교수는 상

---

50) 2004년 3월 25일 현재 한국토지신탁 등 5개의 부동산신탁회사가 있다. 금융감독원 제도권금융기관 조회 사이트 참조(http://www.fss.or.kr).
51) 은행법 시행령 제18조의3 제1호는 신탁업법에 의한 신탁업무를 은행의 겸영업무로 규정하고 있다.
52) 神田秀樹, "信託業に關する法制のあり方," ジュリスト 제1999호(1999), 19면.

사신탁과 민사신탁 간에 본질적인 차이가 있음을 이유로 상사신탁에 대한 체계적인 법리형성의 필요성을 강조하고 있다. 상사신탁에서 '수동적인 관리 또는 처분을 넘는 경우'라는 말은 보다 구체적으로는 신탁재산의 운용이나 투자가 이루어지는 경우를 의미하는 것으로 생각할 수 있을 것이다.[53]

본고에서 검토하고 있는 사채원리금 지급대행계약과 관련한 대법원 판결에 대해서 회의적인 견해가 존재하는 것도 결국은 은행신탁이나 증권투자신탁 등만을 신탁법상 신탁으로 이해하고 있는 현실에 따른 것으로 생각된다. 그러나 상술한 바와 같이 신탁법 제1조의 해석상으로는 수탁자에게 분별관리의무와 신탁 목적에 따른 처분의무가 부과되는 한 신탁은 매우 광범위하게 설정될 수 있다. 이러한 관점에서 당사자 간의 사적 합의에 따라 신탁법리의 적용이 충분히 가능한 상황에서도 이를 계속적 · 반복적으로 수행하는 것이 신탁업법에 반하는 결과가 되어 오히려 신탁법리의 적용이 부인되었던, 혹은 더 정확하게는 그 적용을 위한 시도 자체가 이루어지지 않았던 것이라고도 볼 수 있다('신탁업법에 의한 신탁법리의 제약 혹은 구속').[54] 일본에서는 신탁업법의 주된 입법 목적이 신탁회사의 대출, 기타 융자업무에 대한 규제와 국민의 재산의 안전한 관리 · 운용에 있는 점을 근거로 해석론상 '수탁자의 신탁재산의 운용=투자'가 이루어지지 않는 신탁은 신탁업법의 적용 범위에 속하지 않는다는 견해도 있지만, 우리나라의

53) 道垣內弘人, "「預かること」と信託 —「信託業法の適用されない信託」の檢討," ジュリスト 제1999호(1999), 81면, 84면.
54) "신탁법은 신탁을 영업으로 하는 신탁회사를 규제하기 위한 그 시대의 요청에서 마련된 것으로서, 따라서 이 법률은 주로 영업신탁을 그 규율의 대상으로 예정하고 있고, 그 밖의 분야에 관하여서는 거의 그 적용 내지 활용이 없는 것으로 평가된다." 김준호, 앞의 책(주 27), 199면.

경우 그러한 해석론은 한계가 있을 것으로 본다.[55] 신탁업법의 적용
범위를 상사신탁에 한정하는 방향으로의 전환이 필요할 것으로 생각
된다.

VI. 맺음말

본고에서는 이상 논의한 바와 같이 사채원리금 지급대행계약에 대
하여 신탁의 성립을 인정한 대법원 판결의 입장을 지지한다. 사채원
리금 지급대행계약과 같이 명시적인 신탁문언이 표시되지 않은 사안
에 대해 신탁의 성립을 인정하기 위해서는 신탁의 성립요건에 관한
논의가 가장 중요하다. 그중에서도 특히 신탁설정의사를 또 하나의
신탁성립요건으로 인정할 것인지 여부와 그 내용의 파악방법이 관건
이 된다. 이에 대해서 본고는 신탁의 성립을 위해서는 (i) 위탁자의 수
탁자에 대한 재산권의 이전, 기타의 처분, (ii) 수탁자의 일정한 신탁 목
적을 위한 해당 재산권의 관리 · 처분 이외에 (iii) 신탁설정의사를 요
한다는 입장에 동의한다. 다만 신탁설정의사의 파악방식에 대해서는
이를 명시적인 신탁문언에 의한 의사표시에 한정하지 않고, 신탁의
본질적 요소라고 생각되는 신탁재산의 '분별관리의무'의 존재에 대한
위탁자의 인식이 객관적으로 표시되는 것으로 충분하다고 본다. 본고
에서 주로 논의한 사채원리금 지급대행계약은 이러한 세 가지 요건을
모두 갖춘 것으로 평가된다.

---

55) 道垣內弘人, 앞의 논문(주 53), 84-85면. 동 논문에서의 이러한 주장은 山田昭, 信託
   立法過程の研究, 勁草書房, 1981과 麻島昭一, 日本信託業立法史の研究, 金融財政事
   情研究會, 1980 등 신탁입법과정에 대한 심층적인 연구를 전제로 한다.

　다음으로 신탁법리의 적용 확대를 위한 관련 논의로서 신탁관리인 제도와 신탁업법상의 문제를 언급하였다. 먼저, 수익자가 불특정인 경우 신탁관리인의 선임을 요구하는 신탁법 제18조의 의미를 완화시켜 해석하는 대법원의 입장을 소개하고 그 의미를 분석하였다. 끝으로 그동안 신탁법리의 확대 적용에 장애물로 작용해 온 것으로 평가되는 신탁업법상의 엄격한 인가요건을 완화시키는 방향으로의 입법적 노력의 필요성을 강조하였다. 구체적으로는 현재의 신탁업법의 적용 범위를 상사신탁에 한정시키는 것이 바람직하다고 본다.

　결론적으로 다양한 금융거래상의 요청을 충족하기 위해 신탁법리의 적용 확대가 필요하다는 기본 인식 아래 신탁의 성립요건으로서의 신탁설정의사에 관한 객관적 해석과 신탁업법 등 관련 제도의 변경이 필요하다는 점을 강조한 것이다. 다만 본고에서의 이러한 논의를 위해서는 먼저 신탁법리의 사법체계상 지위에 대한 보다 근본적인 검토가 선행되어야 한다는 점을 다시 한 번 밝혀 둔다. 이는 추후의 연구과제로 한다.

05

신탁등기의 실무[*]

박상우^{**}

I. 신탁의 공시

1. 공시의 필요성

신탁재산은 재산의 이전 등을 통하여 대내외적으로 완전히 수탁자에게 귀속하게 되므로,[1] 제3자로서는 어느 재산이 수탁자의 고유재산

---

* 이 논문은 BFL 제62호(2013. 11)에 게재된 글을 수정 · 보완한 것이다.
** 법원행정처 부동산등기과장
1) 대법원 1994. 10. 14. 선고 93다62119 판결(신탁은 위탁자가 수탁자에게 재산권을
   이전하거나 기타의 처분을 하여 수탁자로 하여금 신탁의 목적을 위하여 재산의 관
   리 또는 처분을 하도록 하는 것이어서 부동산의 신탁에 있어서 신탁자의 위탁에
   의하여 수탁자 앞으로 그 소유권이전등기를 마치게 되면 대내외적으로 소유권이
   수탁자에게 완전히 이전되고, 위탁자와의 내부 관계에 있어서 소유권이 위탁자에
   게 유보되어 있는 것은 아니므로 신탁의 해지 등 신탁종료의 사유가 발생하더라도
   수탁자가 신탁재산의 귀속권리자인 수익자나 위탁자 등에게 새로이 목적부동산의

인지 아니면 신탁 목적에 구속을 받는 신탁재산인지를 알 수 없게 된다. 이는 특히 수탁자의 채권자와의 관계에서 매우 중요한데, 왜냐하면 신탁 전의 원인으로 발생한 권리 또는 신탁사무의 처리상 발생한 권리에 기한 경우가 아니라면, 수탁자의 채권자는 신탁재산에 대하여 강제집행, 담보권의 실행 등을 위한 경매, 보전처분 또는 국세 등 체납처분을 할 수 없고,[2] 수탁자가 파산하여도 신탁재산이 수탁자의 파산재단을 구성하는 것도 아니기[3] 때문이다.

즉 거래의 안전과 신탁의 남용방지를 위하여 어느 재산이 신탁재산인지를 공시할 필요가 있는바, 신탁의 설정(신탁법 제3조), 신탁재산의 관리 등에 의한 새로운 신탁재산의 취득(제27조), 수익자취소권에 의한 신탁재산의 회복(제75조), 신탁의 변경(제88조), 신탁의 종료(제98~100조) 등 신탁재산이나 신탁조항에 변동이 있는 경우에는 이를 공시하여 제3자가 불측의 손해를 받는 일이 없도록 해야 한다.

2. 공시의 효력

구 신탁법(2011. 7. 25. 법률 제10924호로 전부개정되기 전의 것을 말한다. 이하 같다)과 마찬가지로 신탁법은 신탁의 공시가 효력발생요건이 아니라 대항요건임을 명문으로 규정하고 있다(제4조). 따라서 수탁자는 신탁의 공시 여부와 상관없이 신탁재산에 대하여 완전한 권리를 행사할 수 있다. 그러나 제3자(주로 수탁자 또는 위탁자의 채권자가 문제 된다)

소유권 등 신탁재산을 이전할 의무를 부담하게 될 뿐, 신탁재산이 수익자나 위탁자 등에게 당연히 복귀되거나 승계된다고 할 수 없다).
2) 신탁법 제22조 제1항.
3) 신탁법 제24조.

가 신탁의 존재 여부를 다투는 경우에는 (i) 공시를 갖추었을 때에는 선의의 제3자에 대하여도 신탁재산임을 주장할 수 있으나, (ii) 공시를 갖추지 못하였을 때에는 다른 방법으로 신탁재산임을 증명하거나 제3자가 악의라고 하더라도 신탁재산임을 주장할 수 없다.

3. 공시의 방법

(1) 등기 · 등록할 수 있는 재산권(신탁법 제4조 제1항)

부동산, 선박, 자동차, 항공기, 건설기계 등에 대한 권리, 특허권, 실용신안권, 디자인등록권, 상표권 등과 같이 등기 · 등록이 성립요건인 재산권뿐만 아니라 저작권처럼 등기 · 등록이 대항요건에 불과한 재산권도 여기의 재산권에 해당한다. 이를 다시 완전한 신탁의 공시와 불완전한 신탁의 공시로 나눌 수 있다.

1) 완전한 신탁의 공시

종전에는 등기 · 등록할 수 있는 재산권 중 부동산(선박 포함) 물권이 신탁을 가장 완전하게 공시할 수 있는 재산권이었다. 부동산등기부의 일부인 신탁원부로써 신탁의 내용을 전부 공시하는 것이 가능했기 때문이다. 그러나 최근에는 특허권 등의 등록령이 개정[4]됨으로써 특허권, 실용신안권, 디자인등록권 및 상표권에 대하여도 등록원부의 일종으로 신탁등록원부가 도입되는 등 신탁법 개정에 따른 신탁등록절차가 마련되어 완전한 신탁의 공시가 가능해졌다. 광업권이나 어업권의

---

4) 대통령령 제24044호, 2012. 8. 14. 시행.

경우에도 광업등록령, 어업등록령에서 광업권 · 어업권의 등록원부의 하나로서 신탁원부를 규정하고 있다.

신탁등기의 신청은 해당 신탁으로 인한 권리의 이전 또는 보존이나 설정등기의 신청과 동시에 하여야 하고(부동산등기법 제82조 제1항), 권리의 등기와 신탁등기는 동일한 순위번호로 등기되지만, 개념상 별개의 등기로 취급된다.

2) 불완전한 신탁의 공시

자동차, 항공기, 건설기계에 대한 재산권은 등록할 수 있는 재산권임에도 불구하고 현행 법제상 신탁원부가 갖추어져 있지 않다. 이 경우 등록부에 신탁을 원인으로 한 이전등록을 하더라도 신탁원부가 없어서 신탁의 구체적 내용은 공시하지 못하게 되는데, 이를 불완전한 신탁의 공시라고 할 수 있다. 최근 신탁법 개정 후 관련 법령을 정비하면서 특허권 등에 대하여는 신탁등록절차를 마련하였지만 항공기나 건설기계 등에 관한 권리에 대하여는 그렇지 않은 것으로 보아, 항공기 등에 관한 재산권은 소관 부처가 정책적인 이유로 신탁에 친하지 않은 권리로 판단한 것으로 보인다.

(2) 등기 · 등록할 수 없는 재산권(신탁법 제4조 제2항 내지 제4항)

1) 분별관리

금전 등의 동산에 대한 재산권 및 통상의 채권 등 등기 · 등록할 수 있는 방법이 마련되어 있지 않은 재산권 또는 등기 · 등록할 수 있으나 그 등기 · 등록부가 아직 마련되지 아니한 재산권은 다른 재산과 분별하여 관리하는 등의 방법으로 신탁재산임을 표시하여야 제3자에게 대항할 수 있다.

다른 재산과 분별하여 관리하는 구체적인 방법과 정도는 신탁재산의 종류에 따라 달라질 것인데, 이 경우 가장 중요한 기준은 제3자의 인식 가능성이 될 것이다. 부동산 중에서 완공 전 건물이 신탁재산인 경우 그 공시방법이 문제 되는바, 신탁의 공시방법에는 제한이 없으므로 관습법상 수목에 대하여 인정되는 명인방법에 준하여 해당 건물이 신탁재산임을 표시할 수 있을 것이다.[5]

2) 공적 장부에의 기재

도시개발사업 등이 완료되었지만 지적 정비가 마쳐지지 않아서 아직 토지나 신축건물의 소유권보존등기를 할 수 없는 단계에서 토지나 건물을 신탁한 경우, 신탁법 시행령으로 정하는 공적 장부[6]에 신탁재산임을 표시하는 방법으로 대항력을 취득할 수 있다(신탁법 제4조 제4항, 동법 시행령 제2조 각 호). 이 경우 해당 부동산이 신탁재산임을 공시할 수는 있지만 신탁원부가 없으므로 신탁의 내용을 공시하는 것은 사실상 어려울 것으로 보인다.

한편 위와 같은 신탁의 공시방법은 다음과 같은 문제점이 있다고 생각한다.

① 건축물대장, 토지대장 및 임야대장이 존재하여 소유권보존등기를 할 수 있는 상태임에도 불구하고 미등기인 채로 대장에 신탁재산임을 표시하는 방법으로 대항력을 부여하는 것은 적절하지 않다.[7] 왜

---

5) 법무부, 신탁법 해설, 법무부, 2012, 40면.

6) 부동산과 관련해서는 건축물대장, 토지대장 및 임야대장, 환지대장, 체비지대장 등이 있다.

7) 부동산인 토지 및 건물에 대하여 등기가 가능한 단계가 아니라는 이유로 동산 등

냐하면 등기를 하지 않고 대장상 이전등록을 할 수도 없거니와 하더라도 수탁자에게로 재산권을 이전하지 않고 신탁의 공시만 할 수는 없기 때문이다. 다만 미등기건물을 원시취득한 자가 건축물대장의 작성단계에서 수탁자와 신탁계약을 맺고 최초 소유자를 '수탁자 ○○○'으로 등재하거나, 등재 후 그 대장에 기하여 소유권보존등기와 신탁등기를 하는 것은 무방할 것이다.[8]

② 구 토지구획정리사업법 시행 당시에는 환지처분 전에 사업시행자가 체비지 지정을 하여 이를 제3자에게 처분하는 경우, 매수인이 토지의 인도 또는 체비지대장에의 등재 중 어느 하나의 요건을 갖추었다면, 그 매수인은 해당 토지에 관하여 물권 유사의 사용수익권을 취득하였다가 환지처분 공고 다음날에 같은 법에 의하여 원시적으로 소유권을 취득하므로[9] 체비지대장에 기재된 자는 자기 명의로 소유권보존등기를 할 수 있었다.[10]

그러나 토지구획정리사업법이 폐지된 지금은 체비지는 환지처분이 공고된 날의 다음 날에 사업시행자가 소유권을 취득하고 사업시행자로부터 체비지를 매입한 자는 (사업시행자 또는 전매인으로부터) 소유권이전등기를 마친 때에 소유권을 취득하므로(도시개발법 제42조 제5항 및 제6항) 체비지대장에 기재된 것만으로 물권자 유사의 지위를 취득

과 같이 분별관리의 방법으로 신탁의 공시를 허용하는 것도 수긍하기 어렵다. 다만 가설건축물의 경우 토지에 정착한 부동산이라고 볼 수 없으므로 가설건축물대장에 신탁재산임을 표시할 수 있다고 본다.

8) 대법원 1995. 12. 26. 선고 94다44675 판결에 따르면 미등기건물의 원시취득자로부터 양수한 자가 자기 명의로 작성된 건축물대장에 기하여 소유권보존등기를 한 경우 그 등기는 실체적 권리관계에 부합되어 적법하므로, 건축물대장이 작성되지 않은 미등기건물을 신탁을 원인으로 양도하는 것도 허용된다고 본다.

9) 대법원1996. 2. 23. 선고 94다31280 판결.

10) 등기선례 200603-1.

하였다고 보기 어렵고, 따라서 체비지대장에 신탁관계를 공시하는 것
은 적절하지 않다고 본다.

II. 신탁등기[11]

1. 개관

(1) 신탁등기의 의의

신탁등기란 어느 부동산에 관한 재산권이 신탁재산에 속하게 되었
거나 신탁조항에 변경이 있거나 더 이상 신탁재산에 속하지 않게 되
었을 때 이를 대외적으로 공시하는 등기이다. 신탁등기는 원칙적으로
위탁자에서 수탁자에게로의 권리의 이전, 설정 등의 등기(민법 제186조
에 의하여 요구되는 물권변동의 요건)와 동시에, 동일한 서면으로 신청하
여야 한다. 이러한 신탁설정등기를 통해 어느 부동산이 수탁자의 고
유재산이 아니라 신탁재산이라는 사실이 공시된다.

〈표 1〉은 신탁계약에 따라 수탁자 앞으로 소유권을 이전하면서 동
시에 신탁설정등기를 하는 경우의 등기 기록례이다. 등기원인이 신탁
으로 기록되고, 권리자 및 기타 사항란의 권리자가 수탁자로 표시되
며 그 아래에 횡선을 그어 신탁인 뜻과 신탁원부의 번호가 기록된 것

---

11) 신탁등기라는 용어는 통상, 신탁의 설정에 따른 등기만을 일컫는 좁은 의미로 사
용되나, 신탁의 설정, 변경에 따른 등기를 일컫는 넓은 의미로 사용되기도 하고, 신
탁의 설정, 변경, 종료 등 신탁에 따른 모든 등기를 일컫는 가장 넓은 의미로 사용
되기도 한다. 이 글에서는 신탁등기라는 용어를 최광의로 사용하기로 하고, 이와
구별하여 신탁의 설정에 따른 등기는 신탁설정등기라고 부르기로 한다.

〈표 1〉 신탁을 원인으로 한 소유권이전등기와 신탁등기의 기록례

【갑 구】				(소유권에 관한 사항)
순위 번호	등기 목적	접수	등기 원인	권리자 및 기타 사항
3	소유권 이전	2012년 3월 5일 제3005호	2012년 3월 4일 매매	소유자 김갑동 680611-1234567 서울특별시 강남구 대치로 15 거래가액 금 200,000,000원
4	소유권 이전	2012년 7월 30일 제4000호	2012년 7월 27일 신탁	수탁자 대한부동산신탁 112601-8031111 서울특별시 강남구 서초로 15 신탁 신탁원부 제2012-10호

을 볼 수 있다.

(2) 신탁등기의 등기사항

구 부동산등기법[12]은 위탁자, 수탁자, 수익자, 신탁관리인, 신탁의 목적, 신탁재산의 관리방법, 신탁종료의 사유, 그 밖의 신탁의 조항만을 신탁등기의 등기사항으로 규정하였다.[13] 개정 부동산등기법[14]은 이외에 (i) 수익자의 지정·변경에 관한 사항, (ii) 수익권의 발생·소멸의 조건에 관한 사항, (iii) 목적신탁(신탁법 제3조 제1항)·재신탁(제3조 제5항), 유언대용신탁(제59조 제1항), 수익자연속신탁(제60조), 수익증권발행신탁(제78조), 공익신탁(제106조), 유한책임신탁(제114조 제1항) 등

---

12) 2013. 5. 28. 법률 제11826호로 일부개정되기 전의 것을 말한다. 이하 같다.
13) 구 부동산등기법 제81조 제1항.
14) 2013. 5. 28. 법률 제11826호로 일부개정되어 2013. 8. 29.부터 시행되는 것을 말한다(이하 '부동산등기법'이라 한다).

〈표 2〉 신탁원부 양식

신탁원부

위탁자   김갑동

수탁자   대한부동산신탁

신청대리인   이갑돌 (인)

1	위탁자의 성명 주소	
2	수탁자의 성명 주소	
3	수익자의 성명 주소	
4	신탁관리인의 성명 주소	
5	신탁조항	

신탁법의 개정에 따라 새로 도입된 특수한 유형의 신탁인 경우에는 그 뜻을 등기사항으로 추가하였다.[15] 수익자·수익권에 관한 사항이나 특수한 유형의 신탁에 관한 사항은 제3자의 권리·의무에 영향을 미칠 수 있으므로 이를 등기사항으로 규정한 것이다.

---

15) 부동산등기법 제81조 제1항.

이러한 신탁등기의 등기사항은 특히 신탁원부에 기록하게 되는데, 신탁원부도 등기부의 일부로 간주되므로(부동산등기법 제81조 제4항), 신탁조항이 등기를 통해 공시된다는 사실에는 변함이 없다.

〈표 2〉는 전산정보처리조직에 의하여 영구보존문서에 관한 등기사무를 처리하는 경우의 업무처리지침(등기예규 제1467호)의 별지 제1호 신탁원부 양식이다. 위탁자, 수탁자, 수익자 및 신탁관리인에 관한 사항 외의 신탁조항은 신탁계약서를 별지로 첨부하여 공시하는 것이 현재의 등기실무이다.

(3) 신탁등기의 신청절차

1) 단독신청의 특칙

등기신청에 관하여는 공동신청주의가 원칙이므로(부동산등기법 제23조 제1항) 구 부동산등기법에서는 신탁등기도 공동신청이 원칙이었고(구 부동산등기법 제82조 제2항), 신탁변경등기의 경우에만 수탁자의 단독신청이 예외적으로 허용되었었다(동조 제3항). 그러나 신탁등기는 권리에 관한 등기이기는 하나 직접 권리를 이전·설정하는 등의 등기가 아니고 단지 어떤 부동산이 신탁재산에 속한다는 사실을 공시하여 대항력을 발생하게 하는 등기에 불과하므로(신탁법 제4조 제1항), 수탁자의 단독신청에 의하더라도 등기신청의 진정성이 충분히 담보될 수 있다고 볼 수 있다. 그러므로 부동산등기법은 신탁등기의 신청인을 규정하던 구 부동산등기법 제82조 제2항 및 제3항을 삭제하고 제23조 제7항을 신설하여 신탁설정등기는 수탁자가 단독으로 신청하는 것을 원칙으로 하였다. 이는 재신탁의 경우에도 마찬가지이다(부동산등기법 제23조 제8항). 신탁말소등기도 수탁자가 단독으로 신청한다(제87조 제3항).

2) 동시신청의 특칙

신탁설정등기의 신청은 권리의 설정등기, 보존등기, 이전등기 또는 변경등기의 신청과 동시에, 즉 1건의 신청정보로 일괄하여야 한다(부동산등기법 제82조 제1항). 다만 수탁자가 신탁등기를 하지 않아서 수익자나 위탁자가 수탁자를 대위하여 신탁설정등기를 신청하는 경우에는 신탁등기만을 신청할 수 있다(제87조 제2항). 위의 규정은 신탁말소등기의 경우에도 적용된다(제87조).

3) 신탁원부의 제공

신탁설정등기를 신청하는 경우에는 신탁재산에 속하는 부동산마다 부동산등기법 제81조 제1항 각 호의 사항을 기록한 신탁원부 정보를 첨부 정보로서 등기소에 제공하여야 한다(부동산등기규칙 제139조 제3항).

신탁원부는 이를 전자문서로 작성하여 전산정보처리조직을 이용하여 등기소에 송신하는 방법으로 제공하여야 한다. 다만 자연인 또는 법인 아닌 사단이나 재단이 직접 등기신청을 하는 경우나 자연인 또는 법인 아닌 사단이나 재단이 자격자대리인이 아닌 사람에게 위임하여 등기신청을 하는 경우에는 이를 서면으로 작성하여 제출할 수 있다(부동산등기규칙 제139조 제4항).

〈표3〉 신탁원부 변경 목록

변경 목적	변경 원인	변경사항	
		변경 전	변경 후
신탁종료 사유변경	○○년 ○○월 ○○일 변경계약	신탁원부에 기재된 '신탁종료 사유'를 기재한다.	신탁종료 사유 위탁자 사망
위탁자 주소변경	○○년 ○○월 ○○일 전거	위탁자 김을동 서울 중구 무교동 6	위탁자 김을동 서울 마포구 동교동 10

신탁원부의 기록사항에 변경이 있어 신탁변경등기를 신청하는 경우에는 별도의 변경 목록을 작성하여 제공하여야 한다(등기예규 제1467호). 신탁원부를 열람하는 거래 당사자로서는 신탁설정 후 변경 사항이 일목요연하게 정리된 변경 목록을 편리하게 활용할 수 있다(〈표 3〉 참조).

(4) 신탁등기와 등기관의 심사 범위

1) 동시신청 여부

신탁행위에 의하여 소유권을 이전하는 경우 신탁설정등기의 신청은 신탁을 원인으로 하는 소유권이전등기의 신청과 함께 1건의 신청정보로 일괄하여야 하므로, 등기원인이 신탁임에도 불구하고 신탁설정등기만을 신청하거나 소유권이전등기만을 신청할 때에는 부동산등기법 제29조 제5호에 의하여 그 신청을 각하하여야 한다(부동산등기법 제82조 제1항, 부동산등기규칙 제139조 제1항).

수탁자가 신탁재산을 제3자에게 처분하거나 신탁이 종료되어 신탁재산이 위탁자 또는 수익자에게 귀속되는 경우에는 그에 따른 권리이전등기와 신탁말소등기를 1건의 신청정보로 일괄하여 신청하여야 하므로, 등기원인이 신탁재산의 처분 또는 신탁재산의 귀속임에도 불구하고 신탁말소등기 또는 권리이전등기 중 어느 하나의 등기만을 신청할 때에는 등기관은 그 신청을 수리하여서는 아니 된다(부동산등기규칙 제144조 제1항, 제139조 제2항). 신탁재산의 일부를 처분하거나 신탁의 일부가 종료되는 경우의 권리이전등기와 신탁변경등기도 마찬가지이다.

2) 등기의무자 일치 여부

등기관은 수탁자를 등기의무자로 하는 처분제한의 등기, 강제경매 등기, 임의경매등기 등의 촉탁이 있는 경우에는 그 촉탁을 수리하여야 하지만, 위탁자를 등기의무자로 하는 촉탁이 있는 경우에는 이를 수리하여서는 아니 된다. 다만 신탁 전에 설정된 담보물권에 기한 임의경매등기 또는 신탁 전의 가압류등기에 기한 강제경매등기의 촉탁이 있는 경우에는 위탁자를 등기의무자로 한 경우에도 수리하여야 한다(신탁법 제22조 제1항, 등기예규 제1501호).[16)]

3) 신탁 목적 위배 여부

신탁등기가 경료된 부동산에 대하여 수탁자를 등기의무자로 하는 등기의 신청이 있는 경우 등기관은 그 등기신청이 신탁 목적에 위배되는지를 심사하여 신탁 목적에 반한다고 판단되는 경우에는 그 신청을 수리하여서는 아니 된다(등기예규 제1501호). 이 규정에 대하여 등기관의 형식적 심사권의 범위를 넘어서므로 등기관은 신탁 목적 위배 여부를 심사하지 않고 등기를 처리하고 신탁 위반행위에 대하여는 수익자의 취소권에 맡겨야 한다는 견해가 있다.[17)]

---

16) 신탁법이 2011. 7. 25. 법률 제10924호로 전부 개정되어 2012. 7. 26.부터 시행되었으나 이에 따른 부동산등기법의 개정이 지체되어 법원행정처에서는 개정 신탁법 (법률 제10924호, 2011. 7. 25. 공포, 2012. 7. 26. 시행)에 따른 신탁등기에 관한 업무 처리지침(등기예규 제1472호)을 임시로 제정하여 개정 신탁법에 따른 등기사무를 처리하였다. 그러던 중 부동산등기법 및 부동산등기규칙이 2013. 5. 28. 및 2013. 8. 12. 마침내 각 일부 개정되어 2013. 8. 29.부터 시행되었으므로, 신탁등기사무처리에 관한 예규(등기예규 제1473호)를 신탁등기사무처리에 관한 예규(등기예규 제1501호)로 전부 개정하면서 등기예규 제1472호는 이를 등기예규 제1501호에 통합하고 폐지하였다.
17) 최동식, 신탁법, 법문사, 2006, 88면.

⑸ 신탁등기의 종류

신탁등기를 등기의 유형에 따라 (i) 신탁(설정)등기, (ii) 수탁자변경의
등기, (iii) 신탁원부기록의 변경등기, (iv) 신탁등기의 말소등기로 구분
하는 것이 종래의 일반적인 서술이었다. 그러나 이러한 구분은 신탁
법의 개정으로 도입된 새로운 유형의 신탁에 따른 등기를 체계적으로
설명하기에는 한계가 있다고 생각한다. 따라서 이하에서는 발생·변
경·소멸이라는 권리관계의 일반적인 운명에 따라 신탁등기도 신탁의
설정(발생)·변경·종료(소멸)의 순으로 나누어 살펴보고자 한다(〈표 4〉
참조).

〈표 4〉 신탁의 설정·변경·종료에 따른 신탁등기 구분

신탁설정등기	신탁계약, 유언, 위탁자의 선언에 따른 신탁설정등기
	신탁재산의 물상대위, 원상회복 등에 따른 신탁설정등기
	재신탁에 따른 신탁설정등기
	담보권신탁에 따른 신탁설정등기
	유한책임신탁재산에 관한 신탁설정등기
신탁변경등기	위탁자 지위의 이전에 따른 신탁변경등기
	수탁자변경에 따른 신탁변경등기
	신탁재산관리인에 관한 신탁변경등기
	그 밖의 신탁조항변경에 따른 신탁변경등기
	신탁의 합병·분할 등에 따른 신탁변경등기
신탁말소(종료) 등기	신탁재산의 귀속에 따른 신탁말소등기
	신탁재산의 처분에 따른 신탁말소등기
	수탁자의 고유재산으로의 전환에 따른 신탁말소등기

2. 신탁설정등기

신탁설정등기는 어느 부동산이 신탁재산에 속하게 됨을 공시하는 등기로서, (i) 신탁행위에 따라 신탁재산에 속하게 되는 부동산에 대한 신탁설정등기와 (ii) 신탁재산의 물상대위 또는 원상회복에 따라 신탁재산에 속하게 되는 부동산에 대한 신탁설정등기로 크게 나누어 볼 수 있다. 전자는 다시 신탁행위의 종류에 따라 신탁계약, 유언, 위탁자의 선언에 따른 신탁설정등기로 세분해 볼 수 있고, 후자는 다시 신탁법 제27조의 물상대위 또는 신탁법 제43조의 원상회복 등에 따른 신탁설정등기로 세분해 볼 수 있다. 그리고 신탁법의 개정으로 새로 도입된 재신탁 및 유한책임신탁에 따라 신탁재산에 속하게 되는 부동산에 대한 신탁설정등기도 신탁설정등기의 특수한 형태이므로 여기서 함께 살펴보기로 한다.

(1) 신탁행위에 따른 신탁설정등기

1) 신탁계약, 유언에 따른 신탁설정등기

신탁계약을 원인으로 하는 신탁설정등기의 기록례는 위에서 이미 살펴보았으므로, 여기에서는 수탁자가 2인 이상인 경우의 기록례를 살펴보기로 한다.

수탁자가 여럿인 경우 신탁재산은 수탁자들의 합유로 하므로(신탁법 제50조 제1항), 권리자 및 기타 사항란에 합유라는 뜻을 기록한다(부동산등기법 제84조 제1항. 〈표 5〉).

유언에 따른 신탁설정등기의 기록례는 신탁계약에 따른 경우와 동일하므로 생략한다.

〈표 5〉 수탁자가 2인 이상인 신탁설정등기 기록례

【 갑			구】	(소유권에 관한 사항)
순위 번호	등기 목적	접수	등기 원인	권리자 및 기타 사항
4	소유권 이전	2012년 7월 30일 제4000호	2012년 7월 27일 신탁	수탁자(합유) 김우리 600104-1056429 서울특별시 서초구 서초대로 46길 60, 101동 201호(서초동, 서초아파트) 강미래 790513-1052134 서울특별시 마포구 성암로 15길 35
				신탁 신탁원부 제2012-10호

2) 위탁자의 선언에 따른 신탁설정등기

위탁자의 선언에 의한 신탁이란 위탁자가 자기 소유의 재산 중에서 특정한 재산을 분리하여 그 재산을 자신이 수탁자로서 보유하고 수익자를 위해 관리ㆍ처분한다는 것을 선언함으로써 설정하는 신탁이다. 다양한 경제적 목적의 달성과 신탁의 유연성을 위해 신탁법에 새로 도입된 제도이다.

〈표 6〉 위탁자의 선언에 따른 신탁설정등기 기록례

【 갑			구】	(소유권에 관한 사항)
순위 번호	등기 목적	접수	등기 원인	권리자 및 기타 사항
2	소유권 이전	2012년 1월 9일 제670호	2012년 1월 8일 매매	소유자 김우리 600104-1056429 서울특별시 서초구 반포대로 60(반포동) 거래가액 금 200,000,000원
3	신탁재산 으로 된 뜻 의 등기	2012년 3월 5일 제3005호	2012년 3월 4일 신탁	수탁자 김우리 600104-1056429 서울특별시 서초구 반포대로 60(반포동)
				신탁 신탁원부 제2012-25호

위탁자가 신탁의 목적, 신탁재산, 수익자 등을 특정하고 자신을 수탁자로 정한 선언에 따라 신탁을 설정하는 경우에는(신탁법 제3조 제1항 제3호), 신탁설정등기와 신탁재산으로 된 뜻의 권리변경등기를 1건의 신청정보로 일괄하여 수탁자가 단독으로 신청한다(등기예규 제1501호). 위탁자의 선언에 따른 신탁설정등기이므로 순위번호 2번의 소유자와 순위번호 3번의 수탁자가 동일한 것을 확인할 수 있다〈표 6〉).

(2) 신탁재산의 물상대위 또는 원상회복 등에 따른 신탁설정등기

1) 신탁재산의 물상대위에 따른 신탁설정등기

신탁재산의 관리, 처분, 운용, 개발, 멸실, 훼손, 그 밖의 사유로 수탁자가 얻은 재산은 신탁재산에 속하므로(신탁법 제27조), 예컨대 금전 등 신탁재산을 처분하여 제3자로부터 부동산의 소유권을 취득한 경우에는 신탁설정등기와 신탁재산에 속하게 된 해당 부동산에 대한 소

〈표 7〉 신탁재산처분에 따른 신탁설정등기 기록례

【갑		구】		(소유권에 관한 사항)
순위번호	등기목적	접수	등기원인	권리자 및 기타 사항
3	소유권이전	2012년 3월 5일 제3005호	2012년 3월 4일 매매	소유자 김갑동 680611-1234567 서울특별시 강남구 대치로 15 거래가액 금 200,000,000원
4	소유권이전	2012년 7월 30일 제4000호	2012년 7월 27일 매매	소유자 강미래 790513-1052134 서울특별시 용산구 원효로10(원효로 1가) 거래가액 금 150,000,000원
				신탁재산처분에 의한 신탁 신탁원부 제2012-10호

유권이전등기는 하나의 순위번호를 사용하여 동시에 기록한다(등기예규 제1501호. 〈표 7〉).

2) 신탁재산의 원상회복 등에 따른 신탁설정등기

수탁자가 그 의무를 위반하여 신탁재산에 손해·변경이 발생하거나 손해가 생기지 아니하였더라도 의무 위반으로 인하여 이득을 얻은 경우에는 신탁재산의 원상회복 또는 이득반환을 하여야 한다(신탁법 제43조). 이 경우 신탁설정등기와 신탁재산으로 회복(반환)되는 해당 부동산에 대한 소유권이전등기는 하나의 순위번호를 사용하여 동시에 기록한다(등기예규 제1501호). 신탁인 뜻의 기록은 신탁재산으로의 회복 또는 반환으로 구분하여 기록한다(〈표 8〉).

〈표 8〉 신탁재산의 원상회복 등에 따른 신탁설정등기 기록례

【갑		구】		(소유권에 관한 사항)
순위 번호	등기 목적	접수	등기 원인	권리자 및 기타 사항
3	소유권 이전	2012년 3월 5일 제3005호	2012년 3월 4일 매매	소유자 　김우리 600104-1056429 　서울특별시 서초구 반포대로60(반포동) 거래가액 금 50,000,000원 신탁재산으로의 회복(반환)에 의한 신탁 신탁원부 제2011-52호

(3) 특수한 형태의 신탁설정등기

1) 재신탁에 따른 신탁설정등기

구 신탁법에는 수탁자가 신탁재산을 다시 신탁하는 재신탁에 관한 명문의 규정이 없었다. 이 때문에 등기실무는 재신탁에 따른 신탁설

〈표 9〉 재신탁에 따른 신탁설정등기 기록례

【갑			구】	(소유권에 관한 사항)
순위 번호	등기 목적	접수	등기 원인	권리자 및 기타 사항
2	소유권 이전	2012년 1월 9일 제670호	2012년 1월 8일 매매	소유자 　김우리 600104-1056429 　서울특별시 서초구 반포대로 60(반포동) 거래가액 금 200,000,000원
3	소유권 이전	2012년 3월 5일 제3005호	2012년 3월 4일 신탁	수탁자 　대한부동산신탁 112601-8031111 　서울특별시 강남구 테헤란로 15(삼성동)
				신탁 신탁원부 제2012-25호
4	소유권 이전	2012년 7월 30일 제12345호	2012년 7월 27일 재신탁	수탁자 　한국부동산신탁 130121-8021111 　서울특별시 강남구 테헤란로 35(삼성동)
				신탁 신탁원부 제2012-47호

정등기를 할 수 없다는 입장이었다(등기선례 제6-465호). 신탁법은 재신탁의 허용 여부를 입법적으로 해결하였다(신탁법 제3조 제5항). 재신탁에 따른 신탁설정등기는 등기원인을 재신탁으로 기록한다(〈표 9〉).

2) 담보권신탁에 따른 신탁설정등기

구 신탁법은 수탁자 앞으로 저당권을 설정하여 이를 신탁재산으로 하고 그 피담보채무의 채권자를 수익자로 지정하는 방식의 신탁에 대하여 아무런 규정도 두지 않았다. 따라서 담보권신탁은 허용되지 않는 것으로 해석되었다. 그러나 신탁법은 담보권을 설정하는 방식으로 신탁을 설정할 수 있음을 명문으로 인정하였다(신탁법 제2조).

담보권신탁에서는 담보권 자체가 신탁재산이 되고, 위탁자가 담보권설정자, 수탁자가 담보권자, 수익자가 피담보채권의 채권자가 된다.

〈표 10〉 담보권신탁에 따른 신탁설정등기 기록례

【을		구】		(소유권 이외의 권리에 관한 사항)
순위 번호	등기 목적	접수	등기 원인	권리자 및 기타 사항
1	근저당권 설정	2012년 7월 30일 제12345호	2012년 7월 27일 신탁	채권최고액 금 250,000,000원 존속 기간 1년 채무자 　김우리 　서울특별시 서초구 서초대로 46길 60, 　101동 201호(서초동, 서초아파트) 수탁자 　대한부동산신탁 112601-8031111 　서울특별시 강남구 테헤란로15(삼성동) 신탁 신탁원부 제2012-38호

이 경우 수탁자는 신탁행위에서 정한 바에 따라 담보권을 실행하여 목적물의 매각대금을 수익자인 채권자에게 배당하게 된다.

담보권신탁에서 그 저당권에 의하여 담보되는 피담보채권이 여럿이고 피담보채권별로 저당권의 등기사항이 다를 때에는 그 등기사항을 피담보채권별로 구분하여 기록한다(부동산등기법 제87조의2 제1항. 〈표 10〉).

3) 유한책임신탁재산에 관한 신탁설정등기

신탁재산에 독립성이 인정된다고 하여도 신탁재산 자체에는 독자적인 법인격이 인정되지 않기 때문에 신탁사무의 처리상 행해지는 대외적인 거래의 권리·의무의 주체는 수탁자가 된다. 따라서 수탁자가 신탁사무를 처리하는 과정에서 제3자와 거래를 맺으면 그 제3자에 대하여 자신의 고유재산으로도 변제책임을 부담하는 것이 원칙이다. 유한책임신탁은 수탁자가 해당 신탁에 관하여 발생한 신탁채무에 대하여 신탁재산만으로 변제책임을 부담하고, 수탁자 개인의 고유재산으로는 변제책임을 부담하지 아니하는 신탁을 말한다(신탁법 제114조). 신탁법은 사업형 신탁의 활성화, 책임한정특약 실무의 입법화 등을 이유로 유한책임신탁제도를 새로 도입하였다.

유한책임신탁의 신탁재산에 속하는 부동산에 대하여 신탁설정등기를 할 때에는 그 뜻을 신탁원부에 기록한다(부동산등기법 제81조 제1항 제12호). 유한책임신탁등기는 유한책임신탁의 효력발생요건이므로, 유한책임신탁의 신탁재산에 속하는 부동산에 대하여 신탁등기를 신청하는 경우에는 그 등기가 되었음을 증명하는 정보(등기사항증명서)를 첨부 정보로서 등기소에 제공한다(부동산등기규칙 제139조의2 제3항).

3. 신탁변경등기

신탁변경등기는 위탁자, 수탁자, 수익자, 신탁의 목적, 신탁재산의 관리방법 등 신탁의 내용에 변경이 있는 경우에 이를 공시하는 등기이다. 이에는 (i) 위탁자 지위의 이전에 따른 신탁변경등기, (ii) 수탁자 변경에 따른 신탁변경등기, (iii) 신탁재산관리인에 관한 신탁변경등기, (iv) 그 밖의 신탁조항(신탁의 목적, 신탁재산의 관리방법 등) 변경에 따른 신탁변경등기가 있다. 그리고 신탁법의 개정으로 새로 도입된 신탁의 합병·분할 등에 따른 신탁변경등기도 여기서 함께 다루기로 한다.

(1) 위탁자 지위의 이전에 따른 신탁변경등기

구 신탁법에서는 위탁자 지위의 이전에 대하여 명문의 규정이 없어 그 허용 여부를 둘러싸고 견해의 대립이 있었다. 신탁법은 위탁자의

〈표 11〉 신탁원부 제○○호의 변경내역표

일련 번호	접수 일자	접수 번호	변경사항
1	2007년 10월 3일	제6501호	신탁원부 제○○호 2008년 5월 1일 전자촬영
2	2012년 8월 3일	제5002호	위탁자 변경 원인 : 2012년 8월 1일 위탁자 지위의 이전 위탁자 　김대한 　서울특별시 서초구 반포대로 60(반포동)
3	2012년 12월 5일	제3005호	수탁자 해임 원인 : 2012년 12월 4일 서울중앙지방법원 해임 2012년 12월 6일 부기
4	2013년 2월 2일	제1002호	신탁관리인 선임 원인 : 2013년 1월 25일 서울중앙지방법원 선임 신탁관리인 　이대한 　서울특별시 서초구 강남대로 37길 21(서초동)
5	2013년 3월 2일	제2002호	신탁종료 사유 변경 원인 : 2013년 2월 25일 변경계약 신탁종료 사유 : 위탁자 사망

지위는 신탁행위로 정한 방법에 따라 또는 수탁자와 수익자의 동의를 얻어 제3자에게 이전할 수 있다고 규정하여 이를 입법적으로 해결하였다(신탁법 제10조 제1항 및 제2항).

위탁자는 신탁원부의 기록사항이므로, 위탁자 지위의 이전이 있는 경우 이를 신탁원부의 변경내역표에만 기록한다. 변경내역표는 신탁원부의 변경내역관리 및 촉탁 또는 직권 기록사항을 기록하기 위해 작성되는데, 원칙적으로 전산정보처리조직에 의하여 자동으로 생성된다(등기예규 제1467호 참조〈표 11〉).

(2) 수탁자변경에 따른 신탁변경등기

수탁자의 임무가 종료되면 신탁재산에 속하는 부동산에 관하여 신수탁자 앞으로 권리이전등기를 하여야 하고, 이 등기는 종전의 수탁자와 새로 선임된 수탁자가 공동으로 신청한다. 그러나 사망, 해임 등의 원인으로 수탁자의 임무가 종료된 경우에는 종전 수탁자의 공동신청을 기대할 수 없으므로 새로 선임된 수탁자가 단독으로 권리이전등기를 신청한다(부동산등기법 제83조).

수탁자의 변경으로 인한 이전등기, 여러 명의 수탁자 중 1인의 임무종료로 인한 변경등기, 수탁자인 등기명의인의 성명 및 주소에 관한 변경등기 또는 경정등기를 한 경우 등기관은 직권으로 신탁원부 기록의 변경등기를 한다(부동산등기법 제85조의2). 그러나 수탁자가 법원의 재판에 의하여 해임된 경우라면 법원이 신탁원부 기록의 변경등기를 등기소에 촉탁하고, 등기관은 법원의 촉탁에 의하여 수탁자 해임에

〈표 12〉 등기관이 수탁자 해임의 뜻을 직권으로 등기한 기록례

【갑 　　　 구】				(소유권에 관한 사항)
순위 번호	등기 목적	접수	등기 원인	권리자 및 기타 사항
4	소유권 이전	2012년 7월 30일 제4000호	2012년 7월 27일 신탁	수탁자 김우리 600104-1056429 서울특별시 서초구 서초대로 46길 6, 101동 201호(서초동, 서초아파트)
				신탁 신탁원부 제2012-10호
4-1	4번 수탁 자 해임		2012년 12월 4일 서울중앙지 방법원 해임	2012년 12월 6일 부기

관한 신탁원부 기록의 변경등기를 한 후 직권으로 등기 기록에 수탁자 해임의 뜻을 부기한다(부동산등기법 제85조 제1항, 제3항.〈표 12〉).

(3) 신탁재산관리인에 관한 신탁변경등기

구 신탁법은 수탁자가 사임하거나 해임된 경우에만 법원이 신탁재산관리인의 선임 기타 필요한 처분을 명할 수 있다고 규정하였다. 이에 더하여 신탁법은 신탁재산관리인이 선임될 수 있는 사유를 추가하였고, 신탁재산관리인이 필수적으로 선임되어야 하는 사유도 규정하였다.

신탁재산관리인은 선임된 목적 범위 내에서 수탁자와 동일한 권리·의무를 가지므로(신탁법 제17조 제4항), 신탁재산관리인이 선임되면 신탁재산의 관리·처분권은 신탁재산관리인에게 귀속된다. 따라서 이를 등기 기록에 공시할 필요가 있다. 신탁재산관리인을 선임하거나 그 밖

〈표 13〉 신탁재산관리인이 선임된 뜻의 등기 기록례

【갑 구】				(소유권에 관한 사항)
순위 번호	등기 목적	접수	등기 원인	권리자 및 기타 사항
3	소유권 이전	2012년 9월 10일 제19100호	2012년 9월 9일 신탁	수탁자 장동군 701023-1012345 서울특별시 강남구 삼성로길 10(대치동) 신탁 신탁원부 제2011-15호
4	3번 신탁 재산관리 인이 선임 된 뜻의 등 기	2012년 10월 25일 제30123호	2012년 10월 20일 서울중앙 지방법원의 선임결정 (2012비단100)	신탁재산관리인 김대한 630128-1033114 서울특별시 강남구 강남대로 2(도곡동)

의 필요한 처분을 명한 경우, 신탁재산관리인의 사임결정 또는 해임결
정을 한 경우(제20조 제1항) 및 신탁재산관리인의 임무가 종료된 경우
(동조 제2항) 법원은 직권으로 지체 없이 그 취지의 등기를 촉탁하여야
한다(동조 제1항, 제2항). 이와 별개로 법원이 신탁재산관리인의 해임 재
판을 하거나 공익신탁을 감독하는 주무 관청이 신탁재산관리인을 직
권해임한 경우 등에는 신탁원부 기록의 변경등기를 촉탁하여야 한다
(부동산등기법 제87조의3. 〈표 13〉, 이에 따른 신탁원부변경내역은 〈표 11〉 참조).

(4) 그 밖의 신탁조항변경에 따른 신탁변경등기

신탁조항변경에 따른 신탁변경등기(신탁원부 기록의 변경등기)의 경
우에는 등기기록에는 변경이 없고 신탁원부의 변경내역표만 새로 작
성된다. 신탁관리인이 선임된 경우와 신탁종료 사유가 변경된 경우의
신탁원부변경내역표 기록례는 〈표 11〉과 같다.

(5) 신탁의 합병·분할 등에 따른 신탁변경등기

구 신탁법은 신탁의 합병·분할에 관하여 아무런 규정도 두지 않았
다. 그러나 신탁법은 신탁사무처리의 편리성, 규모의 경제 실현 등을
이유로, 수탁자가 동일한 여러 개의 신탁을 1개의 신탁으로 할 수 있
도록 하는 신탁의 합병(제90조) 및 신탁재산 중 일부를 분할하여 수탁
자가 동일한 새로운 신탁의 신탁재산으로 할 수 있도록 하는 신탁의
분할·분할합병(제94조)에 관한 규정을 신설하였다.

합병(분할)은 원래 상법상 회사(주식회사)에 한하여 인정되는 회사법
상의 법률사실이나, 신탁법은 이를 신탁의 경우에도 도입하였다. 다만

신탁에 있어서는 신탁재산에 독자적인 법인격이 부여되는 것이 아니라 수탁자의 법인격에 의존하여 법률관계가 형성되는 것에 불과하므로, 신탁의 합병(분할)은 수탁자가 동일한 경우에만 허용된다.

〈표 14〉 신탁합병에 따른 신탁변경등기 기록례

【갑 구】				(소유권에 관한 사항)
순위번호	등기목적	접수	등기원인	권리자 및 기타 사항
3	소유권이전	2012년 3월 5일 제3005호	2012년 3월 4일 신탁	~~수탁자~~ 대한부동산신탁 112601-8031111 서울특별시 강남구 테헤란로 15(삼성동)
				~~신탁~~ ~~신탁원부 제2012-25호~~
4	신탁합병으로 인하여 다른 신탁의 목적으로 된 뜻의 등기	2012년 7월 30일 제12345호	2012년 7월 27일 신탁합병	3번 신탁등기말소 신탁 신탁원부 제2012-45호

〈표 15〉 신탁분할에 따른 신탁변경등기 기록례

【갑 구】				(소유권에 관한 사항)
순위번호	등기목적	접수	등기원인	권리자 및 기타 사항
3	소유권이전	2012년 3월 5일 제3005호	2012년 3월 4일 신탁	수탁자 대한부동산신탁 112601-8031111 서울특별시 강남구 테헤란로 15(삼성동)
				~~신탁~~ ~~신탁원부 제2012-25호~~
4	신탁분할로 인하여 다른 신탁의 목적으로 된 뜻의 등기	2012년 7월 30일 제12345호	2012년 7월 27일 신탁분할	3번 신탁등기말소 신탁 신탁원부 제2012-45호

신탁의 합병 · 분할로 인하여 부동산에 관한 권리가 하나의 신탁의 신탁재산에서 다른 신탁의 신탁재산으로 그 귀속이 변경되는 경우에는 권리의 변경등기와 기존 신탁말소등기 및 새로운 신탁설정등기를 동시에 한다(부동산등기법 제82조의2). 등기원인은 신탁합병 또는 신탁분할(합병)로 기록한다(〈표 14〉, 〈표 15〉).

4. 신탁종료(말소)등기

신탁말소등기는 어느 부동산이 더 이상 신탁재산에 속하지 않음을 공시하는 등기이다. 이에는 (i) 신탁 자체가 종료되어 신탁재산에 속하는 부동산이 수익자 등 귀속권리자에게 귀속되는 신탁재산 귀속에 따른 신탁말소등기, (ii) 수탁자가 신탁재산에 속하는 부동산을 신탁 목적에 따라 처분하여 그 부동산이 더 이상 신탁재산에 속하지 않는 경우의 신탁재산처분에 따른 신탁말소등기, (iii) 신탁재산에 속하는 부동산이 수탁자의 고유재산이 되어 더 이상 신탁재산에 속하지 않는 경우의 수탁자의 고유재산으로의 전환에 따른 신탁말소등기가 있다.

(1) 신탁재산의 귀속에 따른 신탁말소등기

신탁행위로 달리 정하지 않는 한, 신탁이 종료되면 신탁재산은 수익자에게 귀속되는 것이 원칙이다(신탁법 제101조 제1항). 이 경우 수익자 앞으로의 권리이전등기와 신탁말소등기를 하나의 순위번호를 사용하여 동시에 기록한다(부동산등기규칙 제144조 제2항).

⑵ 신탁재산의 처분에 따른 신탁말소등기

　신탁행위로 정하여진 목적 및 방법에 따라 수탁자가 신탁재산에 속하는 부동산을 제3자에게 처분한 경우(신탁법 제2조) 그 부동산은 더 이상 신탁재산에 속하지 않게 된다. 이 경우 제3자 앞으로의 권리이전등기와 신탁말소등기를 하나의 순위번호를 사용하여 동시에 기록한다(부동산등기규칙 제144조 제2항).

⑶ 수탁자의 고유재산으로의 전환에 따른 신탁말소등기

　신탁행위로 허용한 경우, 수익자에게 고지하고 승인을 받은 경우, 법원의 허가를 받은 경우 수탁자는 신탁재산을 고유재산으로 하거나 신탁재산에 관한 권리를 고유재산에 귀속시킬 수 있다(신탁법 제34조 제2항). 이 경우 고유재산으로 전환된 부동산에 대하여는 고유재산으

〈표 16〉 수탁자의 고유재산으로의 전환에 따른 신탁말소등기 기록례

순위번호	등기목적	【갑　　구】		(소유권에 관한 사항)
		접수	등기원인	권리자 및 기타 사항
2	소유권이전	2012년 1월 9일 제670호	2012년 1월 8일 매매	소유자 김우리 600104-1056429 서울특별시 서초구 반포대로 60(반포동) 거래가액 금 200,000,000원 ~~신탁재산처분에 의한 신탁~~ ~~신탁원부 제2012-25호~~
3	2번 수탁자의 고유재산으로 된 뜻의 등기	2012년 3월 5일 제3005호	2012년 3월 4일 신탁재산의 고유재산 전환	2번 신탁등기말소 원인 : 신탁재산의 고유재산 전환

로 된 뜻의 등기와 신탁말소등기를 하나의 순위번호를 사용하여 동시에 기록한다(부동산등기규칙 제144조 제2항.〈표 16〉).

III. 재건축절차와 신탁등기

1. 서언

도시 및 주거환경정비법의 시행으로 재건축사업도 재개발사업과 같이 관리처분계획인가 및 이전고시절차를 거치게 되었지만 재건축 과정에서의 여러 가지 편의[18]를 위해 거의 예외 없이 재건축정비사업 조합을 수탁자로 한 신탁등기를 하고 있다. 이러한 실무에 대하여 행정 주체인 재건축정비사업조합이 신탁재산에 대하여 이전고시를 하는 것은 자기재산에 대하여 공권적 처분을 하는 것이 되어 부적절하다는 견해[19]도 있지만, 현행 실무상 신탁등기는 제한 없이 허용되고 있다.

그런데 공사가 완료되고 정비사업의 준공인가 및 소유권이전고시를 거쳐 종전 토지와 건물에 관한 말소 및 멸실등기와 새로 조성된 대지와 축조된 건축시설에 관한 소유권보존등기를 신청할 때 종전 토지 및 건물에 대한 신탁등기를 어떻게 할 것인지가 문제 된다. 이에 관하여 최근 의미 있는 대법원 등기선례가 나왔으므로 여기에 소개하고, 아울러 재건축절차에서 신탁등기가 갖는 의미에 관하여 간단히 고찰하고자 한다.

---

18) 신탁등기를 함으로써 조합원 지위의 양도가 제한되므로 조합원의 관리가 용이하고, 강제집행을 방지하는 등의 효과가 있다.
19) 법원행정처, 2007 부동산등기실무(III), 2007, 309-310면.

2. 종전 토지 및 건물등기부에 마쳐진 신탁등기의 처리[20]

① 종전 토지의 말소등기 및 건물의 멸실등기의 경우, 폐쇄된 토지 (건축물)대장등본도 첨부하여야 하며(다만 종전 건물에 대한 멸실등기는 소유권이전고시 전이라도 폐쇄된 건축물대장등본을 첨부하여 할 수 있다), 신청을 수리한 등기관은 그 등기기록의 표제부에 '정비사업시행으로 인하여 말소'한다는 뜻을 기록하고 그 등기기록을 폐쇄하여야 한다. 이러한 등기는 표시변경등기에 해당하여 그 등기기록의 갑구·을구 에 기재된 권리에 관한 등기는 말소할 필요가 없으므로, 종전 토지등 기기록에 재건축조합을 수탁자로 하는 신탁등기가 있어도 그 토지의 말소등기(및 등기기록의 폐쇄)를 하는 데에는 아무런 지장이 없다.

② 사업시행자는 도시 및 주거환경정비법 제54조 제2항의 규정에 의한 이전고시를 한 때에는 지체 없이 그 사실을 관할 등기소에 통지 하여야 하고, 이 통지 후에는 종전 토지등기기록의 권리에 관한 등기 와 표시에 관한 등기가 모두 정지되므로, 조합 명의로 신탁된 부동산 에 관하여 신탁해지나 신탁종료원인이 발생하였다 하더라도 이에 따 른 소유권이전등기 및 신탁말소등기를 신청할 수는 없다.

3. 재건축절차에 있어 신탁등기의 의미

(1) 재건축절차를 신탁계약의 이행이라는 측면에서 보는 견해

구 건물과 토지에 대한 신탁계약에 따라 수탁자가 재건축사업을 추

---

20) 등기선례 201207-2호(2012. 7. 17. 부동산등기과-1391 질의회답).

진한 것이므로, 조합원분 건물에 대해서는 조합원 명의로 소유권보존
등기를 하는 것은 당연하다. 그런데 일반 분양분 신축건물(대지사용권
포함)에 대해서는 수탁자인 재건축조합이 신탁재산으로 취득한 것이
므로, 재건축조합이 수탁자 지위에서 소유권보존등기와 신탁등기를
한 후에 일반 수분양자에게 신탁재산처분을 원인으로 소유권이전등
기 및 신탁등기의 말소를 신청하는 것이 등기절차상 원칙에 맞다는
견해이다. 그러기 위해서는 관리처분계획 및 소유권이전고시 역시 구
건물 및 토지등기기록에 부합하게 재건축조합을 수탁자로 하여 이루
어져야 한다.

그러나 실무에서는 일반 분양분에 대하여 재건축조합이 수탁자로
서가 아니라 소유자로서(즉 신탁재산이 아니라 조합의 고유 재산으로) 관
리처분계획 및 소유권이전고시가 이루어지고,[21] 이에 따라 조합 명의
의 소유권보존등기를한 다음 수분양자에게 이전등기를 해주고 있다.
달리 말하면 새로 축조 · 조성된 건축물과 토지는 신탁재산이 아닌 것
으로 공시되어, 신탁재산이었던 종전 토지 및 건물과 권리관계가 연
결되지 않는다는 비판이 가능하다.

(2) 재건축절차를 도시 및 주거환경정비법에 따른 행정작용이라는 측면에서 보는 경우

도시 및 주거환경정비법상의 관리처분계획인가 및 이에 따른 이전
고시 등의 절차를 거쳐 신 건물이나 대지를 조합원에게 분양한 경우

---

21) 관리처분의 인가 및 고시, 소유권이전고시의 단계에서 '수탁자 ○○재건축정비사
    업조합'이라고 하지 않고 '소유자 ○○재건축정비사업조합'이라고 표시하고 있다.

에는 구 건물이나 대지에 관한 권리가 권리자의 의사에 관계없이 신
건물이나 대지에 관한 권리로 강제적으로 교환 · 변경되어 공용환전
된 것으로 볼 수 있으므로,[22] 관리처분계획과 소유권이전고시에서 재
건축조합을 소유자로 하였다면 그에 따라 등기를 신청할 수밖에 없다
는 견해이다. 또한 도시 및 주거환경정비법 제55조 제2항에 따르면,
소유권이전고시에 의하여 취득하는 조합원분 대지 또는 건축물은 도
시개발법상의 환지로 보며, 일반 분양분은 체비지 또는 보류지로 보
므로, 사업시행자인 재건축조합이 체비지에 해당하는 일반 분양분에
대하여 소유권을 취득하고 이를 처분하여 사업시행의 경비를 충당하
는 것이 합당하다는 것이다.

　이에 따르면 재건축조합원과 조합 사이에 체결한 신탁계약이 무의
미해지지만, 도시 및 주거환경정비법의 제정으로 재건축절차는 더 이
상 신탁계약의 이행이라는 사법관계가 아니라 공법관계로 보아야 하
므로 이는 불가피하다고 본다.

(3) 맺음말

　사실상의 필요에 의하여 신탁등기를 하고 있지만 재건축은 본질적
으로 도시 및 주거환경정비법이라는 공법에 의하여 진행되는 절차이
므로, 이를 신탁계약의 이행으로 파악하여 그에 따른 등기절차를 관
철하고자 하는 위 (1)의 견해는 무리가 있다고 생각한다. 등기절차에
있어서는 종전 토지 및 건물등기부에 신탁등기가 되었는지 여부와 상
관없이 관리처분계획 및 소유권이전고시에 따라 (일반 분양분에 대하

---

22) 대법원 2011. 4. 14. 선고 2010다96072 판결.

여) 재건축조합을 소유자로 하여 소유권보존등기를 하는 현행 실무는
수긍할 수 있다고 생각한다.[23)]

---

23) 등기관은 관리처분계획 및 소유권이전고시의 내용과 등기신청서의 내용이 부합
하는지 여부를 심사하며, 종전 토지등기기록에 신탁등기가 말소되었는지 여부는
등기관의 심사 범위에 속하지 않는다.

신탁재산의 형성과 법적 인식[*]
-인격차용과 신탁재산의 독립성-

이중기[**]

I. 신탁의 목적재산 형성기능과 존속기능

1. 신탁의 인격차용능력과 신탁재산의 독립성

신탁법은 법인법과 달리 신탁에 대해 자신의 독자적인 인격을 부여하지 않는다.[1] 하지만 신탁법은 법인법과 마찬가지로 신탁이라는 이름하에 독자적인 목적재산의 형성을 가능하게 한다. 여기에서 생기

---

[*] 이 글은 이중기, 공익신탁과 공익재단의 특징과 규제, 삼우사, 2014, 제4장〔"법인과 비교한 신탁의 특징—공익신탁에의 활용을 중심으로," 서울대학교 법학 제55권 제2호(2014. 6)〕의 일부를 '신탁재산' 및 '사업신탁'의 맥락에서 재구성한 것이다.

[**] 홍익대학교 법과대학 교수

[1] 그렇다고 신탁에 대해 법적 주체성을 인정할 수 없다는 뜻은 아니다. 이는 입법정책의 문제이다. 미국에서는 신탁에 대해 법인과 동일한 법적 주체성을 인정한다. 이중기, "제정법상 신탁에 관한 미국의 새로운 통일법과 유한책임신탁과의 비교," 선진상사법률연구 제59호(2012. 7), 법무부 참조.

는 근본적인 의문은 "신탁은 어떻게 고유한 인격 없이도 독자적인 목적재산을 형성시킬 수 있는가?" 하는 것이다. 왜냐하면 우리 민법은 재산에 대한 권리 주체를 인에 한정하고 인에 대해서만 재산소유권능을 허용[2]하기 때문에, 인격의 보유 없이 독자적인 목적재산을 형성시키는 것은 불가능하기 때문이다. 그렇다면 신탁은 어떻게 독자적인 목적재산을 형성시키는가? 그 답은 신탁은 독자적인 인격을 갖지 않지만 기존 인격자의 인격을 차용할 수 있는 '인격차용능력'[3]을 갖기 때문이다. 즉 신탁법은 기존 권리 주체의 인격을 차용하고, 인격을 제공한 수탁자를 통해 수탁자자격에서의 목적재산 형성을 가능하게 한다. 신탁법이 규정한 신탁의 인격차용방법은 크게 두 가지이다. 하나는 '출연자'의 인격을 차용하는 신탁선언이고, 다른 하나는 '출연자 이외'의 인격을 차용하는 신탁계약 혹은 유언에 의한 신탁설정이다. 그런데 신탁법이 목적재산에 대해 신탁의 독자적 인격을 부여하는 대신 수탁자인격을 부수적으로 차용하게 한 결과, 인격을 차용한 목적재산이 인격을 제공한 수탁자의 고유재산과 혼화되는 문제가 발생한다. 신탁법은 이러한 문제를 해결하기 위해 신탁재산의 독립성을 선언하는 여러 조항을 두고 있다. 신탁재산에 대한 강제집행 등의 금지(제22조), 수탁자의 사망, 이혼 시의 신탁재산보호(제23조), 수탁자의 파산 시 신탁재산의 보호(제24조), 신탁재산에 대한 상계의 금지(제25조) 등이 그것이다.

정리하면 신탁법은 신탁을 설립할 때 법인법과 달리 출연재산에 대해 새로운 인격을 부여하는 대신 기존 인격자의 인격을 차용하게 함으로써 출연재산을 출연자의 재산으로부터 분리한다. 그런데 신탁법

---

2) 민법 제1편 총칙 제2장 인 참조.
3) 인격차용설에 따른 신탁제도의 설명에 대해서는 이중기, 신탁법, 삼우사, 2007, 4면 이하.

이 출연재산에 대해 독자적인 인격부여 대신 수탁자인격을 차용하게
한 결과 인격제공자인 수탁자의 고유재산과의 혼화 가능성이 생기는
데, 신탁법은 신탁재산의 독립성을 선언함으로써 수탁자의 고유재산
으로부터 목적재산을 분리한다. 즉 신탁설립절차가 수행하는 전자의
기능은 목적재산을 출연하는 '설정자'로부터 신탁재산을 분리하는 기
능인 데 반해, 신탁재산의 독립성이 수행하는 후자의 기능은 인격을
제공하는 '수탁자'로부터 신탁재산을 분리하는 기능이다. 신탁법이 부
여한 신탁의 인격차용능력과 수탁자인격을 차용한 신탁재산의 독립
성 선언은 신탁법이 신탁이라는 이름하의 목적재산을 형성시키고 그
존속을 가능하게 하는 근본적 기초가 된다.

2. 인격제공방식의 비교—인격차용과 인격설정

법인법과 비교할 때 신탁법이 목적재산을 분리하는 방식은 특징이
있는데, 그것은 바로 재산분리기능 수행의 매개가 되는 '인격'의 제공방
식에 있어서의 차이점이다. 법인법은 재산분리기능 수행의 매개체인
인격을 새로운 법인격으로 창설해서 제공한다. 이에 비해 신탁법은
재산분리기능의 매개체인 인격을 기존 권리 주체의 인격으로부터 차
용해서 제공한다. 즉 고유재산을 보유하는 인격자에 대해 목적재산을
별도의 '수탁자자격'에서 소유하도록 하는 것이다. 출연재산의 분리기
능을 매개하는 '인격'을 독자적인 법인격으로 창설하는가 아니면 기존
인격자로 하여금 수탁자자격에서 소유하도록 하는가는 법인 혹은 신
탁의 특징[4]이 되면서 동시에 법인 혹은 신탁의 장점 혹은 단점으로

---

4) 본문 III. 참조.

작용[5]하는데, 아래에서는 신탁의 관점에서 이러한 특징들을 이야기해 보자.

II. 신탁설립의 인격차용 ― '출연자' 로부터의 재산분리기능[6]

1. '인격제공'을 통한 재산분리

재산의 출연을 통한 법인이나 신탁의 설립은 모두 출연재산에 대해 독자적 '법인격을 부여'하거나 수탁자의 '인격을 차용'하게 함으로써 출연재산을 독립된 법인격하의 목적재산 혹은 수탁자명의를 차용한 목적재산이 되게 한다. 이러한 설립절차는 '법주체의 형성' 관점에서는 새로운 인격체를 창설하거나 혹은 수탁자의 인격을 차용하게 하는 기능을 하지만, 그와 동시에 행해지는 '출연재산의 소유자 변동'의 관점에서 보면 출연재산의 소유자를 출연자에서 법인 혹은 신탁으로 전환시키는 기능을 수행한다.[7] 후자의 관점에서 본 설립절차의 기능을 통상 재산분리기능(asset partitioning)[8]이라고 부른다.

---

5) 본문 IV. 참조.

6) 이 부분은 이중기, 공익신탁과 공익재단의 특징과 규제, 삼우사, 2014, 제4장〔"법인과 비교한 신탁의 특징 ― 공익신탁에의 활용을 중심으로," 서울대학교 법학 제55권 제2호(2014. 6)〕, II.를 인용한 것이다.

7) 이중기, "회사법과 비교한 공익단체법의 역할과 특징 : 왜 혜택을 부여하고 왜 규제하는가," 한양대 법학논총 제31집 제1호(2014. 3). 특히 II. 2. (2).

8) 조직법의 '재산분리기능'에 대해서는 H. Hansmann/R. Kraakman, The Essential Role of Organizational Law, 110 Yale L. J. (2000), 387, 393. 특히 신탁의 재산분리기능에 대해서는, 노혁준, "주식회사와 신탁에 관한 비교 고찰 ― 재산분리 기능을 중심으로," 증권법연구 제14권 제2호(2013), 627면.

출연자로부터 법인 혹은 신탁으로의 재산분리의 효과는 (i) 재산분리 이후 '출연자에게 발생하는 위험'이 '출연재산'에 전이될 수 있는지 여부의 관점에서 고찰할 수 있고, 반대로 (ii) '출연재산에 발생하는 위험'이 '출연자'에 전이될 수 있는지 여부의 관점에서도 고찰할 수 있다. 전자와 같이 출연재산, 즉 새로운 조직·법주체의 관점에서 위험전이 가능성을 차단하는 효과를 '조직격리(entity shielding)'[9]기능으로 정의할 수 있고, 통상 이를 '적극적 재산분리'라고 한다. 반면에 후자와 같이 출연자의 관점에서 위험전이 가능성을 차단하는 기능을 출연자·소유자격리(owner shielding)[10]기능 다시 말해 책임제한기능으로 정의할 수 있고, 통상 이를 '방어적 재산분리'라고 한다.

2. 신탁설립의 조직격리기능

(1) 신탁설립의 조직격리기능 — 출연재산의 독립성 확보

신탁의 설립도 출연재산을 출연자의 재산으로부터 수탁자의 신탁재산으로 전환시키는 기능을 수행한다. 따라서 출연재산의 소유자전환의 효과 때문에, 설립 후에 출연자가 부담하는 위험은 설립된 사업조직에 전이되지 않는다.

---

9) H. Hansmann / R. Kraakman은 조직격리를 '적극적 재산분리(affirmative asset partitioning)'라고 보았다. 앞의 논문(주 8), p.393.

10) H. Hansmann / R. Kraakman은 출연자격리, 즉 유한책임원칙을 '방어적 재산분리 (defensive asset partitioning)'라고 보았다. 앞의 논문(주 8), p.393 및 R. Kraakman et al., The Anatomy of Corporate Law : A Comparative and Functional Approach (2nd ed.), Oxford University Press (2009), p.9.

신탁법 제2조(신탁의 정의) "'신탁'이란 신탁을 설정하는 자와 신탁을 인수하는 자 간의 신임관계에 기하여 위탁자가 수탁자에게 특정의 재산을 이전하거나 담보권의 설정 또는 그 밖의 처분을 하고 수탁자로 하여금 그 재산의 관리, 처분, 운용, 개발, 그 밖에 신탁목적의 달성을 위하여 필요한 행위를 하게 하는 법률관계를 말한다."

신탁설립을 통한 출연은 출연재산을 새로 설립된 신탁의 재산, 정확하게 말하면 수탁자의 인격을 차용한 신탁재산으로 전환시키는 기능[11]을 하기 때문에 출연재산은 더 이상 출연자의 재산이 아니게 된다. 즉 신탁설립은 출연자가 출연재산을 수탁자에게 '처분'하는 효과[12]를 발생시키기 때문에 "출연자로부터" 신탁재산을 격리하여 보호하게 된다. 그 결과 '적극적 재산분리'효과인 '조직격리'효과가 생기게 되고, 신탁설립 후 출연자에게 생기는 위험은 출연된 신탁재산에 대해 전이되지 않는다. 이와 같이 신탁설립도 출연자에 생긴 위험의 전이를 방지하는 '조직격리'기능, 신탁법적 관점에서 표현하면, '출연재산의 독립성 확보'기능을 실현하고 있다. "신탁이 설정되면 어떤 목적의 신탁이든 간에 위탁자의 도산으로부터 자유롭게 되는 효과, 즉 도산격리성이 발생한다. 도산격리성은 '담보목적의 신탁'에 고유한 특성은 아니다."[13] 도산법에서 이야기하는 신탁의 도산격리 혹은 도산절연기능이란 신탁법이 설립절차에 부여한 조직격리기능을 도산의 맥락에서 실현하는 기능으로 볼 수 있다.

---

11) 이중기, 앞의 책(주 3), 4면 이하.
12) 설립행위는 법인을 설립하면서 법인에게 재산을 양도하는 것이고, 신탁은 수탁자의 인격을 차용하면서 차용한 인격에 재산을 양도하는 행위이다.
13) 이중기, 앞의 책(주 3), 610면 이하.

(2) 설립절차의 적극적 재산분리효과는 모든 단체에 부여되는가

설립절차의 조직격리기능과 관련해 제기되는 근본적 질문은 "'적극적 재산분리'효과인 조직격리는 모든 단체에 대해 부여될 필요가 있는가?'라는 것이다. 적극적 재산분리효과는 신탁을 포함한 '인격이 매개'된 모든 단체의 설립절차에 대해 부여될 필요가 있다. 출연재산에 대한 '소유자 변동의 관점'에서 보면 공익단체뿐 아니라 영리단체의 설립절차도 새로운 인격체를 창설하거나 혹은 수탁자의 인격을 차용함으로써 출연재산의 소유자를 '출연자'에서 법인 혹은 신탁으로 전환해야 하는 기능을 수행하기 때문이다. 따라서 적극적 재산분리의 효과는 법인 혹은 신탁설립절차의 가장 고유한 특징이 된다. 예를 들어 영리단체의 하나인 합명회사의 경우 사원은 무한책임을 지기 때문에 방어적 재산분리효과인 유한책임원칙은 적용되지 않는다.[14) 하지만 합명회사에서도 적극적 재산분리의 효과인 조직격리는 행해져야 한다. 즉 출연자인 사원의 채권자는 직접 회사재산에 대한 권리행사는 할 수 없고, 다만 채무자인 사원의 지분을 압류하고 퇴사시킬 수 있을 뿐이다(상법 제224조). 신탁에서도 출연자인 수익자는 수탁자에 대해 수익채권을 가질 뿐이고, 신탁재산에 대한 직접적인 권리는 없기 때문에 수익자의 채권자도 신탁재산에 대한 직접적 권리를 가지지 못한다. 이와 같이 적극적 재산분리효과는 '인격이 매개'된 모든 단체의 설립에 대해 부여되어야 하고, 이 점은 단체의 성질에 따라 정책적으로 부여될 수 있는 방어적 재산분리효과와 비교되는 점이다. 또 이러한 조직격리효과는 계약으로는 실현될 수 없고 법에 의해 선언되어야 한다.[15)

---

14) 본문 II. 3. (1) 참조.

15) H. Hansmann / R. Kraakman / R. Squire, Law and the Rise of the Firm, 119 Harv. L.

3. 방어적 재산분리효과 : 소유자격리―출연자의 유한책임

설립절차의 인격 제공을 통한 재산분리효과, 즉 조직격리효과는 반대 방향에서도 관찰할 수 있다. 새로 설립된 조직의 관점에서 '출연자'에게 생긴 위험이 '출연재산'에 전이되는가 여부를 살펴보듯이, 출연자의 관점에서 '출연재산'에 생긴 위험이 '출연자'에게 전이되는가 여부도 관찰할 수 있다. 즉 새로 설립된 단체의 출연재산이 채무초과 상태로 돌입한 경우 단체의 채권자에 의한 공격 가능성이 생기는데, 이때 공격당할 위험이 단체의 출연재산에 한정되는가 아니면, 출연자에 대해서도 그 위험이 미치는가 여부가 문제 될 수 있다. 이와 같은 상황에서 재산분리를 통해 출연재산에 생긴 위험이 출연자에게 미치는 것을 차단하는 효과를 설립절차의 '방어적 재산분리'효과라고 하고, 이를 통상 출연자 관점에서 '출연자 · 소유자격리' 기능이라고 부른다.[16] 출연자격리기능은 출연자의 책임의 관점에서 보면, 책임제한의 문제로 나타나므로, 전통적으로 출연자의 유한책임 문제로 다루어졌다.

(1) 방어적 재산분리효과를 모든 단체에 부여할 필요가 있는가

인격매개를 통한 단체설립에 부여되는 재산분리의 방어적 효과도 적극적 조직격리효과와 같이 모든 단체에 대해 부여되어야 하는가? 적극적 조직격리효과와 달리 방어적 재산분리효과는 설립되는 단체의 성질에 따라 정책적으로 부여하면 충분하다. 예를 들어 공익단체

Rev. (2006), 1333, 1340.

16) H. Hansmann / R. Kraakman은 소유자격리를 '방어적 재산분리(defensive asset parti-tioning)'라고 보았다. 앞의 논문(주 10), p.393. R. Kraakman et al., 앞의 책(주 10), p.9.

는 공익재산의 유지 이념에 따라 출연자는 출연재산에 대해 '수익자지위'를 갖지 못한다.[17] 출연재산에 대한 수익자지위가 부정되므로, 출연재산에 생긴 이익도 이전되지 않지만, 위험도 전이될 가능성이 없다. 따라서 공익단체에서는 방어적 재산분리의 효과가 인정되지 않고, 인정할 실익도 없다.

결국 방어적 재산분리효과를 인정할 필요성이 생기는 분야는 출연자가 '수익자지위'를 갖는 영리단체 설립의 경우에 한정된다. 또 영리단체라고 하여 모두 방어적 재산분리효과가 필요한 것도 아니다. 예를 들어 합명회사, 합자회사의 무한책임사원의 경우와 같이 어떤 경우에는 출연자·경영자가 영리단체의 채무에 대해 무한책임을 지는 것이 해당 영리단체의 신용도를 높일 수 있다. 이처럼 출연자·경영자가 영리단체의 책임을 인수하는 것이 유리한 영리단체에서는 방어적 재산분리의 효과를 부여할 필요가 없다.

(2) 신탁설립에서의 유한책임원칙

신탁설립의 경우 출연자격리의 효과, 즉 출연자와의 관계에서 사업조직이 부담한 책임이 출연자에게 전이되는 것을 방지하는 '소유자격리', 즉 출연자 유한책임이 실현되고 있는가? 원칙적으로 소유자격리가 실현되지만 극히 예외적인 경우가 있다. 즉 신탁과 거래한 신탁채권자는 신탁재산에 대해서뿐만 아니라 수탁자에 대해서도 자신의 채권을 행사[18]할 수 있고, 또 수익자는 수탁자에 대해 비용이나 보수

---

17) 이중기, 앞의 논문(주 7), III. 1. 참조 ; 이중기, "공익단체에서의 공익재산유지 이념과 실천 방안," 경제법연구 제13권 제1호(2014. 4), 특히 II. 1. 이하 참조.
18) 신탁채무에 대한 수탁자격리 여부에 대해서는 본문 III. 3. 참조.

에 대한 상환채무(신탁법 제46조, 제47조)를 질 수 있기 때문에, 이론상 신탁채권자가 '수익자에 대한 수탁자의 상환청구권'을 대위할 수 있는 예외적 상황에서는 수익자가 신탁채권자에 대해 책임을 지는 경우가 생길 수 있다.[19] 하지만 이 경우에도 수익자는 '수익의 한도'에서 상환의무를 부담하므로 그 책임은 한정된다. 나아가 신탁계약을 통해 수탁자에 대한 수익자의 상환의무가 없음을 규정한 경우 신탁채권자의 수익자에 대한 대위청구 가능성은 사라지므로 수익자에 대해 주식회사 주주와 비슷한 소유자격리를 실현할 수 있다. 유한책임사업신탁[20]에서도 수익자 유한책임원칙은 동일하게 실현된다. 또 공익신탁에서는 공익법인과 마찬가지로 출연자에 대해 '수익자지위' 자체를 인정하지 않으므로, 출연재산에 대한 위험은 수익과 마찬가지로 출연자에게 전이될 가능성은 없다. 따라서 공익신탁에 대해서도 출연자격리효과는 논의 자체가 무의미해진다.

4. 수익자격리의 대가 ─ 소유자의 내부화에 따른 후순위화

소유자격리효과를 인정할 필요성이 생기는 분야는 출연자가 '수익자지위'를 갖는 수익자신탁설립의 경우에 한정되고, 수익자신탁 중에도 출자자가 유한책임을 지는 신탁에 한정되는데, 수익자신탁에서는

---

19) 이중기, "신탁채권자에 대한 수익자의 책임가능성," 법학연구(홍익법학) 제7집 (2005) 참조

20) 사업신탁에 대한 논의로는 김태진, "기업형태로서의 신탁 : 사업신탁, 수익증권발행 신탁 및 유한책임신탁을 중심으로," 법학논총 제31집 제2호(2011. 8), 전남대학교 법학연구소, 119면 ; 안성포, "기업유형으로서 상사신탁의 법적 쟁점," 상사법연구 제32권 제2호(2013) ; 최승재, "신탁법을 고려한 사업신탁의 활용에 대한 소고," 신탁법제와 유동화법제 관련 최근 쟁점(건국대 법학연구소 학술대회자료), 2014 등.

기본적으로 수익자 지위를 **내부화 혹은 익명화함으로써** 채권자에 대한 관계에서 분배에 있어서의 후순위지위를 초래한다. 수익자가 유한책임을 지는 대가인 것이다.

(1) 소유자격리를 인정하지 않는 경우 ─ 소유자의 책임재산제공기능

영리단체에서 사업재산은 출자자가 출연한 자기자본만으로 구성될 수도 있지만 채권자가 제공한 타인자본이 추가될 수도 있다. 사업재산에 위험이 발생한 경우 이러한 재산에 생긴 위험은 자기자본 출연자와 타인자본 제공자가 공동으로 부담한다. 그런데 합명회사 사원과 같이 소유자격리, 즉 사원의 담보책임이 제한되지 않은 경우 사원인 출연자는 외부에 노출되므로(즉 '외부화'되어 있으므로) '대외적'으로 무한책임을 지고 사업위험에 대한 책임재산제공기능을 수행한다. 따라서 합명회사에 타인자본을 제공한 자는 무한책임사원의 책임재산제공 가능성 때문에 특별히 자신을 우선보호할 필요성은 감소한다. 상법은 이러한 이유 때문에 합명회사에 대해서는 채권자에 대한 사원의 후순위원칙을 별도로 선언하지 않는다. 하지만 신탁에서는 아래에서 보는 것처럼 수익자지위는 내부화되어 있으므로, 수익자격리가 발생하고 이에 따라 수익자의 후순위화가 진행된다.

(2) 소유자격리를 인정한 경우 ─ 사원의 내부화와 소유자의 후순위화

영리단체에서 소유자지위를 내부화함으로써 격리한 경우, 즉 유한책임이 인정되면 소유자의 지위는 채권자에 대해 후순위가 된다. 주식회사 주주 혹은 합자회사의 유한책임사원과 같이 **사원·출자자의 지**

위가 내부화하여 담보책임이 한정되면(익명조합에서 대외적으로 익명화된 익명조합원의 지위도 마찬가지이다) 출자자는 '대외적'으로 유한책임을 지게 되므로 사업위험에 대한 책임재산제공기능을 수행하지 않는다. 따라서 타인자본 제공자는 책임재산을 보호할 필요성이 증대하고 또한 책임재산으로부터 내부화·익명화한 사원보다 우선하여 보호받을 필요성이 발생한다. 이러한 우선보호 필요성은 타인자본 제공자의 지위를 자기자본 제공자의 지위보다 우선함으로써 실현된다. 신탁법 제62조는 "신탁채권은 수익채권보다 우선한다"고 선언함으로써 채권자우선원칙을 선언한다. 주식회사법도 법정준비금제도를 강제(상법 제458조 이하)하고 배당가능이익을 산정함에 있어(상법 제462조) 주주의 후순위원칙을 선언함으로써 채권자를 우선보호한다.

III. 신탁존속 중의 인격차용──수탁자로부터 신탁재산의 분리[21]

1. 수탁자인격 차용 시 특징

(1) 신탁재산의 독립성

신탁은 법인과 달리 독자적 인격을 갖지 못하고, 고유재산을 보유한 인격자로 하여금 신탁재산을 '수탁자자격'에서 보유하도록 하는 것이다. 따라서 신탁설립은 한편으로는 출연재산을 출연자로부터 분리해 수탁자의 인격을 차용한 독자적 목적재산으로 조직격리하지만, 다른

---

21) 이 부분은 이중기, 앞의 논문(주 6), III.을 인용한 것이다.

한편으로는 수탁자의 인격을 차용하는 특징 때문에 수탁자의 고유재산과의 구별 문제를 야기한다. 이러한 문제는 독자적 법인격하에서 출연재산을 소유하는 법인에서는 발생하지 않고, 수탁자인격을 차용한 신탁재산에서만 발행하는 신탁 고유의 문제가 된다. 따라서 이를 해결하는 것도 또한 신탁법의 고유한 과제가 된다. 신탁법은 고유재산과의 구별 문제를, '수탁자의 고유재산과의 관계'에서 '신탁재산의 독립성'을 인정하는 여러 가지 제정법 조문을 선언함으로써 이 문제를 해결하고 있다. 신탁재산에 대한 강제집행 등의 금지(제22조), 수탁자의 사망, 이혼 시의 신탁재산보호(제23조), 수탁자의 파산 시의 신탁재산의 보호(제24조), 신탁재산에 대한 상계의 금지(제25조) 등이 그것이다.

(2) 신탁재산의 독립성을 파악하는 두 관점— '신탁재산'의 격리와 '수탁자'의 격리

그런데 신탁법이 신탁재산에 대해 '출연자'로부터의 재산분리효과를 인정하면서 동시에 '고유재산'으로부터 독립성을 인정한 결과, 신탁재산의 독립성효과에 대해서는 '출연자'와의 관계에서뿐 아니라 '고유재산'과의 관계에서도 조직격리 및 출연자격리효과가 문제 된다. 다시 말해 신탁설정의 경우 법인법에서와 마찬가지로 '출연자'와 '신탁재산' 사이의 조직격리 및 소유자격리효과를 검토해야 할 뿐만 아니라, 신탁법 특유의 문제로서 '고유재산'과 '신탁재산' 사이의 조직격리 및 소유자격리의 효과도 검토해야 한다.[22)]

따라서 새로운 조직·법주체인 신탁의 관점에서 '적극적 재산분리'

---

22) 노혁준, 앞의 논문(주 8), 645면.

의 효과, 즉 고유재산에 생긴 위험으로부터 신탁재산을 격리시키는 조직격리기능이 인정되는지, 또 수탁자의 관점에서 '방어적 재산분리'의 효과, 즉 신탁재산에 생긴 위험으로부터 자신의 고유재산을 격리시키는 소유자격리기능이 인정되는지를 검토해야 한다. 차례로 살펴보자.

2. '신탁재산' 격리의 효과 — '고유재산'에 생긴 위험으로부터 신탁재산의 격리

먼저 신탁이 설정되는 경우 인정되는 신탁재산의 독립성과 관련해 조직의 관점에서 조직격리효과가 생기는지 여부에 대해 살펴보자. 즉 신탁설정의 경우 '수탁자의 고유재산'에 생긴 위험이 출연된 신탁재산에 전이되지 않도록 하는 '조직격리'기능이 인정되는가? 신탁설정은 신탁재산을 '출연자'로부터 분리하는 격리기능뿐 아니라 수탁자의 '고유재산'으로부터 분리하는 격리기능도 수행한다. 즉 신탁은 독자적인 법인격을 갖지 못하고 수탁자의 인격을 차용해 나타나지만, 신탁법은 수탁자인격을 차용한 신탁재산에 대해 '수탁자의 고유재산과의 관계'에서 '신탁재산의 독립성'을 인정하는 여러 제정법 조문을 두고 있기 때문에, 신탁은 독자적인 법인격의 부재에도 불구하고 수탁자 '고유재산'에 생긴 위험으로부터 신탁재산을 격리할 수 있다. 신탁재산에 대한 강제집행의 금지(제22조), 수탁자의 파산으로부터의 보호(제24조) 등이 그것이다.

따라서 신탁설정은 신탁재산을 이중의 위험으로부터 격리하는 기능을 수행한다. 즉 신탁설정은 한편으로는 출연자·위탁자에 생긴 위험으로부터 신탁재산을 격리하는 기능을 수행하면서, 다른 한편으로

는 수탁자의 고유재산에 생긴 위험으로부터도 격리하는 이중격리기
능을 수행한다. 도산법에서 출연자 혹은 수탁자의 도산과 관련해 논
의되는 도산격리 혹은 도산절연기능[23]이란 조직법으로서의 신탁법이
설립절차 등에 부여한 조직격리기능을 도산 맥락에서 실현하는 기능
으로 볼 수 있다.

3. '수탁자' 격리의 효과 — '신탁재산'에 생긴 위험으로부터 수탁자의 격리

다음으로 신탁재산의 독립성과 관련해 수탁자 관점에서 수탁자격
리의 효과가 생기는지 여부에 대해 살펴보자. 즉 신탁설정의 경우 '신
탁재산'에 생긴 위험이 수탁자 고유재산에 전이되지 않도록 하는 '수
탁자격리' 효과가 인정되는가? 이 문제는 출자자와 관련된 소유자격리
문제가 아닌 경영자와 관련된 수탁자격리 문제이지만, 소유자격리 문
제와 근본적으로 다른 것은 아니다. 따라서 소유자격리에서 논의한
것처럼 방어적 재산분리의 효과는 설립되는 단체의 성질에 따라 정책
적으로 부여하면 충분하다. 그 결과 신탁의 경영자인 수탁자가 신탁재
산의 책임을 인수하는 것이 유리하다고 판단하는가 여부에 따라 방어
적 재산분리효과를 부여하면 된다.[24]

우리 신탁법은 수탁자로 하여금 신탁의 채무에 대해 무한책임을 지
도록 하는 것이 필요하다고 본다.[25] 그 결과 수탁자는 '신탁재산'에 생

---

23) 신탁의 도산격리기능에 대해서는 한 민/박종현, "신탁과 도산법 문제," BFL 제17호
(2006. 5), 서울대학교 금융법센터, 23면 ; 이중기, 앞의 책(주 3), 609면 이하.
24) 본문 II. 3. (1) 참조. 노혁준, 앞의 논문(주 8), 646면.
25) 영국도 우리와 같이 수탁자의 담보책임을 인정한다. 하지만 반대로 미국의 Uniform
Trust Code 제1010조는 수탁자격리를 인정한다.

긴 위험에 대하여 노출되어 있고,[26] 따라서 신탁설정의 경우 수탁자격리효과는 인정되지 않는다.

하지만 설정자는 "신탁행위로 수탁자가 신탁재산만으로 책임지는 신탁을 설정할 수" 있는데(신탁법 제114조), 이와 같이 유한책임신탁으로 설정된 경우 수탁자는 신탁재산에 생긴 위험으로부터 자신을 보호하는 수탁자격리를 실현할 수 있다. 수탁자가 신탁을 위해 거래할 때 책임재산한정특약을 체결한 경우에도 그 특약의 상대방에 대해서는 동일한 효과가 발생한다.[27]

IV. 법인설립과 비교한 신탁설립의 장점과 단점[28]

법인제도와 비교할 때 신탁의 강점으로 많이 이야기되는 것은 신탁의 융통성이다. 신탁은 강행성을 갖는 회사제도와 비교할 때 임의성을 갖기 때문에 이러한 설명은 사실이다. 하지만 신탁의 전정한 강점은 독립된 인격자인 수탁자인격을 차용한 결과 수탁자의 고유재산과 경영능력을 활용할 수 있다는 점이다. 법인으로 설립한 경우 타인의 재산을 활용하기 위해서는 차입을 위한 협상비용, 담보비용 등이 발생하지만, 신탁의 경우 수탁자가 바로 고유재산을 제공할 수 있으므로, 이러한 협상비용 등이 절감된다. 마찬가지로 법인의 경우 타인의 경영능력을 이용하기 위해서는 선임절차를 거쳐야 하므로, 시간과 절차가

---

26) 이중기, "신탁채권자에 대한 수탁자의 책임의 범위," 민사판례연구 XXVIII(2006) 참조.

27) 유한책임신탁 및 책임재산한정특약에 대해서는 오영준, "유한책임신탁," BFL 제39호(2010. 1), 서울대학교 금융법센터, 22면 참조.

28) 이 부분은 이중기, 앞의 논문(주 6), IV.를 인용한 것이다.

소요되지만, 신탁에서는 인격대여자인 수탁자의 경영능력을 즉시 이용할 수 있으므로, 이러한 절차와 시간이 소요되지 않는다. 반면에 신탁의 약점으로 많이 지적되는 것이 독립된 법인격의 결여이다. 그런데 독립된 법인격의 결여는 어떠한 점에서 약점으로 작용하는가?

1. 수탁자의 인격차용은 어떠한 점에서 불리한가

출연재산이 독립된 법인격을 갖지 않고 수탁자인격을 차용해 나타나는 신탁은 신탁재산이 수탁자의 명의와 지배로 나타나기 때문에 수탁자에 의해 유용될 수 있는 가능성이 높고, 이 점은 출연재산이 독립된 법인의 명의로 나타나는 법인에 비해 약점으로 작용한다고 한다. 이러한 인식은 기업조직으로서 법인인 주식회사가 신탁인 사업신탁보다 많이 활용되는 이유를 설명하는 근거가 될 수 있다. 하지만 대리인 혹은 대표기관에 의한 재산유용 가능성은 법인을 설립한다고 하여 크게 감소하는 것은 아니다. 법인에서도 이사는 자기거래를 통해 재산을 유용할 수 있기 때문이다. 이러한 문제는 법인격이 아니라 자기거래에 대한 규제장치[29]를 어느 정도로 설정하는가에 의해 해결된다고 본다. 실제 신탁법은 회사법보다 더 강한 자기거래규제장치를 제공한다.[30]

나아가 신탁재산에 대해서 신탁법은 고유재산으로부터의 독립성을 선언하는 독립성담보장치를 제공하고, 특히 "신탁재산과 고유재산 간에 귀속관계를 구분할 수 없는 경우 그 재산은 신탁재산에 속한 것으

---

29) 상법 제398조(이사 등과 회사 간의 거래).
30) 신탁법 제34조(이익에 반하는 행위의 금지) 이하의 충실의무와 제43조의 충실의무위반에 대한 구제수단 참조.

로 추정한다"(제29조). 따라서 출연재산이 법인의 독자적 명의로 나타나는가 아니면 수탁자의 신탁재산으로 나타나는가는 기업형태로서의 활용도에 결정적 차이를 야기하는 것은 아니라고 보여진다.

기업조직의 형태에 관한 역사를 살펴보아도 동일한 결론에 이를 수 있다. 미국에서 독점금지법은 반신탁법, 즉 anti-trust law라고 불리는데, 독점금지법 · 반신탁법에 의한 규제가 강화되기 전인 20세기 초에는 미국에서도 사업신탁이 유력한 공동기업형태이었다.[31] 이 같은 사실은 수탁자인격 차용이 기업운용에서 장애가 되지 않는다는 사실을 확실히 보여 준다. 집합투자기구의 매개물(vehicle)로서 영국 · 한국 · 일본 등에서 투자신탁[32]이 투자회사를 압도하고, 미국에서도 뮤추얼펀드의 절반 정도가 신탁형태를 취하고 있는 상황[33]도 수탁자인격의 차용이 법인설립보다 불편하지 않다는 것을 보여 준다. 공익단체의 경우에도 영국에서는 공익신탁이 압도적이고 미국에서도 공익신탁이 상당한 비중을 차지하고 있다.

이러한 점을 고려해 보면 어느 사회에서 어느 형식의 조직법규가 단체의 조직근거법으로 많이 활용되는가는 어느 형식의 단체에 대한 규제의 강도(예를 들어 앞서 본 사업신탁에 대한 반독점 · 반신탁규제) 혹은 역사적 사건[예를 들어 대공황 시 투자신탁의 연쇄파산으로 인한 투자신탁에 대한 신뢰 추락과 이로 인한 투자회사법(Investment Companies Act)의

---

31) 예를 들어 Rockefeller의 Standard Oil Company는 당시 세계 최대의 정유사였는데 corporation이 아니라 business trust의 형태를 취했다[R. Sitkoff, Trust as "Uncorporation" : A Research Agenda, 2005 U. Ill. L. Rev. 31, 32 (2005)].

32) 투자신탁제도의 조직법적 특징에 대해서는 박삼철 / 이중기, "'제도'로서의 투자신탁법제의 기본 구조와 발전전략," 홍익법학 제15권 제1호(2014), 533면.

33) 뮤추얼펀드의 대부분은 Maryland corporation이거나 Massachusetts / Delaware business trust이다[W. Ries, Regulation of Investment Management and Fiduciary Services (Database updated Aug. 2013) §17 : 2. Organization of mutual fund].

제정]³⁴⁾이 큰 영향을 미치는 것으로 보인다. 이러한 요소들은 그 사회에서 특정 형식의 단체에 유리 혹은 불리한 '경로'를 설정하고, 특정 형식의 단체가 발전하는 데 대해 유리 혹은 불리한 영향을 미쳐 경로종속성(path dependency)을 야기하는 것으로 보인다. 이와 같이 기업형태 혹은 공익단체의 활용에 있어 어느 형식을 채택할 것인가에 대한 결정적 요소는 특정 조직형태에 대한 규제의 강도와 역사적 경로종속성이고 수탁자의 인격을 차용하는가 혹은 독립된 법인격을 이용하는가는 결정적인 요소는 아닌 것 같다. 사업신탁은 주로 수동적 투자를 수행하는 집합투자기구의 매개물로서 활용도가 높을 수 있으나 적극적인 사업을 수행하는 기업형태로 활용되기에는 한계가 있다고 보는 견해³⁵⁾도 있다. 하지만 싱가포르에서 적극적 사업을 수행하는 기업형태의 사업신탁이 상장되고 있는 현실³⁶⁾을 생각하면 이러한 견해는 찬성하기 힘들다. 물론 오랜 역사를 거치면서 법적 안정성이 확보된 회사와 비교할 때 사업신탁이 영리단체 조직법으로서의 신뢰를 얻기 어려운 것은 사실이지만, 이는 현실적 상황이고 이론적으로 신탁이 법인보다 불리하다는 것은 아니다. 오히려 한스만·클라만은 사업신탁

---

34) 대공황에 대한 반성으로 Securities Act of 1933, Securities and Exchange Act of 1934 등을 제정했지만, 공시와 보고서 규제만으로는 투자금집합에 대한 문제를 해결할 수 없다는 인식에 따라 SEC는 Report on Investment Trusts and Investment Companies를 1939년 의회에 제출하였고, 의회는 이 보고서에 기초하여 1940년에 Investment Company Act와 Investment Advisers Act를 제정하였다.

35) T. Frankel, The Delaware Business Trust Act Failure as the New Corporate Law, 23 Cardozo L. Rev. (2001), 326-327.

36) 싱가포르 사업신탁에 대한 설명으로는 이중기, "기업분할과 자본조달 수단으로서의 사업신탁의 설립과 상장 : 싱가폴과 홍콩의 경험을 중심으로," 일감법학 제28호 (2014), 건국대학교 법학연구소 ; N. Ho, A Tale of Two Cities : Business Trust Listings and Capital Markets in Singapore and Hong Kong, 11 J. of Int'l Bus. & Law (2012), 311 등 참조.

(business trust)은 강력한 조직격리기능을 수행하고 지배구조의 설정이
나 사업이익의 분배에 있어 융통성을 발휘할 수 있기 때문에 기업조
직의 진화단계에서 최종적인 모습이라고 간주한다.[37]

2. 장점 I ─ 수탁자의 고유재산제공기능

이제 법인과 비교한 신탁의 장점에 대해 이야기해 보자. 법인과 비
교한 신탁의 장점으로 융통성을 이야기한다. 회사법과 비교할 때 신
탁은 신탁계약을 통해 계약만큼이나 융통성을 발휘할 수 있다는 점에
서 이러한 언급은 사실이다. 하지만 조직법제도로서 볼 때 신탁의 가
장 큰 장점은 수탁자의 고유재산과 경영능력을 활용할 수 있다는 점
이다. 즉 신탁은 자신이 법인격을 갖고 독자적으로 존재하는 법주체가 아니
라, 수탁자인격을 차용한 부수적 법주체이기 때문에, 신탁재산의 독립성을 유
지하면서, 동시에 명의를 차용한 수탁자의 고유계정으로부터 도움을 받을 수
있다. 즉 독자적인 법인으로 설립된 경우 다른 법주체로부터의 차입
등은 법주체 간의 계약협상 등을 통해서만 이룰 수 있지만, 신탁에서
는 인격을 제공한 수탁자가 경영자이기 때문에 수탁자의 판단만으로
특별한 협상절차를 거치지 않고 자본제공이 이루어질 수 있다. 따라
서 어떻게 보면 신탁법의 최대의 공헌은 기존 인격자로 하여금 출연
재산에 대해 '수탁자자격'에서의 인격제공을 가능하게 한 것이다. 이
를 통해 인격차용에 의한 재산분리, 즉 새로운 단체설립을 가능하게
하면서, 동시에 수탁자의 고유재산제공기능이 가능하게 된 것이다.
지금까지 이러한 신탁의 조직법적 특징은 큰 주목을 받지 못했지만,

---

37) H. Hansmann/R. Kraakman/R. Squire, 앞의 논문(주 15), p.1397.

그 활용 가능성은 무한대라고 생각된다.

(1) 수탁자의 고유재산제공기능 대 수탁자에 의한 유용 가능성

독립된 출연재산이 수탁자의 인격을 차용해 나타나는 신탁의 특징은 (i) 신탁재산이 수탁자에 의해 유용될 수 있다는 가능성과 함께 (ii) 수탁자가 고유재산을 신탁사업을 위해 제공할 수 있는 가능성을 동시에 제공한다. 법인에 존재하지 않는 이러한 신탁의 특성은 어느 목적사업이 자신의 자본으로 완결되는 것이 아니라 타인으로부터의 자본조달을 필요로 하는 사업인 경우, 수탁자가 필요자본을 제공할 수 있기 때문에 법인의 설립보다 효율적일 수 있다. 부동산개발사업과 같이 신탁업자의 자본제공이 필요한 사업이 대표적인 예이다.

(2) 고유재산제공기능의 역할—차입의 신속성과 거래비용의 절감

수탁자가 신탁사업에 고유재산을 대출해 줄 수 있는 신탁업자라고 전제하면, 수탁자에 대한 신탁설정은 법인설립과 비교할 때 출연재산이 부담해야 할 거래비용(transaction cost)을 절감할 수 있다. 예를 들어 수탁자가 다른 대출기관과 동일한 조건으로 대출해 준다고 가정하면, 신탁재산은 독자적 법인이었다면 누릴 수 없었던 타인자본에 대한 접근성이 향상된다. 즉 출연재산으로 독자적 법인을 설립했다면, 법인은 금융기관으로부터 대출을 받기 위해 금융기관의 신용평가 등에 필요한 비용(예컨대 협상비용, 담보제공비용 등)을 지불해야 한다. 하지만 대출금융기관인 수탁자에게 신탁을 설정한 경우 수탁자는 신탁사업의 재무 상태를 알기 때문에 신탁에 대한 대출을 위해 신용평가비용을 요구하지 않고 또한 대출 여부도 신속히 결정한다. 따라서 더 빠르게 신탁재산에 대한 대출을 결정할 수 있게 된다. 이와 같이 신탁은 신탁재산이 필요로 하는 타인자본을 경영자인 수탁자의 고유재산으로부터 직접 제공받을 수 있기 때문에 차입을 필요로 하는 사업의 경우 신탁설정이 법인설립보다 거래비용을 낮출 수 있다.

또 수탁자는 필요자본을 반드시 고유계정에서 제공할 필요는 없다. 수탁자의 고유계정이 필요자본을 직접 제공하지 않더라도 수탁자가 고유계정 외의 추가 투자자 혹은 타인자본 제공자를 쉽게 중개할 수 있는 경우에도 신탁설정은 법인에 비해 필요자본의 조달비용을 절감할 수 있다. 이와 같이 수탁자가 타인자본 중개기능을 하는 한에서 수탁자에 대한 신탁설립이 법인설립보다 장점이 있다.

이러한 신탁설정의 장점을 활용한 대표적인 예가 부동산개발사업이다. 부동산개발사업의 경우 부동산사업의 시행자가 신탁업자를 수탁자로 하여 토지를 신탁하고 개발사업을 시행하는 한편, 개발신탁의 수탁자는 자신의 고유계정 혹은 투자자로부터 조달한 자금으로 신탁의 부동산개발을 지원하는 구조이다. 그런데 수탁자의 고유계정 혹은 투자자의 투자자금으로 개발사업을 시행할 수 있는 영역은 부동산개발이나 리조트개발에 한정되지 않는다. 도로건설, 항만건설, 통신망구축 등과 같은 사회인프라사업은 모두 이러한 구조로 사업을 진행할 수 있다. 실제 싱가포르에서 도로나 항만의 건설, 통신인프라의 구축과 같은 인프라사업은 상당 부분 사업신탁의 구조로 시행되고 있다. 즉 이러한 사업을 시행하는 모기업이 자회사로 인프라사업신탁의 수탁법인을 설립하고 (i) 분할된 영업, 현물재산 혹은 금전으로 수탁법인에 대해 사업신탁을 설정하면서 (ii) 수익자들의 추가 투자를 받는 구조이다. 이와 같이 인프라사업을 영위하는 사업신탁은 수탁법인의 자

금중개기능을 이용하는 대표적인 조직형태이다. 싱가포르 사업신탁
의 상당수는 거래소에 상장되어 그 수익권은 상장회사의 주식과 같이
거래되고 있다. 홍콩에서도 최대통신사가 사업신탁으로 분사되어 홍
콩거래소에 상장되어 있다.[38]

(3) 수탁자의 경영능력제공기능

동일한 논리는 수탁자가 보유한 다른 능력에 대해서도 적용될 수
있다. 즉 수탁자가 고유재산제공능력이나 타인자본 중개능력 외에 다
른 특별한 능력, 예를 들어 경영능력, 공익활동능력 등을 보유하는 경
우에도 신탁설정은 신탁재산으로 하여금 수탁자의 이러한 특별한 능
력에의 접근을 쉽게 하기 때문에 신탁설립은 법인설립보다 유리하게
작용한다. 예를 들어 어떤 개인이 특별한 공익활동에 전문가인 경우,
신탁설정 다시 말해 이러한 개인의 인격을 차용한 공익재산의 출연은
출연신탁재산으로 하여금 협상과정 없이 개인의 공익활동능력에 접
근할 수 있게 함으로써 독립된 법인으로 설정되었을 때보다 유리하게
작용한다. 독립된 법인으로 설립된 경우 법인이 이러한 개인에게 공
익활동사무를 위임하기 위해서는 선임계약 혹은 위임을 위한 협상과
정을 거쳐야 한다.

3. 장점 II — 신탁의 목적재산분별능력

조직법적 관점에서 볼 때 신탁법이 법인법보다 우월한 점은 목적재

---

38) 이중기, 앞의 논문(주 36) : N. Ho, 앞의 논문(주 36) 참조.

산의 분별능력이다. 신탁법이 부여하고 있는 신탁재산의 독립성원칙은 법인법이 제공할 수 없는 완벽한 목적재산분별능력을 제공한다. 즉 법인법은 '출연재산 전체'에 대해 '독립된 법인격'을 제공함으로써 '출연재산 전체'에 대한 완벽한 재산분리기능을 수행한다. 하지만 반대로 해석하면 '하나의 법인격' 하에서 출연재산은 '전체로서 취급'되기 때문에 세부 목적별로 구별할 수 없게 된다. 하나의 인격하에서 출연재산을 설립 목적별로 구분할 수 있는 능력은 오직 신탁만이 수행할 수 있다. 신탁은 동일한 수탁자에 대해 설립 목적별로 다른 신탁을 설정하는 방법으로 목적재산을 분별할 수 있다. 물론 목적재산별로 수 개의 법인을 설립하는 것은 가능하고, 이 경우 각 목적재산별로 독립된 법인이 각자의 명의로 목적재산을 소유한다. 하지만 이 경우 법인설립비용이 법인의 수만큼 많이 들게 되고, 또한 뒤에서 살펴보는 것처럼 각각의 출연재산이 독립된 법인의 재산이 되는 결과, 합동운용을 통한 규모의 경제가 실현되기 어려워진다.

4. 장점 Ⅲ ─ 합동운용에 의한 규모의 경제 실현

신탁설정이 법인보다 더 효율적일 수 있는 또 다른 영역은 자산운용의 측면이다. 신탁은 인격제공자인 수탁자로 하여금 자기의 고유재산과 신탁재산을 함께 운용함으로써 규모의 경제를 실현할 수 있게 한다. 즉 법인의 경우 출연재산은 법인의 독립된 재산으로서 운용되는 한계를 가진다. 하지만 신탁으로 설정된 경우 신탁재산은 동종의 재산이라면 수탁자의 고유재산, 혹은 다른 신탁재산과 함께 합동운용될 수 있기 때문에 규모의 경제를 실현할 수 있다. 예를 들어 은행이 제공하는 1백억 원 예금에 대한 이율이 4퍼센트, 2백억 원 예금에 대한 이율이 5퍼센트인 경우를 가정하자. 1백억 원으로 신탁을 설립해, 신탁재산이 1백억 원, 고유재산이 1백억 원이 있다면, 수탁자는 2백억 원을 합동운용하여 은행으로부터 5퍼센트의 이율을 수익할 수 있다. 하지만 1백억 원의 출연재산으로 법인을 설립하였다면, 법인은 자신의 재산을 단독운용하여 4퍼센트의 이율만 수익할 수 있다. 물론 법인도 다른 법인과 공동으로 은행에 예금을 맡기면 5퍼센트의 수익을 얻을 수 있다. 하지만 이 경우 다른 법인과의 관계에서 협상비용, 담보비용이 발생한다. 이와 같이 신탁으로 설정되면 경영자인 수탁자가 고유재산과 신탁재산을 합동으로 운용할 수 있으므로 규모의 경제를 살릴 수 있다. 이러한 자산운용 측면에서의 신탁의 장점은 일찍이 활용되어, 집합투자기구의 형태로서 신탁은 법인에 비해 압도적 우위를 보이고 있다.

V. 신탁의 다양한 인격차용방안 — 사업신탁을 중심으로[39)]

여기서는 앞의 논의로부터 도출된 신탁의 장점, 즉 (i) 수탁자의 고유재산제공기능 혹은 자금중개기능, (ii) 수탁자의 경영능력제공기능, (iii) 목적재산의 분별능력, (iv) 합동운용에 의한 '규모의 경제' 실현 가능성 등이 사업신탁 맥락에서 어떻게 활용될 수 있는가를 살펴본다. 즉 사업신탁이 활용되는 맥락은 신탁이 누구의 인격을 차용하는가에 따라 달라질 수 있는데, 예를 들어 ⓐ '개인'이 사업신탁을 인수하거나 신탁선언하는 상황, ⓑ '신탁업자'가 사업신탁을 인수하는 상황, ⓒ '기

---

39) 이 부분은 이중기, 앞의 논문(주 6), VI.을 '사업신탁'의 맥락에서 수정한 것이다.

업'이 사업신탁을 인수하는 상황, ⓓ '대기업'이 신탁선언으로 사업신탁을 설립하는 상황, ⓔ '법인수탁자'의 설립을 통해 사업신탁을 인수하는 상황 등이 있는데, 각각의 상황에 따라 앞서 언급한 신탁의 장점들이 사업신탁에서 어떻게 발현되는가를 검토해 본다.

1. '개인'에 의한 사업신탁의 인수 혹은 신탁선언

먼저 개인이 사업신탁을 인수하거나 신탁선언을 통해 사업신탁을 설정하는 경우에 대해 살펴보자. 먼저 조직격리효과로 출연자는 회사를 설립한 경우와 마찬가지로 출연자의 재산과 신탁의 사업재산을 분리할 수 있다. 이 경우 신탁설정은 법인설립보다 무엇이 유리한가? 개인은 정도에 따라 차이가 있지만, 충분한 고유재산을 보유하지 않는 경우가 대부분이다. 따라서 개인이 사업신탁을 인수하는 경우, 사업신탁은 신탁의 장점으로 언급된 수탁자의 고유재산제공기능을 향유할 가능성은 낮아진다.

또 개인의 고유재산이 충분하지 않은 경우, 개인이 신탁선언을 통해 사업신탁을 설정할 가능성은 낮고 만약 신탁선언으로 사업신탁을 설정한다고 하더라도 이러한 사업신탁은 수탁자의 고유재산으로부터 이익을 누릴 가능성은 낮다. 하지만 예외적으로 개인이 충분한 고유재산을 보유한 경우, 개인이 사업신탁을 인수하거나 신탁선언을 통해 사업신탁을 설정하면, 이러한 사업신탁은 수탁자의 고유재산에 쉽게 접근할 수 있기 때문에 수탁자의 고유재산으로부터 이익을 누릴 가능성이 높아진다. 마찬가지로 개인이 사업활동에 대한 전문가인 경우, 이러한 개인이 사업신탁을 인수하거나 신탁선언을 통해 사업신탁을 설정하면, 이러한 개인은 자신의 사업활동능력을 쉽게 사업신탁에 제공할 수 있기 때문에 신탁은 수탁자의 능력으로부터 도움을 받을 수 있다.

2. '신탁업자'에 의한 사업신탁의 인수 혹은 신탁선언

다음으로 신탁업자가 사업신탁을 인수하거나 신탁선언을 통해 사업신탁을 설정하는 경우에 대해 살펴보자. 신탁업자는 정도에 따라 차이가 있지만 충분한 고유재산을 보유하는 경우가 많다. 따라서 신탁업자가 사업신탁을 인수하는 경우, 사업신탁은 신탁의 장점으로 언급된 수탁자의 고유재산제공기능을 향유할 가능성은 높아진다. 마찬가지로 신탁업자가 신탁선언을 통해 사업신탁을 설정하는 경우에도, 이러한 사업신탁은 수탁자의 고유재산에 쉽게 접근할 수 있기 때문에 수탁자의 고유재산으로부터 이익을 누릴 가능성이 높아진다. 또 신탁업자는 자금중개능력이 있는 경우가 많기 때문에 신탁이 직접 고유계정에서 자본을 제공받지 않더라도 다른 타인자본에 대한 접근 가능성은 높아진다.

마찬가지로 신탁업자는 신탁의 인수를 업으로 하는 자이므로 복수의 사업신탁을 인수할 수 있는데, 이는 신탁의 '목적재산분별능력' 때문에 가능한 것이다. 복수의 신탁을 인수한 경우 신탁업자는 신탁재산을 합동운용함으로써 자산운용에 있어 규모의 경제를 살릴 수 있다. 실제로 신탁업자는 수 개의 시행사로부터 별개의 부동산개발신탁을 인수할 수 있는데, 이러한 사업신탁은 부동산개발사업을 목적으로 하는 유사한 신탁행위를 내용으로 한다. 따라서 이러한 유사 목적 출연자들의 수 개의 사업신탁자산을 신탁업자가 합동운용 혹은 합동개발할 수 있는 경우, 규모의 경제를 달성할 수 있다.

3. '기업'에 의한 사업신탁의 인수

어느 기업이 어떤 사업활동의 특별한 수행능력이 있는 경우 투자자는 그 기업의 특별한 사업수행능력을 보고 투자하는데, 기업에 대해 직접 출자할 수도 있지만, 그 기업을 수탁자로 하는 사업신탁을 설정할 수도 있다. 두 가지 방식의 차이는 '투자재산의 독립성 확보' 여부이다. 전자의 경우 투자재산은 기업의 고유재산으로 합체되지만, 후자의 경우 독립된 목적재산이 된다. 신탁은 법인은 갖지 못하는 목적재산 분별능력[40]을 갖기 때문이다. 이 경우 해당 기업은 고유재산으로는 그 사업법인의 설립 목적에 따른 자신의 활동을 하면서 동시에 신탁재산으로는 '수탁자자격'에서 사업신탁의 설립 목적에 따른 수탁활동을 할 수 있다. 이때에도 사업신탁은 수탁자인 기업의 전문지식을 직접 제공받을 수 있기 때문에 별도의 법인으로 설립했을 때보다 유리한 측면이 있다. 특히 어느 기업의 특수한 사업활동 노하우가 중요한 경우 신탁의 경영능력 접근 가능성은 결정적으로 중요하게 작용할 수 있다.

물론 이 경우 특별한 노하우가 있는 기업은 사업신탁의 자산을 고유자산과 합동운용 혹은 합동개발함으로써 규모의 경제를 달성할 수도 있다. 또 복수의 계열 사업신탁을 인수함으로써 각 사업신탁의 활동에 있어서도 규모의 경제를 실현할 수 있다. 즉 동일 기업에 대해 A계열사가 출연한 1백억 원의 사업신탁과 B계열사가 출연한 1백억 원의 사업신탁이 유사한 설립 목적을 갖는 경우, 특별한 사업활동능력을 갖는 동일 기업이 유사한 사업 목적에 같이 활용하면 그 사업은 2백억

---

40) 본문 IV. 3. 참조.

원+α를 출연한 것과 같은 규모의 경제를 실현할 수 있다. 만약 A사나 B사가 1백억 원으로 독립된 법인을 설립하였다면, 그 법인이 기업의 노하우를 누리기 위해서는 해당 기업을 법인의 이사로 선임하거나 혹은 기업에 사무를 위임하는 절차를 거쳐야 하기 때문에 그 기업의 특수한 경영능력에 대한 접근성에 제한이 생기게 된다.

4. '법인수탁자' 설립을 통한 사업신탁의 인수 대 사업법인의 설립

반면에 어느 거액 투자자는 기존 기업의 사업활동능력을 신뢰하지 못하는 경우가 있다. 이러한 경우 출연자는 스스로 사업법인을 조직할 수 있는데, 방식에 있어 두 가지 선택 가능성을 가진다. 하나는 하나의 '사업법인'을 설립하여 전부 출연하는 것이고, 다른 하나는 사업신탁의 인수를 위한 '법인수탁자를 설립'하고 그 법인수탁자로 하여금 투자재산을 하나 혹은 수 개의 '사업'별로 사업신탁으로 인수하도록 하는 것이다(싱가포르 사업신탁은 수탁법인으로 하여금 하나의 사업만을 수탁하도록 한다).[41] 이때 법인수탁자의 형식은 여러 가지가 가능하다. 유한회사로 설립할 수도 있고, 주식회사로 설립할 수도 있다. 주식회사로 설립한 경우 신탁의 인수를 영업으로 하는 신탁업자로 할 수도 있다(물론 앞서 본 것처럼, 법인설립 대신 어느 신뢰하는 개인을 수탁자로 하는 사업신탁을 설정할 수도 있지만, 출연의 규모가 큰 경우 거액 출연자는 법인

---

41) TM이 수 개의 사업신탁을 영위할 수 있다면, 어느 사업신탁의 도산은 다른 사업신탁에 영향을 미칠 수 있기 때문이다. 예를 들어 도산한 어느 한 신탁의 채권자는 TM에 대해 도산절차를 진행하게 되는데, 이러한 도산절차개시는 다른 신탁으로 하여금 새로운 TM의 선임을 요구하는 등 복잡한 문제를 야기할 수 있기 때문에 '1 TM, 1 사업'의 규제는 필요하게 된다. 주 36의 이중기, 싱가폴 사업신탁 II. 2. 2. 4 참조.

수탁자방식을 채택하고 개인수탁자방식을 채택하는 경우는 드물 것이다).

만약 투자자가 여러 종류의 사업활동을 지원하고자 하는데, 각각의 사업활동에 대한 목적재산을 분별하는 것이 필요한 경우, 하나의 회사 설립방식보다는 법인수탁자 설립을 통한 복수 사업신탁의 인수방식이 효율적일 수 있다. 앞서 본 것처럼 신탁만이 목적재산의 분별능력[42]이 있기 때문이다. 사업법인으로 주식회사를 설립해 출연한 경우, 하나의 주식회사가 여러 목적사업을 수행하더라도 하나의 법인격하에서 출연재산은 통합되어 회계되기 때문에 출연재산을 사업 목적별로 분별할 수 없게 된다. 물론 수 개의 회사로 설립할 수 있지만, 이 경우 설립비용이 발생하고 규모의 경제를 실현할 수 없게 된다. 반면 법인수탁자를 설립하고 하나 혹은 사업활동별로 수 개의 사업신탁을 설정한 경우, 각 사업활동은 동일한 법인수탁자의 경영능력을 제공받을 수 있는 동시에 목적재산별로 분별관리도 될 수 있다.

5. 영리기업의 신탁선언으로 설립되는 사업신탁

(1) 출연회사가 출연재산에 대한 운영전문가인 경우

회사가 부동산을 사업 목적에 출연해 개발하고자 하는데, 해당 회사가 부동산 운영에 대해 전문가라면, 그 부동산은 해당 회사가 소유하면서 직접 운영하는 것이 가장 효율적이다. 이와 같이 출연재산의 운영권을 출연회사가 계속 가지면서 회사의 운영능력을 제공하는 것이 가장 효율적인 경우, 출연회사는 '신탁선언'을 통한 사업신탁을 설정하

---

42) 본문 IV. 3. 참조.

면 수탁자자격에서 신탁에 자신의 운영능력을 직접 제공할 수 있다.

회사의 현물 출자방법으로는 신탁선언 외에 (i) 다른 기업에 대해 현물을 출자하는 방법, 혹은 (ii) 출연재산으로 새로운 사업법인을 설립하거나 법인수탁자 설립을 통한 사업신탁의 인수 등이 있는데, 전자의 경우 출연재산은 다른 기업의 재산이 되므로, 피출자기업에 대한 지배력을 갖지 않는 한 출연재산에 대한 운영권을 다른 기업이 갖게 되고, 출연회사는 별도의 운영계약을 체결하지 않는 한 더 이상 출연재산에 대해 운영능력을 제공할 수 없게 된다. 후자의 경우 사업법인 혹은 법인수탁자를 지배함으로써 자신의 운영능력을 제공할 수 있지만, 사업법인의 설립비용이 발생하고 법적으로 보면 새로 설립된 사업법인의 재산이 되므로 출연회사는 운영계약을 따로 체결하지 않는 한 직접적인 운영권한을 갖지 못하게 된다. 이와 같이 신탁선언은 한편으로는 채무면탈 목적으로 남용될 가능성이 문제 되지만, 반대로 생각하면 수탁자의 고유재산제공 가능성, 혹은 경영능력제공 가능성을 가장 잘 활용할 수 있는 신탁설정방식이기 때문에, 남용 가능성을 통제하는 경우[43] 신탁의 장점을 가장 잘 살릴 수 있는 사업설정방식이 될 수 있다.

(2) 경영자 · 수탁자를 감독하고자 하는 경우

반대로 출연자가 출연재산에 대한 운용능력이 없는 때에도 출연재산에 통제력을 발휘하고자 하는 경우 신탁선언은 출연재산에 대한 통

---

[43] 우리 신탁법은 신탁선언의 남용을 방지하기 위해 공정증서에 의한 설정, 해지권유보의 금지, 부정목적 신탁선언에 대한 신탁종료청구 등을 신탁법 제3조 제2항 및 제3항에 규정하고 있다.

제력을 확보하는 좋은 수단이 될 수 있다. 즉 출연회사가 사업 목적에 재산을 출연하고 싶지만 출연재산이 어떻게 사용되고 있는가에 대한 의구심이 있는 경우, 출연기업의 '신탁선언과 운용사무위임'방식은 투명성 확보의 관점에서 새로 법인을 설립하는 것보다 좋은 대안이 될수 있다. 즉 출연회사가 신탁선언으로 출연재산에 대해 수탁자가 되고 그 운용을 운용사·신탁사 등에 위임하면, 회사가 계속 출연재산에 대한 정보를 파악할 수 있게 되므로, 신탁사무를 위임받은 신탁사무수임인이 행하는 출연재산의 운용·사용과정에 대한 통제력을 확보할 수 있게 된다. 이러한 구조는 투자신탁[44]에서 운용사에 의한 자산운용을 수탁은행이 감시하는 구조와 기능적으로 동일한 것이다.

(3) 사업신탁선언 대 법인수탁자 설립을 통한 사업신탁의 인수

특히 영리기업이 수 개의 사업 목적을 위해 목적재산을 따로 출연하고 목적재산별로 회계를 독립적으로 가져가고자 하는 경우, 각각의 목적재산별로 따로 사업법인을 설립하는 것은 비용이 많이 든다. 따라서 앞서 본 것처럼 사업신탁의 인수를 위한 법인수탁자를 설립하고, 법인수탁자에 대해 수 개의 사업신탁을 인수하게 하면 출연된 목적재산은 신탁별로 분별관리된다. 그런데 출연회사가 출연재산의 운영전문가인 경우에는 법인수탁자를 따로 설립할 필요 없이, 출연회사가 직접 운용하는 것이 효율적이다. 따라서 이 경우 출연회사가 각각의 출연재산별로 수 개의 사업신탁을 선언하면, 출연회사는 직접 수 개의 신탁재산을 지배하게 되고, 목적재산별로 분별된 수 개의 사업신

---

44) 투자신탁제도의 조직법적 특징에 대해서는 박삼철/이중기, 앞의 논문(주 32) 참조.

탁재산을 합동운영하게 된다. 따라서 규모의 경제가 실현될 수 있다. 이 경우에는 출연회사가 신탁업인가를 취득해야 하는가의 문제가 발생한다.

개정 신탁법상 사해신탁취소제도의 개관[*]

오창석^{**}

I. 신탁법의 개정과 사해신탁취소제도

사해신탁이란 위탁자가 자신의 채권자를 해함을 알면서도 신탁제도를 이용하여 자기 소유의 재산에 신탁을 설정하는 것을 의미한다. 이러한 신탁이 설정되면, 위탁자의 책임재산이 감소되어 채권의 공동담보에 부족이 생기거나 이미 부족 상태에 있는 공동담보가 한층 더 부족해짐으로써 위탁자의 채권자의 채권을 완전하게 만족시킬 수 없게 되는데, 이때 채권자를 보호하기 위하여 위탁자의 책임재산을 유지·보전할 수 있는 권리를 채권자에게 인정한 것이 바로 신탁법의 사해신탁취소제도이다.

---

* 이 논문은 BFL 제62호(2013. 11)에 게재된 글을 수정·보완한 것이다.
** 법무법인 광장 변호사

구 신탁법 제8조는 수탁자와 수익자가 위탁자의 사해행위에 대하여 선의인지 여부를 묻지 않고 사해신탁취소권을 인정하였다. 그 결과 신탁회사는 사해신탁취소로 인하여 예측하지 못한 손해를 입는 등 매우 불안정한 지위에 놓이는 경우가 자주 발생하였고, 투자자 역시 예측할 수 없는 손해를 입어, 자산유동화구조의 안정적 유지마저도 위협받게 되었다.[1] 또한 종전 규정은 민법상 채권자취소권의 수익자 또는 전득자에 비하여 사해신탁의 수탁자 또는 수익자 보호가 부족하다는 비판도 받아 왔다.

그 결과, 신탁법의 개정 논의에서 사해신탁취소제도의 개정은 매우 중요한 이슈가 되었고, 학자 및 실무자들의 깊은 논의를 거쳐 법무부 안이 마련되었다. 그러나 법무부안에 대하여 다시 학계, 실무계 등에서 다양한 내용의 수정 요청이 있었고, 이러한 의견의 수렴을 거쳐 신탁법상의 사해신탁취소제도는 현재와 같이 개정되었다.[2]

---

1) 오창석, "개정 신탁법상 사해신탁제도에 관한 소고," 한국금융법학회 2009년 동계 학술발표회 자료집(2009. 12), 한국금융법학회, 5면.
2) 일본 신신탁법 제11조에서는 우리나라 개정 신탁법 제8조와 마찬가지로 사해신탁과 관련하여 규정되어 있다. 구체적인 조문을 보면 제1항은 "위탁자가 채권자를 해함을 알고 신탁을 설정한 경우, 수탁자가 채권자를 해한다는 사실을 알았는지 몰랐는지와 상관없이, 채권자는 수탁자를 피고로 하여 민법(1897년 법률 제89호) 제424조 제1항 규정에 의해 취소를 법원에 청구할 수 있다. 단 수익자가 현존하는 경우, 수익자의 전부 또는 일부가 수익자로 지정(신탁행위의 정함에 따라 또는 제89조 제1항에 규정된 수익자지정권 등의 행사에 의해 수익자 또는 변경 후의 수익자로 지정되는 것을 말한다. 이하 동일하다)된 것을 안 때 또는 수익권을 양수받은 때 채권자를 해하는 사실을 알지 못한 경우에는 그러하지 아니하다", 제2항은 "전항의 규정에 의한 청구를 인용하는 판결이 확정된 경우, 신탁재산책임부담채무에 관한 채권을 가진 채권자(위탁자인 경우를 제외한다)가 해당 채권을 취득한 때 채권자를 해하는 사실을 알지 못한 때에는, 위탁자는 해당 채권을 가진 채권자에 대해 해당 신탁재산책임부담채무에 대해 변제할 책임을 진다. 단 동항의 규정에 따른 취소로 인하여 수탁자로부터 위탁자로 이전되는 재산의 가액을 한도로 한다", 제3항은 "전항의 규정을 적용함에 있어, 제49조 제1항(제53조 제2항 그리고 제54조 제4항에서

    개정 신탁법상의 사해신탁취소제도는 구 신탁법상의 문제점에 대
한 반성적 고려로 많은 부분이 수정되었으며, 수익권양도청구권 등
새로운 내용도 추가되었다. 또한 개정 신탁법 제8조는 많은 논의를 거
쳤음에도 불구하고 법률규정의 해석상 여전히 의문이 생길 수 있는
부분도 다수 존재하고 있다고 생각된다. 본고는 사해신탁취소권의 요
건, 행사 및 효과 등 일반적인 내용을 개관하면서 개정 신탁법상의 내
용을 살펴보고, 새롭게 입법화된 수익권양도청구권의 의미를 검토한
후, 사해신탁취소제도와 다른 유사 제도를 비교해 보는 순서로 기술
하였다.[3]

준용하는 경우를 포함한다)의 규정에 의해 수탁자가 가지는 권리는 금전채권으로
본다", 제4항은 "위탁자가 그 채권자를 해함을 알고 신탁을 설정한 경우, 수익자가
수탁자로부터 신탁재산에 속한 재산의 급부를 받은 때에는 채권자는 수익자를 피
고로 하여 민법 제424조 제1항의 규정에 의한 취소를 법원에 청구할 수 있다. 단 해
당 수익자가 수익자로 지정된 사실을 안 때 또는 수익권을 양수받은 때에 채권자를
해함을 알지 못한 경우는 그러하지 아니하다", 제5항은 "위탁자가 그 채권자를 해
함을 알고 신탁을 설정한 경우에, 채권자는 수익자를 피고로 하여 그 수익권을 위
탁자에 양도할 것을 소구할 수 있다. 이 경우 전항 단서의 규정을 준용한다", 제6항
은 "민법 제426조의 규정은 전항의 규정에 따른 청구권에 준용한다", 제7항은 "수
익자의 지정 또는 수익권의 양도에 대해서는 제1항 본문, 제4항 본문 또는 제5항 전
단 규정의 적용을 부당하게 면하기 위한 목적으로, 채권자를 해함을 알지 못한 자
(이하 본항에서 '선의자'라 한다)를 무상(무상과 동일한 유상을 포함한다. 이하 본
항에서 동일하다)으로 수익자로 지정하거나 선의자에게 무상으로 수익권을 양도해
서는 안 된다", 제8항은 "전항의 규정에 위반되는 수익자의 지정 또는 수익권의 양
도에 의해 수익자로 된 자에게, 제1항 단서 및 제4항 단서(제5항 후단에서 준용되는
경우를 포함한다)의 규정은 적용하지 아니한다"라고 규정되어 있다(최수정, 일본
신신탁법, 진원사, 2007, 23면). 이러한 일본 신신탁법은 개정 신탁법 제8조 개정에
많은 영향을 끼친 것으로 보인다.
3) 광장신탁법연구회, 주석 신탁법, 박영사, 2013, 54-85면.

II. 사해신탁취소권과 관련하여

1. 사해신탁의 성립요건

(1) 객관적 요건

1) 피보전채권

① 피보전채권의 존재와 종류

사해신탁취소권은 민법상 채권자취소권과 마찬가지로 채권에 부수하는 권리이므로 그 취소권의 전제로서 채권이 존재하여야 함은 당연하다. 사해신탁취소권은 위탁자의 사해신탁행위를 취소하여 위탁자의 재산을 원상회복시킴으로써 모든 채권자를 위하여 위탁자의 책임재산을 보전하는 권리이므로, 피보전권리는 금전채권이나 종류채권이어야 한다.[4] 특정 채권 그 자체는 위탁자의 책임재산의 보전과는 관계가 없으므로 사해신탁취소권의 피보전권리가 될 수 없다.[5]

② 피보전채권의 성립 시기

사해신탁취소권의 피보전채권은 채권자취소권과 마찬가지로 원칙적으로 사해신탁행위 이전에 발생하고 있어야 한다. 위탁자의 채권자는 채권발생 당시에 위탁자의 자력을 신용 기초로 하는 것이므로 사해신탁행위 당시에 존재하지 않았던 채권은 사해신탁에 의하여 침

---

[4] 법무부(편) / 김상용(감수), 신탁법 해설, 법무부, 2012, 77면.

[5] 대법원 2001. 12. 27. 선고 2001다32236 판결(신탁법 제8조 소정의 사해신탁의 취소는 민법상의 채권자취소권과 마찬가지로 책임재산의 보전을 위한 것이므로 피보전채권은 금전채권이어야 하고, 특정물에 대한 소유권이전등기청구권을 보전하기 위하여 행사하는 것은 허용되지 않는다).

해된다고 볼 수 없기 때문이다. 채권이 성립된 이상 그 수액이나 범위까지 확정될 필요는 없으며, 기한부채권도 사해신탁행위 당시에 기한이 도래하지 않았다고 하더라도 사해신탁취소권을 행사할 수 있다.[6] 조건부채권도 기한부채권과 동일하게 취급한다고 보는 것이 통설이다.

또한 엄밀한 의미에서의 채권이 아직 발생한 것은 아닐지라도 (i)사해신탁행위 당시에 이미 채권 성립의 기초가 되는 법률관계가 발생되어 있고, (ii) 가까운 장래에 그 법률관계에 터 잡아 채권이 성립되리라는 점에 대한 고도의 개연성이 있으며, (iii) 실제로 가까운 장래에 그 개연성이 현실화되어 채권이 성립된 경우에는 그 채권도 피보전채권이 될 수 있다고 할 것이다.[7] · [8] 또한 당사자 사이에 일련의 약정과

---

6) 곽윤직(편) / 김능환(집필), 민법주해[제IX권 채권(2)], 박영사, 2004, 811-813면.

7) 대법원 2004. 11. 12. 선고 2004다40955 판결(채무자가 채권자와 신용카드가입계약을 체결하고 신용카드를 발급받았으나 자신의 유일한 부동산을 매도한 후에 비로소 신용카드를 사용하기 시작하여 신용카드대금을 연체하게 된 경우, 그 신용카드대금채권은 사해행위 이후에 발생한 채권에 불과하여 사해행위의 피보전채권이 될 수 없다고 한 사례), 위 판례 사안에서 대법원은 '신용카드가입계약'만을 가리켜 '채권 성립의 기초가 되는 법률관계'에 해당되지 않는다는 이유로 사해행위의 피보전채권의 성립을 부정하였지만, "채권자취소권에 의하여 보호될 수 있는 채권은 원칙적으로 사해행위라고 볼 수 있는 행위가 행하여지기 전에 발생된 것임을 요하지만, 그 사해행위 당시에 이미 채권 성립의 기초가 되는 법률관계가 발생되어 있고, 가까운 장래에 그 법률관계에 터 잡아 채권이 성립되리라는 점에 대한 고도의 개연성이 있으며, 실제로 가까운 장래에 그 개연성이 현실화되어 채권이 성립된 경우에는, 그 채권도 채권자취소권의 피보전채권이 될 수 있다"는 법리를 명확하게 판시한 점에 있어 그 의의가 있다고 할 것이다.

8) 실무에서 담보신탁계약체결 당시 분양계약자들이 잔금을 미납하여 계약해제권이 발생할 수 있는 상태에 있었던 경우, 담보신탁계약체결 당시 계약해제에 기한 원상회복청구권이 성립되리라는 점에 대한 고도의 개연성이 있다고 평가할 수 있는지 문제 된 적이 있다. 이러한 경우 가까운 장래에 채권이 성립되리라는 고도의 개연성이 긍정되어 사해신탁의 피보전채권의 성립을 긍정할 수 있지 않을까 생각된다.

그 이행으로 최종적인 법률행위를 한 경우, 일련의 약정과 최종적인 법률행위를 동일한 법률행위로 평가할 수 없다면, 일련의 약정과는 별도로 최종적인 법률행위에 대하여 사해행위의 성립 여부를 판단하여야 하고, 이때 동일한 법률행위로 평가할 수 있는지는 당사자가 같은지 여부, 일련의 약정에서 최종적인 법률행위의 내용이 특정되어 있거나 특정할 수 있는 방법과 기준이 정해져 있는지 여부, 조건 없이 최종적인 법률행위가 예정되어 있는지 여부 등을 종합하여 판단하여야 한다.[9]

2) 취소의 목적인 사해신탁행위

① 위탁자의 신탁행위

사해신탁취소권을 행사하기 위한 전제로서 사해신탁도 신탁설정의 요건을 갖추어 신탁으로서 일단 성립한 것이어야 한다. 신탁의 성립요건을 갖추지 못해 신탁으로 설정되지 못한 경우, 취소할 수 있는 사해신탁 자체가 존재하지 않게 되므로 취소의 문제도 발생하지 않는다

---

9) 대법원 2009. 11. 12. 선고 2009다53437 판결〔지방세법 제29조 제1항 제1호에 의하면, 취득세 납세의무는 취득세 과세물건을 취득하는 때에 성립하고, 지방세법 시행령 제73조 제4항에 의하면, 건축허가를 받아 건축하는 건축물에 있어서는 사용승인서 교부일(사용승인서 교부일 이전에 사실상 사용하거나 임시사용승인을 받은 경우에는 그 사실상의 사용일 또는 임시사용승인일)을 취득일로 본다고 규정하고 있는바, 원심이 인정한 사실관계에 의하면, 소외 회사는 이 사건 상가의 신축공사를 완료하고 2004. 8. 13. 사용승인을 받은 사실, 소외 회사는 2004. 9. 10. 이 사건 상가에 대한 취득세 및 농어촌특별세를 신고하고 납부기한을 2004. 9. 12.까지로 하는 고지서를 발급받았으나 소외 회사는 위 취득세 및 농어촌특별세를 납부하지 않은 사실을 알 수 있으므로, 늦어도 소외 회사가 이 사건 상가에 대하여 사용승인을 받은 2004. 8. 13. 당시에는 위 취득세 및 농어촌특별세 채권은 채권자취소권의 피보전채권이 될 수 있다〕.

고 할 것이다. 이러한 신탁행위에는 신탁계약뿐 아니라 단독행위인 유언신탁[10] 및 신탁선언도 해당할 수 있을 것으로 보인다.

② 채권자를 해하는 신탁행위

(i) 사해성의 의미

채권자를 해한다는 것은 위탁자의 신탁설정행위로 위탁자의 총재산이 감소되어 채권의 공동담보에 부족이 생기거나 이미 부족 상태에 있는 공동담보가 한층 더 부족하게 됨으로써 채권자의 채권을 완전하게 만족시킬 수 없는 상태, 즉 채무자의 소극재산이 적극재산보다 많아지거나 그 정도가 심화되는 것을 의미한다.[11] 따라서 재산감소행위는 적극재산을 감소시키는 행위뿐 아니라 소극재산을 증가시키는 행위도 포함한다. 또한 단순히 손해발생의 위험이 있다는 것만으로는 부족하고 현실적인 손해가 있어야 한다. 즉 채권의 공동담보 부족은 현실적인 것임을 요한다고 할 것이다.

(ii) 사해성의 판단기준

ⓐ 일반적 기준

위탁자의 신탁설정행위에 사해성이 있는지 여부는 위탁자가 채무초과 상태에서 해당 신탁설정행위로 인하여 위탁자명의의 책임재산 또는 공동담보가 감소되었다는 형식적인 측면만을 보아서는 아니 되고, 실질적으로 신탁이 책임재산의 감소나 공동담보의 부족을 초래하였는지 여부를 고려하여야 한다.[12] 채권자취소권과 관련된 판례는

---

10) 유언신탁의 경우 상속인이 소극재산을 상속한 후 채무초과 상태에 있는지 여부를 사해성 판단기준으로 삼아야 한다는 점을 유의할 필요가 있다(이중기, 신탁법, 삼우사, 2007, 78-79면). 하지만 상속인이 한정승인을 한 경우라면 상속인의 일반 재산까지 고려할 필요가 없을 것이다.
11) 곽윤직(편) / 김능환(집필), 앞의 주석서(주 6), 819-820면.
12) 이중기, 앞의 책(주 10), 69면 ; 이우재, "개발신탁의 사해행위 판단방법," 대법원

"채무자의 재산처분행위가 사해행위가 되기 위해서는 그 행위로 말미암아 채무자의 총재산의 감소가 초래되어 채권의 공동담보에 부족이 생기게 되어야 하는 것, 즉 채무자의 소극재산이 적극재산보다 많아져야 하는 것인바, 채무자가 재산처분행위를 할 당시 그의 적극재산 중 부동산과 채권이 있어 그 재산의 합계가 채권자의 채권액을 초과한다고 하더라도 그 적극재산을 산정함에 있어서는 다른 특별한 사정이 없는 한 실질적으로 재산적 가치가 없어 채권의 공동담보로서의 역할을 할 수 없는 재산은 이를 제외하여야 할 것이고, 그 재산이 채권인 경우에는 그것이 용이하게 변제를 받을 수 있는 확실성이 있는 것인지 여부를 합리적으로 판정하여 그것이 긍정되는 경우에 한하여 적극재산에 포함시켜야 할 것이다"라고 판시한 바도 있다(대법원 2001. 10. 12. 선고 2001다32533 판결). 사해성의 존재 여부는 개별 사안에 따라 판단되어야 하며, 민법상 채권자취소권의 사해성과 동일한 의미이므로 채권자취소권에 대한 논의가 그대로 적용될 수 있다.[13]

한편 책임재산을 평가할 때에는 실질적으로 재산적 가치가 없는 재산은 적극재산에서 제외하여야 할 것이다.[14] 또한 채권자취소의 대상인 사해행위에 해당하는지를 판단할 때 채무자 소유의 재산이 다른 채권자의 채권에 물상담보로 제공되어 있다면, 물상담보로 제공된 부분은 채무자의 일반 채권자들을 위한 채무자의 책임재산이라고 할 수 없으므로 물상담보에 제공된 재산의 가액에서 다른 채권자가 가지는 피담보채권액을 공제한 잔액만을 채무자의 적극재산으로 평가하여야

판례해설 제46호(2003. 하반기 ; 2004. 7), 법원도서관, 543면 : 임채웅, "사해신탁의 연구," 법조 통권 제600호(2006. 9), 법조협회, 23-24면.
13) 법무부(편) / 김상용(감수), 앞의 책(주 4), 79면.
14) 대법원 2001. 10. 12. 선고 2001다32533 판결.

한다.[15) · 16) · 17)]

ⓑ 자익신탁과 타익신탁[18)]

자익신탁을 설정한 경우, 위탁자는 신탁설정으로 수익권을 갖게 되

---

15) 대법원 2012. 1. 12. 선고 2010다64792 판결.

16) 일반 채권자의 공동담보에 공하여지는 책임재산의 가치를 산정함에 있어서 체육시설의 회원보증금반환채무를 신탁재산인 부동산의 가액에서 공제할 채무로 볼 수 있는지 여부와 관련하여 최근 논란이 있다. 체육시설의 설치·이용에 관한 법률 제27조에서 경매 등으로 체육시설업의 시설기준에 따르는 필수 시설을 인수한 자의 경우 인수인이 회원보증금반환채무를 승계하도록 하였기 때문이다. 이와 관련하여 제1심은 책임재산의 가치를 산정함에 있어 공제해야 할 채무로 판단하였지만 제2심은 우선변제권 있는 채무가 아니라는 이유로 제1심과는 상반되는 판단을 하였다(서울중앙지방법원 2011. 7. 21. 선고 2010가합37153 판결, 서울고등법원 2012. 2. 24. 선고 2011나64418 판결). 그러나 대법원은 제1심의 판단과 같이 회원보증금반환채무를 채무자의 책임재산의 범위 내에서 공제하여야 할 채무로 보아 원심 판결을 파기환송하였다(대법원 2013. 11. 28. 선고 2012다31963 판결).

17) 판례는 "부동산에 대한 매매계약이 사해행위임을 이유로 이를 취소함과 아울러 원상회복으로 가액배상을 명하는 경우, 주택임대차보호법 제3조 제1항이 정한 대항력을 갖추었으나 그전에 이미 선순위 근저당권이 마쳐져 있어 부동산이 경락되는 경우 소멸할 운명에 놓인 임차권의 임차보증금반환채권은, 임대차계약서에서 확정일자를 받아 우선변제권을 가지고 있다거나 주택임대차보호법상의 소액임차인에 해당한다는 등의 특별한 사정이 없는 한 수익자가 배상할 부동산의 가액에서 공제할 것은 아니다"라고 판시하여(대법원 2001. 6. 12. 선고 99다51197, 51203 판결), 경락 시 경락인에게 승계되지 아니하고 소멸되는 임대차보증금은 책임재산 산정과 관련하여 부동산 가액에서 공제하지 아니한 바가 있다. 그런데 이를 반대 해석한다면, 경락 시 경락인에게 승계되지 아니하고 소멸되는 임대차보증금은 책임재산 산정과 관련하여 부동산 가액에서 공제하지 아니한 바가 있다. 그런데 이를 반대 해석한다면, 경락 시 경락인에게 승계되어 소멸되지 아니하는 임대차보증금반환채무는 수익자가 배상할 부동산의 가액에서 공제하여야 한다고 볼 수도 있을 것이다.

18) 아라이 마코토(新井誠), "타익신탁과 자익신탁 사이의 개념적 구분," 한국비교사법학회 국제학술대회 「신탁법의 새로운 전개」 자료집(2012. 8), 한국비교사법학회, 62면(수탁자에 의한 재산의 운용과 처분이 설정자 자신을 위한 것이 아니고 수탁자와 설정자가 아닌 수익자를 위해 수행되는 신탁이 '타익신탁'이고, 수탁자에 의한 재산의 운용과 처분이 동일인인 설정자 겸 수익자의 수익을 위한 신탁이 '자익신탁'이다. 타익신탁에서 신탁의 설정자는 기본적으로 신탁설정과 동시에 신탁관계로부터 분리되고, 설정자가 직접 신탁관계에 개입하여 신탁사항에 대해 지배력을

므로, 신탁설정으로 인하여 당연히 책임재산이 감소한다고 볼 수 없다. 즉 현재의 재산을 신탁에 제공하고 신탁으로부터 장래에 수익을 얻으려는 수익권취득행위를 당연히 사해행위라 할 수는 없을 것이다. 대법원도 채권자들의 피해를 줄이고 채무자 자신의 변제력을 회복하는 최선의 방법이라고 생각하여 부득이하게 신탁계약을 체결한 경우, 사해신탁에 해당되지 않는다고 본 바 있다.[19]

최근 판례[20]는 "타인에 대하여 채무를 부담하는 사람이 자신이 소

행사하는 상황이 발생하지 않는다. 즉 설정자는 신탁설정의 방법에 의해 신탁운영에 대한 기본적인 지시를 하고, 운용방법에 대한 일반적 체계를 결정하지만 설정 후에는 신탁의 구체적인 운용은 수탁자의 재량에 맡겨진다. 반면에 자익신탁에서는 설정자는 설정자 자신의 수익을 위해 재산운영체계를 설정하며, 그 결과 설정자 겸 수익자와 수탁자 사이의 인간관계는 신탁이 설정된 이후에도 신탁관계의 핵심 요소로서 작동하고, 이러한 신탁의 내부 관계에서 가장 중요한 점은 신탁운영에 대한 근본적 지침을 제공하는 설정자의 의사에 있다).

19) 대법원 2003. 12. 12. 선고 2001다57884 판결(채무자가 토지에 집합건물을 지어 분양하는 사업을 추진하던 중 이미 일부가 분양되었는데도 공정률 45.8퍼센트의 상태에서 자금난으로 공사를 계속할 수 없게 되자 건축을 계속 추진하여 건물을 완공하는 것이 이미 분양받은 채권자들을 포함하여 채권자들의 피해를 줄이고 자신도 채무변제력을 회복하는 최선의 방법이라고 생각하고, 사업을 계속하기 위한 방법으로 신탁업법상의 신탁회사와의 사이에 신탁계약을 체결한 것으로 자금난으로 공사를 계속할 수 없었던 채무자로서는 최대한의 변제력을 확보하는 최선의 방법이었고 또한 공사를 완공하기 위한 부득이한 조치였다고 판단되므로 사해행위에 해당되지 않는다고 한 사례). 위 판례에 대한 평석으로 이우재, 앞의 논문(주 12), 527면.

20) 대법원 2011. 5. 23.자 2009마1176 결정(갑 회사가 담보신탁을 통하여 회사의 전 재산인 골프장 부지와 시설에 관한 소유 명의를 을에게 이전한 행위가 사해행위에 해당하는지 문제 된 사안에서, 신규 자금의 조달을 통한 골프장의 시설 개선을 하지 않고는 영업을 계속할 수 없는 상황에서 골프장 부지 등을 담보신탁의 목적물로 제공하고 이를 통해 융통한 자금으로 영업시설을 개선하여 사업을 계속 추진하는 것이 일반 채권자들에 대하여도 채무변제력을 갖게 되는 최선의 방법이라고 생각하여 신탁계약의 체결에 이르게 되었다고 볼 수 있고, 위탁자인 갑 회사 등이 신탁수익에 대한 수익자일 뿐만 아니라 신탁원본에 대하여도 위 골프장 개선공사 자금을 제공하는 을 등에 대한 대출채무와 신탁에 따른 비용을 정산한 나머지

유한 재산 전부인 부동산에 관하여 제3자와 신탁계약을 체결하고 그에 따라 위 부동산을 수탁자인 제3자에게 신탁재산으로 이전하는 경우, 사해행위에 해당하는지에 관한 판단기준"과 관련하여, "자금난으로 사업을 계속 추진하기 어려운 상황에 처한 채무자가 자금을 융통하여 사업을 계속 추진하는 것이 채무변제력을 갖게 되는 최선의 방법이라고 생각하고 자금을 융통하기 위한 방편으로 신탁계약의 체결에 이르게 된 경우 이를 사해행위라고 보기 어려울 뿐만 아니라, 신탁계약상 위탁자가 스스로 수익자가 되는 이른바 자익신탁의 경우 신탁재산은 위탁자의 책임재산에서 제외되지만 다른 한편으로 위탁자는 신탁계약에 따른 수익권을 갖게 되어 위탁자의 채권자가 이에 대하여 강제집행을 할 수 있고, 이러한 수익권은 채무자가 유일한 재산인 부동산을 매각하여 소비하기 쉬운 금전으로 바꾸는 등의 행위와 달리 일반 채권자들의 강제집행을 피해 은밀한 방법으로 처분되기 어려우며, 특히 수탁자가 자본시장과 금융투자업에 관한 법률에 따라 인가받아 신탁을 영업으로 하는 신탁업자인 경우 공신력 있는 신탁사무의 처리를 기대할 수 있으므로, 위탁자가 사업의 계속을 위하여 자익신탁을 설정한 것이 사해행위에 해당하는지 여부를 판단할 때는 단순히 신탁재산이 위탁자의 책임재산에서 이탈하여 외견상 무자력에 이르게 된다는 측면에만 주목할 것이 아니라, 신탁의 동기와 신탁계약의 내용, 이에 따른 위탁자의 지위, 신탁의 상대방 등을 두루 살펴 신탁의

지를 돌려받을 수 있는 수익자의 지위에 있어 이러한 수익권을 통한 채권만족의 가능성이 남아 있으며, 특히 채권자의 갑 회사에 대한 대여금채권은 위 회사의 설립 목적에 따른 제한으로 신탁계약 전에도 개별적인 지급청구나 이를 위한 강제집행 등 권리행사를 할 수 없도록 정관에 규정되어 있었던 이상 위 신탁으로 집행상 새로운 장애가 발생하였다고 볼 수도 없으므로, 위 신탁계약이 채권자를 해하는 사해행위에 해당한다고 단정하기 어렵다고 한 사례).

설정으로 위탁자의 책임재산이나 변제능력에 실질적인 감소가 초래되었는지, 이에 따라 위탁자의 채무면탈이 가능해지거나 수탁자 등 제3자에게 부당한 이익이 귀속되는지, 채권자들의 실효적 강제집행이나 그 밖의 채권 만족의 가능성에 새로운 장애가 생겨났는지 여부를 신중히 검토하여 판단하여야 한다"라고 판시한 바가 있다(대법원 2011. 5. 23.자 2009마1176 결정).[21)]

한편 자익신탁은 당연히 담보재산이 줄어드는 것이 아니며, 특히 토지신탁의 설정도 부동산의 처분과 달리 위탁자의 재산을 현금화하는 것이 아니라는 점, 현실적으로 위탁자는 자신의 수익권을 증서로 만들어 이에 대해 질권을 설정하여 담보로 활용하고 있으며, 위탁자의 채권자는 위 수익권에 대하여 강제집행을 하고 있다는 점을 근거로 하여 사해신탁이 아예 성립될 수 없다고 보는 견해도 있다.[22)]

타익신탁설정은 제3자에게 수익권을 취득시키는 것이므로, 이로 인하여 채무초과 상황이 초래되면, 일응 사해성요건을 충족하는 것으로

---

21) 위 판결과 유사한 논리는 이전 대법원 판결에서도 찾을 수 있다〔채무초과 상태에 있는 채무자가 그 소유의 부동산을 채권자 중의 어느 한 사람에게 채권담보로 제공하는 행위는 특별한 사정이 없는 한 다른 채권자들에 대한 관계에서 사해행위에 해당한다. 그러나 자금난으로 사업을 계속 추진하기 어려운 상황에 있는 채무자가 자금을 융통하여 사업을 계속 추진하는 것이 채무변제력을 갖게 되는 최선의 방법이라 생각하고 자금을 융통하기 위하여 부득이 부동산을 특정 채권자에게 담보로 제공하거나 이를 신탁하고 그로부터 신규자금을 추가로 융통받았다면 특별한 사정이 없는 한 채무자의 담보권설정이나 신탁행위는 사해행위에 해당하지 않는다. 한편 채무자의 사해의사를 판단함에 있어 사해행위 당시의 사정을 기준으로 하여야 할 것임은 물론이나, 사해행위라고 주장되는 행위 이후 채무자의 변제노력과 채권자의 태도 등도 사해의사의 유무를 판단함에 있어 다른 사정과 더불어 간접사실로 삼을 수 있다(대법원 2000. 12. 8. 선고 99다31940 판결 ; 대법원 2001. 5. 8. 선고 2000다50015 판결 ; 대법원 2003. 12. 12. 선고 2001다57884 판결 등 참조)〕.

22) 이재욱/이상호, 신탁법 해설, 한국사법행정학회, 2000, 106-107면.

추정된다고 볼 수 있다. 다만 위탁자가 총채권자를 위하여 신탁을 설
정하는 행위는 책임재산의 감소에 상당하는 담보권의 증가가 수반되
므로 사해성이 없다고 볼 여지가 있다고 한다.[23]

ⓒ 부동산신탁과 사해성의 판단기준

실제 민법상 채권자취소권의 행사는 부동산과 관련된 경우가 많다.
그러나 부동산을 신탁한 사안에 관하여 사해신탁을 폭넓게 인정하는
경우 신탁의 본질에 반하고 거래 안정성을 해하는 부작용이 발생할
수도 있다. 아래에서는 부동산신탁과 관련된 사해신탁취소권이 문제
된 사안을 살펴보도록 하겠다.

신탁법에 의하여 공시된 신탁도 사해행위가 될 수가 있지만, 판례
는 "공사대금을 지급받지 못한 아파트 공사 수급인이 신축 아파트에
대한 유치권을 포기하는 대신 수분양자들로부터 미납입 분양대금을
직접 지급받기로 하고, 그 담보를 위해 도급인과의 사이에 해당 아파
트를 대상으로 수익자를 수급인으로 하는 신탁계약을 체결하고 수급
인이 지정하는 자 앞으로 소유권이전등기를 경료하게 한 경우, 수급
인의 지위가 유치권을 행사할 수 있는 지위보다 강화된 것이 아니고,
도급인의 일반 채권자들 입장에서도 수급인이 유치권을 행사하여 도
급인의 분양사업 수행이 불가능해지는 경우와 비교할 때 더 불리해지
는 것은 아니므로 위 신탁계약이 사해행위에 해당하지 않는다"라고
판시하기도 하였다(대법원 2001. 7. 27. 선고 2001다13709 판결).

신탁법은 부동산에 대한 관리 · 처분신탁을 전제로 하고 있으므로,
이러한 신탁에 대하여 사해신탁의 법리를 적용하여도 특별한 무리가
없지만,[24] · [25] · [26] 부동산신탁 중 토지신탁이나 담보신탁의 경우에는

---

23) 이중기, 앞의 책(주 10), 69면.
24) 채무초과 상태에 있는 위탁자가 자신의 유일한 재산인 부동산을 관리신탁한 경우,

관리 · 처분신탁과는 구별되는 나름의 특징이 있어, 실무상 사해신탁
취소권 인정과 관련하여 여러 문제가 발생하고 있다.[27]

담보신탁과 관련된 사안은 아니지만 담보설정행위가 채권자취소의
대상이 되기 위한 기준과 관련하여 판례[28]는 "채무초과 상태에 있는

신탁부동산의 소유권은 위탁자로부터 수탁자에게 이전되고, 위탁자의 채권자들로
서는 신탁 기간 동안 신탁부동산에 관하여 강제집행 등의 방법으로 채권의 만족
을 얻을 수 없게 될 뿐만 아니라, 현재 실무상 이루어지고 있는 을종 부동산관리신
탁은 신탁부동산의 소유 명의만을 관리하다가 이를 반환하는 것으로 위 관리신탁
으로 인하여 위탁자의 책임재산이 증가되는 경우를 상정하기는 어려우므로 특별
한 사정이 없는 한 위 관리신탁은 사해행위에 해당한다는 견해가 있다(진상훈,
"부동산신탁의 유형별 사해행위 판단방법," 민사집행법연구 제4권(2008. 2), 한국
민사집행법학회, 321-322면)).

25) 채무초과 상태에 있는 위탁자가 자신의 유일한 재산인 부동산을 처분신탁한 경우,
신탁부동산의 소유권이 수탁자에게 이전되고 위탁자의 채권자들은 신탁 기간 동안
신탁부동산에 관하여 강제집행을 할 수 없게 될 뿐만 아니라, 처분신탁의 수익자를
위탁자로 하게 되면 신탁계약종료 시 위탁자에 신탁재산의 처분대가가 금전으로
교부될 수 있어, 실질적으로는 위탁자인 채무자가 자신의 유일한 재산인 부동산을
매각하여 소비하기 쉬운 금전으로 바꾸는 경우와 동일하다고 볼 수 있으므로 위
처분신탁은 특별한 사정이 없는 한 사해행위에 해당한다는 견해가 있다(진상훈,
앞의 논문(주 24), 322-323면)).

26) 판례는 "부동산 관리신탁에 있어서 채권자의 강제집행을 피하기 위해서 토지를
관리신탁한 후 건물신축공사를 계속한 경우 사해행위가 인정된다"라고 판시한 바
있고(서울중앙지방법원 2005. 3. 17.자 2005카합654 결정), "부동산 처분신탁의 경
우 정당한 변제를 위해서 이루어지고, 실질적인 책임재산 증가를 통하여 채권자들
에게 더 큰 이익을 주려는 것이면 사해의사가 부정될 수 있다"라고 판시한 바도
있다(서울고등법원 2004. 7. 15. 선고 2004나4395 판결).

27) 송현진 / 유동규, 조해 신탁법(이론 · 판례 · 실무), 진원사, 2012, 182-183면.

28) 대법원 2002. 3. 29. 선고 2000다25842 판결(채무초과 상태에서 사업의 계속에 필
요한 물품을 공급받기 위한 방법으로 기존 물품대금채무 및 장래 발생할 물품대
금채무를 담보하기 위하여 근저당권을 설정하여 준 경우, 근저당권의 피담보채무
에 기존 채무를 포함시켰다 하더라도 기존 채무를 위한 담보설정과 물품을 계속
공급받기 위한 담보설정이 불가피하게 동일한 목적하에 하나의 행위로 이루어졌
고, 당시의 제반 사정하에서는 그것이 사업의 계속을 통한 회사의 갱생이라는 목
적을 위한 담보제공행위로서 합리적인 범위를 넘은 것이 아니라는 이유로 기존
채무를 위한 담보설정행위 역시 사해행위에 해당하지 않는다고 한 사례).

채무자가 그 소유의 부동산을 채권자 중의 어느 한 사람에게 채권담
보로 제공하는 행위는 특별한 사정이 없는 한 다른 채권자들에 대한
관계에서 사해행위에 해당한다고 할 것이나, 자금난으로 사업을 계속
추진하기 어려운 상황에 처한 채무자가 자금을 융통하여 사업을 계속
추진하는 것이 채무변제력을 갖게 되는 최선의 방법이라고 생각하고
자금을 융통하기 위하여 부득이 부동산을 특정 채권자에게 담보로 제
공하고 그로부터 신규자금을 추가로 융통받았다면 특별한 사정이 없
는 한 채무자의 담보권설정행위는 사해행위에 해당하지 않으며, 다만
사업의 계속 추진과는 아무런 관계가 없는 기존 채무를 아울러 피담보
채무 범위에 포함시켰다면, 그 부분에 한하여 사해행위에 해당할 여지
는 있다"라고 판시한 바가 있다. 한편 앞에서 언급한 대법원 2011. 5.
23.자 2009마1176 결정은 담보신탁과 관련된 사안이며, 사해신탁취소
의 대상이 되기 위한 기준을 판시하였다. 하급심이지만 서울중앙지방
법원 2012. 3. 22. 선고 2010가합88922 판결은 담보신탁이 사해행위에 해
당하는지 여부에 대하여 비교적 구체적인 기준을 제시한 바도 있다.[29]

---

29) 서울중앙지방법원 2012. 3. 22. 선고 2010가합88922 판결[이 사건과 같은 부동산
담보신탁계약의 경우(위탁자가 채권의 담보를 위하여 그의 채권자에게 신탁부동
산으로부터 수익권리금 한도 내에서 우선변제를 받을 권리를 부여하고, 위탁자가
피담보채무를 모두 변제한 경우 신탁부동산의 소유권을 회복할 수 있다는 점에
서) 그 실질은 부동산에 물적 담보를 설정하는 경우와 동일한 것으로서, 일반 채권
자들은 담보신탁계약의 우선수익자로 지정되지 않는 한 해당 부동산에 대한 강제
집행을 통해 채권을 회수할 수 없는 반면, 수탁자가 위 부동산을 처분하는 경우 그
처분대금은 신탁비용 및 우선수익자의 채권 등에 우선 충당되고 남은 대금만 위
탁자가 정산받게 되어 실질적으로 위탁자의 책임재산이 감소하는 결과가 발생한
다. 한편 채무자가 위와 같이 책임재산을 감소시키는 행위를 함으로써 일반 채권
자들을 위한 공동담보의 부족 상태를 유발 또는 심화시킨 경우에 그 행위가 채권
자취소의 대상인 사해행위에 해당하는지는, 행위 목적물이 채무자의 전체 책임재
산 가운데에서 차지하는 비중, 무자력의 정도, 법률행위의 경제적 목적이 갖는 정
당성과 그 실현수단인 해당 행위의 상당성, 행위의 의무성 또는 상황의 불가피성,

　토지신탁과 관련하여 앞에서 살펴본 바 있는 대법원 2003. 12. 12.
선고 2001다57884 판결[30]은 매우 중요한 내용을 포함하고 있다. 대법
원이 위 판결을 통하여 신탁행위에 관한 사해행위성에 대한 판단방법
을 제시하였고, 신탁의 법리가 구체적인 집행절차 내에서 어떻게 작
용하는지 여부에 관한 판시도 하였으며, 나아가 민법상 채권자취소권
과 신탁법상 사해신탁취소권의 조화로운 해석론을 제시하기도 하였
다.[31] 한편 대법원 1999. 9. 7. 선고 98다41490 판결은 채무자가 건물이
90퍼센트의 공정이 진행된 상태에서 토지 및 건물을 개발신탁한 경우
에는 사해신탁으로 판단한 바도 있다.[32]

　　공동담보의 부족 위험에 대한 당사자의 인식 정도 등 그 행위에 나타난 여러 사정
　　을 종합적으로 고려하여, 그 행위를 궁극적으로 일반 채권자를 해하는 행위로 볼
　　수 있는지에 따라 최종 판단하여야 한다(대법원 2010. 9. 30. 선고 2007다2718 판결
　　등 참조)].

30) 위 판례는 "이처럼 이 사건 신탁으로 인하여 소유권이 수탁자에게 이전되지만, 이
　　사건 신탁은 신탁법상의 신탁으로서 신탁재산을 소비하기 쉽게 현금화하는 것이
　　아니고, 부동산등기부의 일부인 신탁 원부에 위탁자, 수탁자, 수익자 등과 신탁의
　　목적, 신탁재산의 관리방법, 신탁종료사유, 기타 신탁의 조항을 기재하도록 되어 있
　　으므로 결국 신탁에 관한 모든 사항이 공시되어 위탁자의 채권자도 위탁재산의 운
　　용 상태를 확인·감시할 수 있고, 심지어 이 사건 신탁이 이루어졌음이 이 사건 공
　　사현장에도 공시되었다. 따라서 위탁자의 채권자들인 원고들로서는 쉽사리 신탁
　　계약의 내용을 알 수 있으므로, 경우에 따라 위탁자 겸 수익자인 채무자가 피고로
　　부터 지급받을 공사대금이나 신탁수익, 또는 신탁종료 후 반환받을 재산을 집행재
　　산으로 삼을 수 있었고, 그 책임재산으로서의 가치는 결코 신탁 전의 신탁재산의
　　가치보다 적다고 보여지지 않는다. 따라서 원심은 이 사건 신탁계약이 사해행위에
　　해당하는지 여부에 대한 판단을 하기 위해서 이 사건 건물의 신축공사가 45.8퍼센
　　트 정도 진행된 상태에서의 집행 가능한 책임재산으로서의 이 사건 토지 및 미완
　　공 건축물의 가치와 채무자가 이 사건 신탁을 통하여 이 사건 토지 위에 이 사건
　　건물을 완공·분양함으로써 얻을 수 있는 재산적 가치에 대하여 심리하여 이를
　　비교 형량하였어야 할 것이다"라고 판시한 바가 있다.
31) 이우재, 앞의 논문(주 12), 555면.
32) 판례는 위 사안에서 "원심은 위 인정사실에 이어, ○○○은 1995. 12. 8. 그의 유일
　　한 재산인 위 대지와 건물(이하 '이 사건 부동산'이라 한다)을 신탁하기로 하여 피

(2) 주관적 요건(사해의 의사 내지 인식)

1) 위탁자의 사해의사

사해신탁은 위탁자가 신탁행위를 함에 있어 그 채권자를 해함을 알고 하였을 것을 요건으로 한다. 즉 위탁자는 사해신탁의 설정으로 자신의 공동담보가 한층 더 부족해져 채권자의 채권을 완전하게 만족시킬 수 없게 된다는 사실을 인식하는 것을 의미한다.[33] 이러한 사해의사는 적극적인 의사가 아니라 변제능력이 부족하게 된다는 소극적인 인식으로 충분하며, 일반 채권자에 대한 관계에서 있으면 되고 특정 채권자를 해한다는 인식이 있어야 하는 것은 아니라고 할 것이다.[34] 민법상 채권자취소권과 관련하여 판례는 채무자가 상대방과 통모한

고와 사이에 "(i) 신탁의 목적 : 토지개발신탁(임대형), (ii) 신탁재산 : 이 사건 부동산(그 당시 위 건물은 약 90퍼센트의 공정이 진행된 상태임), (iii) 신탁재산의 개발 및 관리방법 : 신탁토지에 신탁건물을 건축하며 임대 · 분양 및 관리에 관한 일체의 업무를 수행함, (iv) 신탁종료의 사유 : 신탁 기간의 만료, 신탁 목적의 달성 또는 신탁계약의 중도해지, (v) 신탁 기간 : 신탁계약 체결일로부터 5년간, (vi) 신탁종료 시 신탁재산의 교부 : 신탁종료 시 수익자인 ○○○ 또는 그가 지정하는 제3자에게 신탁계산을 거쳐 위 신탁재산 또는 정산금을 지급함"을 내용으로 하는 신탁계약을 체결하고, 같은 해 12. 11. 위 신탁재산에 관하여 신탁을 원인으로 하는 피고명의의 소유권이전등기를 마친 사실, 위 신탁계약을 체결할 당시 위 신탁재산의 가액은 토지의 경우 금 35억 6,698만 4,000원, 건물의 경우 금 40억 7,813만 1,000원, 합계 금 76억 4,511만 5,000원 상당이었고, 위 신탁계약 체결 후 1995. 12. 12.부터 1997. 2. 20.까지 사이에 별지 근저당권목록 기재와 같이 위 신탁재산에 설정된 12개의 근저당권이 말소되었는데 그 피담보채무액의 합계는 금 47억 8,000만 원인 사실을 인정한 다음, 그 인정사실들과 같은 경위로 ○○○이 원고들에게 위와 같이 채무를 부담하고 있으면서도 이를 변제하지 아니한 채 그의 유일한 재산인 이 사건 부동산에 관하여 피고와 사이에 위와 같은 신탁계약을 체결하고 피고 명의로 소유권이전등기를 경료하였으니 위 신탁계약은 채권자인 원고들을 해함을 알고서 한 사해행위라고 봄이 상당하다"라고 판시한 바 있다(대법원 1999. 9. 7. 선고 98다41490 판결).

33) 법무부(편) / 김상용(감수), 앞의 책(주 4), 80면.
34) 법무부(편) / 김상용(감수), 앞의 책(주 4), 80면.

경우에는 당연히 사해행위가 된다고 하고,[35] 채무자가 유일한 재산인 부동산을 상당하지 아니한 가격으로 매도하거나 무상양도한 경우,[36] 채무초과 상태의 채무자가 유일한 재산인 부동산을 특정 채권자를 위한 담보로 제공한 경우[37]에는 사해의 의사가 추정된다고 할 것이다.[38]

사해의사의 판단기준 시는 사해신탁행위 당시라고 할 것이며, 사해행위가 대리인에 의하여 이루어진 때에는 사해의사의 유무는 대리인을 표준으로 결정하여야 할 것이다. 또한 위탁자의 사해의사는 사해행위 성립을 위한 적극적인 요건의 하나이므로 위탁자의 채권자가 입증하여야 한다는 데에는 이론이 없다고 할 것이다.

2) 수탁자 및 수익자의 주관적 요건(사해신탁취소권의 배제요건)

① 수탁자의 선의 여부
(i) 종전 규정에 대한 논의
구 신탁법 제8조는 수탁자가 사해신탁행위에 대하여 선의인 경우

---

35) 대법원 1977. 6. 28. 선고 77다105 판결.
36) 대법원 1966. 10. 4. 선고 66다1535 판결 ; 대법원 1990. 11. 23. 선고 90다카24762 판결.
37) 대법원 1989. 9. 12. 선고 88다카23186 판결.
38) 채무초과 상태에 있는 채무자가 채권자 중 한 사람과 모의하여, 그 채권자의 채권 만족을 목적으로 부동산을 그 채권자에게 매각하는 행위에 대해, 대법원은 매매가격이 상당한 경우에도 다른 채권자를 해하는 사해행위로 보고 있다(대법원 1994. 6. 14. 선고 94다2961 판결 등). 이와 관련하여 처분대금이 적정하면 채무자의 적극재산에는 감소가 없는 것이고, 처분대금을 어떻게 사용하는가는 처분의 상대방이 간섭할 사항은 아니기 때문에, 이러한 신탁설정을 사해행위로서 취소하는 것은 지나치다고 하면서, 특히 적정가격에 의한 재산처분이 사해행위로서 취소될 수 있다면, 재정적 위기에 처한 기업이 재산의 처분방식으로 재무구조를 개선하고자 하는 노력은 큰 위기에 봉착할 수 있으므로, 명시적으로 사해성요건에서 적정가격에 의한 재산처분을 배제할 필요가 있다는 견해도 있다(이중기, 앞의 책(주 10), 69면).

사해신탁취소권을 인정하였고, 이와 관련하여 학설상 견해의 대립이 있어 왔다. ⓐ 수탁자는 신탁재산의 명의자·관리자에 불과하여 취소가 되더라도 수탁자에게는 실질적인 손해가 발생하지 않는 점, 실무에서 수탁자가 선의인 경우에 취소를 인정하여도 실질적으로 부당한 사안은 거의 없으며 사해성요건으로도 충분히 제어가 가능했기 때문에 구 신탁법 제8조의 태도가 타당하다는 견해[39]와 ⓑ 사해신탁을 근거로 한 취소소송 및 처분금지가처분으로 수탁자인 신탁회사 등이 불안정한 지위에 놓이게 되고, 부동산신탁의 경우 수탁자는 단순히 수탁수수료만 받고 운용하는 것이 아니라 신탁재산인 부동산에 건물을 신축하는 등 투자를 하여 그로부터 얻은 수익에서 수입을 얻는 경우도 있으므로 신탁재산으로부터 이익을 얻을 지위에 없다는 이유만으로 신탁의 취소를 허용하는 것은 부당하다는 이유로 구 신탁법의 태도는 부당하다는 견해[40)·41)·42)]가 대립하였다고 한다.[43]

---

39) 임채웅, 앞의 논문(주 12), 24-26면 ; 임채웅, 신탁법 연구, 박영사, 2009, 143면. 특히 위 신탁법 연구에서 저자는 부동산신탁에 있어서 수탁자가 선의인 경우 취소하는 것은 부당한 면이 있다는 점은 인정하면서 "최근 신탁관계가 문제 되는 것은 주로 부동산신탁에 관한 것인데, 대법원 판례의 사안을 보더라도 선의인 경우에까지 취소된다는 점에서 비롯되는 부당함은 별로 드러나 보이지 않는다. 물론 이러한 유형의 사건 수가 충분하지 않고 당사자들이 법률규정 자체에 반하는 주장은 잘 하지 않을 것이기 때문에 그러하기도 할 것이나, 사건으로는 부동산신탁의 경우 수탁자의 선의/악의에 관한 논의에까지 이르기 전에 사해성 검토의 단계에서 먼저 걸러지기 때문에 그러한 것으로 판단된다. 즉 정상적인 상황에서 이루어진 부동산신탁설정행위는 사해성이 없다고 볼 가능성이 높을 것이고, 수탁자의 선의/악의는 문제조차 되지 않을 여지가 높을 것이다. 이렇게 본다면, 수탁자의 선의인 경우에도 취소될 수 있게 한 것이 꼭 잘못이고 문제가 있다고 할 수만은 없다고 결론 내리지 않을 수 없다"라고 하였다.
40) 특히 부동산신탁의 경우에는 수탁자의 지위가 단순한 수탁수수료만 받고 그 운용의 책임이 종결되는 단순한 관계가 아니라 수탁받은 부동산에 건물을 신축하여 분양하는 복잡한 관계가 형성되며, 그로 인하여 수탁자도 수입을 얻는 구조로 되어 있으므로, 단순히 수탁자가 신탁재산의 지위로부터 이익을 얻을 지위가 없다는

신탁법의 개정을 논의할 당시 법무부안[44]에서는 수탁자가 유상으로 신탁을 인수할 때 선의인 경우에는 사해신탁의 취소를 배제하였다. 수탁자가 신탁설정에 대해 대가를 지불하거나 투자한 경우 또는 영업 목적의 수탁은행과 같이 신탁의 인수를 통해 보수를 취득하는 경우에는 이러한 신탁설정의 취소로 인해 수탁자가 이미 받은 신탁보수와 장래에 받을 신탁보수를 상실하게 되고, 선의의 수탁자가 신탁재산 원본을 선의의 수익자에게 모두 양도하여 신탁재산을 보유하고 있지 않음에도 수탁자에 대한 취소권행사와 원상회복청구권이 가능한 부당한 사안이 발생할 수 있어,[45] 이를 막고자 하는 취지에서 법무부안이 나왔던 것이다.

그러나 이러한 법무부안에 대해 신탁에서 신탁행위의 상대방은 수탁자이지만 수탁자는 신탁의 이익을 향수하는 자가 아니라고 할 것이어서 민법 제406조에서 말하는 '이익을 받은 자'에 해당하지 않기 때

이유만으로 수탁자가 선의임에도 불구하고 신탁이 취소될 수 있다면 불합리하다고 주장하면서 수탁자가 선의인 경우에도 취소될 수 있다는 내용이 삭제되어야 한다는 주장도 있었다(이재욱, "부동산신탁 및 부동산뮤추얼펀드 등의 함정," 법률신문 2000. 8. 9.자 참고).

41) 이중기, 앞의 책(주 10), 76-77면 ; 최수정, 앞의 책(주 2), 24-25면.
42) 이우재, 앞의 논문(주 12), 555면에서는 "요건의 완화로 인하여 신탁법상의 신탁행위의 경우에는 사해행위로서의 취소가 쉽게 인정되어 왔고, 이러한 결과는 신탁업법상의 신탁회사의 파산에도 한 원인을 제공한 것으로 보인다"라고 기술되어 있다. 이러한 견해 역시 수탁자의 선의 여부와 관계없이 취소를 인정한 구 신탁법의 태도가 부당하다는 입장으로 보인다.
43) 법무부(편) / 김상용(감수), 앞의 책(주 4), 80-81면.
44) 법무부안 제8조 제1항은 "채무자가 채권자를 해함을 알면서 신탁을 설정한 경우 채권자는 수탁자나 수익자에게 민법 제406조 제1항의 취소 및 원상회복을 청구할 수 있다. 다만 수탁자가 유상으로 신탁을 인수하거나 수익자가 유상으로 수익권을 취득할 당시 채권자를 해함을 알지 못한 경우에는 그러하지 아니하다"라고 규정되어 있었다.
45) 법무부(편) / 김상용(감수), 앞의 책(주 4), 81면.

문에 채무자의 사해행위의 상대방으로서 선의 / 악의가 문제 될 여지
가 없으며, 입법례에 비추어 보아도 영미 국가에서 사해신탁은 채권
자취소제도에 의하여 취소될 수 있고 목적의 불법성을 이유로 무효로
될 수도 있으나, 수탁자가 선의인지 악의인지에 따라 사해신탁의 취
소 여부를 달리 보는 입법례는 없다고 하면서, 수익자의 선의 또는 악
의를 기준으로 취소 여부를 가리면 충분하다는 취지의 반대견해가 제
시되기도 하였다.[46]

(ii) 개정 신탁법에서의 수탁자의 선의 여부

개정된 본 조문에서는 수탁자는 이익을 향수하는 자가 아니라는 점
과 외국의 입법례[47] 등을 참작하여 '수탁자'의 선의 여부를 구분하는
취지의 법무부안을 채택하지 않고 '수탁자'를 고려함이 없이 사해신
탁의 취소를 청구할 수 있는 것으로 규정하였다. 다만 본 조문 제3항
은 위탁자의 채권자가 제1항 본문에 따라 사해신탁취소권을 행사하
는 경우 "채권자는 선의의 수탁자에게 현존하는 신탁재산의 범위 내

---

46) 법무부(편) / 김상용(감수), 앞의 책(주 4), 82면(법원행정처의 견해).
47) 미국 신탁법 리스테이트먼트(2차) 제63조는 신탁설정의 목적이 채권자를 해하는
   것이면 그 신탁은 무효로 하되, 수익자가 신탁설정 당시 채권자를 해하는 사실을
   알지 못하였으면 위탁자의 채권자의 이익을 침해하지 않는 한도에서 수탁자에게
   신탁의 이행을 강제할 수 있다고 규정하고 있으며, 일본 신신탁법 제11조 제1항은
   "위탁자가 채권자를 해함을 알고 신탁을 설정한 경우, 수탁자가 채권자를 해한다
   는 사실을 알았는지 몰랐는지와 상관없이, 채권자는 수탁자를 피고로 하여 민법
   (1897년 법률 제89호) 제424조 제1항 규정에 의해 취소를 법원에 청구할 수 있다.
   단 수익자가 현존하는 경우, 수익자의 전부 또는 일부가 수익자로 지정(신탁행위
   의 정함에 따라 또는 제89조 제1항에 규정된 수익자지정권 등의 행사에 의해 수
   익자 또는 변경 후의 수익자로 지정되는 것을 말한다. 이하 동일하다)된 것을 안
   때 또는 수익권을 양수받은 때 채권자를 해하는 사실을 알지 못한 경우에는 그러
   하지 아니하다"라고 규정하여, 미국 신탁법 리스테이트먼트(2차) 및 일본 신신탁
   법은 선의의 수익자보호에 초점이 맞추어져 있을 뿐이고 수탁자 선의 / 악의를 요
   건으로 규정하고 있지 아니한 것으로 보인다.

에서 원상회복을 청구할 수 있다"라고 규정하며 원상회복의 범위를 한정하여, 위탁자의 채권자와 선의의 수탁자에 대한 보호의 조화를 기하고 있다고 할 것이다.[48] 이때 '현존하는 신탁재산'의 구체적인 의미는 후술하도록 한다.

② 수익자의 선의 여부

(i) 종전 규정에 대한 논의

구 신탁법 제8조는 수익자가 사해신탁행위에 대하여 선의인 경우에도 사해신탁취소권을 인정하였다. 이처럼 수익자의 악의 여부를 문제 삼지 아니한 것은 수익자가 무상으로 수익권을 취득하는 것을 전제로 하여 규정이 만들어졌기 때문이다.

이와 관련하여 신탁에 있어서 수익자를 보호할 필요성은 민법상 채권자취소권에서의 선의의 전득자와 다르지 않은 점,[49] 사해신탁취소권에서 수탁자의 선의/악의를 그 요건으로 하지 않는 취지가 수탁자가 신탁재산에 대하여 고유한 이익을 가지지 않기 때문이라면 신탁의

---

48) 법무부(편)/김상용(감수), 앞의 책(주 4), 82-83면.

49) 개정 신탁법 제8조 제1항 단서에서는 '수익자'를 규정하고 있다. 채권자취소권의 경우 채무자와 사해행위를 한 상대방으로 피고가 되는 자를 수익자라 하고, 그 수익자로부터 대상물을 넘겨받은 사람을 전득자라고 하는데, 위 신탁법 조항의 수익자는 민법상의 수익자가 아니라, 신탁법상의 수익자로 보아야 할 것이다. 민법상의 수익자는 사해신탁취소권에 있어서의 수탁자라고 할 것이다. 그렇게 본다면 위 조항의 수익자는 채권자취소권에서의 전득자의 지위와 유사해 보인다고 할 수도 있을 것이다. 그렇지만 민법상 채권자취소권에서의 전득행위는 수익자와 전득자 사이의 독립된 법률행위를 의미하지만 신탁법상 신탁수익자는 기본적으로 수탁자와 사이에서 별도의 법률행위를 필요로 하지 않는다고 할 것이다. 또한 민법상 채권자취소권에서의 전득행위는 목적물을 그대로 이전시키거나 목적물 자체의 저당권의 설정과 같이 일부 가치를 파악하는 것인 반면에, 신탁수익자의 지위 취득은 원래의 신탁재산과는 직접적인 연관성이 없다[이러한 점을 강조하는 견해로는 임채웅, 앞의 책(주 39), 145-147면]. 따라서 민법상 채권자취소권에 있어서 전득행위와 신탁수익자의 법률관계는 다른 점이 있다는 점도 유념해야 할 것이다.

이익을 향유하는 수익자의 경우는 선의/악의를 요건으로 하여야 한다는 점 등에서 수익자의 주관적 사정도 사해신탁취소권의 요건으로 삼아야 한다는 견해도 있었다고 한다.[50]

신탁법의 개정을 논의할 당시 법무부안은 수익자의 선의/악의라는 주관적 사정을 사해신탁취소권의 요건으로 하면서, 무상으로 수익권을 취득한 자의 경우에는 사해신탁이 취소되어도 사해신탁에 대한 기대만을 상실하는 것으로 이익의 침해가 크지 않으므로 수익자의 선의/악의의 여부와 상관없이 사해신탁취소권을 인정하고, 대가를 제공하고 수익권을 취득한 유상수익자 또는 유상수익권을 유상으로 전득한 수익자가 사해신탁에 대하여 선의인 경우에는 예측할 수 없는 손해를 방지하기 위하여 사해신탁취소권을 인정하지 않았다.[51]

그러나 이러한 법무부안에 대하여 수익자가 수익권의 취득을 위하여 대가를 지급한 경우라 하더라도 그 대가가 신탁재산에 비하여 극히 미약한 경우에도 유상인수로 보아 취소 대상에서 배제하는 것은 타당하지 않으므로, '유상' 여부에 따라 취소 여부를 달리하는 것은 적절하지 않다는 반론도 제기되었다고 한다.[52]

(ii) 개정 신탁법에서의 수익자의 선의 여부

개정된 본 조문에서는 법무부안을 수정하여 수익자의 사해신탁에 대한 악의를 취소권행사의 요건으로 규정하고(개정 신탁법 제8조 제1항 단서), 여러 명의 수익자 중 일부가 수익권을 취득할 당시 채권자를 해함을 알지 못한 경우에는 악의의 수익자만을 상대로 취소권을 행사할

---

50) 법무부(편)/김상용(감수), 앞의 책(주 4), 83면. 하지만 위 책에서 이러한 견해가 존재한다고 기재하고 있으나 구체적인 출처를 찾을 수는 없었다.
51) 법무부(편)/김상용(감수), 앞의 책(주 4), 83면.
52) 법무부(편)/김상용(감수), 앞의 책(주 4), 84면(서울지방변호사회 의견).

수 있도록 규정하였다(동조 제2항). 결국 개정 신탁법은 수익자의 '유상' 여부에 따라 사해신탁취소의 적용 여부를 달리하는 법무부안을 배척하고 수익자의 선의 / 악의 여부 등에 의하여 사해신탁취소 여부를 결정하는 것이 타당하다는 견해를 채택한 것이다. 이때 수익자의 채권자를 해함을 알지 못한 데 있어 과실 여부는 묻지 않는다고 할 것이다.[53]

한편 개정 신탁법 제8조 제1항 단서는 수탁자에 대한 언급 없이 선의의 수익자에 대하여 사해신탁취소 및 원상회복을 청구할 수 없다는 내용만 있어, 해석상 논란이 있을 수 있다. 즉 위탁자의 채권자는 위 단서의 규정과 상관없이 수탁자에 대하여는 언제나 사해신탁취소권을 행사할 수 있다고 해석할 수도 있고(제1설), 이와 달리 수익자가 선의이면 수탁자의 선의 / 악의에 상관없이 사해신탁취소권을 행사할 수 없다고 해석할 수도 있다(제2설). 이와 관련하여 제1설을 취하는 경우 구 신탁법에서 제기되었던 비판의 상당수가 여전히 해소되지 않아 개정의 취지가 무색해진다는 견해[54]가 있으며, 신탁업을 영위하는 신탁업자에 대한 보호조치의 필요성을 고려해 볼 때, 제2설이 타당성이 있어 보인다.

나아가 복수의 수익자들이 있고 일부만 악의인 경우, 수탁자에 대하여 사해신탁취소권을 행사할 수 있는지 논란이 생길 수도 있다. 이와 관련하여 복수의 수익자 중 악의의 일부 수익자에 대하여는 사해

---

53) 민법 제406조의 수익자 또는 전득자의 선의에 대하여 과실 유무는 문제 되지 않는다고 보는 것이 통설적 견해로 보인다[곽윤직(편) / 김능환(집필), 앞의 주석서(주 6), 827면].
54) 김태진, "사해신탁취소권에 관한 개정 신탁법의 해석과 재구성," 선진상사법률연구 통권 제59호(2012. 7), 법무부, 193-195면.

신탁취소권이 성립한다고 하더라도 선의의 수익자가 존재하는 이상 선의의 수익자의 이익을 보호할 필요성이 있으므로 수탁자에 대하여 사해신탁취소권을 행사할 수 없다는 견해[55]가 있고, 타당성이 있어 보인다. 다만 사해신탁취소권의 행사가 불가능하도록 하기 위해 일부러 다수의 수익자들 중에서 선의의 수익자 1인을 포함시키는 경우에도 위 견해가 타당할 수 있을지는 의문이 있다.

(iii) 입증책임

개정 신탁법 제8조 제1항에 의하여 수익자의 악의가 사해신탁취소권의 성립요건이 되었다. 이 경우 수익자의 선의／악의를 누가 입증해야 되는지에 대하여 명확한 견해는 없는 것으로 보인다. 구 신탁법에서는 이와 관련하여 위탁자의 채권자는 수탁자 및 수익자가 이익을 받은 사실, 수익자의 악의, 중과실[56] 사실을 입증할 책임을 부담한다고 해석하는 견해도 있었다.[57] 하지만 민법상 채권자취소권과 관련하여 통설·판례는 채무자의 악의가 입증되면 수익자 및 전득자의 악의도 추정되므로 채권자취소권의 행사를 저지하기 위하여는 수익자 또는

---

55) 김태진, 앞의 논문(주 54), 195-196면.

56) 구 신탁법 제8조 제2항은 중과실도 요건으로 규정하고 있었다. 그러나 개정 신탁법은 과실 여부에 대하여 어떠한 언급도 없다. 개정 신탁법은 선의인 수익자에 대한 사해신탁취소가 아예 불가능한 것으로 규정되어 있으나, 구 신탁법은 수익자의 선악에 관계없이 사해신탁취소를 인정하되, 수익권을 유상으로 취득한 자에 대하여 그 자가 선의 또는 중과실인 경우 보호하는 규정을 두고 있었을 뿐이다.

57) 임채웅, 앞의 논문(주 12), 44-46면(이 논문에서는 구 신탁법 제8조 규정의 구조는 수익자가 이미 받은 이익에 관해서는 취소가 불가능하게 함으로써 예외를 인정한 다음 다시 그 예외에 대한 예외로서 수익자와 전득자가 선의인 경우를 인정하고 있다고 하면서, 이 경우 '피고가 이미 이익을 받았음'은 청구원인사실로 구성되어야 옳다고 보고 있다. 그 결과 신탁수익자는 이미 받은 이익에 관해서는 취소 및 원상회복을 청구할 수 없는 것인데, 신탁수익자가 악의이거나 중과실로 인한 경우에만 예외적으로 청구할 수 있도록 되어 있으므로, 그 예외를 인정받고자 하는 원고가 주장·입증해야 한다고 주장하고 있다).

전득자 스스로 선의를 입증하여야 한다고 한다.[58] 개정 신탁법의 사해
신탁취소권과 민법상 채권자취소권은 유사한 제도이고, 민법의 규정
형식과 개정 신탁법의 규정형식이 유사하다는 점에 비추어 볼 때, 채
권자취소권에서와 마찬가지로 사해신탁에 있어서도 수익자가 스스로
선의를 입증하여야 한다는 입장이 타당할 것으로 생각된다.

만일 위탁자의 채권자가 수탁자만을 상대로 사해신탁취소권을 행
사하는 경우, 수익자의 악의가 추정된다면 위탁자의 채권자는 신탁행
위의 사해성과 위탁자의 사해의사만 입증하면 사해신탁이 성립할 것
이다. 그런데 그후 (수탁자를 상대로 제기된 사해신탁취소소송의 판결이 확
정된 후) 위탁자의 채권자가 수익자를 상대로 취소 및 원상회복을 청
구하는 경우, 수익자는 자신의 선의를 주장하여 취소 및 원상회복청
구를 부정할 수 있을지는 의문이 있지만 취소의 효력은 상대적이므로
전 소송의 판결의 효력이 수익자와의 관계에 미치지 않는다고 본다면
가능할 것으로 생각된다.[59] 다만 수익자의 악의가 추정된다는 견해는
수익자가 스스로 선의를 입증하기가 매우 곤란하다는 점에 비추어 볼
때, 수익자에게 매우 불리할 수 있다. 개정 신탁법은 선의의 수익자에
대하여 사해신탁취소의 위험으로부터 보호해 주기 위한 입법의도를
가지고 있었다고 볼 수 있는데, 이러한 견해는 위 입법 목적과도 조화
되지 않는 측면이 있다. 따라서 향후 입증책임과 관련해서는 새로운

---

58) 곽윤직(편) / 김능환(집필), 앞의 주석서(주 6), 827면 ; 대법원 1989. 2. 28. 선고 87
   다카1489 판결.
59) 채권자취소소송과 관련하여 수익자(채권자취소권의 수익자를 의미)를 상대로 한
   취소소송의 판결의 효력은 전득자에게는 미치지 아니하고(대법원 1984. 11. 24.자
   84마619 결정), 전득자를 상대로 한 취소소송의 효력은 채무자 또는 채무자와 수익
   자 사이의 법률관계에는 영향을 미치지 아니한다고 한다(대법원 1988. 2. 23. 선고
   87다카1989 판결).

입법론을 논의하여 볼 필요가 있다고 생각된다.

2. 사해신탁취소권의 행사

(1) 행사의 방법

1) 채권자의 이름으로 재판상 행사

사해신탁취소권은 위탁자에게 인정된 것이 아니라 위탁자의 채권자의 공동담보보전을 위하여 채권자에게 인정된 고유의 권리이므로 채권자가 채권자라는 자격에서 그 자신의 이름으로 행사하는 것이다. 또한 본 조문은 명시적으로 "민법 제406조 제1항의 취소 및 원상회복을 청구할 수 있다"라고 규정하여 민법조항을 준용하고 있어 재판상으로만 행사할 수 있다고 할 것이다.[60] 이때 제기하는 소의 법적 성질은 형성의 소에 해당하므로 취소만 구하는 경우 인용되더라도 취소의 판결만 하게 된다. 따라서 신탁재산을 반환받기 위해서는 취소청구와 동시에 또는 순차적으로 원상회복을 청구하여야 한다.

2) 취소소송의 당사자

① 원고

사해신탁취소권은 위탁자의 채권자에게 부여된 권리이므로 원칙적으로 그 자가 취소소송의 원고가 된다. 사해신탁취소권도 채권자대위권의 목적으로 될 수 있으므로 위탁자의 채권자의 채권자는 대위권의

---

60) 대법원 1978. 6. 13. 선고 78다404 판결 등.

행사에 의하여 취소소송의 원고로 될 수 있다.

② 피고

(i) 종전 규정에 대한 논의

사해신탁취소소송이 제기되는 경우, 그 소송의 상대방, 즉 피고를 누구로 할지 문제가 된다. 이와 관련하여 종전 규정에는 명시적인 규정이 없어 견해가 대립되었다.

ⓐ 수탁자에 대한 취소권만 인정하는 견해 : 수탁자는 신탁재산 원본을 보유하고 있는 반면에 수익자는 신탁재산의 운용수익만을 분배받는다는 점, 수익권의 취득은 별개의 법률행위가 아니라 위탁자와 수탁자 사이의 신탁행위의 효력에 지나지 않는 점, 특정 수익자에 대한 취소는 해당 수익자의 수익만 반환시키게 되므로 수익자 사이의 형평 문제를 야기시킬 수 있다는 점 등을 근거로 들면서 수탁자에 대한 사해신탁취소권만을 인정해야 된다는 견해이다.[61]

ⓑ 수탁자 및 수익자에 대한 취소권을 인정하는 견해 : 사해신탁취소권행사에 있어 취소의 소의 피고는 민법의 채권자취소권에 관한 판례이론에 따라 이득반환의 당사자인 수탁자 또는 수익자를 상대로 하여야 한다는 견해이다.[62]

(ii) 개정 신탁법에서의 피고적격자

개정 신탁법 제8조 제1항은 "수탁자나 수익자에게 민법 제406조 제1항의 취소 및 원상회복을 청구할 수 있다"라고 규정하여 위탁자의 채권자는 수탁자, 수익자 모두를 피고로 취소 및 원상회복을 구할 수 있음을 명문으로 규정하였다. 신탁의 법률관계는 회사와 같은 단체관계로 획일적 확정이 필요하고, 채권자의 재판청구권을 과도하게 제한

---

61) 이중기, 앞의 책(주 10), 71-72면 ; 임채웅, 앞의 책(주 39), 31-36면.

62) 최동식, 신탁법, 법문사, 2006, 101면.

하는 것은 부당하다는 점을 고려하여,[63] 수탁자와 수익자 모두를 피고
로 할 수 있다고 규정한 것으로 볼 수 있다. 다만 수탁자와 수익자를
공동피고로 하는 필요적 공동소송형태를 강제하지 아니한 것은 수익
자가 다수인 경우 채권자에게 과도한 부담이 될 수 있다는 점을 참작
한 것이라고 한다.[64] 여러 명의 수익자가 있는 경우 그 수익자 중 일부
가 수익권을 취득할 당시 채권자를 해함을 알지 못한 경우에는 악의
의 수익자만을 상대로 취소 및 원상회복을 구할 수 있다(개정 신탁법
제8조 제2항).

그런데 수익자를 상대로 사해신탁취소권을 행사할 수 있다는 것은
위 조문의 문리적 해석상 당연한 것으로 보일 수 있으나, 신탁설정의
법률관계에 비추어 볼 때 의문의 여지가 있다. 수익자는 원상회복의
상대방이 될 수 있으나 신탁설정의 취소의 상대방으로 보기에는 부적
절한 면이 있다. 신탁은 위탁자와 수탁자 간의 신임관계에 기하여 위
탁자가 수탁자에게 특정의 재산을 이전하거나 담보권의 설정 또는 그
밖의 처분을 하는 데 중점이 있고, 수익자는 신탁행위의 효과로써 그
지위를 취득하는 등 신탁에 종속되는 자에 불과하다고 볼 수 있으므
로, 취소의 상대방이 아니라 원상회복의 상대방이 될 수밖에 없다고
해석하는 견해가 있을 수 있다. 이러한 입장에서는 사해신탁취소권은
수탁자를 상대로 행사해야 하고(취소소송의 피고를 수탁자로 해야 한다),
원상회복청구는 수탁자, 수익자를 상대로 행사할 수 있다고 할 것이
다. 이러한 입장의 타당성에 관하여는 추후 진전된 논의가 필요할 것
으로 생각된다.

---

63) 법무부(편) / 김상용(감수), 앞의 책(주 4), 87면.
64) 법무부(편) / 김상용(감수), 앞의 책(주 4), 87면.

③ 신탁재산의 전득자와 관련된 논의

사해신탁의 수탁자가 수익자에게 수익을 분배하는 경우와 달리, 수탁자가 수탁자자격에서 상대방과 신탁재산에 대한 거래를 한 경우, 신탁재산을 전득하는 전득자가 발생한다. 이러한 전득자에 대하여 위탁자의 채권자가 취소권을 행사할 수 있는지 여부가 문제 될 수 있다. 이와 관련하여 사해신탁의 문제가 아니라 전득자에 대한 채권자취소 (민법상 채권자취소권)의 문제로서 처리하는 것이 타당하다는 견해[65]가 있다. 위 견해에 따르면 선의 혹은 악의의 수탁자가 악의의 수익자에게 수익을 배당하면서, 동시에 악의의 전득자에게 신탁재산을 처분한 경우에 위탁자의 채권자는 '수탁자에 대한 사해신탁취소소송'과 '전득자에 대한 민법상 채권자취소소송'이 가능하며, 채권자가 어느 하나를 선택할 수도 있고 채권의 변제에 부족한 경우에는 두 가지 취소소송을 모두 제기할 수도 있다고 할 것이다.[66]

한편 이와 관련하여 전득자에 대해서는 수탁자에 대해서와 마찬가지로 채권자취소권, 사해신탁취소권 모두가 행사 가능할 것이라는 견해[67]도 있는 것으로 보인다.

그러나 위 논의는 구 신탁법 제8조에 대한 것으로 보이고 개정 신탁법은 사해신탁의 상대방을 수탁자와 수익자로 명시하고 있어, 전득자에 대하여 사해신탁취소권을 행사할 수는 없을 것으로 보인다. 따라서 개정 신탁법에서는 전득자에 대한 청구는 민법상 채권자취소권으로 해결하는 것이 타당할 것으로 생각된다. 다만 수익자가 선의인 경우, 수탁자의 선의/악의에 상관없이 사해신탁취소권을 행사할 수

---

65) 이중기, 앞의 책(주 10), 89면.
66) 이중기, 앞의 책(주 10), 91면.
67) 임채웅, 앞의 책(주 39), 153면.

없다는 견해[68]에 따르는 경우, 전득자가 악의이더라도 채권자취소권의 행사를 부정하는 것이 타당할 것으로 생각된다. 사해신탁취소권이 신탁법에 의해 부정되는 마당에 민법상 채권자취소권으로 취소할 수 있다고 보는 것은 부당해 보이기 때문이다. 그러나 수익자가 선의인 경우에도 수탁자를 상대로 사해신탁취소권을 행사할 수 있다는 견해[69]를 취하고, 수익자가 선의이고 전득자가 악의인 경우, 상대적 무효설을 따르는 한 전득자를 상대로 민법상 채권자취소권행사가 가능하다고 해석할 여지가 있겠다.

④ 수익권의 전득자와 관련된 논의

수익자가 수익권을 양도, 증여, 그 밖의 사유에 의한 개별적 승계를 시키는 경우, 수익권의 전득자가 발생할 수 있다. 이러한 수익권의 전득자가 악의인 경우 사해신탁취소권을 행사할 수 있는지 문제 될 수 있다. 이와 관련하여 개정 신탁법 제8조 제1항, 제2항은 취소 및 원상회복의 대상이 되는 수익권의 취득이 신탁행위에서의 수익자 지정에 의한 취득인지 아니면 기존의 수익자로부터 수익권을 양도 등의 사유로 승계 취득한 것인지를 구분하지 않고 일괄하여 규정하고 있고, 최초 취득이든 승계 취득이든 취득자가 수익자에 해당하는 것으로 전제하고 있으므로, 수익권의 전득자에 대한 취소는 최초의 수익자를 상대방으로 하는 취소와 동일하게 취급될 수 있다. 그 결과 수익권의 전득자가 악의인 경우 사해신탁취소권의 행사가 가능할 것으로 판단된다는 견해[70]가 있다. 나아가 위 견해에서는 수익권의 양도담보의 경우

---

68) (1) 2) ② (ii) 개정 신탁법에서의 수익자의 선의 여부의 제2설 설명 부분 참조.
69) (1) 2) ② (ii) 개정 신탁법에서의 수익자의 선의 여부의 제1설 설명 부분 참조.
70) 한 민, "사해신탁의 취소와 부인 — 채무자회생법 개정안에 관한 주요 논점을 중심으로 —," BFL 제53호(2012. 5), 서울대학교 금융법센터, 13면.

수익권의 양도가 일어났으므로 양도담보권자가 개정 신탁법 제8조
제1항, 제2항의 수익자가 된다고 보고 있지만 수익권의 질권자는 수
익자에 해당되지 않는다고 판단하고 있다.

하지만 선의의 수익자 또는 선의의 수익권의 전득자로부터 수익권
을 승계받는 경우 그 수익자에 대하여는 선의 / 악의에 관계없이 사해
신탁취소권을 행사할 수 없다고 보는 견해도 있을 수 있다. 수익자보
호 및 거래안전을 중시하여, 승계되는 과정에서 선의자의 개재로 인
하여 최종 수익자는 깨끗한 수익권을 취득하였다는 이론구성이 가능
할 것이다(소위 shelter rule). 그렇지만 수익권의 양도에 있어서 거래의
안전을 강조할 특별한 이유가 없는 것으로 보이므로, 악의의 최종수
익자를 상대로 사해신탁취소권을 행사할 수 있다고 보는 것이 더 타
당할 것으로 생각된다.

3) 행사 기간(제척 기간)

개정 신탁법에서는 사해신탁의 제척 기간에 대한 별도의 규정이 없
으므로, 민법상 채권자취소권이 규정한 제척 기간이 적용된다고 해석
함이 상당하다. 즉 민법 제406조 제2항이 적용되어 위탁자의 채권자
는 사해신탁취소의 원인을 안 날로부터 1년, 신탁행위가 있는 날로부
터 5년의 제척 기간이 적용된다고 할 것이다. 판례(하급심) 역시 "신탁
법 제8조는 민법 제406조 제1항에 대한 특칙의 형태로 규정되어 있는
바, 제척 기간에 대하여 이러한 특칙의 규정이 없는 이상 오히려 민법
의 제척 기간에 관한 규정이 당연히 적용된다고 해석함이 상당하다"라
고 판시한 바도 있다(인천지방법원 2004. 11. 17. 선고 2003가합13044 판결).

(2) 사해신탁취소권행사의 범위 및 원상회복의 방법

1) 사해신탁취소권행사의 범위

사해신탁취소권은 채권자취소권과 마찬가지로 거래의 안전에 미치는 영향이 크므로 취소의 범위를 책임재산의 보전을 위하여 필요하고도 충분한 범위 내로 한정할 필요가 있다. 보전되어야 할 채권액의 범위와 관련하여 채권자취소권은 총채권자에 대한 평등변제를 목적으로 하는 파산법상의 부인권과는 달리, 개별적 강제집행을 전제로 하여 개개의 채권에 대한 책임재산의 보전을 목적으로 하는 것이라는 이유로 다른 채권자가 배당요구를 할 것이 명백하거나 목적물이 불가분인 경우와 같이 특별한 사정이 있는 경우를 제외하고는 원칙적으로 취소채권자의 채권액을 표준으로 하여야 할 것이다.[71] 그러나 목적물이 불가분한 경우에는 자신의 채권액을 초과하여 그 전체에 대하여 취소권을 행사할 수 있다고 할 것이다. 이때 목적물의 불가분성은 반드시 물리적·법률적인 것이 아니라 사회적·경제적 단일성과 거래의 실정을 고려하여 결정된다고 할 것이다.

그런데 사해신탁취소권의 경우, 신탁의 대상이 '특정의 재산(영업이나 저작재산권의 일부를 포함한다)'이므로(개정 신탁법 제2조), 그 취소한 뒤 원상회복되는 대상 역시 단순히 건물 등 하나의 재산권이 아니라 특정성을 갖춘 재산(재화와 자산의 총체)이라고 할 것이다. 예를 들어 신탁재산이 부동산(건물), 채권, 금전 등 여러 종류로 구성된 경우, 위탁자의 채권자의 피보전채권액이 신탁재산 총액에 미치지 못하는 경우, 취소 및 원상회복되는 신탁재산이 무엇인지 의문이 생긴다고 할

---

71) 곽윤직(편) / 김능환(집필), 앞의 주석서(주 6), 839-840면.

것이다. 이와 관련하여 개정 신탁법에는 아무런 규정이 없으므로, 결국 위탁자의 채권자가 선택할 수 있다고 보아야 할 것이며, 다만 가분한 목적물의 일부로 피보전채권의 만족이 가능한 이상, 불가분한 목적물을 선택하여, 취소 및 원상회복을 청구할 수는 없다고 해석하는 것이 형평에 맞을 것으로 생각된다.[72]

다음 구 신탁법 제2조는 '신탁재산'이 될 수 있는 대상을 '특정의 재산권'이라고 규정하여 적극재산 외에 소극재산도 신탁재산이 될 수 있는지에 대하여 논란이 있었는데, 개정 신탁법 제2조에서는 이를 '특정의 재산'으로 수정하여 소극재산이 포함된다는 것을 분명히 하였다. 그렇다면 개정 신탁법 제8조 제3항의 신탁재산 역시 적극재산뿐 아니라 소극재산도 포함한다고 해석하는 것이 통일성 있는 해석이라고 할 수 있다. 반면에 취소 및 원상회복되는 대상은 위탁자의 채권자의 강제집행을 위한 것이므로, 개정 신탁법 제2조의 신탁재산 개념과 상관없이 적극재산만 취소 및 원상회복이 가능하다고 해석해 볼 수도 있을 것이다. 이와 관련하여 현재까지 명확한 논의는 없는 것으로 보인다. 그러나 신탁이 사해성이 있는 것으로 평가받아 취소되는 마당에 소극재산의 채권자가 수탁자를 상대로 채권을 행사할 수 있다고 한다면, 사해신탁취소로 인하여 신탁재산 중 소극재산을 담보할 적극재산이 줄어들고 있는 상황에 있는 수탁자에게 가혹하다고 할 것이다. 이러한 수탁자의 가혹함을 고려한다면 소극재산도 취소 및 원상회복된다고 해석할 필요가 있다고 할 것이다. 다만 이때 수탁자가

---

72) 이러한 해석은 신탁행위의 일부취소가 가능하다는 전제에서이다. 일부취소가 가능하기 위해서는 분할 가능성이 인정되고 분할 가능한 나머지 부분만으로도 법률행위를 의욕하는 경우에 해당하여야 할 것이다. 신탁의 일부취소를 인정하지 않는다면 신탁 전체를 취소하고 신탁재산 전체를 위탁자에게 원상회복해야 된다고 해석해야 할 것이다.

신탁받은 소극재산에 대하여 무한책임을 지는지 아니면 신탁재산의 범위에 한하여 책임을 지는지 여부에 따라 위와 같은 수탁자에 있어 가혹한 결과는 어느 정도 완화도 가능할 것으로 보인다. 위탁자 입장에서 보면 사해신탁의 해의가 있는 자이므로 위탁자가 사해신탁취소로 인하여 채무를 부담하게 된다고 하더라도 형평에 반하는 것이 아니며, 나아가 소극재산의 신탁설정을 병존적 채무인수로 해석하는 이상 위탁자에게 특별한 불리함은 없다고 볼 수도 있다. 소극재산의 채권자 입장에서 보면 소극재산이 취소 및 원상회복의 대상이 된다면 수탁자를 상대로 채무이행을 요구할 수 없게 되어 담보가 다소 훼손되는 것으로 보이나 신탁설정으로 인하여 위탁자의 다른 채권자들보다 혜택(병존적 채무인수)을 받은 채권자가 신탁설정에 사해성이 있다고 밝혀져 취소되고 과거 일반 채권자들과 같은 지위로 돌아가는 것이어서, 이 또한 용인하지 못할 정도의 불평등이 생긴 것은 아니라고 할 것이다. 이러한 점들을 고려해 볼 때, 소극재산은 사해신탁취소 및 원상회복의 대상에 해당된다고 해석하는 것이 더 타당해 보인다. 한편 위와 같은 입장을 따른다면, 소극재산에 대하여 원상회복을 위한 별도의 조치가 필요한지 의문이 생길 수 있다. 소극재산에 대한 신탁설정에 있어서는 현실적인 재산의 급부가 수반되지 않는다고 할 수 있으므로 이에 대한 취소를 구하는 것으로 충분할 것으로 보인다.

또한 신탁설정 이후, 신탁재산에 대하여 수탁자와 거래한 선의의 신탁채권자가 신탁채권을 가지고 있는 경우도 가정해 볼 수 있다. 이러한 신탁채무는 신탁재산과 밀접한 관련성을 가지고 있다는 점을 강조해 본다면, 신탁재산을 구성하는 소극재산에 해당된다고 보아 사해신탁취소권에 의해 취소 및 원상회복된다고 해석할 여지도 있다. 그러나 위 신탁채무는 신탁설정 이후 발생한 것으로 신탁설정 당시에 존재하지 않았던 것이므로 그 신탁설정이 취소된다고 하더라도 아무런 영향이 없다고 해석하는 것이 타당할 것으로 보인다.

오히려 위와 같이 신탁설정 이후 선의의 신탁채권자의 신탁채무가 발생하거나 수탁자의 비용상환청구권이 발생하는 경우, 이는 '원물반환을 현저하게 곤란하게 하거나 불가능하게 하는 사정'으로 보아 언제나 가액배상을 해야 되고, 이때 신탁채무(소극재산)는 미리 공제되는 것으로 해석하는 것이 타당하다고 할 수 있을 것이다. 신탁설정 이후 수탁자의 비용투입이 있고 신탁재산의 가치가 증가하여 원물반환을 명하는 것이 부당한 경우 가액배상을 명하여야 된다는 견해가 있다.[73]

위탁자의 채권자의 피보전채권액의 산정 시기는 채권자취소권에서의 통설[74]적 견해를 유추하여 '사해신탁을 설정한 때'를 기준으로 하나, 그후 변론종결 시까지 발생한 이자 또는 지연손해금은 당연히 포함된다고 할 것이다. 다만 수탁자가 선의인 경우에는 현존하는 신탁재산의 범위 내에서만 원상회복청구권을 행사할 수 있다(개정 신탁법 제8조 제3항). 이때 '현존하는 신탁재산'이 과연 무엇을 의미하는지 논란이 있을 수 있다. 우리 민법은 부당이득과 관련하여 '현존이익'을 재산차액설[75]이 아닌 구체적 대상설[76]을 채택하고 있는 이상, 현존하는

---

73) 이중기, 앞의 책(주 10), 80면.

74) 곽윤직(편) / 김능환(집필), 앞의 주석서(주 6), 840면.

75) 부당이득에 있어서 재산차액설은 선의의 수익자가 반환할 내용으로서의 이득을 결정함에 있어서 수익사실과 인과관계가 있는 수익자의 모든 불이익(손해)을 그 이득으로부터 공제하여야 하며 그 공제 후 남는 이득을 현존이익이라고 한다[곽윤직(편) / 양창수(집필), 민법주해[제XVII권 채권(10)], 박영사, 2004, 535면].

76) 구체적 대상설은 부당이득에 있어 '이득'이란 부당이득 여부가 문제 되는 과정에서 수익자가 구체적으로 취득한 대상을 말한다고 보는 입장이다. 즉 구체적 대상설에 있어서 부당이득반환의무의 내용은 일차적으로 수익자가 구체적으로 취득한 대상 그 자체이지만 선의의 수익자는 그 취득이 유효하고 확정적인 것이라고 믿고 취득한 대상을 자기 것처럼 처분 또는 소비하기 쉬우므로 나중에 그 대상의 객

신탁재산 역시 구체적 대상설 차원에서 그 개념을 파악하는 것이 타당하다고 할 것이다. 즉 반환의무의 내용은 일차적으로 수탁자가 구체적으로 취득한 대상 그 자체라고 할 것이다. 선의의 수탁자는 신탁설정 이후 그 대상을 관리, 처분, 운용, 개발, 그 밖에 신탁 목적의 달성을 위하여 필요한 행위를 한 후 그 대상의 객관적 가치를 전액 반환하여야 한다고 하면 가혹한 경우가 있다. 따라서 선의의 수탁자에 대하여는 그 취득한 대상이 그대로 현존하거나 또는 변화 내지 변질된 모습으로 현존하는 경우에만 이를 반환하도록 하는 것이 공평에 부합한다고 할 것이다.

만일 위탁자가 여러 명이 있고 그들이 공동으로 신탁을 설정하는 경우, 위탁자들 중 한 명의 신탁설정행위에 사해신탁으로서 취소의 원인이 있는 경우 어떻게 처리할지가 문제 될 수 있다. 이와 관련하여 취소원인이 있는 위탁자가 공동설정자에서 제거됨에 그치고 신탁의 설정 자체를 취소할 수 없다는 견해[77]가 있다. 이러한 신탁설정행위는 사단법인 설립과 같은 단체법상의 행위에 해당한다는 것을 그 근거로 삼고 있는 것으로 보인다.[78]

관적 가치를 모두 반환하여야 한다는 것은 가혹한 경우가 많다. 그래서 선의의 수익자에 대하여는 그 취득한 대상이 그대로 현존하거나 또는 변화 내지 변질된 모습으로 현존하는 경우에만 이를 반환하는 것이 공평에 맞다고 보는 입장이다[곽윤직(편) / 양창수(집필), 앞의 주석서(주 75), 535면].

77) 이중기, 앞의 책(주 10), 77면.
78) 이중기, 앞의 책(주 10), 88면.

2) 원상회복의 방법

① 원물반환(원칙)

채권자취소권과 마찬가지로 사해신탁의 취소에 따른 원상회복은 원칙적으로 그 목적물 자체의 반환에 의하여야 하고, 그것이 불가능하거나 현저히 곤란한 경우에 한하여 예외적으로 가액반환에 의하여야 할 것이다.

② 가액배상

원물반환이 불가능하거나 현저히 곤란한 경우에는 가액반환에 의하는바, 이러한 경우는 (i) 목적물이 멸실되거나 금전과 같이 일반 재산에 혼입되어 특정성을 상실하는 경우와 같이 사실상 불가능한 경우, (ii) 저당권부 부동산의 양도 후 저당권의 소멸로 인하여 공평의 관념에서 원상회복이 불가능한 경우 등을 포함한다. 앞에서도 본 바와 같이 신탁을 설정한 이후에 수탁자의 자금투입으로 신탁재산의 가치가 증가한 경우에는 수탁자에게 신탁재산을 그대로 반환하는 것이 부당하고 원래의 가치만큼 가액배상하도록 하여야 한다는 견해[79]와 이와 유사한 하급심 판례[80]도 있다.

---

79) 이중기, 앞의 책(주 10), 80면.

80) 판례는 "사해행위의 취소는 거래의 안전에 미치는 영향이 크므로 취소의 범위는 책임재산의 보전을 위한 범위 내로 한정되어야 하는바, 이 사건의 경우 신탁계약 체결 당시의 목적 부동산이 대지 및 건축 중인 건물이었고 그후 수익자인 피고가 자본을 투하하여 건축공사를 완료함으로써 이 사건 건물은 당초 신탁계약체결 당시와 비교하여 볼 때 그 가치가 크게 증가되었을 뿐 아니라 이 사건 대지의 소유권도 집합건물에 대한 대지권으로 바뀌었고 그중 상당 부분이 분양되어 선의의 전득자가 생겼으므로 위 목적 부동산 전부를 원래의 상태로 회복시키는 것이 적절하지 아니하므로 위 목적 부동산 자체의 반환에 갈음하여 원고들의 피보전채권액을 한도로 하여 사해행위를 취소하고 그 취소 부분에 상당하는 가액배상만을 허용할 수밖에 없다"라고 판시하였으며(부산고등법원 2001. 7. 31. 선고 99나11557

특히 사해신탁 규정은 본래 관리 · 처분형 신탁을 전제로 한 것이므로, 이와 다른 토지신탁 중 자익신탁에 있어서는 원상회복의 방법을 달리 보아야 한다는 견해가 있다. 즉 토지신탁 중 자익신탁의 경우 사해신탁이 성립된다고 단정할 수 없고, 더욱이 신탁재산을 중심으로 하는 수많은 이해관계인들을 생각한다면 제한적으로 해석할 현실적인 필요성이 많다고 할 것이며, 사해신탁이 인정되는 경우에도 그 취소의 범위는 신탁재산 자체의 반환보다는 가액배상을 명하는 것이 타당하다는 입장이다.[81]

가액배상은 (i) 채권자의 피보전채권액, (ii) 사해신탁의 신탁재산인 목적물의 공동담보가액, (iii) 수탁자 · 수익자가 취득한 이익 중 가장 적은 금액을 한도로 이루어지며, 위 가액은 사실심 변론종결 시를 기준으로 산정된다고 한다.[82] · [83]

판결), 위 하급심의 상고심은 앞에서 본 대법원 2003. 12. 12. 선고 2001다57884 판결이다(대법원은 아예 사해행위가 아니라고 판시하였다).

81) 송현진 / 유동규, 앞의 책(주 27), 191-192면(토지신탁의 경우 그 토지의 소유권을 말소한다면 지상 건축물의 처리, 수분양자 등의 다양한 사회적 문제를 야기하게 된다. 또한 무엇보다도 토지신탁의 경우 소유권이전이 되지만 현금화하는 것은 아니며, 신탁 원부에는 위탁자 · 수탁자 · 수익자 등과 신탁의 목적, 신탁재산의 관리방법, 신탁종료의 사유, 기타 신탁의 조항을 기재하도록 되어 있으므로 결국 신탁에 관한 사항이 모두 공시된다. 실무상 위탁자는 수익자로서 신탁사업의 수행으로 인하여 발생하는 수익을 받을 권리가 있게 되며, 수탁자가 그에 따른 수익권증서를 발행한다. 따라서 현실적으로 위탁자는 수익권을 자신의 채권자에게 질권을 설정하여 이를 채무의 담보로 활용하고 있으며 위탁자의 채권자들은 신탁으로 인해 해당 부동산을 강제집행할 수 없다고 하더라도 위 수익권에 대하여 채권가압류, 압류 등 강제집행을 하고 있다고 한다).

82) 대법원 2001. 12. 27. 선고 2001다33734 판결.

83) 구 신탁법의 해석과 관련된 하급심 판결에서, 신탁법규정 및 채권자취소권의 상대적 무효설 등에 기초하여 수탁자는 악의, 중과실이 아닌 수익자가 받은 이익을 공제한 범위 내에서만 원상회복의무를 부담한다는 취지로 판시한 바도 있다. 즉 판례는 "현행 신탁법(여기에서 '현행 신탁법'은 '구 신탁법'을 의미한다 ─ 필자) 제8조 제2항은 사해신탁의 취소와 원상회복은 악의나 중과실 등이 아닌 수익자가 이미

3. 사해신탁취소권행사의 효과

사해신탁취소권행사의 효과는 사해신탁취소권의 본질을 무엇으로
보는가에 따라 다를 수 있다. 민법상 채권자취소권에서도 마찬가지
논의가 있는데, 통설과 판례가 상대적 무효설을 취하여 채권자취소권

받은 이익에 영향을 미치지 아니한다는 취지로 규정하고 있을 뿐만 아니라, 사해
행위의 취소는 취소소송의 당사자 사이에서 상대적으로 취소의 효력이 있는 것으
로 당사자 이외의 제3자는 다른 특별한 사정이 없는 이상 취소로 인하여 그 법률
관계에 영향을 받지 않는다 할 것이고(대법원 2004. 8. 30. 선고 2004다21923 판
결 ; 대법원 2005. 11. 10. 선고 2004다49532 판결 등 참조), 채권자가 사해행위의
취소와 함께 수익자 또는 전득자로부터 책임재산의 회복을 명하는 사해행위취소
의 판결을 받은 경우 그 취소의 효과는 채권자와 수익자 또는 전득자 사이에만 미
치므로, 수익자 또는 전득자가 채권자에 대하여 사해행위의 취소로 인한 원상회복
의무를 부담하게 될 뿐, 채무자와 사이에서 그 취소로 인한 법률관계가 형성되거
나 취소의 효력이 소급하여 채무자의 책임재산으로 회복되는 것은 아니다(대법원
2001. 5. 29. 선고 99다9011 판결 등 참조). 이러한 법리에 비추어 보건대, 피고(여기
에서 '피고'는 신탁계약에서 '수탁자 지위'를 가지고 있다 ― 필자)가 위 신탁계약
체결 이후 이 사건 부동산을 매각하여 그 매각대금 중 일부를 참가인(여기에서
'참가인'은 신탁계약에서 '위탁자 및 수익자 지위'를 가지고 있다 ― 필자)의 채권
자인 우선수익자에게 대출 원리금의 변제 목적으로 지급한 사실은 앞에서 본 바
와 같고, 이러한 피고의 변제로 인하여 변제와 동액 범위 내에서 참가인에 대한 채
무가 감소하게 되어 피고로서는 그 변제한 액수의 범위 내에서 이미 참가인에게
반환의무를 이행한 것과 다름없다 할 것이므로, 피고의 우선수익자에 대한 위와
같은 채무변제행위가 실효되어 피고가 이를 반환받았다는 점에 대한 아무런 주
장·입증도 없는 이상, 위와 같은 변제는 피고와 우선수익자 사이의 준법률행위로
서 유효하다 할 것이고 그와 같은 변제의 효력이 참가인과 피고 사이에 체결된 이
사건 신탁계약의 취소로 소급적으로 소멸된다고 볼 수는 없다. 따라서 피고의 원
고(여기에서 '원고'는 신탁계약에서 '위탁자의 채권자 지위'를 가지고 있다 ― 필
자)에 대한 가액배상 및 사해행위취소의 범위를 산정함에 있어 우선수익자가 위
와 같은 변제로 받은 이익 역시 위 부동산의 가액에서 공제하여야 할 것인바, 결국
위 부동산의 변론종결 시 가액에서 앞에서 본 피담보채권액 등뿐만 아니라 우선
수익자가 실제 변제받은 위 금액을 공제한 잔액 및 취소채권인 원고의 채권액
의 한도에서 이 사건 신탁계약을 취소하고, 피고는 그 가액을 배상하여야 한다" 라
고 판시한 바 있다(서울중앙지방법원 2012. 3. 22. 선고 2010가합88922 판결).

에서 취소는 절대적인 취소가 아니라 악의의 수익자 또는 전득자에 대한 관계에서만 상대적으로 취소하는 것이고, 그 취소의 효과는 채무자에게 미치지 아니하므로 채무자와 수익자 사이의 법률관계에도 아무런 영향이 없는 것으로 보고 있다.[84]

그런데 사해신탁취소권의 본질을 민법상 채권자취소권에서와 달리 볼 여지가 없다고 본다면, 사해신탁에 대한 취소는 수탁자 또는 악의의 수익자 사이에서만 상대적으로 신탁행위를 취소하는 것이고, 그 효과는 위탁자에게 미치지 아니한다고 할 것이다. 따라서 위탁자의 채권자의 사해신탁의 취소 및 원상회복청구에 의하여 위탁자에게로 회복된 재산은 위탁자의 채권자 및 다른 채권자에 대한 관계에서 위탁자의 책임재산으로 취급될 뿐 위탁자가 직접 그 재산에 대하여 어떤 권리를 취득하는 것은 아니라고 할 것이다.[85]

사해신탁의 취소 및 원상회복은 모든 위탁자의 채권자를 위하여 효력이 있다(민법 제407조). 따라서 위탁자의 채권자(취소권을 행사한 채권자)는 위탁자의 책임재산으로 회복된 재산으로부터 우선변제를 받을 수 없고, 위탁자에 대한 채무 명의에 기하여 그 재산에 강제집행을 하여 변제를 받아야 함이 원칙이고, 다른 채권자들(취소권을 행사하지 아니한 위탁자의 채권자)은 그 강제집행절차에게 배당요구 등을 통하여 위탁자의 채권자(취소권을 행사한 채권자)와의 평등분배를 받게 된다.

---

84) 곽윤직(편) / 김능환(집필), 앞의 주석서(주 6), 846면.

85) 상대적 무효설의 결론이지만, 신탁법 제8조 제4항과는 조화되지 않는 면이 있다. 신탁법 제8조 제4항은 위탁자에 대하여 원상회복된 신탁재산의 한도에서 이행책임을 부담시키고 있는바, 이는 신탁재산이 위탁자에게 귀속함을 전제로 한 것으로 볼 수 있다. 이 부분은 추후 논의가 필요할 것으로 생각된다.

4. 선의의 신탁채권자 보호(개정 신탁법 제8조 제4항)

사해신탁과 거래한 신탁채권자는 사해신탁이 취소되어 신탁재산이 원상회복되면 예측할 수 없는 손해를 입을 수 있으므로, 개정 신탁법에서는 선의인 신탁채권자를 보호하기 위하여 위탁자로 하여금 신탁채권에 대한 이행책임을 인정하는 취지의 규정을 신설하였다(개정 신탁법 제8조 제4항).[86] 일부만 취소되어 반환되는 경우에도 위탁자로 하여금 신탁채무 전부에 대하여 이행책임을 인정하면 신탁채권자에게 사해신탁 취소 전보다 취소 후에 더 많은 책임재산을 인정해 주는 것이 되어 부당하며, 위탁자 소유의 재산 전체가 신탁채권자를 위한 배타적인 책임재산이 되는 것이 아니므로 위탁자의 채권자와 함께 해당 재산으로부터 변제받을 수 있도록 하기 위하여 개정 신탁법에서는 위탁자의 이행책임의 범위를 '원상회복된 신탁재산의 한도 내'로 제한한 것이라고 한다.[87]

그런데 여기에서 '책임', '이행책임'이 과연 무엇을 의미하는지 불명확하다. 위탁자가 신탁채무에 대하여 채무를 부담하게 된다는 의미(즉 새롭게 수탁자와 함께 채무자가 된다는 취지)로 볼 수도 있고, 아니면 단순히 물상보증인이나 저당부동산의 제3취득자처럼 책임만 부담하고 채무를 부담하는 것이 아니며 신탁채무는 수탁자만 부담한다는 의미로 볼 수도 있겠다. 추후 논의가 필요하겠지만 본 조문은 '원상회복된 신탁재산의 한도 내'라고 규정하고 있어, 마치 물상보증인이나 저당부동산의 제3취득자가 제공한 재산의 한도 내에서 책임을 지는 것과 비

---

86) 법무부(편) / 김상용(감수), 앞의 책(주 4), 90면.
87) 법무부(편) / 김상용(감수), 앞의 책(주 4), 90-91면.

슷하므로, 후자의 견해가 더 타당해 보인다.

또한 본 조문은 '신탁이 취소되어 신탁재산이 원상회복된 경우' 위탁자가 책임을 부담한다고 규정하고 있어, 책임의 발생 시점이 신탁 취소 시인지, 원상회복 시인지 논란이 있을 수 있다. 이와 같은 경우에는 '신탁취소 시'보다 늦게 도래하는 '신탁재산의 원상회복 시'에 위탁자의 책임이 발생하는 것으로 보는 것이 합리적인 해석이라고 생각된다.[88]

이때 선의의 신탁채권자의 권리행사방법에 대하여 사해신탁취소권에 준하는 것으로 보아 소송으로만 청구할 수 있는 것으로 보는 견해[89]와 소송상, 소송 외의 방법으로 모두 가능하다는 견해[90]가 있을 수 있다.

나아가 수탁자가 신탁사무처리에 관하여 자신의 고유재산에서 필요한 비용을 투입한 후 사해신탁취소권이 행사되는 경우, 수탁자의 이러한 비용상환청구권을 어떠한 방법으로 보호할지도 문제 될 수 있겠다. 사해신탁에 있어 선의인 수탁자가 신탁사무를 처리하면서 들인 비용을 사해신탁취소권행사로 인하여 보전받지 못한다면 수탁자에게 가혹하다고 할 것이기 때문이다. 이 경우 가액배상만 인정된다고 보고 반환 전 신탁재산에서 미리 공제된다고 해석할 수도 있겠지만 만일 원물반환이 인정된다고 하면 수탁자의 이러한 채권을 어떻게 보호할지 의문이 있다. 위 개정 신탁법 제8조 제4항을 이 경우 유추적용하는 방안도 고려해 볼 수 있으나, '제3자'라는 법규정에 수탁자가 포함된다고 해석하기 어려워 문제가 있다. 이 점에 대해서는 앞으로 많은 논의가 필요할 것으로 생각된다.

---

88) 김태진, 앞의 논문(주 54), 208면.
89) 법무부(편) / 김상용(감수), 앞의 책(주 4), 91면.
90) 오창석, 앞의 논문(주 1), 19면.

만일 위탁자에게 원상회복된 신탁재산에 대하여 위 선의의 신탁채
권자뿐만 아니라 위탁자의 다른 채권자도 권리를 행사함으로 인하여
선의의 신탁채권자가 변제받을 수 있는 몫을 위탁자의 다른 채권자들
이 변제받은 경우, 선의의 신탁채권자는 원상회복된 신탁재산의 한도
내에서 위탁자의 다른 재산으로부터 부족분 채권액을 변제받을 수 있
는지 문제 될 수 있다. 이 점과 관련하여 신탁재산의 가액 한도 내에서
는 다른 재산으로부터 위 부족분 채권액을 변제받을 수 있다고 보는
긍정설과 선의의 신탁채권자는 위탁자의 다른 재산으로부터 위 부족
분 채권액을 변제받을 수 없다고 보는 부정설로 견해가 나뉠 수 있다
고 한다.[91] 일본의 경우 원상회복된 신탁재산에 대하여는 선의의 신탁
채권자와 위탁자의 다른 채권자들이 채권금액비율로 안분변제받을
수 있고, 선의의 신탁채권자는 위탁자의 다른 재산에 대하여는 권리
를 행사할 수 없다고 보는 것이 현재까지 지배적 견해라고 한다. 그러
나 이러한 일본에서 취하는 '부정설'은 선의인 신탁채권자 보호에 너
무나 미흡하므로 타당하지 못하다는 견해[92]가 있다.

5. 사해신탁의 억제를 위한 손해배상책임(개정 신탁법 제8조 제6항)

사해신탁의 설정을 억제하기 위하여, 위탁자와 사해신탁의 설정을
공모, 교사 또는 방조한 수익자 또는 수탁자는 위탁자의 채권자에 대
하여 위탁자와 연대하여 손해를 배상할 책임을 부담한다(개정 신탁법
제8조 제6항). 손해배상의 책임 범위는 위탁자의 채권자가 사해신탁설

---

91) 한 민, 앞의 논문(주 70), 14-15면.
92) 한 민, 앞의 논문(주 70), 15면.

정으로 입은 손해 가운데 개정 신탁법 제8조 제1항에 따라 신탁재산을 원상회복하여 집행하여 받은 이익을 제외한 부분으로 해석된다.[93]

그런데 과연 사해신탁설정으로 인한 손해 중 개정 신탁법 제8조 제1항으로 보전받지 못한 부분이 있을지 의문이다. 오히려 위 조항은 수익자 또는 수탁자가 위탁자와 연대하여 손해배상책임을 지도록 하여 위탁자의 채권자를 두텁게 보호해 주는 데 그 의의가 있다고 볼 수도 있겠다.

III. 악의의 수익자에 대한 수익권양도청구권

위탁자의 채권자는 사해신탁의 경우 악의의 수익자에 대하여 취득한 수익권을 위탁자에게 양도할 것을 청구할 수 있다(개정 신탁법 제8조 제5항). 이러한 양도청구권은 상법 제17조 제2항 영업주의 상업사용인에 대한 개입권 관련 규정 등(상법 제89조, 제198조, 제269조, 제397조, 제567조)에서 인정되는 양도청구권의 예를 따른 것으로 보인다.

악의의 수익자를 상대로 개정 신탁법 제8조 제1항, 제2항에 의해 신탁설정의 취소 및 원상회복을 청구할 수 있다. 이때 원상회복되는 것을 수익자가 이미 받은 수익(과거 기발생된 수익)에 대해서만 취소 및 원상회복을 구할 수 있다고 해석하는 경우,[94] 개정 신탁법 제8조 제5항의 수익권양도청구권은 악의의 수익자가 장래에 받을 이익에 관하여 그 수익권을 위탁자에게 양도하도록 하는 데에 그 의의가 있다고 할 것이다. 하지만 사해신탁취소권에서 원상회복되는 대상을 위 견해처

---

93) 법무부(편) / 김상용(감수), 앞의 책(주 4), 91면.
94) 한 민, 앞의 논문(주 70), 10면.

럼 이미 받은 수익으로 한정해서 해석하는 것이 타당한지 의문스럽
다. 위 조항의 입법취지에 대해서는 좀 더 진전된 논의가 필요할 것으
로 생각된다.

한편 수익권양도청구권을 행사하기 위해 반드시 사해신탁을 취소
하는 것이 전제되어야 하는지 논란이 있을 수 있는데, 이와 관련하여
수익권양도청구권은 개정 신탁법이 인정한 특별한 청구권이므로 수
익권양도청구권만 단독으로 행사할 수 있다는 견해[95]가 있다. 다만 사
해신탁취소권을 먼저 행사하는 경우, 신탁계약이 취소되므로 수익권
자체도 소멸한다고 보아 이 경우에는 수익권양도청구권을 행사할 수
없다고 해석하는 것이 타당할 것으로 생각된다.

또한 위 조항은 일본 신신탁법 제11조 제5항과 유사한 조항으로 보
인다. 수익권이 신탁설정에 의해 처분된 재산의 가치가 화체된 것이
라고 하는 점에 비추어 볼 때, 수익권의 양도청구는 실질적으로는 채
권자취소권(민법 제408조)과 동일한 기능을 갖는 것으로 보인다.[96] 따
라서 위 수익권양도청구권을 행사하기 위해서는 채권자취소권의 성
립요건을 모두 구비해야 될 것이다. 즉 피보전채권이 금전채권이고,
사해행위 이전에 성립한 것이며, 위탁자가 무자력 상태에서 사해의
의사를 가지고 재산권을 목적으로 하는 법률행위를 하여야 한다. 이
러한 요건이 충족되었을 때 수익권양도청구권을 행사할 수 있으며 채
권의 금액이 악의의 수익자가 갖는 한 개의 수익권의 가액에 미치지
못하는 경우에도 채권자는 해당 한 개의 수익권을 위탁자에게 양도할
것을 청구할 수 있다고 할 것이다. 만약 악의의 수익자가 수익권을 다
른 선의의 수익자에게 양도한 경우에는 채권자는 해당 악의의 수익자

---

95) 김태진, 앞의 논문(주 54), 204면.
96) 최수정, 앞의 책(주 2), 27면.

에 대해 가액배상을 청구할 수 있다고 하겠다. 또한 본 조문은 민법 제 406조 제2항을 준용하므로, 위탁자의 채권자의 양도청구권은 제척 기간의 제한을 받는다.

IV. 사해신탁취소권과 다른 유사 제도의 비교

1. 수익자의 취소권과의 관계

개정 신탁법 제75조 제1항에서는 "수탁자가 신탁의 목적을 위반하여 신탁재산에 관한 법률행위를 한 경우 수익자는 상대방이나 전득자가 그 법률행위 당시 수탁자의 신탁 목적의 위반사실을 알았거나 중대한 과실로 알지 못하였을 때에만 그 법률행위를 취소할 수 있다"라고 규정하고 있다. 위 수익자의 취소권은 수탁자가 신탁의 목적에 위반하여 처분한 때 수익자는 상대방 또는 전득자에 대하여 그 처분을 취소할 수 있는 제도라고 할 것이다. 이러한 수익자의 취소권 역시 타인의 행위를 취소할 수 있는 제도라는 점에서 사해신탁취소권과 공통점이 있다. 하지만 수익자의 취소권은 반드시 소로써 청구할 필요가 없다는 점, 수익자가 취소권을 행사하면 수탁자와 상대방 간의 법률행위가 소급하여 무효로 되고 수탁자는 상대방에 대하여 목적물반환을 청구해야 할 직무를 담당하게 된다는 점(만일 수탁자가 이를 게을리할 경우에는 수익자가 채권자대위권을 행사하여 반환을 청구할 수 있다고 할 것이다) 등에 차이가 있다.[97]

---

97) 오창석, 앞의 논문(주 1), 23면.

2. 신탁선언의 목적의 제한과의 관계

개정 신탁법 제3조 제1항 제3호는 신탁의 목적, 신탁재산, 수익자 등을 특정하고 자신을 수탁자로 정한 위탁자의 선언으로 신탁을 설정할 수 있도록 규정하여 신탁의 선언제도를 도입하였다. 한편 개정 신탁법 제3조 제3항에서 신탁선언에 의한 신탁에서 집행면탈 또는 탈세 등의 부정한 목적으로 신탁을 설정한 경우, 신탁재산과 관련된 이해관계인이 법원에 신탁의 종료를 청구할 수 있도록 규정하였다. 신탁제도를 집행면탈 등 부정한 목적으로 이용했다는 점에 있어서 개정 신탁법 제3조 제3항은 사해신탁취소권과 유사점이 있다고 할 것이지만 취소가 아니라 신탁이 종료된다는 점에 있어 사해신탁취소권과는 구별된다고 할 것이다.

3. 도산절차에서 신탁행위의 부인과의 관계

신탁법상 사해신탁취소권과 채무자 회생 및 파산에 관한 법률(이하 '채무자회생법')상 신탁행위의 부인은 채무자가 채권자를 해하는 내용이나 방법으로 신탁을 설정한 경우, 신탁행위를 취소 또는 부인하고 일탈된 재산을 원상회복시킨다는 점에서 공통점이 있다.[98] 그러나 사해신탁취소권은 채무초과 상태에서 책임재산을 감소시킴으로써 채권자를 해하는 사해행위를 규율하는 반면에 채무자회생법에서 신탁행위의 부인은 사해행위, 편파행위, 무상행위 등에 해당하는 행위를 규율하고 있다는 점에 차이가 있다고 할 것이다. 한편 민법상의 사해행

---

98) 한 민, 앞의 논문(주 70), 6면.

위취소소송이나 신탁법상의 사해신탁취소소송이 회생절차 또는 파산절차 개시 전에 제기되어 계속되고 있는 경우, 회생절차나 파산절차 개시에 의해 위 소송절차는 모두 중단되고(채무자회생법 제113조 제1항) 관리인이나 파산관재인 또는 상대방은 그 소송절차를 수계할 수 있다(동법 동조 제2항). 따라서 회생절차 또는 파산절차 개시 이후에는 채권자는 사해행위취소소송이나 사해신탁취소소송을 제기할 수 없고 관리인 또는 파산관재인의 부인권행사에 의존해야 한다. 즉 위탁자에 대하여 도산절차가 개시되는 경우, 신탁행위의 부인은 사해신탁취소권제도를 대체 · 보완하는 기능을 한다는 점에 있어서 두 제도는 서로 밀접한 연관성을 갖는다고 할 것이다.[99] · [100]

V. 맺음말

지금까지 개정 신탁법상 사해신탁취소제도를 개괄적으로 살펴보았다. 신탁법의 개정을 통하여 구 신탁법상의 문제점이 상당 부분 해결되었고, 그로 인하여 신탁제도는 보다 활성화될 것으로 기대해 본다. 하지만 사해신탁취소제도의 많은 부분을 개정하면서 해석상 논란이 될 수 있는 부분도 많아진 것으로 보인다. 특히 민법상 사해행위취소권의 행사효과와 관련한 판례, 통설의 입장인 '상대적 무효설'이 개정 신탁법상 사해신탁취소제도의 해석에 있어서도 여전히 의미 있는 것인지 의문이 남고, 개인적으로 이를 추후 연구과제로 삼고자 한다.

---

99) 한 민, 앞의 논문(주 70), 7면.
100) 2013. 5. 28. 채무자 회생 및 파산에 관한 법률이 개정되면서 신탁행위가 부인되는 경우와 관련한 특칙규정(제113조의2)을 신설하였다.

　본고에서는 개정 신탁법상의 사해신탁취소제도를 구 신탁법과 비교하여 개관하면서, 해석상 논란이 될 수 있는 부분을 지적하고 나름의 해석방향을 제시하고자 노력하였으나, 충분하지 못한 부분이 많다. 본고가 앞으로 개정 신탁법상의 사해신탁취소제도에 대한 다양한 논의를 위한 밑거름 역할을 할 수 있기를 바라며, 향후 사해신탁취소제도가 개정 신탁법에서 제대로 정립되고 운영되기를 바란다.

08

개정 신탁법상 수탁자의 권한과 의무, 책임[*]

이연갑[**]

I. 서론

수탁자는 신탁의 취지에 따라 신탁재산을 관리하는 자이다. 타인의 재산을 관리하는 자는 수탁자 외에도 수임자, 법인의 이사, 청산인, 상속재산관리인, 유언집행자, 부재자재산관리인, 파산관재인 등이 있다. 이들은 모두 타인의 재산을 관리하는 것을 그 의무로 한다는 점에서 공통적이고, 그 의무이행을 확보하기 위한 세부적인 의무에서도 유사한 점이 있다. 그러나 수탁자가 이들과 결정적으로 다른 점은 신탁재산의 소유권이 수탁자에게 이전되고, 수탁자는 자기의 이름과 계산으로 신탁사무를 처리한다는 것이다. 또 수탁자는 신탁행위로 정하거나

* 이 논문은 BFL 제62호(2013. 11)에 게재된 글을 수정·보완한 것이다.
** 연세대학교 법학전문대학원 부교수

법률의 규정이 없는 한 위탁자나 수익자의 간섭을 받지 않고 독자적
인 판단에 따라 신탁사무를 처리한다. 이와 같이 신탁재산이 수탁자
의 소유가 되고 신탁사무의 처리에 독립성이 보장되므로 그 지위의
남용 가능성도 있게 된다. 신탁법이 수탁자에게 다른 사무처리자에
비하여 엄중한 의무와 책임을 지우는 이유도 여기에 있다. 이 글은 개
정 신탁법상 수탁자의 권한과 의무, 책임에 관하여 개관하고 해석상
문제 되는 점에 관한 의견을 밝힐 목적에서 작성되었다.

II. 수탁자의 신탁사무처리에 관한 권한

1. 의의

개정 신탁법은 수탁자의 권한에 관한 규정을 신설하여, "수탁자는
신탁재산에 대한 권리와 의무의 귀속 주체로서 신탁재산의 관리·처
분 등을 하고 신탁 목적의 달성을 위하여 필요한 모든 행위를 할 권한
이 있다. 다만 신탁행위로 이를 제한할 수 있다"고 정하고 있다(제31조).
구법에는 수탁자의 권한에 관한 규정을 두지 않았다. 구법 제1조와 제
28조는 신탁재산을 관리·처분할 의무가 있다고 정하고 있었을 뿐이
다. 그러나 신탁재산을 관리·처분할 의무는 이를 관리·처분할 권한
을 전제로 하는 것이다. 또한 구법 제1조와 제28조에서 정한 관리·처
분은 신탁사무의 수행에 필요한 사무의 한 예로서, 재산의 관리·처
분에 해당하지 않는 것(예를 들어 자금의 차입 등 채무부담행위)도 신탁
사무의 처리에 필요하다면 할 권한이 있는 것으로 해석되어 왔다. 본
조는 이 점을 분명하게 하기 위해 둔 규정이다.

본조의 의미는 두 가지에서 찾을 수 있다. 첫째, 신탁행위로 제한하지 않는 한 수탁자는 신탁 목적의 달성을 위해 필요한 모든 행위를 할 권한이 있고, 그 속에는 신탁재산의 관리·처분이 포함된다. 영국의 판례법은 수탁자에게 신탁재산의 매각 또는 담보제공의 권한이 당연히 있는 것은 아니라고 하고, 신탁설정행위(즉 계약이나 유언, 신탁선언)에서 정하거나 법률로 규정되거나 법원이 허가하는 경우에만 그러한 권한이 있다고 하였다.[1] 구법도 대체로 이러한 전통을 따르고 있다고 할 수 있다. 그러나 개정 신탁법은 수탁자가 신탁재산의 처분권을 가지는 것이 원칙이고, 다만 예외적으로 신탁행위로 이를 배제할 수 있다고 한 것이다. 이는 최근 미국 법[2] 그리고 개정된 일본 신탁법[3]의 태도와도 부합하는 것이다.

개정 신탁법 제31조는 수탁자가 신탁재산에 대한 권리와 의무의 귀속 주체라는 것을 명시한 점에서도 의의가 있다. 종래 신탁재산의 귀속 주체에 관한 논의는, 신탁재산의 수탁자의 소유물이라면 왜 수탁자가 이로부터 이익을 얻지 못하는가, 즉 소유자로서 완전한 권리를 행사하지 못하는가 하는 의문에서 출발한다. 국내의 학설은 대체로 수탁자가 신탁재산의 귀속 주체라는 것으로 일치되어 있었으나, 일본에서는 아직도 '형식적으로는' 수탁자에게 귀속하지만 실질적으로는 신탁재산은 그 자체가 법적 주체이고 수탁자는 그 신탁재산의 관리자에 불과하다는 주장이 이론적·실무적으로 상당한 지지를 받고 있다.

---

1) Underhill / Hayton, Law Relating to Trusts and Trustees, 15th ed., Butterworths (1995), p.679. The Law Commission, Trustee's Powers and Duties (1999)는 신탁재산에 관하여 보험에 가입할 권한, 영업수탁자의 보상청구권에 관한 판례법을 수정할 것을 제안하였고, 이는 Trustee Act 2000에 반영되었다.
2) Uniform Trust Code §815 (a)(2)(A) ; Restatement (Third) of Trusts §85 (1)(a).
3) 일본 신탁법 제26조.

이 규정에 의해 논의가 종식될 것이라고 예상하기는 어려우나, 적어
도 법률이 이 문제에 대하여 공식적인 대답을 시도하였다고 평가할
수는 있을 것이다.

2. 권한의 내용

수탁자의 권한은 포괄적으로 정할 수도 있고, 하나하나 열거할 수
도 있다. 개정 신탁법은 전자의 방식을 택하였다. 이에 따르면 신탁재
산의 관리 · 처분이 주된 권한이나, 그 외에도 신탁의 목적 달성을 위
해 필요한 모든 행위를 할 권한이 있다.

(1) 신탁재산의 관리

신탁재산을 보존 · 이용 · 개량하는 행위를 말한다. 보존행위는 재
산의 현상 유지를 위해 필요한 행위를 말한다. 건물의 수선, 소멸시효
의 중단을 위한 소의 제기, 미등기 부동산의 보존등기가 대표적인 예
이다. 이용행위의 예로는 신탁재산인 부동산의 임대, 금전의 이자부
대여를 들 수 있고, 개량행위의 예로는 신탁재산인 주택에 부가시설
을 설치하거나 무이자채권을 이자부로 바꾸는 것을 들 수 있다. 수탁
자가 신탁재산에 보험을 가입하는 것도 관리행위에 포함된다.

부재자재산관리인의 경우 신탁재산인 물건이나 권리에 본질적인
변경을 가하는 관리는 허용되지 않는다고 한다.[4] 수탁자의 재산관리

---

4) 곽윤직 편집대표, 민법주해 I, 박영사, 1992, 367면. 부재자재산관리인이 현상을 변
   경하는 관리행위를 하려면 법원의 허가를 받아야 한다.

에 있어서도 원칙적으로 신탁재산의 관리는 신탁재산의 현상 그대로
를 유지하는 것을 전제로 한다고 보아야 할 것이다. 그러나 기한이 도
래한 채무의 변제, 부패하기 쉬운 물건의 처분 등 재산의 전체로 보아
현상의 유지로 인정되는 처분행위는 관리행위에 해당한다고 보아야
할 것이다.

(2) 신탁재산의 처분 등

여기의 처분에는 신탁재산의 매각, 담보권의 설정 등이 포함된다.
상계도 그 결과 신탁재산인 자동채권이 소멸하므로 처분행위라고 할
것이지만, 재산의 보존 또는 이용·개량을 위해 상계하는 경우에는
관리행위에 포함된다고 볼 여지도 있다. 역시 논의의 실익은 없다.

(3) 신탁의 목적 달성을 위해 필요한 모든 행위

여기의 행위에는 법률행위와 사실행위가 모두 포함된다. 또 사법상
의 행위뿐 아니라 공법상의 행위, 소송행위 등도 모두 포함한다. 구체
적인 예로는 신탁재산의 점유, 채무의 부담, 새로운 신탁재산의 취득,
소의 제기, 소송상 화해, 공법상 허가의 신청 등을 들 수 있다. 수탁자
는 신탁채무자로부터 변제수령권을 가지고 수탁자의 이름으로 영수
증을 발급할 권한이 있고, 신탁채무자로부터 담보를 제공받을 권한이
있다. 또 수탁자는 신탁채권자에게 신탁이 부담하는 채무를 변제할
권한이 있다. 신탁재산의 성질을 변하게 하는 관리행위도 그것이 신
탁의 목적 달성을 위해 필요한 행위라면 할 수 있다.

3. 수탁자의 권한행사에 대한 통제

수탁자의 이러한 권한행사는 특별한 제한이 없는 한 수탁자가 적당하다고 생각하는 바에 따라서 하면 된다. 즉 수탁자의 권한행사에는 폭넓은 재량권이 인정된다. 이러한 재량권의 행사에 대하여 위탁자와 수익자는 신탁행위로 따로 정하거나 법률의 규정이 없는 한 개입할 수 없다.

(1) 신탁행위에 의한 통제

위탁자는 신탁을 설정하는 계약 또는 유언에 의해 수탁자의 권한행사를 통제할 수 있다. 신탁행위로 특정 신탁재산의 매각 또는 담보제공을 금지하거나 특정인과 사이의 거래를 금지할 수도 있다. 또는 특정 권한의 행사에 있어서 언제나 위탁자 또는 제3자의 동의를 얻도록 정할 수도 있다. 신탁행위로 제3자에게 수탁자의 해임권, 신수탁자 선임권, 수익자변경권, 수익의 분배에 관한 결정을 할 권한을 줄 수도 있다. 그러나 신탁행위로 위탁자 또는 그의 지시를 받는 제3자에게 너무 많은 권한을 유보해 두는 경우, 신탁이 아니라 단순한 위임관계로 인정되거나 신탁의 설정이 위탁자의 채권자를 해하는 사해신탁으로 인정될 위험이 커진다.

(2) 수익자에 의한 통제

수익자는 신탁행위로 정하거나 법률의 규정이 없는 한 수탁자의 권한행사를 통제할 수 없다. 신탁이익의 전부를 누리는 수익자라고 하더라도 마찬가지이다. 이와 관련하여 신탁법이 정한 것으로는 서류의 열람청구권과 설명요구권(제40조), 신탁 위반 법률행위의 취소권(제75조), 신탁 위반행위의 유지청구권(제77조), 수탁자해임권(제16조 제1항), 수탁자해임청구권(제16조 제3항)이 있다. 또 수익자는 이해상반으로 수탁자가 신탁사무를 처리하는 것이 적당하지 않은 경우 법원에 신탁재산관리인의 선임을 청구할 수 있다(제17조 제1항). 수익자가 수탁자를 해임하거나 신수탁자를 선임하는 권한은 구법에서는 인정되지 아니하던 것이다. 신법의 태도는 최근의 영국 신탁법,[5] 미국 통일신탁법전[6]과 일본 개정 신탁법[7]을 따랐다.

한편 우리 법은 영국 법과 달리[8] 수익자에 의한 신탁의 종료는 인정하지 않는다. 수익자는 위탁자와 합의하여 신탁을 종료시킬 수는 있다(제99조 제1항). 그러나 위탁자가 존재하지 않는 경우에는 수익자가 단독으로 신탁을 종료시킬 수 없다. 위탁자가 신탁이익의 전부를 누리는 경우(즉 수익자＝위탁자인 경우)에는 단독으로 신탁을 종료시킬 수 있다. 위탁자가 존재하지 않는 경우 수익자는 "신탁행위 당시 예측하지 못한 특별한 사정으로 신탁을 종료하는 것이 수익자의 이익에 적합함이 명백"함을 주장하여 법원에 신탁의 종료를 청구할 수 있다(제100조).

---

5) Trusts of Land and Appointment of Trustees Act 1996 Sections 19-21.
6) Uniform Trust Code §704. 한편 판례법은 수익자에게 수탁자 해임권이나 신수탁자 선임권을 인정하지 않는다. Restatement (Third) of Trusts §34 참조.
7) 일본 신탁법 제62조.
8) Saunders v. Vautier, (1841) 4 Beav. 115.

(3) 법원에 의한 통제

위탁자나 수익자 등 이해관계인은 법원에 신탁사무처리의 검사, 검사인 선임, 그 밖에 필요한 처분을 명할 수 있다(제105조 제2항). 그러나 이 규정에 의한 법원의 개입은 매우 제한적으로만 인정되는 것이다. 신탁행위에서 수탁자의 재량권을 인정하고 있는 경우, 법원은 수탁자의 재량권행사에 일탈·남용이 있다고 인정되는 경우 외에는 개입할 수 없다. 본조에 의해 법원이 할 수 있는 처분에는 제한이 없다. 해당 사무집행을 금지하는 것이 보통일 것이나(소극적 처분), 일정한 사무집행을 하도록(적극적 처분) 명할 수도 있다. 예컨대 수익의 분배에 관하여 재량권을 가지는 수탁자가 수익의 분배를 하지 않고 있는 경우, 법원은 수탁자에게 수익의 분배를 명할 수 있다.[9] 영업수탁자의 경우에는 자본시장과 금융투자업에 관한 법률(이하 '자본시장법') 등 관련 법령이 정한 바에 따라 법원에 의한 감독 외에 관할관청에 의한 감독도 받는다.

(4) 위탁자에 의한 통제

신탁행위로 달리 정하거나 법률의 규정이 없는 한, 위탁자도 수탁자의 권한행사를 통제할 수 없다. 수익자와 마찬가지로, 위탁자는 서

---

9) 영미법 판결례로, 수탁자가 수익자와의 이해상반 때문에 권한을 행사할 수 없는 경우〔Thrells Ltd. v. Lomas, (1993) 2 All E. R. 546〕, 복수의 수탁자 사이에 의견이 대립되어 권한을 행사하지 못한 경우〔Klug v. Klug, (1918) 2 Ch. 67〕, 재산을 보전할 수도 있고 매각할 수도 있는 재량권을 가진 수탁자가 이러지도 저러지도 못하는 상황에 처한 경우〔Re Billes, (1993) 148 D.L.R. (3d) 512〕 등을 들 수 있다.

류의 열람청구권과 설명요구권을 가진다(제40조). 위탁자는 수익자와 합의하여 수탁자를 해임하거나(제16조 제1항) 신수탁자를 선임할 수 있다(제21조 제1항). 수탁자 해임권이나 신수탁자 선임권은 수익자와 합의하지 않고 위탁자 단독으로는 할 수 없다. 위탁자는 수탁자의 임무 위반행위, 그 밖의 중요한 사유가 있음을 들어 단독으로 수탁자의 해임을 법원에 청구할 수 있다(제16조 제3항). 수탁자의 임무가 종료되거나 수탁자와 수익자 사이에 이해상반이 있는 경우 신탁재산관리인의 선임을 법원에 청구할 수 있고(제17조 제1항), 그 해임을 청구할 수 있다(제19조 제3항). 또 위탁자는 수익자와 합의하여 신탁을 종료시킬 수 있고(제99조 제1항), 자기 외에 다른 수익자가 없는 경우에는 단독으로 신탁을 종료시킬 수 있다(제99조 제2항).

4. 권한을 넘는 행위의 효력

수탁자가 신탁행위로 제한된 권한을 넘는 행위를 하거나 그 권한 범위 내에서 하였으나 수익자가 아닌 수탁자 또는 제3자의 이익을 위하여 한 경우 그 효력에 관해서는 규정이 없다. 이에 대해서는 이사의 대표권제한에 관한 법리에 따라 해결하려는 견해, 법인이 그 정관에 정한 목적 범위를 넘어 행위한 경우의 법리와 같이 해결하려는 견해, 대리권의 범위를 넘거나 배임적 대리행위를 한 경우의 법리와 같이 해결하려는 견해 등이 있을 수 있다. 그러나 수탁자는 원칙적으로 대외적으로 신탁재산에 관한 법률행위를 할 완전한 권리를 가지는 자이고, 그가 신탁행위에서 정한 범위를 넘어서 행위하였다고 하더라도 그러한 내부적 제한은 대외적으로는 주장할 수 없는 것이므로, 그 행위는 그 상대방이 신탁행위에 의한 제한을 알았다고 하더라도 유효하다고 보아야 할 것이다.[10] 이 경우 수익자의 보호는 제43조, 제75조, 제 77조에 의해 도모될 수 있다.

III. 수탁자의 의무

1. 신탁사무처리의무

(1) 신탁사무의 처리

수탁자는 신탁행위에 정한 바에 따라 신탁사무를 처리하여야 한다 (제32조). 이는 수탁자의 기본적인 의무라고 할 수 있다. 구법 제28조는 "수탁자는 신탁의 본지에 따라… 신탁재산을 관리 또는 처분하여야 한다"고 정하고 있었으나, 신법은 이를 당연한 것으로 보아 별도로 정 하지 아니하였다.

(2) 투자의무

수탁자의 기본적인 기능은 신탁재산을 관리·처분하여 수익을 발 생시키고 이 수익을 수익자에게 배분하는 것이다. 따라서 수탁자는

---

10) 명의신탁의 경우 "수탁자가 신탁자의 승낙 없이 신탁재산을 처분한 때에도, 그 제 3취득자는 그 목적물이 신탁재산인가 여부에 대한 선의/악의를 묻지 않고 신탁 재산에 대한 소유권을 적법히 취득한다"는 것이 확고한 판례(대법원 1959. 1. 25. 선고 4290민상667 판결)이다. 판례와 달리 절대적 권리이전설을 취하는 경우에도 같은 결론에 이른다. 곽윤직 편집대표, 민법주해 V, 박영사, 1992, 527면(권오곤 집 필 부분). 신탁법상 신탁은 대내외적으로 수탁자에게 신탁재산의 소유권이 이전되 므로, 절대적 권리이전설과 마찬가지로 판단되어야 할 것이다.

신탁재산에 이익이 발생하도록 적절히 투자할 의무가 있다. 예를 들어 금전은 이자가 발생하도록 하고, 부동산은 임대수익이 발생하도록 관리하여야 한다. 그러나 신탁법은 신탁재산이 금전인 경우 그 투자방법에 일정한 제한을 가하고 있다(제41조). 신법 제41조는 구법 제35조의 규정을 그대로 옮겨 온 것이다. 영미 신탁법[11]과 일본 개정 신탁법의 최근 경향은 신탁재산의 투자 대상에 대한 제한을 철폐하는 방향이나, 신탁행위로 정하면 충분하다는 반론이 있어 본조의 삭제 주장은 받아들여지지 않았다. 영업수탁자의 신탁재산의 운용방법에 관하여는 자본시장법 등에 특별한 규정이 있다(자본시장법 제105조, 제106조, 자산유동화에 관한 법률 제16조 제1항).

(3) 공동수탁자가 있는 경우

공동수탁자는 언제나 전원의 합의로 행위하여야 한다. 즉 공동수탁자가 다수결로 신탁사무를 처리하는 것은 금지된다. 다만 신탁행위로 달리 정할 수 있고, 보존행위는 각자 할 수 있다(제50조 제3항). 또 의사표시를 수령할 때는 단독으로 할 수 있다(제50조 제4항). 공동수탁자 중 업무집행수탁자를 정한 경우에는 그가 다른 공동수탁자를 대리하여 행위할 수 있다(제50조 제5항). 신법 입법과정에서 일본의 개정 신탁법과 같이 공동수탁자가 다수결로 신탁사무를 처리하도록 하자는 의견

---

11) 이른바 포트폴리오 이론에 의하면, 수탁자의 투자결정은 개별 자산마다 분리하여 평가할 것이 아니라, 투자포트폴리오 전체로서, 그리고 전체 투자전략의 맥락에서 평가하여야 한다고 한다. 영국 법에서도 이 이론이 원칙으로서 받아들여졌다고 할 수 있다. Hanbury / Martin, Modern Equity (18th ed.), Sweet & Maxwell (2009), p.566. 미국 법에서는 이를 신중한 투자자원칙(prudent investor rule)이라고 한다. Uniform Prudent Investor Act §2(b) ; Restatement (Third) of Trusts §227.

이 제시되었으나, 신탁행위로 정하면 충분하고 다수의견에 반대하는 수탁자가 다수결에 따라 사무처리하는 경우 선관의무 위반이 될 수 있다는 반론이 있어, 구법의 태도를 유지하기로 하였다.

수탁자가 여럿인 경우 수탁자들은 신탁사무의 처리에 관하여 제3자에게 부담한 채무에 대하여 연대책임이 있다(제51조 제1항). 수탁자 중 일부가 의무를 위반하여 부담한 채무에 대해서 이에 관여하지 않은 수탁자는 책임이 없지만, 만약 다른 수탁자의 의무 위반행위를 저지하기 위해 합리적인 조치를 취하지 아니하였다면 위 의무 위반행위에 관여한 바 없다고 하더라도 제3자에 대한 책임을 면하지 못한다(제51조 제2항).

2. 선관의무(제32조)

수탁자는 신탁사무를 처리함에 있어 선량한 관리자의 주의를 다하여야 한다(제32조). 선량한 관리자의 주의는 자기 재산에 관한 주의보다 높은 정도의 주의이다. 수탁자는 신탁재산의 소유자이고 신탁사무는 자기의 이름과 계산으로 하는 사무이지만, 수탁자는 신탁으로부터 이익을 얻을 수 없고 오로지 수익자의 이익을 위해 사무처리를 해야 하는 지위에 있으므로, 타인의 사무를 처리하는 자에게 일반적으로 요구되는 높은 수준의 주의의무를 부과한 것이다. 수탁자는 신탁행위에 정한 바에 따라 신탁사무를 처리하면 되는 것이지만, 그 사무처리에 재량권이 인정되는 경우에는 선량한 관리자의 주의로써 이를 행사해야 한다. 이때 수탁자가 전문적인 지식과 경험을 가진다고 주장하여 수탁자로 된 경우에는 그가 실제로 그러한 전문적인 지식·경험을 가지고 있지 않더라도 전문적인 지식·경험을 가지는 자에게 기대되는 수준의 주의의무를 다하지 아니하면 선관의무 위반으로 인정된다. 예컨대 금융기관인 영업수탁자가 신탁을 위해 주식을 매수하는 경우, 자동차 정비공으로서 친지를 위해 신탁을 인수한 자가 주식을 매수하는 경우에 비해 높은 수준의 주의의무가 요구된다. 또 신탁행위로 정한 바에 따르는 것이 오히려 신탁의 취지에 부합하지 않게 되거나 수익자에게 불이익한 경우에는 신탁행위의 정함과 다르더라도 수익자에게 가장 이익이 되는 조치를 취해야 하고, 필요하다면 법원에 신탁의 변경을 청구하거나(제88조 제3항) 신탁사무의 처리방법에 관한 처분을 청구하여야 한다(제105조 제2항). 이 경우 수탁자로서는 수익자에게 위와 같은 사정을 알리고 그 의견을 청취하는 것이 바람직할 것이다. 신탁행위로 정함이 없는 경우에도 수탁자는 수익자의 이익을 도모하고 신탁에 손해가 생기지 않도록 필요한 조치를 다하여야 한다. 이 경우에도 수탁자는 이러한 사정을 수익자에게 알리고 그 의견을 청취하는 것이 바람직하다. 신탁행위로 사무처리에 관하여 위탁자의 지시를 받도록 정해져 있는 경우, 수탁자는 위탁자의 지시에 따라야 하나, 그 지시에 따르는 것이 신탁의 취지에 적합하지 않거나 경제성이 없는 것으로 판단되어 위탁자에게 불이익할 때에는 그러한 내용을 위탁자에게 알리고 그 지시를 변경하도록 조언하여야 한다.[12]

선관의무에 관한 규정은 임의규정으로, 신탁행위로 달리 정할 수 있다(본조 단서). 선관의무 위반으로 신탁재산에 손해가 발생한 경우에는 그 손해의 원상회복 또는 손해배상의무가 성립한다(제43조 제1항, 제2항).[13] 또 선량한 관리자의 주의를 위반하여 비용을 지출한 경우에는

---

12) 대법원 2006. 6. 9. 선고 2004다24557 판결.
13) 대법원 2007. 11. 29. 선고 2005다64552 판결 ; 대법원 2008. 3. 27. 선고 2006다 7532, 7549 판결.

그로 인해 확대된 비용은 그 비용의 지출 또는 부담에 정당한 사유가 없으므로 비용상환청구를 할 수 없다.[14] 신탁행위로 주의의무의 정도를 낮추는 것은 가능하지만, 고의 또는 중과실로 선관의무를 위반하여 생긴 손해에 대하여 면책하는 것은 허용되지 않는다.[15] 그러한 신탁행위는 공서양속에 반하기 때문이다. 수익자가 선관주의의무 위반으로 인한 손해배상청구권을 사후에 포기하는 것은 가능하지만, 단순히 수익자가 손해발생사실을 알면서도 이의를 제기하지 않았다거나 선관주의의무 위반으로 취득한 이익을 지급받았다는 사정만으로 손해배상청구권을 포기하였다고 할 수는 없다.[16]

한편 영업수탁자의 경우에도 자본시장법은 신탁법과 유사한 규정을 두고 있다(자본시장법 제37조, 제102조).

3. 충실의무

수탁자는 오로지 수익자의 이익을 위하여 신탁사무를 처리하여야 한다. 충실의무는 구법에 명시적인 규정은 없었으나 판례[17]와 학설에 의해 인정되었고, 신법에서 이를 명시하였다(제34조). 자본시장법에도 영업수탁자의 의무로서 충실의무가 신설되었다(제102조 제2항).

상법상 이사에 대해서도 충실의무에 관한 규정이 있는데, 이에 관해서는 충실의무와 선관주의의무의 관계에 관하여는 이 둘이 실질적으로 동일한 것이라는 견해와 별개의 것이라는 견해가 대립하고 있

---

14) 대법원 2006. 6. 9. 선고 2004다24557 판결.
15) Uniform Trust Code §108 참조.
16) 대법원 2007. 11. 29. 선고 2005다64552 판결.
17) 대법원 2005. 12. 22. 선고 2003다55059 판결.

다. 수탁자의 충실의무에 관해서도 유사한 견해대립이 생길 수 있는
데, 수탁자의 충실의무는 이익상반 상황에서만 문제 된다는 점에서
선관의무와 구별된다.

충실의무는 이익취득금지원칙과 이익상반금지원칙이 그 주된 내용
을 이룬다. 이하 이를 나누어 살펴보기로 한다.

(1) 이익취득의 금지

수탁자는 누구의 명의로도 신탁의 이익을 누리지 못한다(제36조).
이를 이익취득금지원칙(no profit rule)이라고 한다.[18] 그러나 공동수익자
의 1인으로서 신탁의 이익을 누릴 수는 있다. 수탁자가 신탁으로부터
이익을 취득하면 수익자와 사이에 이익상반의 관계에 서게 된다. 본
조가 이익의 향수를 금지하는 것은 그 때문이다.

이 원칙에 대한 예외는 신탁행위로 정할 수 있다. 그 대표적인 것이
보수청구권이다(제47조 제1항). 영업신탁의 경우 자본시장법도 이 원칙
에 대한 예외를 정하고 있다(자본시장법 제111조).

(2) 이익상반행위의 금지

수탁자는 수익자와 이익이 상반되는 행위를 하거나, 어떤 행위를
함으로써 수익자와 이익이 상반되는 상태를 초래하는 행위를 해서는
아니 된다. 이를 이익상반금지원칙(no conflict rule)이라고 한다.

---

18) Pettit, Equity and the Law of Trusts (10th ed.), Oxford University Press (2005), pp.442f.

1) 금지되는 이익상반행위

수탁자는 수익자와 자기 사이의 이익이 상반되는 행위를 하지 못한다. 신법은 이를 다음의 다섯 가지로 유형화하였다.

① 신탁재산을 고유재산으로 하거나 신탁재산에 관한 권리를 고유재산에 귀속시키는 행위 : 구법 제31조 제1항에서 금지되고 있던 자기거래이다.

② 고유재산을 신탁재산으로 하거나 고유재산에 관한 권리를 신탁재산에 귀속시키는 행위 : 구법 제31조 제1항에서 명시되지는 않았으나 해석에 의해 금지되던 자기거래이다.

③ 여러 개의 신탁을 인수한 경우 하나의 신탁재산 또는 그에 관한 권리를 다른 신탁의 신탁재산에 귀속시키는 행위 : 수탁자가 여럿의 신탁을 인수한 경우 신탁재산 간에 거래를 하면 일방 신탁의 수익자와 타방 신탁의 수익자 사이에 이익상반이 생긴다. 이 경우 수탁자가 일방 신탁의 수익자만의 이익을 위해 행위하면 다른 신탁 수익자에 대한 충실의무를 다할 수 없게 된다. 구법에서도 해석상 인정되던 것이나, 신법은 이를 명시하였다.

④ 제3자의 신탁재산에 대한 행위에서 제3자를 대리하는 행위 : 자기가 이 제3자의 대리인으로 되는 행위뿐 아니라, 쌍방대리로 되는 경우도 포함한다. 예컨대 수탁자 자신이 대표이사를 맡고 있는 회사에 신탁재산을 매각하는 행위는 수익자의 이익과 수탁자의 이익이 상반되는 행위로서 수익자에 대한 충실의무에 반하므로 금지된다.

⑤ 그 밖에 수익자의 이익에 반하는 행위 : 여기에는 제1호와 제2호 외의 직접적 자기거래(수탁자가 자기에게 신탁사무의 일부를 위임하거나 자신을 고용하는 행위), 간접적 자기거래(수탁자 개인채무에 대하여 신탁재산을 담보로 제공하는 행위, 수탁자의 가족이나 지배관계가 있는 회사 등

경제적 이익을 같이하는 자 또는 공모한 자를 이용한 거래행위), 경업행위 (사업신탁의 내용과 동일한 업종의 사업을 하는 행위), 기회유용행위(신탁 사무처리 중 얻은 정보를 수탁자 개인을 위하여 유용하는 행위) 등이 포함 된다.

한편 자본시장법은 신탁업자가 이익상반의 처지에 빠지지 않도록 하기 위한 구체적인 의무를 상세히 정하고 있다(제37조, 제44조, 제45조, 제54조, 제102조, 제104조, 제108조 등). 특히 자본시장법 제104조 제1항은 신탁법 제34조 제2항에 의해 보통의 신탁에서 인정되는 예외를 인정 하지 않는다는 규정을 두는 한편, 같은 조 제2항에서 자기거래가 허용 되는 예외를 따로 정하고 있다.

2) 금지의 예외(제34조 제2항)
다음의 경우에는 제34조 제1항의 이익상반행위를 할 수 있다.
① 신탁행위로 허용한 경우 : 신탁행위로 모든 이익상반행위를 허 용한다고 정하는 것과 같이 충실의무를 완전히 배제하는 신탁조항은 공서양속에 반하여 무효이다.
② 수익자에게 그 행위에 관련된 사실을 고지하고 수익자의 승인을 받은 경우 : 수익자가 여럿 있는 경우에는 수익자 전원의 의견이 일치 해야 하나, 신탁행위로 달리 정할 수 있다(제71조 제1항).
③ 법원의 허가를 받은 경우 : 수탁자는 이 허가를 신청함과 동시에 수익자에게 그 사실을 통지해야 한다(제34조 제2항 단서).

3) 위반의 효과
구법 제31조의 해석상 신탁재산을 고유재산으로 하거나 고유재산을 신탁재산으로 하는 자기거래는 무효라는 것이 판례였다.[19] 그러므로 위 금지되는 행위 중 제1호, 제2호의 각 행위는 예외규정(제34조 제2항)에 해당하지 않는 한 신법 아래에서도 무효라고 보아야 할 것이다. 이론적으로는 여기의 자기거래가 동일한 권리 주체 사이에서 생기는 것이므로 서로 다른 권리 주체 사이에서와 같은 권리이전이 발생하지 않고, 따라서 유효 / 무효를 따질 여지가 없다는 비판도 가능하다. 그러나 신탁재산을 자기거래 이전의 상태로 회복시키기 위해서는 자기거래의 효력이 없는 것이 논리적인 전제가 된다. 무효라고 하더라도 수익자가 추인하면 유효하게 된다(무권리자의 행위 추인에 관한 법리). 한편 제3호부터 제5호까지에 해당하는 행위의 효력에 관해서는 규정을 두지 않았다.

4. 공평의무(제35조)

공평의무는 둘 이상의 수익자가 있는 경우 이들 수익자를 공평하게 취급해야 한다는 의무이다. 구법에는 이에 관한 명시적인 규정이 없었으나 해석상 이러한 의무가 인정된다는 데 이견이 없었다. 신법은 제35조에서 수탁자의 공평의무를 명시하였다.

공평의무는 신탁행위로 달리 정하는 경우 그에 따라야 한다. 예컨대 신탁계약에서 우선수익자와 후순위수익자를 구별하여, 수익의 배당이나 원본의 반환에 관하여 전자를 후자보다 우선한다는 취지의 규정을 두는 경우, 수탁자가 그에 따라 배당이나 원본반환을 하더라도 공평의무에 반하지 않는다.

---

19) 대법원 2009. 1. 30. 선고 2006다62461 판결.

공평은 평등과는 다른 의미로서, 서로 다른 권리 내용을 가지는 복수의 수익권이 있는 경우에는 구체적인 사정을 고려하여 판단하게 된다. 다른 구체적인 기준이 없는 경우에는 수탁자가 재량에 따라 공평하다고 생각되는 바에 따라 취급하면 된다.

수탁자가 공평의무에 위반하는 행위를 하여 신탁재산에 손해가 발생하였다면 수익자는 원상회복 또는 손해배상을 청구할 수 있다. 그러나 이 구제는 신탁재산에 손해가 생기는 경우에만 인정된다. 그리하여 신탁재산에 손해가 생기지 않더라도 수탁자가 공평의무에 위반하는 행위를 하여 일부 수익자에게 회복할 수 없는 손해가 생길 우려가 있는 경우에는 수탁자에게 그 행위를 유지할 것을 청구할 수 있다고 정하였다(제77조 제2항). 한편 공평의무 위반행위에 의해 이익을 얻은 수익자는 손해를 본 수익자에 대하여 직접 그 이익의 반환을 구할 수 있다는 것이 다수설의 견해이나,[20] 그 근거에 관해서는 다툼이 있다.

5. 분별관리의무(제37조)

수탁자는 신탁재산과 고유재산을 분별하여 관리하고, 신탁재산임을 표시하여야 한다(제37조 제1항). 또 여러 신탁을 인수한 수탁자는 각 신탁재산을 분별하여 관리하고 서로 다른 신탁재산임을 표시하여야 한다(제37조 제2항). 신탁재산이 금전 기타 대체물인 경우에는 그 계산을 명확히 하는 방법으로 분별관리할 수 있다(제37조 제3항). 제1항, 제2항은 물리적 분별관리의 원칙을, 제3항은 금전의 경우 계산상 분별

---

20) 최동식, 신탁법, 법문사, 2006, 227면 ; 이중기, 신탁법, 삼우사, 2007, 306면.

관리의 원칙을 정하고 있다. 분별관리의무는 신탁재산의 특정성을 유지함으로써 수익자의 보호를 도모하고자 하는 데 그 취지가 있다. 신탁채권자 아닌 자가 신탁재산을 압류하거나, 수탁자에 대해 파산선고가 내려진 경우 파산관재인이 신탁재산을 관리하려 할 때, 신탁재산임이 특정되어 있지 않으면 신탁재산이 강제집행되거나 파산재단에 속하여 감소하게 되고 그로써 수익자의 이익을 해치게 된다. 본 조는 이를 방지하고자 둔 규정이다. 기본적으로는 구법과 같은 내용이나, 신법은 여러 신탁을 인수한 경우의 분별관리에 관한 규정을 추가하였다.

분별관리의 방법은 재산의 유형에 따라 다르다. 물리적으로 구분한 후에 신탁재산임을 표시하여야 하는데, 예컨대 부동산은 신탁재산임을 표시하여 등기하여야 하고, 동산은 고유재산과 별도의 장소에 신탁재산임을 표시하여 보관하여야 한다. 유가증권의 경우는 별다른 공시방법이 없으므로 물리적으로 분리하여 보관하는 것으로 충분하다. 채권은 물리적 분별이 있을 수 없으므로 신탁재산목록이나 자산에 관한 장부에 해당 채권을 특정하고 그것이 신탁재산에 속함을 표시하면 된다. 금전이나 대체물은 물건 자체의 개성보다는 가치로서의 성격이 강한 재화이므로 물리적 분별관리까지는 필요하지 않고 계산상 분별을 하면 충분하다. 다만 신탁업자가 유동화자산을 관리할 때에는 물리적 분별을 하여야 한다(자산유동화에 관한 법률 제16조 제3항).

분별관리의무 자체를 면제하는 신탁행위는 신탁재산의 독립성을 훼손하는 것으로 효력이 없으나, 분별관리의 방법은 신탁행위로 정할 수 있으므로 이를 변경하는 내용의 신탁행위는 유효하다. 별도의 규정은 없으나 사적 자치의 원칙상 당연하다.

6. 정보제공의무(제39조, 제40조)

수탁자는 신탁사무와 관련된 장부 및 그 밖의 서류를 갖추어 두고 각 신탁에 관하여 그 사무의 처리와 계산을 분명히 하여야 한다. 또 수탁자는 신탁을 인수한 때와 매년 1회 일정한 시기에 각 신탁의 재산목록을 작성하여야 한다. 이러한 장부 및 그 밖의 서류는 일정한 기간 보존하여야 한다(제39조). 이러한 장부 등 서류의 작성·보존 및 비치 의무는 수탁자 감독의 실효성을 확보하기 위하여 인정되는 것이다.

위탁자나 수익자는 수탁자에게 신탁사무의 처리와 계산에 관한 장부 및 그 밖의 서류의 열람 또는 복사를 청구하거나 신탁사무의 처리와 계산에 관하여 설명을 요구할 수 있다. 수익자는 신탁재산의 급부를 받을 자로서 신탁사무의 처리와 계산에 관하여 가장 밀접한 이해관계를 가지는 자이므로 그에게 이러한 권리를 인정하는 것은 당연하다.[21] 또 위탁자는 수탁자와 사이의 계약관계에 기하여 이러한 권리를 가진다고 할 수 있다(민법 제683조 참조). 수탁자는 신탁재산의 처리와 계산에 관한 정보를 수익자에게 제공할 의무가 있으나, 이 의무에는 일정한 제한이 있다. 예컨대 개인정보보호나 상거래상의 비밀유지의무와 충돌될 경우에는 정보제공을 요구하는 수익자의 이익과 자기에 관한 정보가 제공되는 다른 수익자나 수탁자 또는 제3자의 이익 사이의 형량이 필요하다. 그러한 이익형량의 결과에 따라 수탁자는 정보의 제공을 거절할 수 있다.

위탁자와 수익자를 제외한 이해관계인(예컨대 수익권을 양수하거나 수익권에 질권을 설정하려는 자)은 신탁사무의 계산에 관한 장부 및 그

---

21) 영국 판례는 수익자에게 물적 권리(proprietary right)가 인정되기 때문에 수탁자에게 정보제공의무가 있다고 한다. O'Rouke v. Darbishire, (1920) A.C. 581.

밖의 서류의 열람 또는 복사를 청구할 수 있다. 이들에 대해서는 위탁자 또는 수익자와 달리 신탁사무의 처리에 관한 정보는 제공할 의무가 없고, 신탁사무의 계산에 관하여 설명할 의무도 없다. 마찬가지로 개인정보보호나 상거래상의 비밀유지의무와 충돌하는 경우 이익형량을 거쳐 정보공개 여부를 결정하여야 한다.

수탁자는 신탁재산의 사무처리와 계산에 관하여 감사(audit)를 받을 의무는 없다. 그러나 수익자 등 이해관계인의 청구에 의해 법원이 신탁사무처리의 검사나 검사인 선임 등의 처분을 명할 수 있다(제105조 제2항).

영업수탁자의 경우에는 자본시장법에서 이에 관하여 보다 상세한 규율을 하고 있다(제113조 참조).

7. 자기집행의무(제42조)

수탁자는 위탁자 또는 수익자와 사이의 신뢰관계에 기하여 신탁사무를 처리하는 자이므로 신탁사무를 스스로 처리하여야 하고 이를 다른 사람에게 위임하여서는 아니 된다. 이를 자기집행의무라고 한다.

자기집행의무를 신법에서도 유지할 것인지에 관해서는 논의가 있었다. 영미권의 최근 경향[22]과 일본 개정 신탁법[23]은 자기집행의무를 완화하거나 이를 의무가 아니라 위탁권한으로 파악하려는 태도를 보이고 있다. 이는 전문화·복잡화되어 가는 거래 현실을 반영한 것이다. 또 상장증권의 예에서 보는 바와 같이 수탁자는 일정한 경우 자기

---

22) 영국 : Trustee Act 2000 §11. 미국 : Uniform Trust Code §807, Restatement (Third) of Trusts §171.
23) 일본 개정 신탁법 제28조.

집행의무를 이행하는 것이 법적으로 불가능한 예도 있다. 이러한 이유를 들어 우리 법에서도 자기집행의무를 폐기하고 신탁사무를 위탁할 권한이 있다고 정하여야 한다는 견해도 있었다. 그러나 민법상 대리인이나 수임인도 복대리나 재위임이 원칙적으로 금지되어 있고, 필요한 경우 신탁행위로 정하거나 수익자의 동의를 얻게 하면 충분하다는 사정 등을 들어 구법의 태도를 유지하기로 하였다. 다만 문언은 구법과 달리 자기집행의무를 완화하는 형태로 되어 있다.

수탁자는 정당한 이유가 있는 경우 수익자의 동의를 얻어 신탁사무를 타에 위임할 수 있다. 또 신탁행위로 정한 경우에도 그러하다. 상장증권이 신탁재산인 경우에는 예탁결제원에 예탁이 강제되어 있으므로 수탁자가 이를 스스로 보관할 수 없다. 이 경우에는 법률의 규정에 의해 위임이 강제되는 것이므로 수탁자는 자기집행의무를 면한다.

수익자의 동의를 얻어 위임한 경우, 수탁자는 수임인의 선임·감독에 관한 책임만 부담한다(제42조 제2항). 신탁행위로 정한 경우에도 마찬가지이다. 신탁행위로 책임의 범위를 변경시키는 것도 가능하다. 한편 위와 같이 신탁사무를 위임받은 자는 수탁자와 동일한 의무를 부담하고, 그 의무 위반에 대하여도 동일한 책임을 진다(제42조 제3항). 이들 규정도 모두 구법의 그것과 같은 내용을 정하고 있다.

IV. 수탁자의 의무위반에 대한 책임

1. 원상회복의무·손해배상의무

구법 제38조는 "수탁자가 관리를 적절히 하지 못하여 신탁재산의 멸실, 감소, 기타의 손해를 발생하게 한 경우 또는 신탁의 본지에 위반하여 신탁재산을 처분한 때에는 위탁자, 그 상속인, 수익자 및 다른 수탁자는 그 수탁자에 대하여 손해배상 또는 신탁재산의 회복을 청구할 수 있다"고 정하고 있었다. 이 규정의 의미에 관해서는 해석상 논란이 있었다.

신법 제43조 제1항, 제2항은 구법의 태도를 유지하면서도 그 책임의 성립요건과 효과(구제수단)에 관하여 불명확한 점을 제거하려 하였다. 또 청구권자 중 위탁자의 상속인을 제외하였다. 제43조 제1항, 제2항에 의한 책임은 채무불이행책임으로서, 수탁자의 귀책사유를 요한다. 다만 금전에 의한 손해배상이 아니라 원상회복을 원칙적 구제수단으로 하였다.

2. 이득반환의무

제33조부터 제37조까지의 규정에서 정한 의무를 위반한 경우에는 신탁재산에 손해가 생기지 아니하였더라도 수탁자는 그로 인하여 수탁자가 제3자가 얻은 이득 전부를 신탁재산에 반환해야 한다(제43조 제3항). 이는 신법에서 신설한 규정으로, 수탁자가 충실의무 등을 위반하여 행위하였더라도 손해가 발생하지 않으면 제43조 제1항, 제2항에 의한 구제를 받을 수 없는데, 그러한 경우에도 수탁자 또는 제3자가 얻은 이득의 전부를 신탁재산에 반환하도록 한 것이다. 이득반환청구권의 성질은 손해배상이나 부당이득은 아니고, 신탁법이 특별히 인정한 법정책임으로, 손해배상이나 부당이득과 달리 반환 범위가 손해에 한정되지 않도록 한 점에서 특징이 있다. 또 손해배상과 달리 수탁자의 귀책사유는 묻지 않는다.

3. 책임의 면제

수탁자가 변경된 경우 전 수탁자와 그 밖의 관계자(수탁자의 상속인 등도 포함한다)는 신탁사무의 계산을 하고, 수익자의 입회하에 신수탁자에게 사무를 인계하여야 한다(제55조 제1항). 수익자가 계산을 승인하면 전 수탁자나 그 밖의 관계자의 수익자에 대한 '인계에 관한 책임'은 면제된 것으로 본다. 다만 부정행위가 있었던 경우에는 그러하지 아니하다(제55조 제2항). 여기에서 '계산을 승인'한다는 것은 전 수탁자의 계산 내용에 이의 없음을 알리는 것으로, 법적 성질은 관념의 통지이다. 그 효과로서 면제되는 '인계에 관한 책임'은 사무인계 시점까지 발생한 전 수탁자의 신탁사무처리에 관한 책임(원상회복·손해배상·이득반환책임 등)을 포함한다. 그러나 신탁행위에 의해 수익자에게 부담하는 채무는 여기에 포함되지 않는다. 이 채무는 신수탁자에게 승계되기 때문이다(제53조 제1항).

V. 수탁자의 보수 및 비용상환청구권

1. 신탁재산으로부터 보수를 받을 권리

(1) 의의

수탁자는 누구의 명의로도 신탁의 이익을 누릴 수 없다(제36조 본문). 이 원칙에 대한 예외를 정한 것이 제47조 제1항이다. 이에 따르면 수탁자는 신탁행위로 정하지 않으면 보수를 받을 수 없으나, 신탁을 영업으로 하는 수탁자는 신탁행위에 정함이 없어도 보수를 받을 수 있다. 신탁법 제47조 제1항의 규정은 구법 제41조와 같은 내용을 정한 것이다. 전통적인 영미 신탁법의 태도는 신탁행위에 명시적인 정함이 없으면 수탁자의 보수청구권을 부정하는 것이 원칙이었다.[24] 그러나 2000년 수탁자법(Trustee Act)에 의해 법인수탁자와 영업수탁자는 신탁재산으로부터 보수를 받을 수 있다고 정하여 예외를 인정하였다.[25] 미국 법은 영국 법을 계수한 직후부터 지금까지 유상을 원칙으로 하고 있다.

여기의 보수는 수탁자가 신탁 목적의 달성을 위해 한 행위의 대가를 말한다. 그 명목은 묻지 않는다. 다만 신탁재산인 부동산의 매각을 중개하고 받는 중개수수료와 같이 원래 신탁 목적의 달성을 위해 수탁자로서 하는 일에 대한 대가가 아닌 것은 여기의 보수에 포함하지 않는다.

신법은 신탁행위로 보수를 정하지 않은 경우 그 금액을 정하는 대강의 기준을 정하고 있다. 이에 따르면 수탁자는 '신탁사무의 성질과 내용에 비추어 적당한 금액'의 보수를 받을 수 있다(제47조 제2항). 또 신탁행위로 보수를 정하였으나 이것이 사정변경에 의해 적당하지 않게 된 경우에는 법원이 위탁자, 수익자 또는 수탁자의 청구에 의해 이를 증액 또는 감액할 수 있다(제47조 제3항). 여기서 위탁자·수익자의 감액청구권 또는 수탁자의 증액청구권은 법원의 결정을 구할 수 있는 권리이지, 다른 예에서 보는 것처럼(민법 제628조 참조) 형성권은 아니다. 법원은 당사자의 신청이 있으면 변경된 사정과 신탁사무의 난이

---

24) Robinson v. Pett, (1734) 3 P. Wins. 249 : Re Barber, (1886) 34 Ch.D. 77. Hanbury / Martin, 앞의 책(주 11), p.631.
25) Trustee Act 2000 Section 19.

도 등을 고려하여 적당한 금액의 보수액을 정할 수 있다.

(2) 보수청구권의 행사방법

본조의 제목은 보수'청구권'이라고 되어 있으나, 이는 위탁자 또는 수익자의 어떤 행위를 요구하는 권리가 아니다. 형식적으로는 수탁자가 자기 자신으로부터 보수를 지급받는 것이지만, 실제로는 신탁재산에 속하는 금융기관 계좌에 있는 금전을 수탁자의 개인 계좌로 이체하는 형태로 이루어진다. 수탁자는 신탁재산을 매각하고 그 대금을 수탁자의 개인 재산으로 하는 방법〔이른바 자조매각(自助賣却)〕으로 보수를 받을 수도 있는데,[26] 그 신탁재산의 매각으로 신탁 목적을 달성할 수 없게 되거나 그 밖에 상당한 이유가 있는 때에는 그렇게 할 수 없다(제48조 제2항). 이때 법원의 허가를 받을 필요는 없다.

보수를 대물변제의 방법으로 받을 수 있는지에 관해서는 규정이 없다. 이에 대해서는 매각하여 그 대금을 받는 것이나 대물변제받는 것이나 차이가 없다는 견해와, 매각대금의 결정에 있어서 충실의무 위반의 문제가 생기므로 허용되지 않는다는 견해가 대립하고 있다.

(3) 보수청구권의 우선순위

수탁자가 신탁재산으로부터 보수를 완급받지 못한 상태에서 신탁재산에 속하는 재산에 대하여 경매가 이루어질 때, 수탁자는 그 경매대금에서 우선변제를 받을 수 없다. 구법 제42조, 제43조는 수탁자가

---

26) 대법원 2003. 5. 16. 선고 2003다11134 판결.

보수청구권에 기하여 "신탁재산을 매각하여 다른 권리자에 우선하여 그 권리를 행사할 수 있다"고 정하고 있어서, 신탁재산이 경매되는 경우에도 그 경매대금에서 우선변제받을 수 있는 것처럼 해석될 여지가 있었다. 그러나 신법은 우선변제권은 비용상환청구권에 대해서만 인정하고, 보수청구권에 대해서는 인정하지 않음을 명백히 하였다(제48조).

(4) 보수청구권행사의 전제

수탁자는 제43조에 의한 원상회복, 손해배상 또는 이득반환의무를 이행한 후가 아니면 보수를 받을 수 없다. 본조는 구법에도 있던 것을 그대로 옮겨 온 것이다. 보수청구권을 자동채권으로 하여 손해배상채권과 상계할 수 있는지 문제 될 수 있으나, 문리해석상 실제로 손해배상을 하여야 할 의무가 있다고 보아 성질상 상계할 수 없는 것으로 해석해야 할 것이다.

2. 신탁재산으로부터 비용을 상환받을 권리

(1) 의의

수탁자는 신탁재산을 처리함에 있어서 여러 가지 거래를 하게 된다. 이때 수탁자와 거래하는 상대방은 수탁자를 상대로 그 비용을 추심하게 된다. 수탁자가 신탁재산에 관한 권리 · 의무의 귀속 주체이기 때문이다. 수탁자는 신탁재산으로 그 비용을 지출할 수도 있고(제46조 제1항), 고유재산에서 지출한 후 신탁재산에서 이를 전보받을 수 있다(동조 제2항). 수탁자가 신탁사무의 처리를 위하여 자기의 과실 없이 채

무를 부담하거나 손해를 입은 경우에도 신탁재산으로부터 이를 지출
하거나 고유재산에서 지출한 다음 신탁재산에서 전보받을 수 있다(동
조 제3항). 이러한 비용상환청구권은 영미 신탁법에서도 인정되는 것
이고,[27] 일본의 구 신탁법 및 개정 신탁법,[28] 그리고 우리 구법에서도
인정되었던 것이다.

(2) 내용

1) 비용의 지출 및 구상

수탁자는 신탁사무의 처리에 관하여 필요한 비용을 신탁재산에서
지출할 수 있다(제46조 제1항). 신탁사무와 관련하여 지출된 비용도 신
탁재산에 귀속되어야 하기 때문이다.

여기의 비용은 신탁사무의 처리에 관하여 필요한 것이어야 한다.
신탁재산에 부과된 재산세, 신탁재산에 관하여 체결한 보험의 보험료,
신탁사무처리에 필요하여 구입한 물건의 구입비용 등이 여기에 해당
한다. 어느 비용이 신탁사무의 처리에 필요한 것인가를 판단할 때 수
탁자는 선량한 관리자의 주의를 다하여야 한다. 비용이 실제보다 소
액일 수 있었던 경우에도 수탁자에게 그에 관한 고의나 과실이 없었
던 이상, 필요하다고 인정되는 비용이라면 이를 지출할 수 있다. 그러
나 수탁자의 고의나 과실이 있어 필요 이상의 비용을 지출하는 경우
라면 선관의무 위반이 되어 수탁자는 초과지출된 비용 상당의 손해를
원상회복하여야 한다(제43조 제1항).

---

27) Trustee Act 2000 §31 ; Uniform Trust Code §709 ; Restatement (Third) of Trusts,
§38(2).
28) 일본 신탁법 제48조.

만약 수탁자가 신탁재산에서 그 비용을 지출하지 않고 고유재산에서 지출한 경우에는 지출한 비용과 지출한 날 이후의 이자를 신탁재산에서 상환받을 수 있다(제46조 제1항, 제2항). 이 상환청구권의 법적 성질에 관하여는 논의가 있으나, 형성권이 아니라 채권적 청구권(일종의 구상권)이다.[29]

여기의 비용은 수탁자가 신탁사무의 처리에 제공한 금전이나 재산의 가격을 의미한다. 예를 들어 물건을 구입한 수탁자가 자기의 금전채권으로 매도인의 대금채권과 상계한 경우에는 그 상계에 제공한 수탁자 고유채권의 가액이 여기의 비용에 해당한다. 구법에는 지출한 날 이후의 이자에 관한 규정이 없었으나 신법은 위임에 관한 규정(민법 제688조 제1항)을 참고하여 이를 명시하였다.

한편 보수를 정한 경우에는 그중에 어느 정도 비용이 포함되어 있다고 보아야 할 경우가 많다. 이때는 별도로 비용상환청구를 할 수 없다.

2) 채무의 대변제와 구상

수탁자가 신탁사무의 처리를 위해 자기의 과실 없이 채무를 부담한 경우, 수탁자는 신탁재산으로 이를 변제할 수도 있고 고유재산으로 변제한 후 신탁재산에서 상환받을 수도 있다(제46조 제3항). 수탁자는 자기의 이름으로 신탁사무를 처리하므로, 예를 들어 신탁사무의 처리를 위해 부동산을 매수한 경우 그 대금을 지급할 채무의 채무자는 수탁자이다. 제46조 제1항, 제2항의 '비용'과 여기의 '채무'의 범위가 반드시 일치하는 것은 아니나, 일치하는 한도에서 제3항은 독자적인 의미를 가지지는 않는다. 그러나 예컨대 수탁자가 소유자로서 과실 없이 제3자

---

29) 대법원 2005. 12. 22. 선고 2003다55059 판결.

에 대하여 손해배상채무를 부담하는 경우(민법 제758조 제1항 단서)에
는 이를 신탁사무처리를 위한 비용으로 보는 것이 적당하지 않다. 이
때 수탁자는 본항에 근거하여 그 채무를 신탁재산으로 변제할 수도
있고, 고유재산으로 변제한 후 신탁재산에서 상환받을 수도 있다.

3) 손해의 보상

수탁자가 신탁사무의 처리를 위해 자기의 과실 없이 손해를 입은
때에는 이를 신탁재산으로부터 보상받을 수 있다(제46조 제3항). 예를
들어 신탁재산과 고유재산을 한 창고에 보관하고 있었는데 신탁재산
의 부패나 폭발로 고유재산도 손해를 입게 된 경우를 들 수 있다. 수탁
자의 무과실을 요건으로 하는데, 이 무과실은 손해 발생뿐 아니라 손
해 발생의 기회를 만든 것에 대해서도 무과실이어야 함을 의미한다.
예컨대 위 예에서 신탁재산과 고유재산을 동일한 창고에 저장한 것에
과실이 있는 경우에는 그 손해의 보상을 신탁재산으로부터 받을 수
없다.

수탁자가 받은 손해는 신탁사무의 처리를 '위하여' 입은 것이어야 한
다. 신탁사무와 직접 관계가 있어 생긴 손해이어야 하고, 신탁사무처
리의 기회에 입은 손해이기는 하나 신탁사무와 직접 관계가 없으면
본항에 의한 보상을 받을 수 없다.[30] 예를 들어 신탁사무를 처리하기
위해 과로하여 병을 얻은 경우에는 보상을 받을 수 있으나, 신탁사무
를 처리하기 위해 여행을 하다가 도난을 당한 경우에는 보상을 받을
수 없다. 수탁자의 신탁사무처리의 결과 신탁재산에 아무런 이익이
없다고 하더라도 보상청구권의 행사에는 지장이 없다.

---

30) 위임에 관한 민법 제688조 제3항의 해석론 참조. 곽윤직 편집대표, 민법주해 XV,
   박영사, 586면(이재홍 집필 부분).

수탁자가 신탁사무의 처리를 위하여 입은 손해에 관하여 제3자도 손해배상의무가 있는 경우(예컨대 수탁자가 사무처리를 위하여 여행 중 제3자의 과실 있는 자동차사고로 부상을 입은 경우) 수탁자는 그 제3자에 대한 손해배상청구권도 행사할 수 있고 본항에 의한 보상청구권도 행사할 수 있게 된다. 이때 그 권리행사의 순서에 관해서는 정함이 없으나, 충실의무에 따라 제3자에 대한 손해배상청구권을 먼저 행사하여야 하고, 그로부터 전보받지 못하는 한도에서 신탁재산으로부터 보상받아야 한다고 해석하는 것이 타당하다.

(3) 비용상환청구를 할 수 없는 경우

수탁자는 다음의 경우에는 신탁재산으로부터 비용을 지출하거나 고유재산으로 지출한 비용을 상환받을 수 없다.

① 권한 없이 또는 권한을 남용하여 사무처리를 한 경우

② 신탁법이 정한 의무를 위반하여 사무처리를 한 경우 : 수탁자가 선량한 관리자의 의무에 위반하여 신탁비용을 지출한 경우에는 그러한 과실로 인하여 확대된 비용은 신탁재산으로부터 지출할 수 없고, 고유재산으로 이를 지출한 후 상환받을 수 없다.[31]

③ 신탁행위로 달리 정한 경우 : 신탁행위로 별도의 비용상환청구를 하지 않는다고 정하고 이를 고려하여 보수를 정한 때에는 그 보수만 청구할 수 있고, 비용상환청구는 할 수 없다. 신탁행위에 별도의 정함이 없더라도 보수에 비용이 포함되어 있다고 볼 수 있는 경우에는 별도로 비용상환청구를 할 수 없다.

---

31) 대법원 2006. 6. 9. 선고 2004다24557 판결.

(4) 비용상환청구권의 행사방법

수탁자는 고유재산으로 지출한 비용 등을 신탁계정에서 고유계정으로 이체하거나, 신탁재산을 매각하여 그 대금을 고유재산화함으로써 비용상환청구권을 행사할 수 있다. 신탁재산이 경매되는 경우 수탁자가 지출한 비용 중 신탁의 목적에 따라 신탁재산의 보존·개량을 위하여 지출한 필요비 또는 유익비는 수익자나 그 밖의 채권자보다 우선하여 변제받을 수 있다(제48조 제1항).[32] 즉 수탁자가 지출한 비용 중 필요비와 유익비에 해당하지 않는 것은 우선변제권이 없고, 일반 채권과 동 순위로 배당받게 된다.[33] 필요비와 유익비채권은 수익자의 채권 또는 그 밖의 채권자의 채권보다 우선하여 변제받을 수 있는데, 여기에서 '그 밖의 채권자'에 경매되는 부동산에 이미 설정되어 있는 담보권자도 포함되는가에 관해서는 견해가 대립될 수 있다. 비용지출 시기보다 앞서 설정된 담보권을 해하는 것은 공시원칙에 비추어 허용되지 않으므로 비용지출 시기를 기준으로 하여 질권 또는 저당권과 같은 순위로 해야 한다는 견해, 일반 채권보다는 앞서지만 질권 또는 저당권보다는 후순위라는 견해, 저당물의 제3취득자가 그 부동산의 보존·개량을 위해 지출한 필요비 또는 유익비에 대하여 인정되는 것

---

32) 구법 제42조 제1항은 "신탁재산을 매각하여 다른 권리자에 우선하여 그 권리를 행사할 수 있다"고 정하고 있어서, 여기의 '우선하여 권리를 행사'한다는 말의 의미가 무엇인지에 관하여 불명확함이 있었다.

33) 이 절차에서 배당을 받으려면 배당요구를 하여야 하나, 이를 위해 집행권원은 필요하지 않고(집행권원을 받을 방법도 없다), 명세서를 첨부하면 족하다. 과다한 비용이라고 생각되면 다른 채권자가 배당이의를 하여 그 절차에서 적절한 비용인지 여부가 판단될 것이다. 배당이의가 없이 배당표가 확정된 경우라도 수익자는 과다한 비용을 받음으로써 충실의무에 반한다고 주장하여 원상회복(제43조)을 청구할 수 있다.

과 마찬가지로 비용지출 시기를 묻지 않고 질권 또는 저당권에 우선한다는 견해가 있다. 신탁재산에 관한 이해관계인 모두를 위한 공익적 비용이므로 비용지출 시기를 묻지 않고 질권 또는 저당권에 우선한다고 해석해야 할 것이다.[34)]

수탁자의 임무가 종료하지 아니한 한 비용상환청구권에 기한 경매청구권은 인정되지 않는다. 수탁자가 자기 자신에 대한 집행권원을 얻는 것은 현행 법상 불가능하기 때문이다. 그러나 수탁자의 임무가 종료된 경우에는 비용상환청구권에 기하여 집행권원을 받아 강제경매를 신청할 수 있고, 이 경매절차에서 우선변제를 받을 수 있다. 또 임무가 종료된 수탁자는 비용상환청구권의 행사를 위하여 유치권도 행사할 수 있다(제54조 제2항).

제46조의 권리는 수탁자가 원상회복의무, 손해배상의무 또는 이득반환의무를 모두 이행하기 전에는 행사할 수 없다(제49조).

3. 수익자에 대한 보수청구권 · 비용상환청구권

구법은 수익자에 대하여도 신탁재산에 관하여 부담한 비용 또는 손해의 보상을 청구하거나 상당한 담보를 제공하게 할 수 있다고 정하였다(제42조 제2항). 또 수익자가 보수를 부담한다는 약정이 있으면 수익자에 대하여도 보수청구를 할 수 있다고 해석되었다(제43조 후문 참조). 약정이 있는 경우 수익자에게 보수청구를 할 수 있다는 점에 대해서는 의문이 없다. 그러나 수익자에 대하여 비용 또는 손해의 보상청구를 할 수 있는가는 입법례에 따라 다르다. 영국은 전통적으로 수익

---

34) 이연갑, "「신탁법」상 수탁자의 의무와 권한," 선진상사법률연구 제48호(2009), 49면.

자에게 비용상환청구를 인정하지만,[35] 미국 법[36]과 일본 개정 신탁법은 수익자의 동의가 없는 한 수익자에게 비용상환청구를 할 수 없다고 한다.[37] 신법은 구법에서와 같이 수익자에 대한 비용상환청구권을 인정하면서, 신탁재산으로부터 상환받을 수 없는 경우에만 행사할 수 있는 보충적인 권리로 정하였다.

수익자에 대한 비용상환청구권은 수익자가 수익권을 포기한 경우에는 인정되지 않는다(제46조 제4항 단서). 이에 관해서는 다음의 둘이 주로 문제 된다. 첫째, 자익신탁의 수익자도 수익권을 포기하여 비용상환의무를 면할 수 있는가, 둘째, 이 수익권의 포기에 소급효가 있는가(즉 이미 발생한 비용에 대해서도 수익권의 포기로 상환의무가 소급적으로 소멸되는가). 이에 관하여 최근 서울고등법원은 자익신탁의 수익자도 수익권을 포기할 수 있고, 수익권의 포기에는 소급효가 있다고 판단하였다.[38] 개정 신탁법의 초안에는 자익신탁의 수익자는 수익권을 포기할 수 없다는 규정이 포함되어 있었으나(초안 제57조 제1항 단서),[39] 국회에서의 심의과정에서 이 규정이 삭제되었다. 당초 이러한 규정이 제안된 이유는 "신탁행위의 당사자인 위탁자나 수탁자가 수익자인 경우에는 신탁의 설정·인수 등의 단계에서 자기의 의사로 수익권을 취득한 자이므로 다시 이를 포기할 기회를 부여할 합리적인 근거가

---

35) 영국 법상 수익자에게 비용상환청구를 할 수 있는 경우는 (i) 수익자가 단독수익자이거나 복수의 수익자라고 하더라도 그들에게 수익권 전부가 귀속될 때, (ii) 수탁자가 위탁자 겸 수익자의 요청에 의해 신탁을 인수함으로써 수익자가 비용을 보상한다는 취지의 묵시적 약정이 있는 것으로 해석될 때이다. Hayton / Marshall, The Law of Trusts and Equitable Remedies (12th ed.), Sweet & Maxwell (2005), p.692.
36) Restatement (Second) of Trusts §249.
37) 일본 신탁법 제48조 제5항.
38) 서울고등법원 2012. 2. 22. 선고 2010나84835 판결(상고).
39) 법무부, 신탁법 개정안 해설, 2010, 456면.

없기 때문"이라고 한다.[40] 의안 심의과정에서 삭제된 이유는 "수익자가 자기의 의사로 수익권을 취득하였다고 하더라도 그후의 사정에 따라 수익권을 포기하는 것을 금지할 이유가 없다"는 것이었다.[41]

VI. 수탁자의 변경에 따른 권리·의무의 승계

1. 권리의 승계

구법 제48조의 내용과 같다. 수탁자가 변경된 경우 전 수탁자가 가지는 권리가 신수탁자에게 모두 승계되는 것은 아니다. 전 수탁자가 신탁재산에 대하여 가지는 권리(비용상환청구권·보수청구권)는 전 수탁자가 그대로 보유하고, 신탁재산에 속하는 권리는 신수탁자가 승계하게 된다.

2. 수익자에 대한 채무의 승계

신법은 구법과 같이 수익자에 대하여 부담하는 채무만 승계하는 것으로 정하였다. 전 수탁자의 채무 중 수익자에 대한 수익지급채무는 신수탁자에게 승계되고(별도로 채무인수의 의사표시가 필요하지 않다), 전 수탁자는 수익자에 대한 지급의무를 면한다(제53조 제1항 전문). 채무인수를 의제하는 규정이다.

---

40) 법무부, 앞의 해설(주 39), 457면.
41) 법무부, 앞의 해설(주 39), 476면.

공동수탁자 중 1인의 임무가 종료한 경우 그 수탁자가 수익자에게 부담하는 지급채무는 다른 공동수탁자에게 승계된다(제53조 제1항 후문). 이는 제50조 제2항에 대응하는 규정이라고 할 수 있다. 다만 이론적으로는 약간의 문제가 있다. 공동수탁자가 수익자에 대하여 부담하는 지급채무는 신탁재산을 한도로 하는 것이므로(제38조) 이를 분할채무라고 할 수는 없다. 그렇다고 이를 연대채무라고 할 수도 없다.[42] 구법에서는 공동수탁자의 수익자에 대한 책임을 연대채무로 보는 규정을 두었으나(제46조), 신법은 공동수탁자 사이에 부담 부분은 생각할 수 없으므로 이를 연대채무로 볼 수 없다고 보아 이를 삭제하였기 때문이다.[43] 이와 같이 수익자에 대한 채무를 연대채무로 보는 규정을 삭제함으로써 공동수탁자 중 1인이 단독으로 수익자에게 부담하는 지급채무는 상정할 수 없게 되었다. 따라서 그의 임무가 종료하더라도 그 채무의 승계 문제는 발생하지 않는다.

한편 전 수탁자가 부담하는 원상회복의무 등(제43조)은 신수탁자에게 승계되지 않는다. 이들 채무는 신탁재산에 대한 채무이기 때문이다.

3. 제3자에 대한 채무의 승계

신탁사무의 처리에 관하여 제3자에게 부담한 채무도 신수탁자가 승계하는가에 관해서는 논의의 여지가 있다. 제53조 제2항은 "신탁사

---

42) 신탁행위가 상행위인 경우 공동수탁자의 수익자에 대한 채무를 연대채무라고 할 수 있는가(상법 제57조 제1항)도 문제 될 수 있는데, 역시 공동수탁자 사이에 부담 부분이나 지분을 상정할 수 없으므로 위 규정을 근거로 연대채무라고 할 수는 없다.
43) 법무부, 앞의 해설(주 39), 435면. 개정된 신탁법에 따르면 수익자는 수탁자 전원을 상대로 수익권을 행사해야 하고, 수탁자는 공동의 명의로써만 수익금 지급채무의 이행을 할 수 있다.

무의 처리에 관하여 발생한 채권은 신탁재산의 한도 내에서 신수탁자에게도 행사할 수 있다"고 정한다(구법 제48조 제3항과 같다). 여기에서 '신탁사무의 처리에 관하여 발생한 채권'은 제3자에게 발생한 채권을 의미한다. 이 채무는 신탁사무의 처리에 관하여 발생한 채무이므로 신탁재산으로써 이를 변제하는 것이 타당하기 때문에 이러한 규정을 두었다. 본항은 '신수탁자에게도' 권리를 행사할 수 있다고 정하고 있는데, 이를 반대해석하면 전 수탁자에게도 권리를 행사할 수 있다는 것이 된다. 이는 전 수탁자가 계약의 당사자일 뿐 아니라, 특별한 약정이 없는 한 고유재산에 의해서도 제3자에 대한 책임을 지는 법리를 전제로 한 것이다. 그렇다면 신수탁자는 채무는 승계하지 않고 책임만 부담하는 것이 아닌가 하는 견해도 있을 수 있다. 그러나 수익자에 대한 채무는 승계되면서 제3자에 대한 채무는 승계되지 않는다고 해석하는 것은 불합리하다. 또 실질적으로 보아도 수탁자는 수탁자의 지위에서 신탁사무를 처리하는 것이므로 그 지위에 새로이 서게 된 자가 신탁사무의 처리에 관하여 생긴 채무의 채무자로 되는 것이 타당하다. 판례도 수탁자가 변경된 경우 신탁사무의 처리에 관한 채무도 신수탁자에게 승계된다고 한다.[44] 이렇게 보면 제53조 제2항도 채무인수를 의제하는 규정이라고 할 수 있다. 이 채무인수는 중첩적 채무인수이므로, 제3자는 전 수탁자뿐 아니라 신수탁자에 대해서도 채권을 행사할 수 있다. 양 채권의 관계에 관해서는 신탁법에 규정이 없는데, 전 수탁자의 부탁을 받아 신수탁자가 되는 등 주관적 공동관계가 있는 경우에는 연대채무, 그렇지 않은 경우에는 부진정연대채무이다.[45]

---

44) 대법원 2007. 6. 1. 선고 2005다5812 판결 등.
45) 대법원 2009. 8. 20. 선고 2009다32409 판결 참조.

VII. 결론

이상 개정 신탁법상 수탁자의 권한과 의무, 책임에 관하여 개정 법의 내용을 해설하고 해석상 문제 되는 점을 지적하였다. 그러나 많은 부분이 신탁행위에 의해 달리 정할 수 있는 것으로, 대부분의 법률 문제는 이 신탁행위의 해석 문제로 귀결될 것이다. 따라서 실제의 신탁약정이나 유언, 신탁선언을 어떻게 작성하는가에 따라 이 글에서 제기한 해석상의 문제점은 상당 부분 해소될 수 있을 것이다.

개정 신탁법은 구법의 불명확한 부분을 제거하기 위해 상당한 노력을 기울였으나, 여전히 해결되지 않은 문제점도 남아 있다. 나아가 개정법에 의해 새로이 생긴 문제점도 있다. 이들 문제 중 상당 부분은 앞으로의 학설과 판례의 발전에 의해 해결될 수 있을 것으로 생각된다.

09

영국과 미국의 사채수탁회사의 역할[*]

윤영신^{**}

I. 서론

우리나라에서 사채발행은 회사의 매우 중요한 자금조달방법 중 하나이다. 그런데 과거에는 사채의 지급불능위험은 사채권자의 관심사가 아니었다. 1997년 외환위기 이전에 회사채는 대부분이 보증사채였고 보증기관인 금융기관의 도산은 상상할 수 없었다. 또한 증권회사가 인수할 수 있는 무보증사채는 BBB 이상의 신용평가등급을 받은 사채로 한정함으로써 간접적으로 투자등급사채만이 발행될 수 있도록 제한하고 있었다. 만기가 3년 이하인 단기채가 90퍼센트 이상을 차지하고 5년 이상의 장기채는 10퍼센트에도 이르지 못하였다.[1] 사채의 투자

* 이 논문은 BFL 제30호(2008. 7)에 게재된 글을 수정 · 보완한 것이다.
** 중앙대학교 법과대학 · 법학전문대학원 교수
1) 외환위기 이전의 우리나라 사채발행 상황에 대해서는 윤영신, "사채권자보호에 관

자는 거의 기관투자자로서 만기 시까지 사채를 그대로 보유하고 있는 투자행태를 보였으며, 채권의 시가평가도 이루어지지 않았으므로 만기에 지급불능만 없으면 가격변동에 신경을 쓸 필요가 없었다.

이러한 사채발행 환경은 외환위기 이후 일부 변화를 겪었다. 보증사채는 시장에서 거의 사라졌고 1999년 대우채의 지급불능사태 이후 채권의 시가평가제도가 도입되었다. 2007년도 보증사채발행액은 1,745억 원에 불과한 데 반하여 무보증사채는 45조 753억 원에 달하고 있다.[2] 실질적으로 투자등급사채만 발행할 수 있도록 하던 규제가 폐지되어 투기등급의 고수익채가 발행될 수 있는 여건이 조성되었다. 이러한 사채발행 환경 변화에 따라 지급불능위험에서 사채권자를 보호하는 문제에 대한 관심이 증대되었고, 그 방안의 하나로 검토되기 시작한 것이 사채관리회사의 역할이다.

2011년 상법 개정 이전에는 사채발행 시 사채모집의 위탁을 받은 회사를 둘 수 있고, 사채모집의 수탁회사는 사채권자가 상환을 받기 위해 필요한 재판상, 재판 외 행위를 할 권한이 있었다(상법 제474조, 제484조). 그러나 사채모집위탁계약은 요식행위에 불과한 형편이었다. 사채모집의 수탁회사는 거의 100퍼센트 사채인수 주간사회사가 겸직하고 있고, 실제로 사채인수인이 서비스 차원에서 모집의 수탁회사가 직무를 수락하였다.[3] 또한 상법 및 약정에 의해 사채모집의 수탁회사에게 인정되는 권한 및 의무도 명확하지 않다. 이에 따라 2011년 개정 상법은 그 권한을 사채권자 보호를 위한 사채관리로 일원화하고, 여

한 연구," 서울대학교 박사학위논문(1997. 2), 17-27면 참조.

2) 금융감독원, 금융통계월보(2008. 5. http://fisis.fss.or.kr).

3) Changyong Rhee / Sunghwan Shin / Youngshin Yoon, Designing a Governance Structure for Corporate Bonds in Korea : Empirical Study on Corporate Bond Indentures, Journal of Economic Research Vol.10 No.1 (2005. 5), 84-86 참조.

기에 더 나아가 그 권한을 강화한 사채관리회사제도를 규정하였다. 사채관리회사제도는 결국 영국이나 미국 법제에서 볼 수 있는 사채의 수탁회사제도[4]를 참고로 한 것이다. 그러므로 우리나라 회사법상 사채관리제도, 즉 사채발행 관련 계약의 이행에 관한 감독과 위반 시 구제조치를 취함으로써 사채권자를 보호하고자 하는 구조를 검토함에 있어서는 영미의 수탁회사가 어떠한 역할을 하고 있는가에 대한 이해가 선행되어야 할 것이다. 특히 영미 수탁회사의 역할을 우리나라의 사채관리회사가 담당할 수 있을 것인지는 영미와 우리나라의 사채관리에 관한 법규율에 차이가 있다는 점에 기초하여 생각해 보아야 할 것이다. 우리나라에서는 신탁법제가 익숙하지 아니하고, 영미의 법령상에는 존재하지 아니하는 사채권자집회에 의한 단체적 의사결정으로 사채관리가 이루어진다는 점 등과의 관계에서 사채에 관한 규율상 충돌이 있는 부분에 대한 검토가 필요할 것이다. 또한 영미의 수탁회사제도에 대한 이해는 국제적인 사채발행의 준거법이 미국이나 영국이 되어 있는 현실에서 우리나라 회사가 국제적 사채발행을 통하여 자금조달을 하는 데 도움이 될 것이다.

따라서 이 글에서는 영국과 미국에서 수탁회사의 법적 지위 및 권한과 의무를 살펴보고, 이러한 권한과 의무를 통하여 수탁회사가 어떠한 역할을 하는지를 살펴본다. 그리고 이러한 수탁회사에 의한 사채관리가 우리나라의 사채발행 환경에서 가지는 의미에 대해 검토하고, 우리나라의 규율 환경하에서 사채관리회사가 역할을 하기 위해서는 현행 법상 어떠한 부분에 대한 검토가 필요할 것인지에 대해 살펴

---

4) 영국에서는 사채의 수탁자가 반드시 회사일 필요는 없으나, 실제로 회사가 수탁자가 되는 경우가 많으므로 수탁회사라는 용어를 사용하기로 한다.

보기로 한다. 이 글은 수탁회사에 의한 사채관리와 우리나라와 같이 사채권자집회 결의를 통한 사채권자의 단체적 사채관리 시스템 중 어떤 것이 더 효율적인가에 대한 분석을 목적으로 하지는 않았고, 단지 영미 수탁회사의 역할이 우리나라에서 가능한 한계에 대해서만 검토하였음을 밝힌다.

II. 영국과 미국의 사채수탁회사의 법적 지위 및 권한과 의무

1. 총설

영국에서는 사채발행과 관련하여 수탁회사를 두는 경우에는 수탁회사와 신탁증서를 작성한다. 미국도 기본적인 구조는 이와 마찬가지이다. 다만 영국에서는 사채의 신탁증서도 별도의 용어가 없이 trust deed로 부르고 수탁자를 그냥 trustee라고 하는 데 반하여, 미국에서는 사채에 대해서는 trust indenture라는 별도의 용어를 사용하고, 수탁자도 indenture trustee라는 용어를 사용한다.

우리나라는 회사법에서 사채권자의 권리의 조정 및 행사 등에 관한 규정을 두고 있지만, 영국이나 미국에서는 회사법상으로 사채권의 실질적 내용에 관한 규정은 두고 있지 않다. 영국 Companies Act 2006에는 사채에 관해 일부 규정이 있기는 하지만,[5] 사채의 관리와 관련하여

---

5) Companies Act 2006은 s.738-754에서 사채에 관하여 규정하고 있다. 그 내용은 사채의 의미, 영구사채발행 근거, 사채권자명부를 작성할 수 있음과 그 경우 사채권자의 열람 및 등사청구권을 보장하기 위한 규정들, 사채권자에게 신탁증서의 사본교부 청구권 인정과 수탁회사의 면책의 제한, 유동담보권(floating charge)에 의해 담보되는 사채의 효력에 관한 규정 등을 두고 있다.

의미 있는 것은 수탁자의 면책을 제한하는 규정(s.750, s.751) 정도이다. 따라서 사채권자의 권리 내용 및 수탁자의 권한 등은 기본적으로 신탁증서 등 당사자 간 계약에 의해 정해지고, 이러한 계약에 대한 일반적 법규제가 이루어진다.

미국은 회사법상 사채에 관한 규정을 전혀 두고 있지 않다. 그러나 영국과 달리 신탁증서법(Trust Indenture Act 1939 및 이를 개정한 Trust Indenture Reform Act 1990. TIA)을 제정하여 신탁증서에 대해 강행적 규율을 하고 있다. 이 법은 경제공황 당시 사채의 대규모 지급불능이 발생함에 따라 투자자보호를 위한 제도의 필요성이 제기되어 입법된 것인 만큼, 전반적인 기조가 사채관리에서 사채권자의 권리를 강화하는 것이었다. 그럼으로써 여기에서부터 영국와 미국의 사채관리의 차이가 발생하고 있다.

2. 사채수탁회사의 법적 성격

전통적 신탁에서는 수탁자가 재산을 신탁의 목적물로서 소유한다는 것이 그 요소이다. 사채의 수탁회사는 전통적인 신탁에서 신탁의 목적물인 재산을 소유하는 것과는 조금 달리 신탁증서(trust deed)에 규정된 광범위한 권한을 사채권자를 대신하여 행사할 철회 불가능한 권한을 보유한다.[6] 신탁증서에서는 일반적으로 신탁증서 위반(default)이 있으면 지급대리인(paying agent)이나 발행회사 자신이 수탁회사에게 직접 지급하여야 하고 수탁회사는 이를 사채권자의 이익을 위하여 보유하여야 한다고 규정하는 것이 일반적이므로 신탁증서 위반 이후에

---

6) R. Goode, Commercial Law, Penguin (2004), p.152.

는 전통적 신탁에서 이야기하는 자산의 보유를 인정할 수 있지만,[7] 그 이전에는 전통적 신탁과는 약간의 차이점을 보인다.

그럼에도 불구하고 영국에서 수탁회사는 신탁에서의 수탁자(trustee)의 지위를 가진다는 데[8] 거의 이론이 없다.[9] 영국의 국내 실무관행은 사채금액을 사채권자가 아니라 수탁회사에게 지급하여야 한다는 조항을 두는바, 사채권자가 아니라 수탁자가 발행회사의 채권자가 되는 구조이다.[10] 사채수탁자의 지위를 신탁으로 구성함에 따라 수탁회사의 행위의 효과가 사채권자에게 미치도록 할 수 있고, 사채권자가 아니라 수탁회사만이 기한이익상실 및 기타 소송행위 등 계약이행강제 행위를 하는 구조가 성립하고 수탁자의 의무 및 책임도 신탁법리에 의해 규율된다.

미국에서도 수탁회사가 재산에 소유권을 갖지도 점유하지도 않으므로 수탁자라는 명칭을 사용할 수 있는가에 의문이 있다. 그러나 계약상 권리도 신탁 목적이 될 수 있으므로 계약상 권리를 다른 사람의 이익을 위해 보유하는 자는 수탁자가 될 수 있다고 한다. 사채금액의

---

7) P. R. Wood, Law and Practice of International Finance, Sweet & Maxwell (1995), §9.12 〔3〕〔b〕.

8) G. Morse, Charlesworth's Company Law (7th ed.), Sweet & Maxwell (2005), p.498.

9) 영국에서도 일각에서는 신탁의 요건이 충족되었는가에 의문을 제기하기도 하지만 신탁설정의사가 확실히 존재하고, 일정한 시점에 모든 수익자를 확정하는 것이 가능하므로 수익자의 확정에도 문제없고, 신탁재산도 확정적이므로 문제없다고 한다〔P. Rawlings, The Changing Role of the Trustee in International Bond Issues, Jouranl of Business Law (2007. 1), n.20〕.

10) P. R. Wood, 앞의 책(주 7), §9.12〔3〕〔b〕. 유로본드의 경우에는 사채발행회사는 사채권자와 만기에 일정액을 지급할 의무를 규정한 계약을 체결하고, 수탁회사와의 신탁증서에서는 이와 병행하여 수탁회사에 대해서도 사채액의 지급의무를 부담한다는 규정을 둔다. 그리고 사채권자가 주간지급대리인(coordinating agent)을 통하여 지급받으면 수탁회사에 대한 사채액지급의무를 이행한 것으로 본다고 규정한다. 그 이유는 신탁제도가 없는 국가의 사채권자의 권리행사에 대한 우려 때문이라고 한다.

지급채무는 발행회사가 사채권자에 대하여 부담하지만, 신탁증서에 의해 부여하는 계약상 권리는 사채권자의 이익을 위하여 수탁회사가 가지는 것이기 때문이다.[11] 그렇지만 이 경우에도 미국에서는 신탁증서법상 기한이익상실사유 발생 후에만 수탁회사에게 전통적인 수탁자의 의무규정을 적용하고 면책에 관해서도 별도의 규정을 두고 있다는 점 등에서[12] 일반적 신탁과는 규율상의 차이를 보인다.

3. 수탁회사의 자격, 선임 및 종임

(1) 수탁회사의 선임 및 자격

영국에서는 사채에 관하여 수탁자를 둘 것을 강제하거나 수탁자의 자격에 대한 규정을 두고 있지는 않다. 그러나 실질적으로 예외 없이 수탁자를 선임하고,[13] 대개 회사가 수탁자가 된다고 한다.[14] 특히 담보부사채의 경우에는 담보권의 수탁을 위해 수탁자가 선임되어야 하고, 상장규정에서는 수탁회사를 둘 것을 상장의 요건으로 하고 있으므로[15]

---

11) American Bar Foundation, Commentaries on Model Debenture Indenture Provisions 1965 – Model Debenture Indenture Provisions All Registered Issues 1967 and Certain Negotiable Provisions, William S. Hen & Company (1971), p.8(이하 'ABF Commentaries'라고 한다). 수탁회사가 신탁재산을 소유하는가 여부가 불분명하므로 사채의 수탁회사를 수탁자로 볼 수 있는지 명확하지 않다는 입장〔Steven L. Schwarcz, Commercial Trusts as Business Organizations : Unraveling the Mystery, 58 Bus. Law. 559, 569 (2003. 2)〕도 있다.

12) 뒤의 II. 4. (3) 참조.

13) P. Davies, Gower and Davies' Principles of Modern Company Law, Sweet & Maxwell (2003), p.809.

14) P. Davies, 앞의 책(주 13), p.810.

15) P. Davies, 앞의 책(주 13), p.811.

그러한 한도에서 수탁회사 설치가 간접적으로 강제된다. 신탁증서에서는 수탁자는 '신탁회사(trust corporation)'이어야 한다고 규정하는 것이 전형적이다. 과거에는 은행이 사채의 수탁자가 되는 것이 보통이었지만, 은행이 발행회사에 대하여 대출채권자로서의 지위를 가지는 경우 이익충돌이 문제가 된 이래 현재는 보험회사와 같은 여타 신탁회사가 담당한다. 경우에 따라서는 은행이 설립한 별도의 신탁회사가 수탁자가 되기도 하고, 드물기는 하지만 개인 수탁자가 이용되는 경우도 있다.[16]

미국에서 신탁증서법은 공모된 사채에 대해서 적용되는데(TIA §302)[17] 신탁증서법의 적용을 받는 사채에 대해서는 반드시 1명 이상의 수탁자를 둘 것을 강제하고, 수탁자 중 적어도 1명은 미국 법에 따라 설립되어 영업을 하는 회사로서 수탁업무를 할 것이 법에 의하여 허용되어 있고 감독을 받는 회사이어야 하며, 수탁회사는 자본금 및 잉여금의 합계가 15만 달러 이상이어야 한다고 규정하고 있다[§310(a)]. 보통 은행이나 신탁회사가 수탁회사가 되고 있다.

(2) 수탁회사와 사채권자의 이익충돌 제한

영국에서는 이익충돌상황에 대한 구체적 규정을 두고 수탁회사의 자격을 제한하는 등의 구체적 성문법상 규정은 두고 있지 아니하지만, 수탁회사는 사채권자에 대한 의무와 자신의 이익이 충돌하거나 수탁회사의 다른 수익자에 대한 의무와 충돌하는 입장에 있어서는 안

---

16) P. Davies, 앞의 책(주 13), p.810 n.21.
17) 신탁증서법은 정확하지는 않으나 대체로 공모사채에 대해 적용된다(TIA §304 참조).

된다는 일반적인 원칙의 적용을 받는다. 따라서 원칙적으로 이익충돌
이 있는 경우에는 수탁회사가 될 수 없지만, 상사신탁에서는 이익충
돌 제한을 완화할 필요가 있어 신탁증서상 이익충돌의 허용을 규정할
수 있다고 해석한다.[18]

반면 미국의 신탁증서법에서는 수탁회사의 이익충돌을 방지하기
위한 명문규정을 두고 있다. 발행회사가 수탁회사를 지배하거나 동일
인의 지배하에 있는 경우에는 사채발행 당시부터 수탁회사가 될 수
없도록 금지하고[TIA §310(a)(5)], 그 외에 신탁증서법상 열거된 이익충
돌사유가 있는 경우에는 수탁회사가 될 수는 있지만 신탁증서 위반
발생 후에는 사임하도록 하고 있다[§310(b)].[19]

(3) 사임 및 해임과 교체수탁회사

최초의 수탁회사는 사채발행 시 발행회사가 선임을 하게 된다. 신
탁증서에 수탁회사는 통지를 한 후 일정 기간(대개 2~3개월로 규정한
다)이 경과하면 사임할 수 있다는 조항을 두는 것이 보통이다. 또한 일
반적으로 사채권자집회의 특별결의로 수탁회사를 해임할 수 있다는
조항을 규정한다. 수탁회사의 사임 또는 해임의 경우에 발행회사는

---

18) 영국에서는 수익자가 정보에 기해 동의를 하고, 1985년 회사법 제192조에 위반하
지 않는 이상 이러한 조항이 허용된다고 한다. 구체적인 경우를 적시하여 허용하
는 규정, 예컨대 (i) 이사의 겸직 허용, (ii) 수탁회사나 수탁회사의 임원이 발행회사와
다른 재무상거래(은행·보험 또는 인수계약을 포함)를 하거나 발행회사의 다른
사채나 증권을 취급하는 것의 허용, (iii) 발행회사의 다른 사채에 대해 수탁회사가
되는 것을 허용하는 규정 등을 둔다[P. Wood, 앞의 책(주 7), §9.12.(7)(e)].
19) 이러한 이익충돌사유는 대체로 둘 이상의 신탁증서에 대해 수탁회사가 된 경우,
인수인과 수탁회사의 자격을 겸병하는 경우, 발행회사와 인수인 수탁회사 간에 증
권을 상호 소유하는 경우, 수탁회사가 채권자의 지위를 겸하는 경우로 나눌 수 있
다. 자세한 내용은 윤영신, 앞의 논문(주 1), 106-113면.

신임 수탁회사가 선임되도록 하여야 하는데, 신임 수탁회사가 선임될
때까지 사임이나 해임의 효력이 발생하지 아니한다고 규정함이 보통
이다.[20] 수탁회사를 교체하는 경우에도(replacement trustee) 발행회사가
선임을 하지만, 영국의 신탁증서는 예외 없이 이러한 경우에 사채권
자집회의 특별결의에 의한 승인을 얻도록 규정하고 있다.[21]

4. 수탁회사의 역할

수탁회사의 권한이나 의무는 기본적으로 신탁증서에 의해 정해진
다. 이론상으로는 수탁회사의 권한은 신탁증서마다 각양각색이 될 수
있지만 상당 부분 표준화되어 있으므로, 수탁회사의 권한은 큰 틀에 있
어서는 일반화가 가능할 것이다. 영국이나 미국에서는 수탁회사는 신
탁에 기초한 제도이므로 신탁증서 준수의 감독, 신탁증서 위반 시 기한
이익을 상실시키고 기타 소를 제기하는 등의 계약이행강제(enforcement)
는 기본적으로 수탁회사가 담당한다.

(1) 신탁증서 준수의 감독의무

신탁증서에는 사채의 발행조건 외 여러 가지 특약(covenant)조항을
두고 있다. 이러한 특약들은 사채에 관한 발행조건상의 특약(예컨대 사
채권자 또는 회사의 상환청구권 · 전환청구권 · 감채기금 등)과 재무제한특

---

20) G. Fuller, The Law and Practice of International Capital Markets, Butterworths (2007),
 p.147. 미국은 신탁증서법에서 수탁회사가 항시 존재하여야 한다는 강행규정을 두
 고 있다(TIA §310(a)(1)].
21) G. Fuller, 앞의 책(주 20), p.146.

약(담보제공제한 · 채무부담제한 · 자산유출제한 · 순자산유지 · 투자제한 · 합병제한 · 관련 회사와의 거래제한 등), 수탁회사나 사채권자에 대한 정보제공의무 등 여러 가지가 있을 수 있다.

수탁회사에 대해서는 발행회사가 신탁증서를 준수하는가 여부를 감독하는 역할이 기대되고 있다. 그러나 법령상 이에 관한 수탁회사의 권한이나 의무에 관한 규정을 두고 있지는 않다. 영국에서 일반적 관행은 수탁회사가 매년 발행회사가 모든 신탁증서상의 의무를 준수하였다는 발행회사 이사의 준수증명서(certificate)를 수령하고, 발행회사의 연차회계서류(annual accounts)와 주주 또는 채권자에게 교부된 서류를 검토하고, 경제신문을 모니터링하는 것이다. 신탁증서에 자산의 처분제한, 차입의 제한 등의 재무상 특약(financial covenant)이 있는 경우 발행회사는 수탁회사에게 그러한 재무상 특약의 준수 여부에 대한 연차보고서를 제출할 의무가 있다고 규정함이 보통이다.[22] 신탁증서에서 신탁증서 위반이 발생하지 아니하였다고 가정할 수 있다는 조항을 두는 것이 일반적이다. 즉 수탁자가 기한이익상실사유의 발생 또는 특약조항 위반의 명시적 통지를 받기 전까지는 그러한 사실이 발생하지 아니한 것으로 취급할 수 있다는 것이다. 수탁자가 통지를 받으면 수탁자는 기한이익상실사유(event of default)나 위반을 조사하고 수익자의 이익을 위하여 계약이행강제행위를 취할 것인가를 결정하여야 한다.

미국에서도 수탁회사에 발행회사의 신탁증서 준수 여부에 대한 조사의무를 지우고 있지 않다.[23] 신탁증서법에서 발행회사에게 수탁회

---

22) G. Fuller, 앞의 책(주 20), p.133.
23) 조사의무가 없다고 해서 약정으로 조사권한을 규정할 수 없는 것은 아니다. 미국 법조협회(American Bar Foundation)는 신탁증서가 복잡해지고 계약의 작성비용이

사 및 사채권자에게 일정한 정보를 제공할 의무를 지우고 있다. 예를
들자면 발행회사는 연차보고서 및 기타 **SEC**에 제출할 공시서류를 수
탁회사에게 제출하도록 하고, 발행회사 임원은 1년에 1회 이상 신탁
증서의 위반이 없다는 신탁증서 준수증명서(no-default certificate)를 수탁
회사에 제출하여야 한다고 규정하고 있다〔TIA §314(a)〕. 신탁증서법은
당사자가 명시적으로 배제하지 않는 이상 신탁증서 위반 발생 전까지
는 발행회사가 신탁증서를 준수하였다는 발행회사 임원 등의 증명서
나 전문가의 의견서를 신뢰할 수 있다는 규정이 신탁증서에 포함되어
있는 것으로 본다고 규정하고 있다〔TIA §315(a)〕.

이처럼 영국이나 미국에서는 수탁회사가 적극적 감시자의 역할을
하고 있지는 아니하다. 적극적 감시자로서의 의무를 인정하는 것이
법리상 불가능한 것은 아니지만, 이는 결국 수탁수수료의 문제와 직
결되기 때문이다.

(2) 기한이익상실 등 신탁증서 위반 시 이행강제권한

영국이나 미국에서는 수탁회사가 없는 경우에 사채의 법률관계는 발
행회사와 각 사채권자 간 개별적 계약관계가 된다. 따라서 각 사채권
자는 자신의 사채에 대해 기한이익을 상실시키고(acceleration) 소를 제

증가하자 이를 표준화하기 위하여 모범신탁증서(model indenture)를 작성하고 이
에 대한 주석서를 발간하였다. 모범신탁증서에서는 수탁회사의 조사권한에 관하
여 규정하고 있다〔§603(f)〕. 즉 발행회사의 결의·증명서·설명서·의견서·보고
서·통지 등에서 진술된 사실에 관하여 수탁회사가 재량으로 조사할 권한이 있고,
이 경우 수탁회사는 발행회사의 장부(books)나 기록(records)·회사구역(premises)
을 조사할 수 있다고 규정하고 있다. 다만 모범신탁증서에서는 이러한 조사권한에
관한 규정은 권한만 인정한 것이고, 조사의무를 지우는 것은 아니라는 점을 명시
하고 있다.

기하는 등 계약이행강제를 할 권리가 있다. 반면에 수탁회사를 둔 경우에는 이러한 권한은 신탁증서상 원칙적으로 수탁회사에 전속하는 것으로 규정한다.[24] 다만 일정한 경우에는 사채권자가 직접 계약이행강제를 할 수 있는데, 미국은 신탁증서법을 제정하여 영국에서보다 사채권자가 직접 사채권의 관리에 개입할 여지를 더 크게 인정하고 있다.

1) 기한이익상실사유 발생 확인

신탁증서 위반와 기한이익상실사유는 구분하여야 한다. 신탁증서에는 사채권자의 권리의 실질적 내용과 관계가 없는 사무적인 조항도 많이 있다. 사무적 조항을 위반한 신탁증서의 기술적 위반 전부에 대해 신탁증서 위반으로 기한이익을 상실시킬 수 있다는 것은 발행회사 및 전체 사채권자에게 오히려 손해가 될 수 있다. 따라서 신탁증서에서는 신탁증서 위반 중에서 일정한 요건을 충족시키는 경우만을 사채에 대한 기한이익을 상실시킬 수 있는 사유로 규정한다.

영국에서는 수탁회사가 신탁증서 위반이 사채권자의 이익을 중대하게 침해한다고 판단하는 경우에 기한이익상실사유 발생을 확인(certify)할 권한을 가진다.[25] 기한이익상실사유 발생확인은 수탁자의 판단사

---

24) 미국의 신탁증서법에서는 수탁회사의 청구에도 불구하고 발행회사가 지급을 하지 못하는 경우, 수탁회사는 수탁회사의 명의로 위의 금액의 추심을 위하여 제소 등의 사법절차를 취할 권한이 있다고 명시함으로써〔§317(a)(1)〕 수탁회사의 제소권에 대한 의문의 여지를 없앴다. 또한 발행회사에 관한 사법절차에서 채권의 신고나 기타 서류를 제출할 권한이 있다고 규정함으로써〔§317(a)(2)〕 파산이나 회사정리 등의 절차에서 사채권자에 갈음하여 채권을 신고할 권한도 명시하였다.

25) 수탁회사가 없는 경우에는 이러한 확인절차가 존재하지 않으므로 사채권자가 기한이익상실사유로 규정된 사실이 발생하기만 하면, 그 효과가 중대하지 아니한 경우에도 조기상환청구를 할 수 있다. 따라서 사채발행 시 수탁회사를 두지 아니하는 경우에는 기한이익상실사유를 수탁회사를 두는 경우보다 좁게 규정하곤 한다〔G. Fuller, 앞의 책(주 20), p.131〕.

항이므로 사채권자는 수탁자에게 확인을 지시할 수는 없다.[26] 이러한
점에서 영국에서는 수탁회사의 권한이 넓게 인정되고 있다.

　미국 신탁증서법에서도 기한이익상실사유 발생에 관해서는 규정을
두고 있지 않으므로 신탁증서에서 정하게 된다. 모범신탁증서에 의하
면 일정 비율 이상의 사채권자(예컨대 미상환사채 총액의 10퍼센트를 보
유하는 사채권자)가 신탁증서위반통지(notice of default)를 할 수 있도록
함으로써[27] 사채권자의 직접적 사채관리의 여지가 넓게 인정되고 있
는 현실이다.

　영국 법상 Law Debenture Trust v. Acciona SA 판결에서[28] '사채권자
의 이익을 중대하게 침해하는 경우'란 사채권자가 이자 및 상환기일
에 있어서 원금의 지급을 받을 권리계약상의 권리와, 이에 더하여 이
들 권리를 보호하기 위한 보조적 권리를 침해하는 경우를 의미한다고
판시하였다.[29] 이러한 판지에 의하면 시장가격 하락이나 사채의 신용
평가등급 하락과 같은 외부적 요인은 사채권자의 이익이 침해된 경우
에 포함되지 아니한다.[30] 지급기일에 있어서 원금 및 이자의 지급 불
이행이 있다면 이는 당연히 사채권자의 이익을 중대하게 침해하는 것
으로 볼 수 있을 것이다. 위 사건에서는 사채권자가 이사를 선임하여

---

26) G. Fuller, 앞의 책(주 20), p.131.
27) 모범신탁증서 §510에 의하면 기한이익상실사유는 (i) 신탁증서 위반이 곧 기한이
　 익상실사유가 되는 것, (ii) 신탁증서 위반 후 일정한 유예 기간이 경과하면 기한이
　 익상실사유가 되는 것, (iii) 신탁증서 위반 후 수탁회사나 사채권자가 발행회사에
　 신탁증서위반통지(notice of default)를 한 후 일정한 유예 기간이 경과하는 경우에
　 만 기한이익상실사유가 되는 것으로 나누고, 사채권자의 신탁증서위반통지를 할
　 수 있는 요건을 미상환사채 총액의 10퍼센트를 보유하는 사채권자로 예시하고
　 있다.
28) 〔2004〕 EWHC. 270 (ch).
29) 〔2004〕 EWHC. 270 (ch) at 〔41〕.
30) G. Fuller, 앞의 책(주 20), p.140.

발행회사가 일정 금액 이상의 거래를 하는 경우에는 이 이사의 승인
을 얻도록 하였는데, 발행회사가 이사의 직무를 정지시킨 경우에 사
채권자의 이익이 중대하게 침해되었다고 보았다.[31]

2) 기한이익상실조치 및 기타 계약이행강제행위

① 영국

영국에서 기한이익상실사유가 존재하는 경우 수탁회사는 전체 사
채에 대해 기한이익을 상실시킴으로써 조기상환을 청구할 수 있고 기
타 구제조치를 취할 수 있다. 그러나 기한이익상실사유 존재 시 기한
이익을 상실시킬 것인가는 원칙적으로 수탁회사의 재량에 속한다. 경

---

31) 이 사건은 소련연방 해체 시 등장한 엘렉트림 그룹이 폴란드의 국영기업을 인수
한 후 1999년 통신사업에 집중하기로 하면서 자금조달을 위해 발행한 사채가 문
제 된 것이다. 사채의 만기는 2003년이었는데, 사채권자에게는 2001년에 상환선택
권을 행사할 권리가 부여되었다. 회사의 재무 상황에 대한 우려 때문에 대부분의
사채에 대해 상환선택권이 행사되었으나, 사채의 상환을 위해 적립되었어야 할 자
금이 다른 곳으로 전용되어 엘렉트림은 사채를 상환할 수 없었다. 여기에서 기한
이익을 상실시키는 대신 사채권자들로 구성된 위원회와 엘렉트림은 사채의 발행
조건을 변경하기로 합의하였다. 그 내용은 만기를 2005년으로 연장하고 사채권자
가 엘렉트림의 이사를 선임하여 이사회의 구성원이 되도록 하고, 일정 액수 이상
의 거래에 대해서는 그 이사의 승인을 얻도록 한 것이었다. 이 합의에 따라 사채권
자는 이사를 선임하였는데 엘렉트림은 그 이사의 직무집행을 정지시키고 정해진
액수를 초과하는 자산의 처분행위에 대해 승인을 받지 않았다. 신탁증서에 의하면
기한이익을 상실시키기 전에 수탁회사가 발행회사의 신탁증서 위반이 사채권자
의 이익을 중대하게 침해함을 인정하는 확인이 필요하였다. 수탁회사인 Law
Debenture Trust의 의견은 사채권자가 선임하는 이사의 직무집행을 정지시킨 것은
사채권자의 이익을 중대하게 침해하는 것인 동시에 자산처분행위는 그러하지 아
니하다고 보고, 법원에 이 건에서의 수탁회사의 권한에 관한 지시를 구하였다. 피
터 스미스 판사는 여기에서 승인을 받지 아니한 거래가 사채권자에 이익이 되었
더라도 신탁증서상의 이사선임권을 침해한 것은 사채권자의 이익을 중대하게 침
해한 것이라는 결론을 내렸다([2004] EWHC. 270 (Ch) at [56]).

우에 따라서는 기한이익을 상실시키지 아니하고 채무자의 재무 상황의 개선을 기다리는 것이 전체 사채권자에게 이익이 될 수도 있기 때문이다. 다만 (i) 일정 비율 이상의 사채권자의 서면에 의한 청구(예컨대 사채 총액의 30퍼센트) 또는 사채권자집회의 특별결의에 의해 조기상환을 지시하고(대개의 경우 사채 총액의 3분의 2 또는 4분의 3을 요건으로 한다),[32] (ii) 조기상환청구의 비용과 이에 따른 손해배상책임 우려에 대한 보상에 수탁회사가 동의한 경우(indemnified to the satisfaction against its cost and liabilities)에는 수탁회사는 기한이익상실통지를 하여야 할 의무가 있다.[33] 수탁회사가 이러한 의무에도 불구하고 기한이익상실조치를 취하지 아니하는 경우에는 사채권자가 직접 제소 등을 할 수 있다.

②미국

미국의 신탁증서법에서는 사채권자의 직접적 계약이행강제를 제한하는 규정을 두고 있는 것은 아니지만, 부제소조항(no-action clause)은 거의 모든 신탁증서에 빠지지 않고 규정된다. 따라서 계약이행강제권한은 기본적으로 수탁회사에 속한다는 것은 영국과 마찬가지이다. 또한 영국과 유사한 요건하에서 예외적으로 수탁회사가 기한이익상실조치를 취하여야 할 의무가 인정된다.[34]

---

32) P. Rawlings, International Bonds and Trustees, Trust Law International Vol.19, 206 (2005).

33) Concord Trust v. Law Debenture Trust Corporation plc 〔2005〕 UKHS, 〔2005〕 1 All ER (Comm) 699, 〔2005〕 1 WLR 1591.

34) 모범신탁증서는 다음 요건을 충족시키는 경우 사채권자 개인에 의한 구제절차의 개시를 인정하고 있다. (i) 사채권자가 수탁회사에게 기한이익상실사유가 계속되고 있음을 서면으로 통지하였고, (ii) 사채 총액의 25퍼센트 이상(신탁증서에 따라 달리 정할 수 있다)을 소유하는 사채권자가 수탁회사의 명의로 해당 기한이익상실사유에 관하여 소송 등의 재판절차를 밟을 것을 수탁회사에 서면으로 청구하고, (iii) 이러한 청구를 하는 사채권자가 수탁회사가 이러한 청구에 따름으로써 부담하게 될 비용과 책임 등에 대한 합리적인 담보를 제공하고, (iv) 수탁회사가 위의

신탁증서법에서는 그 외의 경우에도 사채권자가 계약이행강제에 개입할 수 있는 여지를 인정하고 있다.

첫째는 개별 사채권자가 지급기일에 원금 및 이자를 수령하고 지급을 구할 소를 제기할 권리를 가진다. 신탁증서법 제316조 (b)항은 강행규정으로서 "사채권자는 신탁증서에서 정해진 지급기일 이후에 원금 및 이자의 지급을 수령하거나 지급을 구하는 소를 제기할 절대적인 권리가 있고, 이러한 권리는 사채권자 개인의 동의가 없으면 침해할 수 없다"라고 명시하고 있다. 미국에서는 지급기일 이후의 지급청구의 권리는 수탁회사가 지급청구의무가 있는데도 이를 불이행하였는가 여부와 상관없이 사채권자 개개인이 행사할 수 있다.[35]

둘째, 일정 비율 이상의 사채권자는 수탁회사에 지시를 할 수 있다. 신탁증서법에서는 신탁증서에서 명시적으로 배제하지 않는 이상, 사채액면 총액의 50퍼센트 이상을 소유하는 사채권자는 수탁회사의 권한행사에 관하여 지시할 권리가 있다고 규정하고 있다[TIA §315(a)(1)(A)]. 이러한 사채권자의 지시권한은 물론 사채권자의 이익을 보호하기 위한 규정이지만, 한편으로는 신탁증서법에서는 이러한 지시에 따른 수탁회사의 행위에 대해서는 면책을 규정함으로써[TIA §315(d)(3)] 수탁회사를 보호하는 기능도 한다.

통지, 청구, 담보의 제공을 받고 60일 이내에 절차를 개시하지 않고, (v) 위의 60일 기간 동안 수탁회사에 대하여 사채 총액의 50퍼센트 이상을 소유하는 사채권자가 위의 신청과 배치되는 지시를 하지 않았을 것이라는 요건을 충족시키면 사채권자 개인이 직접 구제절차를 밟을 수 있다(모범신탁증서 §507).

35) 다만 사채 총액의 75퍼센트 이상을 소유하는 사채권자는 만기로부터 3년을 경과하지 않는 한도 내에서 이자의 지급을 유예할 수 있다는 조항을 신탁증서에 규정할 수 있지만[TIA §316(a)(2)], 실제로 규정되는 예는 거의 없다고 한다[R. I. Landeau / J. E. Krueger, Corporate Trust Administration and Management (5th ed.), Columbia University Press (1998), p.204].

(3) 신탁증서 위반 불발생 간주 및 신탁증서 변경권한 및 한계

영국에서 수탁회사는 사채권자의 이익이 중대하게 침해되지 않는 다고(materially prejudicial) 판단하는 경우에는 사채권자의 동의를 얻지 않고 신탁증서 위반이 없는 것으로 취급할 수 있다.[36] 미국에서는 위에서 살펴본 것처럼 신탁증서법 제316조 (b)상 사채권자가 지급기일에 원금 및 이자 전액을 수령하고 이를 지급받기 위한 소를 제기할 수 있는 절대적 권리규정을 두고 있다. 따라서 지급기일에 지급의무를 불이행했을 때, 신탁증서 위반이 발생하지 않은 것으로 취급하는 것과 만기의 연장 또는 원금이나 이자의 감액 등과 같은 신탁증서의 변경도 사채권자가 결정할 수 있도록 보장하고 있다. 특히 미국에서 이 권리는 사채권자의 개별적 권리이기 때문에, 예를 들어 사채권자들의 다수결에 의하여 만기의 연장을 결의하여도 여기에 반대하는 사채권자를 구속할 수 없으므로 반대하는 사채권자는 원래 만기에 지급을 청구할 수 있다.

영국은 이러한 규정을 두고 있지 아니하지만, 사채권자가 지급기일에 원금 및 이자 전액을 수령할 권리 및 제소권을 침해하는 변경은 사

---

36) 위의 기한이익상실사유 발생확인의 경우에는 사채권자의 이익이 중대하게 '침해되는가'를 판단하는 데 반하여, 신탁증서 위반 불발생 간주 및 신탁증서 변경의 경우에는 사채권자의 이익이 중대하게 침해되지 '않는가'를 판단하여야 하므로 양자의 의미가 다른 것인가 문제 된다. 수탁회사는 전통적으로 양자를 동일한 의미로 생각하였다. 즉 지급기일에 정하여진 액수를 전액 지급받을 가능성이 감소하지 아니하면 사채권자의 이익이 중대하게 침해되지 않는다고 보았다. 그러나 기한이익상실사유 발생확인의 경우는 수탁회사가 확인을 할 것인가를 결정하여야 할 의무가 있고 이에 따라 판단을 하는 것임에 비하여, 신탁증서 변경합의 등의 경우는 순수히 재량권을 행사하는 것이기 때문에 사채의 시가 또는 신용등급에 미치는 영향, 사채권자의 협상력을 약화시키는가 여부 등의 요인들도 고려되어야 한다는 견해도 유력하다[G. Fuller, 앞의 책(주 20), p.141].

채권자의 이익을 중대하게 침해하는 변경으로서 사채권자의 동의 없이는 수탁회사가 동의할 수 없을 것이다. 다만 이를 개별적 권리로 강제하는 규정이 없기 때문에 신탁증서에서 사채권자의 다수결에 의해 변경을 할 수 있도록 정할 수 있다는 차이가 있다.[37]

이론상으로 미국에서는 지급기일에 원금 및 이자 전액을 수령할 권리와 관계가 없는 신탁증서의 규정은 수탁회사의 동의만으로 변경할 수 있도록 정할 수 있다. 그러나 실무에서는 사채권자의 이해에 부정적인 영향을 미치지 않을 것이 명백한 경우를 제외한 신탁증서의 변경에는, 예컨대 사채 총액의 3분의 2 이상의 사채권자의 동의를 얻어야 한다는 규정을 둠이 일반적이므로[38] 이 부분에 관하여 실제로 수탁자의 역할이 크게 차이가 나지는 않을 것이다.

5. 수탁회사의 의무 및 책임

(1) 수탁회사의 성실의무 및 주의의무

사채의 수탁회사는 일반적 신탁의 수탁자로서의 지위를 가지므로 그 의무 및 책임에 관한 규율을 적용받는다. 따라서 수탁자는 이익충돌 상황에서 수익자의 이익을 우선시킬 성실의무(fiduciary duty)를 부담하고,[39] 신중한 사람(prudent man)이 자신의 일을 처리하는 데 기울이는

---

37) 이 점은 우리나라에서 사채권자집회 결의에 의해서 사채권자의 권리변경이 가능하다는 점과 일맥상통한다.
38) 모범신탁증서 §902.
39) 사채의 수탁회사는 신탁에서 권한이 부여되지 않은 이익을 취해서는 아니 되고, 수익자에 대한 의무와 자신의 이익이 충돌하는 경우를 만들어서도 아니 되며, 수익자의 동의를 받지 않고 자신 또는 제3자의 이익을 위해 행위해서도 아니 된다

것과 동일한 주의와 기술로써 행위를 하여야 한다. 전문적 수탁자는 더욱 강화된 주의의무를 부담한다.[40]

미국 신탁증서법은 수탁회사의 의무를 기한이익 발생 전후로[41] 나누어 달리 규정하고 있다. 기한이익상실사유 발생 전에는 명시적으로 배제하는 규정이 없는 이상 수탁회사가 신탁증서에 특정적으로 규정되어 있는 의무만 이행하면 책임을 지지 않는다[TIA §315(a)(1)]. 반면에 기한이익상실사유 발행 이후에는 수탁회사가 신탁증서상의 권한을 신중한 사람이 그 상황에서 자신의 업무를 수행하는 경우 행사하였을 주의에 따라 행사하여야 한다고 규정함으로써[TIA §315(c)] 엄격한 신인의무를 인정하였다. 이러한 규정이 미국에서 수탁회사의 법적

[J. E. Penner, The Law of Trusts (4th ed.), Oxford University Press (2004), ch.12]. 미국 회사법상으로는 fiduciary duty를 duty of loyalty와 duty of care를 모두 포함하는 개념으로 사용하는 데 반하여, 영국의 fiduciary duty는 미국의 duty of loyalty에 대응하는 개념으로 이해될 수 있다. 따라서 영국에서는 fiduciary duty와 duty of care and skill이라는 범주로 구분한다.

40) D. J. Hayton, The Law of Trust (4th ed.), Sweet & Maxwell (2003), p.153. 2000년 신탁법(Trust Act 2000)에서는 전문적 수탁자의 강화된 주의의무에 관한 판례를 반영하여 주의의무에 관한 규정을 두었다. 수탁자는 "해당 상황에서 합리적인 주의와 기술을 행사하여야 하는데", 이 경우에 특히 (i) 수탁자가 보유하고 있다는 주장하는 특별한 지식 또는 경험과, (ii) 영업 또는 직업으로 행위하는 경우에 그러한 영업이나 직업에 종사하는 자에게 합리적으로 기대되는 특별한 지식 또는 경험을 고려하여 한다고 규정하였다(s.1). 그런데 이 규정이 사채의 수탁회사에 적용될 여지는 그리 넓지 않다. 이 조항은 2006년 신탁법 Schedule 1에서 열거하고 있는 경우에만 적용되는데(Trustee Act Shc 1 para 7) 사채의 수탁자에 대해 적용될 수 있는 경우는 신탁재산의 투자권한행사·수탁자의 대리인·자산보관자 등을 선임하는 경우 등에 한정되고, 수탁회사가 신탁증서 변경에 동의하는 경우는 위의 확대된 주의의무규정이 적용될 여지가 없다[G. Fuller, 앞의 책(주 20), p.149].

41) 신탁증서법에서는 수탁회사의 주의의무를 엄밀히 '신탁증서위반' 전후로 나누어 규정하고 있다. 그런데 여기에서 신탁증서 위반에 대해서는 개념정의를 하지 않고 각 신탁증서에서 정의하도록 맡기고 있다. 신탁증서에서는 일반적으로 단순한 신탁증서 위반이 아니라 기한이익상실사유 발생을 의미하는 것으로 약정하는 것이 보통이다(ABF Commentaries, p.249).

지위를 전통적 신탁으로 보기 어렵다는 근거 중 하나가 되고 있다.

(2) 사채의 신탁증서상 주의의무 및 책임제한 특약

수탁회사의 의무 및 책임에 대해서는 면책조항을 두는 것이 허용되지만 면책에 대해서는 제한이 존재한다. 영국에서는 수탁회사가 부정직한 경우에는 면책될 수 없다.[42] 또한 2006년 회사법 s.750에서는 사채의 수탁회사에 관하여 "수탁자에게 권한, 권리 또는 재량(powers, authorities or discretions)을 부여한 신탁증서의 규정을 고려하여, 수탁자로서 요구되는 주의(care and diligence)를 다하지 못하여 신탁증서 위반으로 책임을 지는 것을 면책(exempting)시키거나 보상하는(indemnifying) 효과가 있는 신탁증서상의 조항은 무효"라고 규정하였다〔s.750(1)〕. 그러나 신탁증서에 사채권자집회에서 현존하는 사채 총액의 4분의 3 이상의 찬성으로 수탁회사의 책임을 면제하는 규정을 둘 수 있음을 명시하였다〔s.750(2)〕.

회사법상의 면책제한 조항은 "수탁회사의 권한에 관한 신탁증서의 규정을 고려하여"라는 문언을 규정함으로써 주의의무 위반에 대해서는 무조건 면책을 할 수 없다는 결과를 피하고자 한 것으로 보아야 할 것이다.[43]

미국의 신탁증서법은 신탁증서상 수탁회사의 과실에 의한 작위(negligent action)나 과실에 의한 부작위(negligent inaction) 또는 고의(wilful miscon-

---

42) 1925년 신탁법 s.61에서는 법원이 수탁자가 정직하고 합리적으로 행위하였고(has acted honestly and reasonably) 수탁회사를 면책하는 것이 공정한 경우에는(ought fairly to be excused) 신탁위반에 대해 면책할 수 있다고 규정하고 있다.

43) G. Fuller, 앞의 책(주 20). 150면.

duct)에 대해 책임을 면제하는 조항을 규정할 수 없다. 미국에서는 신탁증서법 제정 이전에 고의 및 중과실에만 책임을 인정하고 기타 경과실에 대해서는 넓게 면책을 인정하는 조항을 두던 관행이 있었는데, 대공황 이후 투자자보호를 위하여 이러한 관행을 금지시킬 필요가 있다는 주장이 신탁증서법 제정의 계기가 되었다. 다만 신탁증서법에서는 여기에 대하여 세 가지 예외가 인정되는바, 명시적으로 배제하는 규정을 두지 않는 이상 신탁증서에 다음과 같은 조항이 규정되어 있는 것으로 본다. ① §315(a)에서 규정하고 있는 주의의무, 즉 기한이익상실사유 발생 전의 수탁회사의 주의의무로서 (i) 신탁증서상 명시되어 있는 의무와 (ii) 발행회사가 제출한 증명서나 의견서가 신탁증서의 요건을 충족시키는 것인지의 여부를 조사할 의무만을 이행하면 면책되고〔TIA §315(d)(1)〕, ② 수탁회사의 책임 있는 임원(responsible officer)이 선의로 한 판단의 과오(error of judgment)에 대해서는 면책된다. 다만 관련 사실의 확인에 과실이 있으면 면책될 수 없다〔TIA §315(d)(2)〕.[44] ③ 사채 총액의 과반수 이상을 소유하는 사채권자의 지시에 따라 성실하게 행해진 선의의 작위 또는 부작위에 대해서는 면책된다〔TIA §315(d)(3)〕.

---

44) 신탁증서법에서는 책임 있는 임원(responsible officer)에 대하여 정의하고 있지 않다. 모범신탁증서에서는 가능하면 면책 범위를 넓히기 위해 고위임원(senior officer) 뿐 아니라 일정 범위의 하위임원(junior officer)까지 포함되도록 정의하고 있다. 책임 있는 임원의 정의를 넓게 하면 수탁회사가 하는 거의 모든 행위가 이 조항에 따른 면책 범위에 들어가게 될 가능성이 있다〔W. Johnson, Default Administration of Corporate Trust Indenture, 15 Saint Louis University Law Journal, 203, 217 (1970)〕.

III. 영미의 수탁회사에 의한 사채관리의 비용과 편익

영국과 미국에서는 발행회사의 부의 이전행위로부터 사채권자를 보호하기 위하여 정교한 계약을 체결하는 관행을 집적시켜 왔다. 다수의 분산된 사채권자들이 존재하는 경우에는 사채권자가 직접적으로 이러한 계약의 감독과 위반에 대한 구제절차를 밟는 것은 쉽지 않다.[45]

집단행동 문제(collective action problem)로 개개의 사채권자의 계약준수의 감독의 인센티브가 부족하며, 사채권자가 전문성을 가지지 못하는 경우에는 더더욱 사채권자에 의한 감독은 비현실적이다. 발행회사의 입장에서도 다수의 분산된 사채권자에게 계약준수에 관한 정보를 제공한다는 것은 많은 비용을 요하는 일이다.

계약 위반에 대한 구제절차를 취하는 데 있어서도 사채권자는 집단행동 문제로 인한 어려움을 겪는다. 사채권자의 개별적 계약이행강제 행위는 사채권자 간 평등을 침해하는 결과를 초래하기도 한다. 사채권자가 기술적 신탁증서 위반에 대해서도 계약이행강제행위를 하는 경우에는 발행회사의 다른 부채부담 시에 규정된 크로스디폴트(cross default)조항에 의해 발행회사가 전체 부채에 대해 기한의 이익을 상실하게 될 가능성이 있고, 이러한 경우는 발행회사뿐 아니라 사채권자에 대해서도 오히려 손해가 될 수 있다.

엄격한 특약조항을 규정한 경우에는 이를 변경함으로써 발행회사가 회사 운영의 유연성을 확보하는 것이 사채권자에게 이익이 되는

---

45) 사채권자와 수탁회사에 의한 사채관리의 비용과 편익에 대해서는 Marcel Kahan, Rethinking Corporate Bonds : The Trade-Off Between Individual and Collective Rights, 77 N. Y. U. L. Review 1040, 1053-1060 (2002) ; G. Fuller, 앞의 책(주 20), pp.137-139 참조.

경우가 많은데, 다수의 분산된 사채권자가 존재하는 경우에는 이들의
동의를 얻어 계약을 변경하는 것은 쉽지 않다. 사채권자 전부의 개별
적 동의를 얻는 것은 사실상 불가능하고, 또한 개별 사채권자의 버티
기(hold out)로 인해 전체 사채권자에게는 이익이 되는 변경도 시행되
지 못하게 될 가능성이 있다.[46] 사채권자집회제도를 두고 사채권자의
단체적 의사에 의한 동의로 모든 사채권자를 구속할 수 있게 하더라
도 문제가 완전히 해결되는 것은 아니다. 이러한 경우에는 다수결에
의한 계약변경의 경우에 반대한 사채권자가 변경 이전보다 불리한 지
위에 놓일 것을 우려하여 전체 사채권자에게 손해가 되는 변경에 동
의하게 될 가능성도 있다.[47] 사모사채의 경우에 훨씬 많은 종류의 특

---

46) 한 예로 발행회사가 일시적으로 자금압박을 받고 있기 때문에 채권의 만기를 연
   장하려는 경우를 가정하여 보자. 이는 사채권자의 기본적인 권리를 침해하는 것이
   므로 사채권자가 다수결로 결정할 수 없고 사채권자 전원의 동의를 얻어야 한다.
   따라서 발행회사는 사채권자 전원의 동의를 얻는 대신, 기존의 사채를 만기가 연
   장된 다른 사채로 교환할 것을 청약한다. 갑이라는 사채권자를 제외하고 다른 사
   채권자들이 모두 이 교환청약을 승낙한다면 다른 사채권자들은 원래의 만기에 지
   급청구를 할 수 없지만 갑은 원래의 만기에 상환받을 권리를 계속 보유한다. 다른
   사채권자들이 원래의 만기에 지급받을 권리를 포기하게 되면 그만큼 회사의 자금
   사정이 호전되어 갑은 확실히 변제를 받을 수 있다. 따라서 다른 사채권자들이 교
   환청약을 승낙하고 자신은 승낙을 하지 않는 것이 이익이다. 모든 사채권자는 자
   신이 갑의 지위에 있게 될 것을 기대하기 때문에 승낙을 하지 않을 유인을 가진다.
   따라서 사채권자 전체에게 이익이 되는 재기계획이라고 하더라도 시행될 수 없게
   되고, 결과적으로 비용이 많이 드는 파산이나 회사정리 등의 절차로 갈 수밖에 없
   다는 비효율이 발생한다는 것이 비판의 요점이다.
47) 예컨대 발행회사가 일정한 행위를 하기 위하여는 재무제한특약을 전부 삭제하여
   야 하는 경우를 가정해 보자. 재무제한특약의 삭제는 사채권자의 다수결로 할 수
   있는바, 대개는 신탁증서의 변경에 대한 동의를 조건으로 새로운 사채로 교환청약
   을 하는 방식으로 이루어진다. 즉 변경안에 동의한 사채권자만이 사채를 교환할
   수 있고 동의하지 않으면 교환하지 못한다. 이와 같은 변경안이 전체 사채권자의
   이익의 차원에서 보면 사채권자에게 손해가 된다고 할지라도 사채권자는 동의를
   하고 사채를 교환할 가능성이 있다. 왜냐하면 다른 사채권자가 변경에 필요한 수
   만큼 동의를 하여 신탁증서가 변경될 것이라고 생각하면, 동의를 하지 않아 새로

약이 자세히 규정되어 있다는 것에서 알 수 있는 것처럼 변경이 쉽지 않다면 엄격한 특약조항을 규정하는 것은 불가능하므로 오히려 사채권자에게 손해가 될 수 있다.

수탁회사는 일원화된 감독과 이행강제를 통하여 집단행동 문제를 완화하고 개별 사채권자의 기회주의적 행위를 방지함으로써 전체 사채권자의 이익을 도모하고, 발행회사에게 유연성을 부여하는 역할을 한다. 일원화된 사채관리에 의한 거래비용 절감 외 수탁회사는 경험을 이용하여 신탁증서 작성과 문제 발생 시 행동방향에 대한 조언을 할 수 있고 행정적 업무처리를 함으로써 발행회사와 사채권자 양자에게 도움이 된다.[48]

그러나 수탁회사제도에도 문제가 없는 것은 아니다. 사채권자는 자신의 권리를 통제할 수 없게 된다. 수탁회사가 사채관리권한을 가지는 경우, 이를 효율적으로 행사할 인센티브가 필요한데 현재 영미의 수탁회사에 대해서는 신인의무 위반의 책임을 지게 될 우려가 있다는 점 외에는 별다른 인센티브가 존재하지 않는다. 그리고 책임 위협도 면책조항을 이용하여 제한함으로써, 수탁회사가 적극적으로 사채권자의 이익을 보호하는 역할을 다하고 있지 못하다고 비판되기도 한다. 또한 수탁수수료와 같은 직접적인 비용도 소요된다.[49]

운 사채로 교환을 할 수 없었던 사채권자는 재무제한특약에 의한 보호가 완전히 박탈되고 사채의 수가 감소하여 시장성도 없어진 사채를 소유하는 불리한 지위에 남게 될 것이다. 따라서 이러한 불안감 때문에 동의를 하도록 간접적으로 강제된다는 것이다. 즉 동의를 하지 않는 경우의 권리내용을 현재보다 불리하게 구성함으로써 사채권자의 동의가 강제될 수 있다. 이러한 방식 이외에도 사채권자에게 동의를 구할 때 동의하는 사채권자에게 대가(consent payment)를 지급하는 방법도 이용되고 있다〔Kahan, The Qualified Case Against Mandatory Terms in Bonds, 89 N. W. U. L. Rev. 565, 605 (1995)〕.

48) R. I. Landeau / J. E. Krueger, 앞의 책(주 35), p.44.
49) 실무에서 전체 발행비용에서 수탁회사의 수수료가 차지하는 비중은 명목적인 것

IV. 우리나라의 사채관리체제 구축에의 시사점

1. 사채관리회사의 역할이 효과적인 환경

외환위기 이후 사채발행 환경이 많은 변화를 겪었지만, 아직까지도 우리나라에서는 사채관리회사가 각종 거래비용을 절감할 수 있는 여지가 매우 큰 것으로는 보이지 않는다. 사채관리회사에 의한 사채관리가 효과를 발휘할 수 있는 환경으로는 (i) 다수의 분산된 사채권자가 존재하고 사채권자가 전문성이 부족한 경우, (ii) 사채의 신용도가 높지 않고 복잡한 특약조항을 규정하고 있는 경우, (iii) 만기가 장기인 경우라는 점을 알 수 있다.[50]

우리나라에서는 상환 기간별 회사채발행 상황을 보면 최근에 만기가 장기화되는 경향이 보이지만 4년 미만의 단기채가 많은 편이다.[51] 2003년 10월 증권예탁결제원에 등록된 3,927건의 회사채를 대상으로 한 실증연구에 의하면[52] 이 중 2,311건이 공모사채였고, 1,616건이 사모사채였는데, 우리나라에서는 공모사채의 경우에도 사채의 소유가 매우

에 불과하다고 한다. International Securitisation Report 87(2004. 4), p.30에 의하면 수수료가 평균 2,500파운드이고, Concord Trust v. Law Debenture Trust Corporation plc〔2005〕1 Lloyd's Rep 113 at 119에서는 수탁회사의 보수는 최초 수임수수료 (acceptance fee)가 2,000파운드, 연간관리비가 매년 2,500파운드였다〔G. Fuller, 앞의 책(주 20), 주 1〕.

50) 다수의 투자자가 있는 경우, 복잡한 감채기금 등의 조항이 있거나 계약조건이 특이하거나 빈번한 모니터링이 필요한 경우에는 수탁회사를 둘 것이 권고되고 있다〔R. I. Landeau / J. E. Krueger, 앞의 책(주 35), p.44〕.

51) 금융감독원, 금융통계월보(2014. 8. http://fisis.fss.or.kr). 만기 4년 미만의 회사채가 2000년대 중반에는 80퍼센트 정도를 차지하다 2012년 및 2013년에는 60퍼센트 정도로 비중이 축소하였다.

52) Changyong Rhee / Sunghwan Shin / Youngshin Yoon, 앞의 논문(주 3), pp.82-86.

집중되어 있음을 알 수 있었다. 1대 사채권자가 평균 56.2퍼센트를 소유하고 있었고, 상위 10대 사채권자의 소유비율이 평균 87.62퍼센트였다.[53]

복잡한 특약이 규정될 필요가 크지 않은 투자등급사채만 발행되어야 한다는 제한은 없지만, 사실상 위험이 높은 고수익채권의 발행 비중은 높지 않다.[54]

사채관리회사에게 기대되는 가장 큰 역할은 집단행동 문제로 인한 거래비용을 감소시키고 전문성을 이용하고자 하는 것인데, 우리나라의 현 사채발행 및 보유 환경에서는 모든 회사채발행에 있어서 집단행동 문제가 극복할 수 없는 장애가 되고 있지는 않은 것으로 보인다. 또한 사채권자는 기관투자자가 대부분이기 때문에 사채관리회사의 전문성의 이점도 상대적으로 크지 않을 것이다. 이러한 사채발행 환경 하에서는 사채관리회사는 필요불가결한 제도라고 하기는 어려울 것이나, 사채관리회사를 통한 일원화된 사채관리의 편익을 인정할 수 있을 것이다.

2. 사채관리회사제도의 효과 달성을 위한 법적 기반

위에서 살펴본 바와 같이 영미에 있어서 수탁회사의 역할은 일원화된 사채관리에 있다. 우리나라에서 사채관리회사를 두는 경우에 우리나라의 법적 환경하에서 사채관리회사가 영미와 같은 일원화된 사채관리를 할 수 있을 것인가는 검토해 볼 필요가 있다.

---

53) 미국의 경우 공모사채는 일반적으로 40~100명이 소유하고 있다(Yakov Amihud/Kenneth Garbade/Marcel Kahan, A New Governance Structure for Corporate Bonds, 51 Stan. L. Rev. 447, 458 (1999)].

54) 2005년에 고수익채권 발행비중은 0.8퍼센트에 불과하다(헤럴드경제, 2008. 6. 24.자 기사 참조).

(1) 사채관리위탁계약의 감독

사채관리회사에 대하여 사채관리위탁계약의 위반 여부에 대한 감독권한을 부여하는 것은 사적 자치에 따라 얼마든지 가능하다. 위반 여부를 파악하기 위해 조사권한을 약정하는 데에도 법리상으로는 문제가 없다. 어느 정도의 권한을 부여할 것인가, 권한행사에 관한 의무를 어느 정도로 약정하여야 할 것인가의 판단이 문제 될 뿐이다.

(2) 사채관리위탁계약 위반 시 구제조치

영미에서 수탁회사는 신탁법리에 기한 존재이므로 신탁증서 위반 시 수탁회사의 판단에 따라 계약이행강제행위를 하고 그 효과가 사채권자에게 미치도록 하는 것이 가능하다. 그리고 바로 이 점이 수탁회사제도가 사채권자와 발행회사 양자 모두의 이익에 기여할 수 있는 원인이 되고 있다. 그런데 우리나라에서는 사채관리위탁계약에 의하여 재산권의 이전이 있는가에 의문이 있으므로 신탁으로 보기는 어려울 것으로 보인다. 따라서 현행 법체제하에서 사채관리회사가 어떠한 법리에 의하여 이러한 역할을 할 수 있을지에 대해서는 약간의 검토가 필요하다.

1) 사채관리회사의 계약이행강제권한의 근거
우선 우리나라에서 사채관리회사가 사채권자를 대신하여 계약이행강제행위를 할 수 있을 것인가 및 계약이행강제행위의 효과가 어떻게 해서 사채권자에게 효력을 미칠 수 있을지가 문제 된다. 현행 상법상으로는 사채관리회사는 사채에 관한 채권을 변제받거나 채권의 실현

을 보전하기 위하여 필요한 재판상 또는 재판 외의 모든 행위를 할 수
있다(상법 제484조 제1항). 따라서 이러한 법정권한 내 행위는 사채관리
회사가 할 수 있다. 이 경우 사채권자의 표시 없이 사채관리회사의 명
의로 행위할 수 있을지에 관해 논란이 될 수 있는바, 일본 회사법에서
는 사채관리자가 사채권자를 위하여 재판상 또는 재판 외 행위를 할
때에는 개별의 사채권자의 표시를 요하지 아니한다고 규정함으로써
입법적 해결을 하였다(일본 회사법 제708조).

　다음으로 약정에 의하여 사채관리회사가 계약이행강제권한을 가질
수 있을 것인가에 대해서는 재판상 행위인가 또는 재판 외 행위인가
에 따라 별도로 검토할 필요가 있다. 우선 사채관리회사에 대하여 사
채관리위탁계약에서 사채관리회사의 판단에 의하여 소송행위를 할
권한을 주는 것이 민사소송법상 허용될 수 있을지가 문제 된다. 우리
법제상 신탁이 아니라면 이러한 권한행사를 가능하게 하는 방안으로
는 임의적 소송담당을 생각해 볼 수 있다. 여기에 대해서는 선정당사
자제도와 같이 법률에 명문의 규정이 없는 이상 변호사대리의 원칙
(민사소송법 제87조)과 소송신탁의 금지(신탁법 제6조)를 잠탈할 염려가
있다는 것을 근거로 원칙적으로 허용되지 않는다고 본다. 다만 예외
적 허용 범위에 관해서는 학설의 대립이 있는데 (i) 법률의 규정이 없
는 한 허용되지 않는다는 입장, (ii) 정당한 업무상의 필요가 있는 경우
에는 예외적으로 허용된다는 견해, (iii) 변호사대리와 소송신탁금지를
잠탈할 염려가 없고, 이를 인정할 합리적인 필요가 있을 때에는 허용
할 것이라는 견해이다.[55] 위의 (iii)의 경우에 해당할 수 있다면 약정에

---

55) 이 설에 의하면 (i) 법률에 규정이 있는 경우, (ii) 권리·의무 귀속주체가 자기의 책
　임으로 돌릴 수 없는 사유로 인해 스스로 당사자로 될 수 없으나 긴급히 소송을 행
　할 필요가 있는 경우, (iii) 소송 담당자 자신이 타인의 권리관계에 관한 소송 결과

의해 소송행위권한 부여가 가능할 것이다.

　다음으로 소송행위가 아닌 구제절차를 취할 수 있다는 약정을 하는 경우에는 사채관리회사의 행위의 효과가 어떻게 해서 사채권자에게 미칠 것인가가 문제 된다. 사채관리위탁계약을 위임계약 또는 제3자를 위한 계약이라고 보는 입장에서는 약정권한이 사채권의 내용으로서 사채청약서에 기재됨으로써 약정권한의 효과가 계약의 당사자가 아닌 사채권자에게 미친다고 본다.[56] 사채관리위탁계약이 신탁적 성질을 가지는 계약이라는 입장에서는[57] 사채권자와 사채관리회사 간에 신탁법리가 기본적으로 적용되므로 효과가 미친다고 본다.

2) 사채권자의 개별적 계약이행강제행위

　사채관리회사가 계약이행강제행위를 할 수 있다고 하는 경우, 개별

　에 대하여 이해관계를 가진 경우에는 그 권리관계의 수권이 있는 한 임의적 소송담당은 허용되고(소송담당자를 위한 임의적 소송담당), (iv) 권리귀속 주체로부터 소송추행권을 수여받은 자가 소송물인 권리관계의 발생·관리에 관하여 현실로 밀접하게 관여하고 있는 경우, 즉 귀속 주체와 같은 정도 또는 그 이상으로 해당 권리관계에 관하여 지식을 가질 정도까지 관여하고 있는 경우(예컨대 조합원의 업무집행 조합원에 대한 임의적 소송신탁, 영세근로자가 소속 노동조합에 소송수행권을 신탁하여 조합을 내세워 법정투쟁을 하는 경우, 포괄적 관리권을 수여받고 현실로 관리행위를 행하여 온 임대가옥관리인 등에 대한 임의적 소송신탁 등), 이미 부여되어 있는 관리권이 재판상의 주장을 할 권한을 포함하는 포괄적 관리권인 경우에는 그것에 의하여, 또한 포괄적 관리권이 없는 경우에는 새로이 소송수행에 관한 수권을 받으면 임의적 소송담당은 허용되고(권리 주체를 위한 임의적 소송담당), (v) 타인의 권리관계에 관한 소송추행에 대하여 자기 고유의 이익을 갖는 경우(예를 들어 채권양도를 한 구 채권자에 대하여 신채권자가 하는 추심소송 수권 등)에는 임의적 소송담당이 허용된다. 최근의 유력설이다〔윤재식, "조합과 소송 : 임의적 소송담당의 허용성 문제를 중심으로 : 대상판결 1984. 12. 14. 83다카1815," 민사판례연구 제7권(1993. 5), 244면〕.

56) 吉戒修一, "平成5年商法改正法の解説〈7〉," 商事法務 제1331호(1993. 9. 5), 31면.

57) 사채관리위탁계약이 아니라 사채모집위탁계약에 관한 분석이기는 하지만 鴻常夫, "擔保附社債の發行について," 社債法の諸問題 II, 有斐閣, 1985, 95면 참조.

사채권자의 계약이행강제행위를 제한할 수 있는 것인가?

사채관리회사의 법정권한인 채권의 변제를 받을 권리에 관해서는 일본의 통설·판례[58]는 당연히 각 사채권자가 개별적으로 발행회사에 대하여 변제를 청구할 권리가 박탈되는 것은 아니라고 해석한다.[59] 이 조문은 발행회사와 사채권자 쌍방의 편의도모와 사채권자보호를 철저히 하기 위하여 사채관리회사에 권한을 부여한 것에 지나지 않으므로 특별히 각 사채권자의 권리행사를 제한하거나 금지하는 규정이 없는 이상 민사법의 일반원칙에 따라 각 사채권자가 단독으로 권리행사를 하는 것은 당연하다는 전제에 입각한 것이다.[60]

이러한 사채권자의 개별적 권리행사를 사채권자집회 결의로써 제한하는 것은 가능하다는 견해가 많다.[61] 더 나아가 사채관리계약에서 사채권자의 개별적인 권리행사를 제한하는 부제소조항(no action clause)을 규정하는 것이 가능한가도 문제 된다. 다수의 집단적인 권리관계에서 개별적인 권리행사를 인정하면 사채관리 주체의 권한행사와 개인의 권리행사가 중복되는 복잡한 법률관계가 발생하고, 또한 사채권

---

58) 일본에서는 담보부사채의 경우에 최종상환일까지 사채의 지급이 없자 사채권자가 직접 상환을 청구한 사례가 존재한다. 대심원은 사채권은 수탁회사에 의하지 아니하고 사채권자가 개별적으로 행사할 수 없다는 발행회사의 주장을 각하하고 사채권자에 의한 개별적인 권리행사가 적법하다고 판시하였다(大判 昭和 3. 11. 18. 民集 7권, 1008면).

59) 上柳克郎/鴻常夫/竹內昭夫 編, 新版注釋會社法(10), 有斐閣, 1985, 118-119면.

60) 다만 해석론으로서도 이미 모집의 사채관리회사가 소를 제기한 때는 개개의 사채권자에 의한 소 또는 사채권자집회결의에 기한 소를 제기하는 것은 소의 이익을 흠결하였으므로 허락될 수 없다고 해석한다. 또한 사채권자집회에서 각 사채권자의 단독의 권리행사를 제약하는 결의를 할 수 있고, 발행회사는 사채권자의 단독청구에 대하여 모집의 사채관리회사에 변제를 할 것이라거나 사채권자집회의 결의에 따라 변제를 할 것이라고 항변할 수 있다는 견해도 있다〔上柳克郎/鴻常夫/竹內昭夫 編, 앞의 책(주 59), 119-120면〕.

61) 江頭憲治郎 編, 商事法, "會社法コンメンタール 16," 2010, 143면.

자 간에 불공정한 결과가 발생할 위험이 있다. 반면에 사채권자의 개별적인 권리행사를 제한하면 그만큼 사채권자의 이익이 침해될 우려가 있다. 따라서 이 양자를 어떻게 조정할 것인가가 문제 되는데, 이는 사채관리회사의 존재 의의를 어떻게 보는가의 문제와 관계 있다. 사채권자의 합리적 무관심에 대처하는 것이라면 사채권자가 스스로의 비용으로 행동하는 것을 제한할 이유는 없을 것이나, 사채관리회사에 의한 다수의 사채권자 간에서 발생하는 전략적 행동을 억지하는 기능도 있다면 개별적 권리행사를 규제하는 결의와 약정의 합리성을 인정하게 될 것이다.[62] 후자의 견해에 따른다면 사채관리회사의 권한행사에 불만이 있는 사채권자가 이의를 제기할 수 있는 장치가 필요할 것이다.

한편 사채권자가 사채관리회사의 조사권과 같이 사채권자의 권리가 아니라 총사채권자를 대신하여 공익적 입장에 근거하여 사채관리회사에 인정된 권리인 경우에는 사채권자 개인이 행사할 수 없어야 할 것이다.[63]

(3) 사채권자의 권리변경

영국이나 미국의 신탁증서 실무에서는 사채권자의 이익을 중대하게 침해하는 신탁증서의 변경이나 신탁증서 위반 불발생 간주는 수탁회사의 동의로 이루어질 수 있다는 입장이다. 이 경우에는 수탁회사가 상황에 따라 유연한 판단을 할 수 있으므로 엄격하거나 다수의 특

---

62) 江頭憲治郎 編, 앞의 책(주 61), 704-705면.
63) 吉戒修一, "平成5年商法改正の解説(9)," 商事法務 제1333호(1993. 9. 25), 23면.

약사항을 규정하는 것이 가능하도록 한다. 우리나라에서는 사채권자집회제도가 법정되어 상법에 규정된 사항[64]과 사채권자의 이해관계가 있는 사항에 대하여 결의를 하도록 하므로(상법 제490조) 사채관리회사의 권한이 제한된다.

(4) 국제적 사채발행과 관련된 문제

우리나라 회사가 외국에서 사채를 발행하는 경우에 준거법을 영국법이나 미국 법으로 하였을 때 발행회사에 우리나라 회사법이 적용된다고 해석하는 경우에는 규율의 충돌이 일어날 수 있다. 종래 일본에서는 일본 회사가 외국에서 사채를 발행하는 경우와 외국 회사가 일본에서 사채를 발행하는 경우에 일본의 회사법의 사채에 관한 규정의 적용이 있는가에 대해 견해가 대립되었다.

일본 회사법에서는 사채를 "이 법률규정에 의해 회사가 행하는 배정에 의하여 발생하는 해당 회사를 채무자로 하는 금전채권으로서, 제676조 각 호에 기재된 사항(모집사항)에 관한 정함에 따라 상환되는 것"이라고 정의하였다. 그 결과 위의 두 경우는 일본의 회사법에 따라 발행하는 것이 아니기 때문에 회사법이 적용되지 않는다. 예를 들어 일본의 회사가 해외에서 사채를 발행하는 경우에 준거법을 일본법으로 하지 아니하면 '회사법상의 사채가 아닌 사채'가 발행되는데, 그 경우에는 사채관리회사의 원칙 설치강제와 사채권자집회에 관한 규정

---

64) 법정결의사항은 기한의 이익상실(제505조 제1항), 자본감소의 경우의 이의제기(제439조 제3항), 합병에 대한 이의제기(제530조 제2항), 수탁회사의 사임 및 해임(제481조), 수탁회사의 사무승계자의 선정(제482조), 사채권자집회의 대표자의 선정(제500조), 결의의 집행자의 선정(제501조), 대표자·집행자의 해임 및 위임사항의 변경(제504조), 사채발행회사의 대표자의 출석요구(제494조) 등이다.

의 적용을 받지 않는다. 그러나 이러한 '회사법상의 사채가 아닌 사채'의 발행을 인정함에 있어서는 몇 가지 문제가 있다. 첫째 사채를 사법상의 유가증권화하는 것이 가능한가가 문제 되고, 둘째 그러한 사채의 증권거래법상의 취급이 문제 된다.[65]

---

65) 자세한 내용은 神田秀樹 / 財務省財務總合政策硏究所 編, "企業の國際的活動と會社法," 企業統治の多樣化と展望, きんざい, 122-124면 참조.

찾아보기

≪ㄱ≫

가액배상   77~78, 278, 305, 307~309, 312, 316
개발신탁   55, 74, 77, 101, 109~110, 121, 258, 285
공동수탁자   148, 162, 330~331, 356
공시   35, 56, 60, 62~65, 96~97, 106, 146~147, 169, 177~178, 196,
              204~210, 213, 218, 224, 227, 230, 234, 250, 282, 285, 308, 352,
              370
공익신탁   43, 91, 160, 198, 211, 228, 246, 254
공평의무   337~338
관리신탁   54, 100~101, 122, 282~283
관리 · 처분권   33, 36, 164, 185~186, 188~189, 227
금전신탁   38, 53~54, 99

≪ㄴ≫

낙성계약설   41, 184
능동신탁   45, 187

≪ㄷ≫

담보권신탁   58~59, 197, 217, 222~223
담보신탁   54~55, 58, 68, 74, 76~77, 122, 274, 279, 282~284
도산격리   29~30, 55, 165, 242, 251
등기관   215~216, 226, 233, 236

≪ㅁ≫

명시신탁   190~191

물상대위   35, 217~218, 220~221

≪ㅂ≫
보수청구권   334, 345~347, 353, 355
복귀신탁   190
부동산신탁   38, 53~55, 60~62, 67, 76~77, 99~100, 109, 118, 121, 200, 204, 263, 282~285, 288
분별관리   64, 147, 178, 194~197, 201~202, 207~208, 266, 268, 338~339
분할 · 합병   52, 56, 114, 116, 122~123, 217, 228~230
비용상환청구권   47, 94, 305, 312, 333, 344, 347~349, 351~355, 374

≪ㅅ≫
사업신탁   112~114, 122, 237, 253~255, 258~259, 261~269, 336
사채관리위탁계약 386~390
사채관리회사   360~361, 384~391
사해신탁   44, 52, 56, 72~73, 76~78, 80, 82~92, 122~123, 135, 138, 145, 154, 157~158, 270~275, 279, 281~319, 325
사해의사   73, 75, 81, 281, 283, 286~287, 295, 304, 315
선관주의의무   331~334, 348
소극재산   57~58, 75, 110~112, 276~277, 303~305
수동신탁   26, 45, 50, 187~188
수물권설   36~38
수익권 양도   56, 58~59, 67, 93~94, 99, 111, 122, 135, 153, 272, 300~301, 314
수익권양도청구권 83~84, 89, 272, 314
수익자집회   95~96, 112
수익자취소권   33, 79, 90, 96~98, 205, 216, 316
수익증권발행신탁 99~101, 106~107, 110~115, 123, 211
수익채권   70~72, 110, 115, 120, 122, 243, 248, 360, 385
수탁자변경   61, 217, 224, 226~227, 344, 355, 357
수탁자의 지위이전 68~70

수탁회사	45, 49, 104, 359~386, 389~391
신탁관리인	43, 62, 72, 91, 123, 160, 168, 182, 197~199, 203, 211~213, 217, 224~ 225, 227~228, 326, 328
신탁등기	59, 61, 63, 204, 207, 210~224, 226~236
신탁사채	109~110, 123
신탁설정등기	207, 210, 213~215, 217~224, 230
신탁설정의사	26, 40, 45~46, 165, 167~168, 178, 182~183, 188~197, 202~ 203, 364
신탁수익권	26, 30~32, 39, 50, 99
신탁업법	29, 52, 54, 75, 137, 166, 168, 182~183, 199~203, 279
신탁업자	60~61, 85, 91, 100, 257~258, 261, 263, 265, 280, 293, 336, 339
신탁원부	59, 206~208, 210~215, 217, 219~229, 231, 285, 308
신탁(의) 목적	27, 32, 36, 39~40, 43~44, 56~57, 61, 68, 90~91, 97~98, 114~116, 150, 152~153, 160, 185~186, 189, 192~194, 196, 201, 204~ 205, 211, 216, 220, 224, 230, 242, 286, 290, 308, 316~317, 321~324, 345~346, 352, 364
신탁(의) 변경	67~68, 96, 114~117, 205, 210, 217
신탁분할	52, 118~120, 228~229
신탁(의) 선언	42~43, 59, 91~92, 123, 127~147, 149~150, 152~164, 189~ 190, 217~220, 238~239, 261~263, 266~268, 276, 317, 322, 358
신탁의 파산	26, 46, 49~50, 56, 71~72, 120~122, 150~152, 154, 163
신탁의 합병	116~119, 228~229
신탁재산	26~27, 29, 31~39, 41~50, 53, 55~65, 67~68, 70~72, 75~80, 83~85, 88~93, 96~98, 83~85, 88~93, 96~98, 102~113, 116~123, 128, 132, 135, 137~138, 140~141, 146~148, 151~ 155, 157, 160~161, 163~165, 178~180, 184~187, 192~193, 195, 200~202, 204~211, 213~215, 217~224, 226~232, 234, 237~239, 242~243, 245, 248~254, 256~261, 264, 268~269, 271~272, 278, 280, 283, 285~286, 288~292, 296~297, 299, 302~308, 310~314, 316~317, 320~326, 328~332, 335~357,

              364~365, 378

신탁재산관리인   62, 72, 123, 168, 217, 224, 227~228, 326, 328

신탁증서법   363, 365~372, 374~376, 378~380

실질적 법주체성설 31, 34~38

≪ㅇ≫

양도담보   44, 300~301

요물계약성   26, 41~42, 184~185

원상회복   72~73, 76~78, 80~81, 84~85, 89, 157, 174, 217~218, 220~
                     221, 273~274, 278, 289, 291, 293~298, 300, 302~314, 317, 332,
                     338, 342~344, 347~348, 352~353, 356

위탁자   26~27, 31, 33, 35, 39~46, 55~56, 58, 61, 65~70, 76~77, 84~
                     86, 88~92, 100, 110~117, 119, 122~123, 127~128, 131~132,
                     135, 138, 141, 144~146, 148~163, 171, 179, 182~192, 194~
                     198, 202, 204~205, 211~220, 222, 224~225, 242, 250, 270~
                     273, 275~276, 278~287, 290~291, 293~299, 301, 303~306,
                     308~311, 313~318, 321, 325~328, 332, 340~341, 343, 345~
                     346, 354

유한책임신탁   26, 46, 48~50, 52, 56, 58, 72, 102, 104~110, 112~113, 122~
                     123, 163~164, 211, 217~218, 223~224, 246, 252

의제신탁   190

이득반환의무   89, 221, 305, 343~344, 347, 353

이익상반행위   334~336

인격설정   239~240, 243

인격차용   237~240, 242~243, 248~249, 252~257, 259, 261

≪ㅈ≫

자기거래   253, 335~337

자기집행   341~342

자익신탁   67, 74, 278~282, 308, 354

재건축   60, 62, 232~236

재산분리   219, 239~245, 248~251, 256, 260
재신탁   56, 60~62, 122~123, 211, 213, 218, 221~222
전득자   77~78, 80~81, 85~87, 90, 97, 271, 291, 293~295, 299~301,
                  307, 309~310, 316
제3자를 위한 계약   170~171, 175~177
조직격리   241~244, 248~251, 256, 262
증권투자신탁   53~54, 201

≪ㅊ≫
차액설   305
채권설   31~36, 38~39
채권자취소권   73, 75, 78, 81, 86~88, 90, 271~277, 282~283, 285~286, 291,
                  294~295, 297, 299~302, 305, 307~310, 315
책임재산한정특약   48, 103~104, 252
처분신탁   54, 62, 101, 282~283
충실의무   31, 61, 253, 333~337, 343, 346, 351~352

≪ㅌ≫
타익신탁   74, 278~282
토지신탁   55, 66, 74, 77, 101, 109~110, 114, 208, 281~283, 285~286, 308
통일신탁법전   24, 28, 48, 105, 130~132, 166, 191, 326

≪ㅍ≫
파산관재인   120, 122, 150~152, 318, 320, 339

편저자 약력

》 **정순섭**
1987년 서울대학교 법과대학 사법학과 졸업
2002년 호주 멜버른대학교(Ph. D.)
2007년~현재 서울대학교 법과대학 · 법학전문대학원 교수

주요 저서 및 논문
「금융감독기관의 감독배상책임에 관한 연구」(상사법연구, 2013)
「자본시장법상 불공정거래와 보호법익 : 시세조종과 부당이득을 중심으로」(상사판례연구, 2012)
「금융시장환경의 변화와 금융규제체계의 정비(상)」(증권법연구, 2001)
『자본시장법』(공저, 2013)

》 **노혁준**
1994년 서울대학교 법과대학 공법학과 졸업
2002년 서울대학교 법학박사(Ph. D.)
2007년~현재 서울대학교 법과대학 · 법학전문대학원 교수

주요 저서 및 논문
「주식회사와 신탁에 관한 비교 고찰 : 재산분리 기능을 중심으로」(증권법연구, 2013)
『회사법』(공저, 2013)
『지주회사와 법』(공저, 2005)

회사법의 해부

신국판 | 512쪽 | 값 30,000원

김건식 | 노혁준 | 박 준 | 송옥렬 | 안수현 | 윤영신 | 천경훈 | 최문희 옮김

Reinier Kraakman | John Armour | Paul Davies | Luca Enriques
Henry Hansmann | Gerard Hertig | Klaus Hopt | Hideki Kanda
Edward Rock 지음

이 책은 2000년대 회사법 학계 최고의 명저로 꼽히는 *The Anatomy of
Corporate Law*(제2판, 2009)를 번역한 것이다. 주요 선진국의 저명한
학자 9명이 하나의 시각으로 '회사법이란 무엇인가'에서 시작하여 대리
문제와 법적 전략 · 기본적 지배구조 · 채권자와의 거래 · 관계자거래 · 지배
권거래 · 증권발행인과 투자자보호 · 장래의 전망에 이르기까지 오늘날
회사법 학계에서 논의되는 주요 주제를 기능적 · 체계적으로 분석하고
있다. 법경제학적 관점에서 한 걸음 나아가 정치적 · 역사적 관점을 동원
함으로써 심층적인 논의가 전개되고 있을 뿐 아니라 일반 회사법학을
시도한 점 또한 이 책의 커다란 덕목이라 할 수 있다.

BFL 총서 ⑨

신탁법의 쟁점(제1권)

초판 1쇄 발행 | 2015년 1월 20일

지은이 | 정순섭 · 노혁준 편저
발행인 | 고화숙
발행처 | 도서출판 소화
등록 | 제13-412호
주소 | 서울시 영등포구 영등포동 7가 94-97
전화 | 02-2677-5890
팩스 | 02-2636-6393
홈페이지 | www.sowha.com

ISBN 978-89-8410-474-7   94080
ISBN 978-89-8410-284-2   (세트)

값 22,000원

잘못된 책은 언제나 바꾸어 드립니다.

이 도서의 국립중앙도서관 출판예정도서목록(CIP)은
서지정보유통지원시스템 홈페이지(http://seoji.nl.go.kr)와
국가자료공동목록시스템(http://www.nl.go.kr/kolisnet)에서
이용하실 수 있습니다. (CIP제어번호 : CIP2014038422)